미 제8공군 기지

(1) 제1항공사단 기지

2 제2항공사단 기지

△3 제3항공사단 기지

✛ 특수 작전
(카펫배거)

1944년 6월 6일 현재
제8공군 중폭격비행전대

34: 멘들스햄, B-24
44: 쉽드햄, B-24
91: 배싱본, B-17
92: 포딩턴, B-17
93: 하드윅, B-24
94: 베리 세인트 에드먼스, B-17
95: 호햄, B-17
96: 스네터튼 히스, B-17
100: 소프 애보츠, B-17
303: 몰스워스, B-17
305: 첼베스턴, B-17
306: 서레이, B-17
351: 폴브룩, B-17
379: 킴볼턴, B-17
381: 리지웰, B-17
384: 그래프턴 언더우드, B-17
385: 그레이트 애시필드, B-17
388: 네티샬, B-17
389: 헤셀, B-24
390: 프램링햄, B-17

392: 웬들링, B-24
398: 넛햄프스티드, B-17
401: 디네소프, B-17
445: 티벤햄, B-24
446: 번게이, B-24
447: 래틀스덴, B-17
448: 시싱, B-24
452: 데오팜 그린, B-17
453: 올드 버큰햄, B-24
457: 글래튼, B-17
458: 호섐 세인트 페이스, B-24
466: 애틀브리지, B-24
467: 랙히스, B-24
486: 서드베리, B-24
487: 라벤햄, B-24
489: 헤일스워스, B-24
490: 아이, B-24
491: 메트필드, B-24
492: 노스 피큰햄, B-24
493: 데브이치, B-24

사령부

부시 파크: 유럽 주둔 미국 전략 공군(USSTAF) 사령부. 암호명: 와이드윙
하이 위컴: 제8공군 사령부. 암호명: 파인트리
부시 홀: 제8공군 전투기사령부
BG: 중폭격비행전대

영

피터버러

401 BG (1)   457
                 (1) (1)
384 BG   351 BG
(1)
              305 BG
✛   (1)
801   (1) 379
        (1)
92 BG   (1)
             306 BG

■ 배드퍼드

부시 홀

■ 하이 위컴   ■

템스

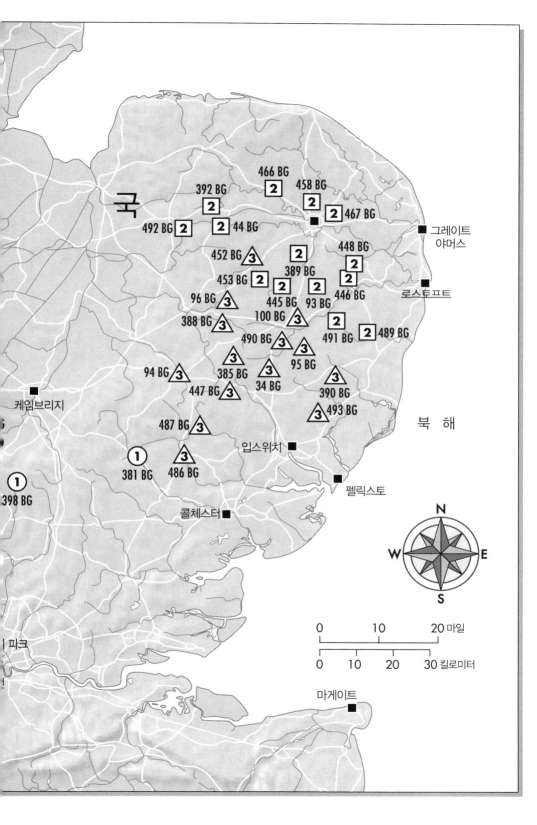

일러두기

- 이 책의 도량형 표기는 야드 · 파운드법을 원칙으로 하고, 괄호 안에 미터 · 킬로그램법으로 환산한 값을 병기하였습니다. 미국을 위시한 서방권 항공우주산업계는 물론, 그 영향을 강하게 받은 우리나라 항공우주산업계 역시 표준 도량형으로 야드 · 파운드법을 사용하기 때문입니다. 또한 일부 영미권 저자들이 해상 마일과 육상 마일을 제대로 구별하지 않고 사용하고 있어 야드 · 파운드를 우선적으로 표기하는 것이 혼동을 줄이는 방법이라 사료됩니다. 이 책에서는 원서에 해상 마일(nautical mile, 시속 표기 시 knot)로 표기된 거리는 단위당 1.852킬로미터로, 육상 마일(mile)로 표기된 거리는 단위당 1.609킬로미터로 간주하고 환산하였습니다.

- 고유명사는 가급적 외래어 표기법에 따라 원어로 표기하였습니다. 단, 국내에 정식 공개되었거나 비공식적으로라도 널리 알려진 고유명사는 국내 정식 공개 명칭, 또는 통용되는 표기법을 따랐습니다. 또한 한글로 정확하게 번역하기 어려운 고유명사는 원어 발음에 따라 음역하였습니다.

── 나치 독일에 맞서 싸운 미국 폭격기 승무원들의 이야기 ──

MASTERS OF THE AIR

마스터스 오브 디 에어 2

도널드 L. 밀러 지음 | 이동훈 옮김

행;북

1944년 봄 … 우리는 하늘의 지배자였다. 그동안 우리 군은 악전고투 끝에 독일 공군에게 치명적인 피해를 입혔다. 공중에서 우리 군의 우세는 그해 말 절정에 달했다. 그것은 전적으로 미 제8공군의 공로다.

— 윈스턴 처칠Winston S. Churchill, 《포위망을 닫으며Closing the Ring》

그는 전우들이 언제나 그를 위해준다는 사실을 알고 있었다. 자신들이 싸우는 목적보다 미묘한 전우애가 훨씬 더 강하다고 느꼈다. 전우애는 포연砲煙과 죽음의 위험 속에서 태어난 신비로운 우정이었다.

— 스티븐 크레인Stephen Crane, 《붉은 무공훈장The Red Badge of Courage》

제10장

해방된 하늘

"전쟁은 승리로 끝나는 일련의 재앙이다."

– 조르쥬 클레망소Georges Clemenceau, 프랑스의 정치가

1944년 6월 6일 새벽, 노르망디

동이 터 오기 전, 회색 안개 속에서 연합군 침공 함대가 프랑스 해안 앞바다에 나타났다. 미군 폭격기 승무원들은 B-17 1대가 자기들 바로 아래에서 선회하는 것을 발견했다. 그 B-17의 부조종석에는 임시로 준장으로 임명된 로렌스 커터 장군이 햅 아놀드의 디데이 작전을 참관하기 위해 타고 있었다. 날씬하고 거친 성격의 커터는 대독 주간 전략폭격 기본 계획 AWPD-1Air War Plans Division-1, 항공전 계획-1 입안자 중 한 사람이었다. 1942년 늦여름, 그는 이 계획을 실행하기 위해 제8공군 제1폭격비행단 단장으로 임명되어 영국으로 파견되었다.

그해 가을과 겨울, 커터는 프랑스 브르타뉴 해안에 있는 난공불락의 유보트 방공호에 공격을 가했지만, 별다른 성과를 얻지 못했다. 이후 그는 지중해에 배치되어 횃불 작전에 참가하고, 다시 워싱턴으로 돌아가 아놀드의 선임 작전 참모가 되었다. 그가 워싱턴으로 떠났던 1943년 초에는 독일 공군이 유럽 하늘의 지배자였으며, 주간 폭격의 미래는 어둡기 짝이 없었다. 그리고 이제 곧 해가 뜨면 독일 공군의 전투기들이 막 시작되는 거대한 상륙작전을 위협하지 못할 것이라는 커터의 직감이 옳았는지 아닌지 알 수 있을 것이다.

상륙 전날, 아이젠하워는 휘하의 장병들에게 이렇게 장담했다.

"하늘에 보이는 군용기는 모두 우리의 것이다!"

하지만 아이젠하워를 비롯해 모든 연합군 지휘관은 히틀러에게 아직 수백 대의 전투기들이 독일 내륙에 숨겨져 있으며, 이것들이 뛰쳐나와 언제든 아군을 해안가로 밀어낼 수 있다는 우려를 떨쳐 버릴 수 없었다. 자신이 지휘하는 부대가 독일 공군에 막대한 타격을 주었다고 확신하는 칼 스파츠조차 독일 공군이 활발하게 반격할 가능성이 있다고 예측하는 판국이었다.

커터 장군은 이때를 다음과 같이 회상했다.

"그런 생각을 해 봤어요. 만약 내가 독일군의 작전 장교인데, 갑자기 하나님이 나타나 방어에 가장 유리한 날씨를 만들어 주겠다고 한다면, 나는 노르망디 해안은 물론 영불해협 상공까지 두껍고 짙은 구름층을 만들어달라고 할 겁니다. 이 구름은 독일 공군을 위한 완벽한 은폐물이니까요. 그들은 구름층 위에서 비행하다가 구름을 뚫고 내려와 영불해협에 있는 아군 함대 위로 급강하해 폭격하거나 기관총을 쏜 다음 대공포나 전투기가 제대로 반격하기 전에 구름 속으로 사라져 버릴 수 있었습니다. 나는 그 점이 매우 우려스러웠습니다. 게다가 아군은 4,000척의 군함이 폭 18마일(29킬로미터)의 거대한 대열을 이루고 있습니다. 이렇게 큰 표적이 또 어디 있겠습니까?"

그러나 연합군 장병들을 가득 태운 상륙정들이 높은 파도를 뚫고 해안으로 나아가자 커터 장군의 걱정은 말끔히 사라졌다. 하늘은 영국 상공까지 연합군 전투기와 B-17로 가득 찼고, 독일 전투기는 찾으려야 찾을 수 없었다. 커터는 후일 이런 기록을 남겼다.

"독일 놈들은 보이지 않았다. 가진 항공기가 없기 때문이었다."

연합군은 인류 역사상 가장 큰 상륙 함대를 조직했다. 그러나 여기에 맞서는 독일 공군은 6월 6일 하루 동안 250회 미만으로 출격했다. 독일 지상군을 노르망디 일대에서 완전히 몰아내기 위해 해안에 상륙한 연합군 보병은 7주가 지나도록 승리를 거두지 못하고 있었다. 그러나 제공권은 6주간의 치열한 전투 끝에 이미 연합군에게 넘어와 있었다.

빌리 미첼과 줄리오 두헤는 순식간에 적의 사기를 꺾는 폭격전이야말로 천천히 대량 학살을 벌이는 참호전에 대한 인도적인 대안이라고 여겼다. 다만 폭격전의 경우, 디데이 이전 수개월 동안 이어진 항공전에서 다수의 인명과 항공기를 잃으며 천문학적인 손실을 입은 바 있었다. 그러나 천천히 사람을 죽이는 예전의 전쟁과 달리, 제2차 세계대전의 항공전에서는 매우 신속하게 북유럽 상공의 제공권이 정해졌다. 그리고 커터식 전략폭격은 전쟁 마지막 해에 독일을 더 이상 전쟁을 수행할 수 없는 상태로 만들어 버렸다.

대주간

이런 거대한 항공전은 1944년 2월 어느 궂은 날 아침, 칼 스파츠의 명령으로 시작되었다. 대주간은 북해에서 다뉴브강까지, 파리부터 폴란드에 이르는 서부 유럽 전구에서 실시하는 6일에 걸친 항공 작전이었다.

첫날의 표적은 베를린에서 남쪽으로 80마일(128킬로미터) 떨어진 브라운슈바이크-라이프치히 지역에 있는 전투기에 들어가는 대형 부품 생산 및 조립 공장들로, 이곳은 독일 전투기 생산의 메카라 할 수 있는 곳이었다. 폭격기 대열이 독일 영공으로 들어가자 앤더슨 장군 휘하의 괴짜 기상장교가 장담한 대로 날씨는 구름 한 점 없이 개기 시작했다. 은빛 날개가 빛나는 호위 전투기 대열만 하더라도 무려 800대에 달했고, 허버트 젬케 대령이 지휘하는 울프팩 비행대가 그 선봉에 섰다. 이 비행대 항공기들은 이 날 최초로 150갤런(570리터) 보조 연료 탱크를 탑재함으로써 기지에서부터 약 400마일(640킬로미터) 떨어진 하노버 근교까지 왕복 비행이 가능해졌다. 펜실베이니아주 오일 시티 출신으로 폴란드 이민자의 후손인 프랜시스 '개비' 가브레스키Francis 'Gabby' Gabreski는 이렇게 회상했다.

"우리는 폭격기와 상봉해 고도 2만 2,000피트(6.7킬로미터)에서 폭격기 편대 좌측에 자리를 잡았죠. 폭격기와 슬슬 작별해야 하는 하노버로부터 서쪽 30마일(48킬로미터) 지점까지는 아무 일이 없었습니다."

바로 그때, 독일 쌍발 야간 전투기 메서슈미트 Bf 110 1개 비행대가 미 군기들보다 낮은 고도에 나타났다. 가브레스키의 비행대는 이들을 공격했고, 살아서 돌아간 독일 전투기는 1대뿐이었다. 이후 가브레스키는 편대를 재정비하고 기지로 귀환하는 먼 여정에 올랐다. 이날 하루 동안 미군 전투기들이 격추한 독일 항공기는 61대였다. 이 중 18대가 가브레스키 비행대에 의해 격추되었다.

승리를 하는 데는 기술력만큼 전술도 중요했다. 둘리틀이 근접 호위를 중단하라고 명령하기 이전, 대개의 독일 공군 전투기들은 폭격기보다 낮은 고도에서 집결했다. 그러면 폭격기보다 더 높은 고도를 비행하는 미군 호위 전투기들의 공격으로부터 안전하면서도 미군 폭격기에 계속 달라붙어 공격을 가할 수 있었다. 그러나 2월 20일, 이 전술을 사용한 독일 조종사들은 미군 전투기의 기습으로 격추되었다. 반면 같은 날 젬케의 제56전투비행전대는 독일 상공에서 단 1대의 항공기도 잃지 않았다. 이 부대의 조종사들은 이제 독일 영공을 '즐거운 사냥터'라고 불렀다.

그날 밤 파크 하우스 사령부에서 스파츠, 앤더슨, 윌리엄슨은 전신타자기로 임무 보고서가 들어오기를 기다렸다. 그들은 아군의 막대한 손실을 예상하고 바짝 긴장하고 있었다. 윌리엄슨은 이렇게 말했다.

"저녁 내내 보고서가 들어왔습니다. … 기체 손실이 없거나, 1, 2대에 불과한 비행전대들이 많았습니다. 도저히 믿을 수 없었습니다."

전신타자기가 멈추자 지휘관들은 적군과 아군의 손실을 집계했다. 아군의 항공기 손실은 폭격기 21대, 전투기 4대 인명 손실은 214명이었다. 그날 임무에 참가한 미군은 약 1만 1,000명이었다. 반면 독일 공군의 전투기 손실은 153대나 됐다.

"스파츠 장군은 복권이라도 당첨된 듯 기뻐했습니다."

그러나 일선에서 싸웠던 장병들의 시각은 사령부의 장군들과는 달랐다. 제2차 세계대전 참전용사이자 소설가인 어윈 쇼Irwin Shaw는 이런 글을 남겼다.

"지도 앞에 앉아 있는 장군들은 그런 보고를 받고 기뻤을 것이다. 그러나 현장에서 싸운 사람들에게 그런 식의 보고는 전혀 기쁘지 않았다. 본인이 당했거나 옆 사람이 당했는데 어떻게 '모든 것은 계획대로 진행되고 있다'라고 보고할 수 있단 말인가."

2월 20일, 명예훈장을 받은 3명의 승무원에게는 어떠한 것도 계획대로 되지 않았다. 그들의 이야기는 대주간이 낳은 위대한 영웅담이자 서사시에 나올 법한 자기희생에 관한 이야기였다. 그날 하루 동안 그들은 고통을 견디며 단단히 서 있는가, 아니면 쓰러져 죽든가, 둘 중 하나 말고 어떠한 선택도 할 수 없었다.

제305폭격비행전대 소속의 B-17 1대가 라이프치히 상공을 벗어나다가 12대의 독일 전투기로부터 공격을 받았다. 독일 전투기가 쏜 기관포에 8명의 승무원이 피격당했고, 엔진 1개에 불이 붙었다. 조종석 우측 전방 캐노피를 뚫고 들어온 기관포탄은 부조종사의 머리에 맞고 폭발해 부조종사는 그 자리에서 즉사했다. 죽은 부조종사의 시신이 앞으로 기울어지면서 조종간을 밀자 폭격기가 하강하기 시작했다. 얼굴과 목에 중상을 입은 조종사 윌리엄 R. 롤리William R. Lawley 중위는 오른손으로는 부조종사의 시체를 조종간에서 떼어내는 동시에 왼손으로는 조종간을 잡고 하강을 멈추려고 애썼다. 캐노피와 계기판이 피와 파편으로 뒤덮여 버렸기 때문에 그는 항공기를 맹목조종할 수밖에 없었다. 항공기는 수직에 가깝게 1만 피트(3킬로미터)나 급강하한 다음에야 간신히 수평 자세를 잡았다. 그 직후 조종사는 엔진에 붙은 불이 아직 꺼지지 않았다는 것을 알았다. 항공기가 언제 폭발할지 몰랐기 때문에 항공기를 수평으로 날게 한 후, 전 승무원에게 비상 탈출을 명령했다. 그러나 폭격수 해리 메이슨Harry Mason 중위가 후방 동체의 피해 상황을 점검한 후, 승무원 1명은 이미 탈출했으나 기관총 사수 2명이 중상을 입어 움직일 수 없다고 보고했다. 그러자 롤리는 인터컴을 통해 항공기를 어떻게든 귀환시켜 보겠다고 알렸다. 영국까지 무사히 가려면 아직 5시간이나 더 날아야 했으나, 롤리는 그 외에 2명의 부상자를 살릴 다른 방법을 알지 못했다. 그는 아직 몸이 성한 나머지 승무원들에게 다시 탈출하라고 지시했으나, 승무원들은 롤리와 2명의 부상자와 함께하겠다고 했다.

롤리는 깨진 캐노피 틈새로 들어오는 얼음처럼 차가운 바람에 계속 노출되어 있었다. 그의 얼굴은 잿빛으로 변해 갔고 정신착란 증세가 나타나기 시작했다. 게다가 의식도 여러 번 잃었다. 해리 메이슨은 부조종사의 시체를 좌석에 묶어놓은 다음, 조종사석과 부조종사석 사이에 서서 롤리가 정신을 잃을 때마다 그를 깨우고, 그가 조종할 수 있게 도왔다. 그들이 결국 영국 영공에 진입했을 때 고도는 고작 1,500피트(450미터)였고, 엔진은 하나만 정상적으로 작동하고 있었다. 어둠이 깔리기 시작했고, 가랑비가 내렸다. 비행장 한 곳을 발견했지만 지나쳐 버렸다. 두 번째로 다다른 곳은 캐나다 공군 전투 비행대 소속 비행장이었다. 롤리는 그곳에 착륙하기로 결심하고 랜딩기어를 내리려 했으나 기어가 작동하지 않아서 어쩔 수 없이 동체착륙을 시도했다. 기체 하부가 콘크리트 활주로에 쓸리면서 엄청난 양의 불꽃을 뿜어댔지만, 다행히 승무원들은 모두 안전하게 기체에서 내릴 수 있었다. 그러나 중상을 입은 2명의 기관총 사수는 영구적인 장애를 입고 말았다. 전쟁이 끝난 후 윌리엄 롤리는 그의 전우들과 계속 연락을 주고받았고, 사수 중 1명인 랄프 브라스웰Ralph Braswell은 1999년 앨라배마주 몽고메리 외곽에 있는 롤리의 집을 방문하기도 했다.

"관절염에 시달리고 있던 롤리에게 다가가 악수를 나눈 후 '당신의 손은 정말 대단했지, 그 손으로 내 목숨을 구했어'라고 말했어요."

그날 라이프치히 임무에서는 2명의 동료에 의해 5명의 승무원이 목숨을 건진 사례도 있다. 이들은 아치볼드 매티스Archibald Mathies 하사와 월터 E. 트륌퍼Walter E. Truemper 중위였다. 제351폭격비행전대의 B-17 텐 호스파워Ten Horsepower, 10마력호는 폴브룩 기지에서 출격해 표적 인근까지 왔다. 표적 인근에서 상부 기관총 사수인 칼 무어Carl Moore는 Me 109 2대가 자신이 탄 항공기를 향해 똑바로 달려드는 것을 봤다. 그리고 잠시 후 적기가 쏜 기관포탄이 조종석에서 폭발했다. 부조종사 로널드 바틀리Ronald Bartley의 머리가 날아갔고, 조종사 C. 리처드 넬슨C. Richard Nelson도 쓰러졌다. 두 조종사의 몸이 앞으로 쓰러져 조종간에 얹히면서 텐 호스파워호는 급강하기 시작했다. 항공기가 나선 급강하spiraling dive를 하면서 발생한 원심력으로 인해 살아남은 승무원들은 꼼짝도 할 수 없었다.

후방 측면 기관총 사수 러셀 로빈슨Russell Robinson은 당시를 이렇게 회상했다.

"그 후로 몇 분 동안 우리는 마치 돌아가는 팽이 속에 갇힌 것 같았어요. 기체 벽에 딱 달라붙어서 꼼짝도 할 수 없었죠."

칼 무어는 항공기 바닥을 기어서 간신히 조종실로 들어가는 데 성공했다. 깨진 캐노피를 통해 들어오는 강풍으로 그의 몸은 뒤로 날아가 버릴 것 같았다. 조종실 안에서 마주한 장면에 그는 그만 얼어붙어 버렸다. 잘려 나간 바틀리의 머리가 조종실 바닥에 나뒹굴고 있었고, 넬슨의 얼굴은 오른쪽이 사라지고 없었다. 넬슨 역시 죽었다고 생각한 무어는 두 조종사가 누르고 있는 조종간들을 한 손에 하나씩 잡고, 온 힘을 다해 잡아당겼다. 항공기는 약 1만 5,000피트(4.5킬로미터)까지 급강하한 끝에 간신히 수평 자세를 회복했다. 부상당한 통신수 토머스 소웰Thomas Sowell은 이렇게 회상했다.

"너무 갑자기 하강을 멈춰서 눈알이 빠지는 줄 알았어요."

이때 항법사 월터 트륌퍼가 조종실로 들어왔고, 무어는 트륌퍼에게 조종간을 넘겼다. 잠시 후 아치볼드 매티스가 볼 터렛에서 나와서 트륌퍼와 함께 조종을 맡았다. 매티스는 짧지만, 조종 교육을 받은 적이 있었다. 두 사람은 두 조종석 사이 좁은 틈에 웅크리고 앉아서 어떻게 할지를 정했다. 그들은 조종석 바닥에 있는 승강타와 에일러론 제어장치를 손으로 움직여 폭격기의 자세를 유지했다. 그동안 다른 승무원들이 바틀리의 시신을 조종석에서 끌어내 조종실 아래 통로에 눕혔다. 독일 전투기들의 모습이 보이지 않자, 트륌퍼는 조종간을 매티스에게 넘겨주고 기수로 내려가 영국으로 가는 항로를 찾았다. 폭격수는 이미 폭탄을 투하한 직후 탈출한 상황이었다. 그러나 4개의 엔진이 모두 잘 작동하고 있었기 때문에 남아 있는 승무원들은 항공기를 버리지 않기로 했다.

조종실 내로 엄나게 차가운 바람이 강하게 몰아쳤기 때문에 한 번에 몇 분 이상 조종을 지속하기가 어려웠다. 그래서 번갈아가며 조종을 하기로 했다. 다만 매티스가 대부분의 조종을 맡았고, 바람 소리 때문에 수신호로 의사소통을 했다. 다른 승무원들은 매티스가 조종석에 앉을 수 있도록 넬슨의 시신을 조종석에서 끌어내려고 했다. 그러다 승무원들은 화들짝 놀랐다. 넬슨이 아직 살아 있었던 것이다.

항공기가 폴브룩 상공에 도착하자 트륌퍼는 관제탑에 무전을 보냈다.

"부조종사는 죽었다. 조종사 역시 죽은 것으로 판단된다. 폭격수는 비상 탈출했다. 나는 항법사다. 기내에서 생존한 유일한 장교다. 어떻게 해야 하나?"

트륌퍼는 자신이 항공기를 착륙시킬 수 있다고 말한 매티스의 말을 전달했고, 기지 사령관 유진 로믹Eugene Romig 대령은 이를 허가했다. 그러나 매티스의 첫 번째 착륙 시도는 고도가 너무 높고, 활주로와 기체를 정렬시키지 못해 실패했다. 피로와 추위로 몸이 잘 움직이지 않았던 것이다. 로믹 대령은 선회 비행을 하면서 낙하산으로 탈출하라고 지시했다. 로믹의 지시대로 승무원들이 항공기에서 뛰어내렸고, 마지막으로 칼 무어가 뛰어내렸다. 그는 매티스, 트륌퍼와 악수하고, 엄지손가락을 들어 보인 후 후방 출입구에서 몸을 날렸다.

승무원들이 탈출하는 동안 로믹 대령과 대대장 엘지아 르두Elzia Ledoux 소령은 텐 호스파워호의 착륙을 돕기 위해 B-17을 타고 이륙했다. 그는 무전으로 지상의 관제탑과 매티스에게 착륙 지시를 내렸다. 그러나 매티스의 조종이 너무 거칠어 항공기가 불안정하게 상승과 하강을 반복하자, 로믹 대령의 항공기가 가까이에서 도와주기 어려웠다. 매티스가 두 번째 착륙 시도도 실패하자, 로믹은 매티스와 트뤼퍼에게 항공기 기수를 바다로 향하게 한 다음, 자동 조종 장치를 작동시키고 탈출할 것을 지시했다. 그러나 그들은 아직 조종사가 살아 있는데 버리고 갈 수는 없다며 이를 거부했다.

텐 호스파워호는 결국 기지에 내리지 못하고, 통제 불능 상태에서 불시착했다. 매티스와 트뤼퍼는 즉사했고, 사후 의회명예훈장을 받았다. 그들이 끝까지 살리려 했던 조종사도 불시착 후 1시간 만에 죽고 말았다. 전사한 3명의 승무원들과 가장 마지막까지 함께 있었던 칼 무어는 수훈 십자훈장을 받았다. 전후 피츠버그 석탄 회사는 자사의 탄광 이름을 아치 매티스로 바꿨다. 스코틀랜드 스톤하우스에서 태어난 기관총 사수 매티스는 펜실베이니아주 리버티의 역청 광산에서 아버지와 함께 일했다. 그리고 두 번째 임무에서 영웅답게 산화했다.

대주간 5일 동안 제8공군의 손실은 놀랄 만큼 증가했다. 독일 영공에서 격추당한 제8공군 중폭격기는 최소 226대로, 가용 전력의 약 20퍼센트 수준이었다. 제15공군의 손실도 그에 못지않았다. 만약 1942년에 이 정도 손실을 기록했다면 이커의 지휘권은 무력화됐을 것이다. 그해 로렌스 커터 장군과 참모들은 종전까지 제8공군의 항공기 손실이 300대가 넘지 않으리라 예측했지만, 그보다 높은 손실률을 기록했던 것이다. 그러나 1944년, 수많은 전투로 단단해지고 많은 항공기와 새로운 승무원으로 보강된 제8공군은 이 정도의 손실률은 견뎌낼 수 있었다. 그리고 이제 처음으로 독일 전시경제의 약점을 발견하고, 그것을 공격함으로써 승리가 기정사실이 되어 가고 있었다.

대주간의 기틀을 기획한 프레더릭 앤더슨 장군은 제8공군과 제15공군,

영국 야간 폭격기들이 밀접하게 협력하면 독일의 전투기 생산에 치명타를 가해 독일 공군의 씨를 말릴 수 있다고 믿었지만, 결과는 그렇게까지 치명적이지 않았다. 미군은 대주간 동안 레겐스부르크, 슈바인푸르트를 포함한 독일 내 18개소 항공기 동체 및 볼베어링 생산 공장에 약 1만 톤의 폭탄을 투하했고, 영국 공군은 이보다 많은 폭탄을 투하했으나 이러한 총력전에도 불구하고 독일 전투기 생산은 2개월 정도 지연됐을 뿐이었다.

1944년 여름, 독일의 전투기 생산량은 정점을 찍었다. 어이없게도 그 원인 중에는 대주간의 영향도 있었다. 괴링이 이끄는 무능한 공군부가 맡고 있던 독일의 전투기 생산은 히틀러의 승인에 따라 알베르트 슈페어의 군수부 내 특수 조직에 맡겨졌다. 슈페어는 전문 경영인 카를 오토 자우어 Karl Otto Saur를 생산 시설 분산 프로그램의 책임자로 임명하고, 생산 속도를 더 높였다. 1944년 하반기에 이르자 교묘하게 위장한 독일의 소형 공장들은 대주간 이전보다도 더 많은 월간 전투기 생산량을 자랑했다. 연합국 정보기관은 숲속에 숨어 있는 이 공장들을 끝까지 발견하지 못했다. 따라서 4마일(6.4킬로미터) 상공에서 이 공장들을 폭격해 없애기는 더욱 어려웠다.

반면 앤더슨의 예측이 맞아떨어진 것도 있었다. 항공기 생산 공장을 방어하기 위해 출격한 독일 공군은 단발 전투기의 3분의 1 이상, 조종사의 18퍼센트를 잃었다. 게다가 항공기 조립 공장에 대한 폭격은 장기적으로 심각한 여파를 주게 되는데, 만약 공장에 대한 폭격이 없었다면 독일 전투기 생산 대수는 훨씬 더 늘어났을 것이다. 그리고 수개월 간에 걸친 분산 작업으로 인해 전투기 생산의 효율성은 그만큼 저해될 수밖에 없었다. 작은 공장의 생산 속도는 큰 공장에 비해 느릴 수밖에 없기 때문이다. 흩어진 항공기 공장은 철도 수송에 크게 의존하게 되었고, 항공기 부품을 싣

고 공장에서 공장으로 이동하는 독일 열차들은 연합군 전투기의 먹잇감이
되었다. 결국, 공장 분산 정책은 자살 행위나 다름없게 되었다. 1944년 말,
독일 철도망이 연합군 공군기의 폭격과 기총소사로 마비되자, 최종 조립
공장에 부품을 조달해 완성된 전투기를 만들어내는 것이 힘들어졌다. 대
주간의 가치를 당시 제8공군 지휘관들은 과대평가했고, 이후의 역사가들
은 과소평가했다. 그러나 대주간은 미국에게 승리도 패배도 아니었다. 단
지 제2차 세계대전에서 가장 오래 걸리고 결정적인 공중전의 서막일 뿐이
었다.

베를린

2라운드는 베를린이었다. 당시 베를린은 세계에서 여섯 번째로 큰 도시
이자 유럽 최대의 경제 및 상업 중심지였다. 전쟁 기간에 이 도시의 거의
모든 산업 시설은 군수생산에 동원되고 있었기에 독일 공군은 이곳도 지
켜야 했다.

아서 해리스의 영국 공군은 1943년과 1944년 사이의 겨울, 무차별폭격
을 가해 베를린을 초토화시키고자 했으나 갑자기 부활한 독일 공군 야간
전투기 부대에 의해 감당할 수 없는 피해를 입었다. 미 육군 항공대의 방
법은 달랐다. 핵심 표적은 산업 시설이었고, 그중에서 베를린 교외 에르크
너에 위치한 대형 볼베어링 공장이 최우선 표적이었다. 그리고 여기서도
폭격기는 독일 공군을 꾀어내는 미끼 역할을 할 예정이었다.

물론 새로운 전술도 있었다. 과거 제8공군의 모든 대규모 폭격 임무에
서는 적을 혼란에 빠뜨리기 위해 정교한 양동 공격을 수행했지만, 이번에
는 그런 기만 작전은 쓰지 않았다. 미국 지휘관들은 예측 가능한 경로로

폭격기를 보낼 생각이었고, 그 때문에 미국 폭격기들은 큰 위험에 처하겠지만, 그 또한 작전이었다.

대주간 직후, 다수의 머스탱 장거리 전투기가 영국에 도착했다. 앤더슨은 총력전을 위해 굳은 각오를 다졌다. 2월 말, 그는 햅 아놀드에게 이렇게 말했다.

"막대한 손해를 각오하십시오. 제8공군은 어떠한 희생을 치르고서라도 표적을 타격할 것입니다."

사상자가 급격하게 늘어났고, 폭격기 승무원들에게는 또 다른 나쁜 소식이 전해졌다. 햅 아놀드에게 압력을 받은 둘리틀 장군이 승무원들의 전투 출격 의무를 25회에서 30회로 늘린 것이다. 이는 훗날 35회까지 늘어나게 된다. '숙련도가 최고조에 달한 승무원들을 왜 바로 귀국시켜야만 하는가?'라는 단순한 이유에서였다. 그 결정으로 인해 둘리틀은 폭격기 승무원들로부터 엄청난 미움을 받게 되었다. 승무원들은 이렇게 불평했다.

"25회는 조국을 위해, 5회는 지미(둘리틀)를 위해 출격한다!"

대주간은 장병들에게 엄청난 스트레스를 주었다. 통신수 겸 기관총 사수인 로렌스 '골디' 골드스타인Laurence 'Goldy' Goldstein은 이렇게 말했다.

"수많은 장병이 약에 의존했어요. 수면제, 각성제, 항우울제…."

군의관이 약을 처방해주지 않을 경우, 약을 훔치는 장병도 있었다. 이도 저도 못 구한 장병에게는 응급처치 키트에 든 모르핀이 있었다.

첫 베를린 폭격 임무는 3월 2일로 예정되어 있었다. 그러나 상공에 짙은 구름이 끼어 있어서 둘리틀은 임무를 취소했고, 그의 결정에 앤더슨은 크게 화를 냈다. 그는 일기에 이렇게 적었다.

"베를린에 구름이 얼마나 껴 있든 문제가 되지 않는다. 베를린 폭격 임무는 독일 공군의 전력 소모를 동반할 것이다. 그것은 지상에서의 폭격 피해보다 더욱 중요하다. 우리는 그것만을 주안점으로 삼아 밀어붙여 왔다."

베를린은 제8공군이 공격해 온 표적 중 가장 함락하기 어려운 요새와 같은 곳이었다. 이곳에서 둘리틀의 휘하 승무원들은 새롭게 재편성된 독일 공군과 맞서 싸우게 될 것이었다. 독일 공군 전투기 중 70퍼센트 이상이 베를린 근교에 주둔하고 있었다. 영국 동부에서 베를린까지의 비행 거리는 왕복 1,100마일(1,770킬로미터)로, 폭격기들이 독일 중부 상공에서 5시간이나 비행해야 한다는 의미였고, 기상이 악화될 경우에는 편대비행을 방해하는 최대 6마일(9.6킬로미터) 고도까지 뻗쳐 있는 구름층 위에서 비행해야 한다는 의미였다. 둘리틀의 참모는 이 임무에 폭탄을 만재해야 한다면 B-17만큼 높이 날 수 없는 B-24를 투입해서는 안 된다고 주장했다. 이 참모는 이런 말까지 곁들였다.

"세상에, 이런 식으로 우리 애들 다 죽일 셈입니까?"

앤더슨의 대답은 간결하면서도 소름끼쳤다.

"왜 안 되나?"

3월 3일, 폭격기들은 보조 연료 탱크를 장착하고 베를린까지 왕복이 가능한 소수의 P-38 전투기들과 함께 출격했다. 그러나 폭격기들은 구름을 극복하지 못하고 회항해야만 했다. 다음 날에도 찌푸린 하늘과 악천후가 문제가 되었다. 그래서 둘리틀은 비행 중인 항공기에 임무 취소를 명령했다. 그러나 제95폭격비행전대의 2개 대대, 제100폭격비행전대의 1개 대대는 그 명령을 수신하지 못했다(고 주장했다). 대당 25톤짜리 폭격기와 P-51 호위 전투기 들은 추측항법으로 계속 비행했고, 회전하는 프로펠러로 인해 비행운이 형성되면서 위험성은 더 높아졌다. 공기가 희박한 상태에서 승무원들은 머리가 멍하고 졸음이 밀려왔지만, 계속 터지는 대공포탄 때문에 누구도 꾸벅꾸벅 졸 수 없었다. 독일 공군은 즉시 전투기를 출격시켜 반격했다. 5대의 B-17이 격추당했다. 그러나 나머지 B-17은 도널드 블레이크슬리Donald Blakeslee 중령이 지휘하는 제4전투비행전대의 P-51들에 의해 구출됐다. 블레이크슬리는 미국이 참전하기 이전, 미국인 의용 조종사로 이루어진 영국 공군 독수리 비행대대(스핏파이어 운용)의 대원이었다.

폭격기 편대의 지휘관 해리 C. 멈퍼드Harry C. Mumford 대령은 해질녘 어스름이 깔릴 때쯤 기지로 귀환했다. 그는 징계를 받을 거라고 예상했지만, 그 대신 은성 훈장을 받았고, 그 사진이 《라이프》지에 실렸다.

이 임무에서 미군의 전적은 형편없었다. 그러나 미군 항공기가 주간에 베를린에 도달했다는 사실은 추축국과 연합국 모두에 큰 의의가 있었다. 전쟁 첫해, 헤르만 괴링은 베를린 시민들에게 단 1발의 폭탄도 베를린에 떨어지는 일이 없을 거라고 호언했었다. 전쟁 후, 어느 신문관은 괴링에게 독일이 끝장났다는 걸 언제 깨달았냐고 물었다. 그러자 괴링은 이렇게 대답했다.

"전투기의 호위를 받는 연합군 폭격기들이 하노버에 나타났을 때 나는 걱정하기 시작했소. 그리고 같은 항공기들이 베를린 상공에 나타났을 때는 독일이 끝장났다는 걸 알았소."

척 예거

3월 5일, 악천후 때문에 여전히 폭격기들은 멀리 나갈 수 없었다. 손실은 적었으나 호위 전투기들에게는 힘든 시기였다. 전날 베를린 상공에서 첫 격추를 기록한 웨스트버지니아주 마이라 출신, 21세의 호전적 조종사 찰스 '척' 예거Charles 'Chuck' Yeager는 이날 여덟 번째 전투 임무에서 남프랑스 보르도 동쪽 50마일(80킬로미터) 상공에서 3대의 Fw 190에 격추당했다. 원래 정비사로 입대했던 그는 전쟁에서 살아남았고, 이후 처음으로 음속 장벽을 깨고 세계에서 가장 유명한 시험비행 조종사가 되었으며,《필사의 도전The Right Stuff》이라는 책과 영화의 주인공이 되었다.

추락하는 항공기에서 간신히 뛰어내린 예거의 몸은 자유낙하에 들어 갔다. 그는 높은 고도에서 낙하산을 펼쳤다가는 독일 전투기의 총알 세례를 받을 수 있다는 생각에 충분히 낮은 고도로 내려올 때까지 립코드를 당길 엄두를 내지 못했다. 척 예거는 춥고 무서웠다. 그의 발과 손, 오른쪽 종아리에 난 상처에서 피가 흐르고 있었다. 예거는 자신이 나치 보안 경찰의 수사망을 피해 달아날 확률이 희박하다는 것도 알고 있었다. 유럽 상공에서 격추되었다가 영국으로 돌아온 사람은 그의 대대에는 아직 단 한 사람도 없었다. 그러나 키가 큰 풀들 사이에 숨어서 설파제와 붕대로 상처를 치료하고, 비행복에 꿰매어진 실크 지도를 살펴보면서 그는 점차 희망을 되찾았다. 그는 가난하지만 강인한 의지를 지닌 산사나이의 아들로, 어릴 적부터 사냥과 야영을 배웠다. 허리춤에는 육군 지급품인 45구경 자동권총이 있고, 그는 사격의 명수였다. 예거는 다음과 같이 회상했다.

"고향에서는 할 일이 있으면 했을 뿐이에요. 그리고 그때 나의 일은 적에게 생포되지 않고 탈출하는 것이었죠."

예거의 목적지는 스페인이었다. 그는 스페인으로만 가면 스페인 주재 영국 외교관들의 도움을 받아 지브롤터를 통해 영국으로 송환될 수 있다고 알고 있었다. 그러나 우선 저공비행 정찰기까지 동원해 그를 찾고 있는 독일군의 눈부터 피해야 했다. 수풀 밖을 바라보던 그의 눈에 큰 도끼를 든 나무꾼이 보였다. 그 도끼는 예거의 손에 들어가면 무기가 될 수 있었다. 그는 프랑스 농부 따위는 배고픈 미국 촌놈의 상대가 되지 않는다고 판단했고, 그 농부를 덮쳐 쓰러뜨린 다음 얼굴에 권총을 들이댔다. 그 농부는 영어를 할 줄 몰랐다. 그러나 예거가 자신을 미국인이라고 소개하자 미소를 지으며 고개를 끄덕여 보였다. 그는 손짓으로 자신은 도움을 청하러 갈 테니 예거는 숲속에 숨어 있으라고 했다. 독일군은 어디에나 있기 때문이다.

한 시간 후 나무꾼은 어떤 노인을 데리고 돌아왔다. 그 노인은 영어를 약간 할 수 있었다. 예거는 노인을 따라 작은 호텔로 갔고, 2층에 있는 방으로 안내되었다. 기품 있는 호텔 여주인이 숄을 두르고 침대에 앉아 있었다. 그녀는 예거의 눈을 똑바로 보며 유창한 영어로 말했다.

"세상에, 아직 어린 아이잖아요. 미국은 성인 남자는 다 없어진 건가요?"

그녀는 예거가 미군 조종사 행세를 하는 독일 스파이가 아니라는 것을 확인하기 위해 여러 가지 질문을 한 다음, 자기 부하들이 예거를 도와줄 거라고 얘기해 주었다.

다음 날 아침, 예거는 어느 농가로 인도되었다. 예거는 그 농가의 건초 창고에 거의 일주일 동안 숨어 있었다. 그곳에서의 마지막 날 밤, 예거를 치료해 주었던 현지 의사가 농부가 입을 법한 옷과 가짜 신분증을 가지고 왔다. 의사는 '짧은 여행'을 떠날 거라고 얘기했다. 그 후 예거는 의사의 손에 이끌려 수 주 동안 도망치고 숨기를 반복하다가 결국 산속에 있는 개간지에 도달했다. 거기서 예거는 검은 베레모를 쓰고 무장한 남자들에게 인도되었다. 예거는 당시를 이렇게 회상했다.

"그 사람들이 누군지 내가 알 필요는 없었지만, '마키Maquis' 단원들이었어요. 낮에는 산속에 숨어 있다가 밤에는 기차와 교량을 폭파하는 프랑스 레지스탕스 전사들이었지요."

예거는 피레네산맥에 쌓인 눈이 녹을 때까지 이들과 함께 지내라는 지시를 받았다. 그후 이들이 예거를 스페인까지 보내줄 것이었다.

18세기 프랑스 민주혁명 당시 코르시카섬에서 활동한 저항군들이 숨어 살던 덤불숲에서 이름을 따온 '마키'는 프랑스 레지스탕스 조직 중 비교적 신흥 세력이었다. 최초의 마키 단원들은 브르타뉴와 남프랑스 삼림 오지 출신들로, 프랑스 노동자들을 징발해 독일 본토에서 강제 노동을 시키려는 나치를 피해 1942년 말 산속으로 들어간 이들이었다. 유럽 본토 침공 논의가 진행 중이던 1943년 여름, 이들 중 상당수는 레지스탕스 대원들과 합류해 독일군 및 프랑스 내 친독일 부역 민병대에 대한 파괴 공작에 나선다. 이 시점에 영국 SOE(Special Operations Executive, 특수 작전 집행부) 요원들이 이 레지스탕스들에게 관심을 보이기 시작했다. SOE의 임무는 나치가 점령한 유럽 지역에서의 파괴 공작과 게릴라 작전이었다. 영국은 SOE 요원들과 장비를 낙하산으로 마키단에게 공수했고, 마키단과 영국 정부 간 정식 무선통신 채널도 개설되었다. 영국 SOE는 미국 OSS(Office of Strategic Services, 전략 사무국)의 런던 지부와도 긴밀하게 협력 관계를 맺고 있었다. 노르망디상륙작전을 준비하는 영국 처칠 총리는 남프랑스의 가장 뛰어난 마키단들에게 무장을 공수하기 위해 더 많은 공군 항공기를 이용할 수 있게 해달라고 요청했다. 1944년 1월, 미 제8공군도 클리포드 J. 헤플린Clifford J. Heflin 중령의 지휘하에 '카펫배거Carpetbagger'라는 이름의 임무를 맡게 되었다. 1944년 6월, 연합군은 마키단에 보급품을 공수하는 임무를 월 850여 회까지 늘려갔다.

카펫배거 작전에는 얼마 전 해체된 육군 항공 대잠 초계 비행대의 병력을 재편성한 제801폭격비행전대(1944년 8월, 제492폭격비행전대로 이름이 바뀌었다)가 투입되었다. 이 부대는 원래 런던 북쪽에 주둔하며 비슷한 임무를 맡고 있는 영국 공군 비행대대와 가까운 템프스포드 근교에 주둔하고 있었다. 두 항공기지는 일반인에게는 철저히 공개되지 않았고, 승무원들도 현지 술집에서 술을 마시다가 임무에 대해 누설했다가는 군사재판에 회부될 것임을 알고 있었다.

제801폭격비행전대의 B-24 리버레이터들은 1944년 3월 노샘프턴셔주의 시골 마을 해링턴으로 이동 배치되었다. 이들은 야간 투하를 위한 특수 장비도 갖추고 있었고, 후방 동체 측면 창문에는 등화관제용 커튼이 달려 있었다. 상부 기관총탑 및 후미 기관총탑을 제외한 모든 무장은 제거되었고, 기체 전체에 검은색 도료가 칠해졌다. 하부의 볼 터렛도 제거했고, 그로 인해 생긴 구멍 안쪽에는 탈착식 금속제 뚜껑을 달아 특수 요원이 낙하할 때 사용했다. 남자 특수 요원은 '조Joe', 여자 특수 요원은 '조세핀Josephine'이라고 불렸고, 그래서 이 구멍은 '조의 구멍'이라고 불렀다. 할 일이 없어진 측면 기관총 사수들은 폭탄창이 열리면 대형 보급품 통을 지상으로 내던지는 역할을 했다. 노르망디상륙작전이 임박하자, 이들은 '제드버그Jedburghs'라고 불리는 3인조 특공대를 내려보내 비밀 작전을 지원했다. 마키단도 이들 제드버그와 함께 많은 연합작전을 수행했다.

예거가 이들 마키단과 만났을 때, 이들은 연합군의 유럽 본토 상륙을 용이하게 할 목적으로 영불해협 해안에 배치된 독일군 부대의 병력 증원을 방해하기 위해 철도 파괴 임무에 집중하고 있었다. 훗날 예거는 마키단의 활동에 대해 이렇게 회상했다.

"마키단은 낮에는 숨고 밤에 나와서 공격했지요. 교량과 철도를 파괴하고, 탄약과 장비를 실은 열차를 공격했어요."

예거와 함께 행동한 마키단은 영국제 스텐 기관단총과 스페인제 38구경 야마 자동권총으로 무장하고 있었지만, 폭발물이 간절히 필요한 상황이었기 때문에 연합군의 항공 보급에 크게 의존하고 있었다.

어느 날 저녁, 척 예거는 헛간에서 대원들이 연합군이 공수해 준 철제 보급품 통에서 내용물을 꺼내고 있는 것을 지켜보고 있었다. 예거의 눈에 폭발물, 뇌관, 시한신관 상자가 들어왔다. 예거는 대원들에게 말했다.

"이 물건들 다루는 걸 도와드릴 수 있어요."

그는 어렸을 때 아버지가 플라스틱 폭약으로 유정을 폭파하는 것을 도운 적이 있었다. 그날 밤부터 헤어질 때까지 그는 마키단의 뇌관을 담당하게 되었다. 마키단과 함께 있는 동안 그가 테러리스트 집단의 폭탄 제조자로 활동하면 그는 더 이상 제네바협약에 의해 전쟁 포로로서 보호받을 수 없게 되지만, 그가 피레네산맥에 무사히 도착하려면 마키단과 서로 협력해야 했고, 그에게는 폭탄 다루는 일이 매우 즐겁고 흥미로웠다.

그러나 마키단과는 그리 오래 함께할 수 없었다. 3월 말이 되자 예거는 어느 트럭 적재함에 태워졌다. 거기에는 미군 승무원이 이미 여럿 타고 있었다. 트럭이 끼익 소리를 내며 목적지에 멈춰 서자, 미군 승무원들은 손으로 그린 지도와 빵, 치즈, 초콜릿이 든 배낭을 받았다. 트럭 운전사는 좁은 산길로 가라고 손짓했다. 미군 승무원들은 폭풍우를 뚫고 산을 오르기 시작했다. 다른 사람들이 뒤처졌을 때 예거는 체구가 좋은 B-24 항법사 '팻' 패터슨 'Pat' Patterson과 함께 움직였다. 두 사람이 흠뻑 젖은 채 해발 7,000 피트(2,100미터) 고도에 올랐을 때, 산에는 눈이 무릎 높이까지 쌓여 있었다. 그들은 두껍게 얼음이 얼어붙은 능선을 넘었다. 공기가 희박해 자주 쉬어 가야 했다. 머리 위에서는 큰 까마귀들이 울며 날고 있었고, 그들은 자신들이 그 까마귀의 먹이가 되지 않을까 불안했다.

등반 3일째 되는 날, 그들은 길을 잃고 말았다. 4일째 되는 날에는 포기하기 직전까지 몰렸다. 탈진하고, 길도 잃고, 얼어붙은 발은 점점 감각이 없어졌다. 두 사람은 꾸벅꾸벅 졸며 술주정뱅이처럼 갈지자로 걸었다. 그러다가 비어 있는 오두막집을 발견한 그들은 문을 열고 들어가 바닥에 쓰러져 잠이 들었다.

잠시 후 요란한 사격 소리에 벌떡 일어났다. 밖에서 독일군 순찰대가 오두막집에 미군 승무원이 있을 거라 추측하고 문짝에 대고 총을 갈겼던 것이다. 예거가 먼저 뒤쪽 창문으로 탈출했고, 패터슨이 그 뒤를 따랐다. 뒤에 오던 패터슨의 비명을 듣고 예거는 패터슨이 맞았다는 것을 알았다. 그는 패터슨을 부축해 눈 덮인 나무 썰매 위로 몸을 날렸다. 두 사람은 수로를 따라 미끄러졌고, 눈 녹은 물로 잔뜩 불어난 시냇가에서 멈췄다. 예거는 의식을 잃은 패터슨의 목덜미를 붙잡고 시냇물을 헤엄쳐 건넜다. 패터슨의 상태는 절망적으로 보였다. 총에 맞은 무릎에서 사냥당한 멧돼지처럼 피가 흘렀다. 예거는 마키단이 낙하산 천으로 만들어준 셔츠로 패터슨의 상처를 지혈했다.

밤이 되자 그는 아직 제대로 의식을 찾지 못한 패터슨을 부축해 경사면을 올라갔다. 멈출 때마다 패터슨의 상태를 확인하면서 포기하고 죽고 싶은 강한 욕망에 맞서 싸웠다. 해가 뜰 때쯤 그들은 산봉우리에 도달했다. 그는 아침 안개 사이로 가느다란 도로 하나를 발견했고, 멀긴 했지만 그 도로가 스페인 영토 내에 있는 거라고 확신했다.

예거의 체력은 그 도로로 가는 가파른 경사면을 따라 걸어 내려가기에는 너무 약해져 있었다. 그는 패터슨을 경사면 가장자리까지 끌고 간 다음 그를 아래로 밀었다. 그리고 자신도 양다리를 굽힌 다음 긴 막대기를 다리

사이에 끼우고 패터슨의 뒤를 따라 사면을 미끄러져 내려갔다. 그가 고향에서 가파른 사면을 미끄러져 내려갈 때 사용하던 방법이었다. 속도를 줄이고 싶으면 그 막대기를 브레이크 대용으로 쓰면 되었다. 두 사람은 간신히 도로에 이르렀다. 그러나 패터슨의 상태는 피를 너무 많이 흘려 창백하고 힘이 없었다. 예거는 패터슨이 죽었다고 판단했다. 예거는 더 이상 그에게 해줄 수 있는 것이 없었다. 예거는 행인들이 쉽게 발견할 수 있게 패터슨을 길가 잘 보이는 곳에 눕혀두고, 남쪽으로 발걸음을 옮겼다.

어느 마을에 도착한 그는 마을 경찰서에 가서 도움을 요청한 후 그 자리에 쓰러져 이틀 동안 잠이 들었다. 미국 영사가 도착해 그를 병원으로 데리고 갔고, 영사가 예거를 포함한 6명의 승무원을 귀환시키기 위해 애쓰는 동안 예거는 병원에서 일광욕과 식사, 간호사들과 노닥거리는 것 말고는 할 게 없었다. 얼마 후 예거는 패터슨의 소식을 들었다. 패터슨은 예거가 그를 버리고 떠난 지 1시간 만에 스페인 국가 헌병대에 의해 구조되어 병원에 입원했다. 6주 후 패터슨은 본국으로 송환되었으나, 예거는 본국으로의 송환을 거부했다.

피의 월요일

척 예거가 프랑스 상공에서 격추당한 다음 날, 베를린을 다시 공격한 제8공군은 그때까지 중 가장 큰 규모의 공중전을 치렀다. UP통신은 당시의 전투를 이렇게 보도했다.

"오늘 미국 폭격기들은 길이 15마일(24킬로미터)의 대열을 지어 베를린 도심 상공을 30분에 걸쳐 통과했다. 독일은 다수의 전투기를 내보내 요격하려 했으나, 미국 폭격기 대열을 막지 못했다. 이미 큰 피해를 입은 베를린에는 폭격으로 큰 화재가 발생했다."

《뉴욕타임스》는 이 전투에 동원된 양측의 병력을 60만 명으로 추산했다. 여기에는 연합군 승무원 1만 2,000명, 독일 공군 전투 조종사 약 1,000명, 연합군 공군 지상 근무자 5만 명, 독일 공군 지상 근무자 2만 5,000명, 유럽 대륙 해안에서부터 베를린까지 경계 중인 독일 대공포 사수 약 50만 명이 포함되어 있었다.

'눈물의 길the Trail of Tears*'에서 살아남은 체로키 인디언의 후손인 B-17 기관총 사수 토미 라모어Tommy LaMore는 다음과 같이 회상했다.

"하늘에서 본 베를린은 크고 어두운 도시였죠. 이게 바로 히틀러의 도시구나, 나치의 거물 악당들이 여기 사는구나 싶었어요. … 나는 '어서 루프트바페를 보내, 어서. 너희가 가진 모든 걸로 우리를 쏘라고. 우리 여기 있다고'라고 말했어요. 우리는 자칭 지배 민족이라고 하는 자들 눈앞에서 그들의 집을 때려 부쉈어요. 폭격기가 폭탄을 투하하자 나는 '아돌프! 양배추절임이나 처먹어라!'라고 말하며 환호성을 질러댔어요."

제8공군의 기록에 따르면, 베를린 상공에 도달한 폭격기 중 10퍼센트에 달하는 69대가 독일 전투기와 대공포에 의해 격추당했다. 독일 라디오 방송국에서는 미군 폭격기가 베를린 상공에 나타나자마자 쫓겨났다고 주장했다. 그러나 다음 날, 스웨덴 기자의 보도에 따르면 베를린 교외에 있는 공업 지대의 상당 부분이 아직도 불타고 있으며, 피해 지역에는 전기와 가스, 전화가 복구되지 않았다.

---

* 1830년에 제정된 '인디언 이주법'에 의해 미 남동부에서 거주하던 인디언 부족들은 중부내륙 지역으로 강제이주를 당했다. 1838년 14,000명의 체로키족은 강제 이주 과정에서 약 4,000명이 숨졌다.

독일인들은 독일 심장부 폭격에 대한 대가를 단단히 치르게 했다. 독일 전투기들은 50대씩 횡대로 길게 늘어서서 미군 폭격기 대형을 향해 정면 공격을 가했다. 독일 전투기는 미군 폭격기를 향해 초당 200야드(180미터)의 속도로 달려들었고, 폭격기와의 충돌을 피하기 위해 500야드(450미터) 거리에 들어섰을 때 0.5초간 짧게 사격을 가하고 급상승 했다. 그리 충분한 시간이 아니었지만, 정면에서 정확하게 쏘면 0.5초의 사격으로도 미군 폭격기를 충분히 격추시킬 수 있었다.

제100폭격비행전대는 이번에도 최악의 손실을 겪었다. 버펄로 갤 Buffalo Gal호의 조종사 C. B. '레드' 하퍼C. B. 'Red' Harper는 이렇게 말했다.

"적기는 호위 전투기들의 빈틈을 찾아내 우리에게 2인 1조로 정면 공격을 가했습니다. 불과 3분도 안 지나서 아군 폭격기 15대가 불을 뿜어대며 산산조각 났습니다."

버펄로 갤호도 적의 사격으로 구멍투성이가 되고, 화재까지 발생했다. 산소 공급 장치도 부서졌다. 하퍼는 폭탄을 버리고, 산소 공급 장치 없이도 숨을 쉴 수 있는 고도 5,000피트(1.5킬로미터)로 하강했다.

허브 젬케가 지휘하는 P-47 썬더볼트가 도착했을 무렵, 제100폭격비행전대의 제13전투비행단은 불과 25분 만에 20대의 폭격기를 잃었다. 그러나 아직 끝난 게 아니었다. 그들 앞에는 더욱 강력한 독일 전투기 편대가 세계에서 가장 강력한 대공포 방어망을 등에 업고 속속 집결하고 있던 것이다. 750문으로 이루어진 대공포가 강철의 커튼을 드리우고 있었다. 그러나 미군의 살육 기계는 베를린 시민들에게 무시무시한 광경을 보여주며 꿋꿋하게 표적을 향해 나아갔다.

이제 막 대공포대에 배치된 17세의 알렉산더 비트치크만Alexander Witzigmann은 포대 옆 참호에 바로 숨었다.

"적의 압도적인 전력을 보니 온몸이 떨릴 정도로 무서웠습니다."

미군 폭격기들은 베를린 상공 곳곳에 떠 있는 옅은 구름 사이로 띄엄띄엄 열린 하늘을 통해 폭격해야만 했다. 에르크너의 볼베어링 공장은 폭격 피해를 입지 않았다. 미군이 투하한 3,000톤의 폭탄 대부분은 베를린 시내에 떨어져 약 700여 명의 사상자가 발생했다. 그러나 이번 작전은 폭격이 목적이 아니었다. 그 주목적은 다름 아닌, 독일 공군 전투기를 유인해내 전투기끼리 공중전을 벌이게 하는 것이었다. 제4전투비행전대는 전투 개시 당시의 모습을 이렇게 묘사했다.

"링 위에서 종이 울리면 가운을 벗어 던지는 두 권투 선수처럼, 양국의 전투기는 마주보며 보조 연료 탱크를 버리고 서로를 향해 돌격했다."

이날 공중전에는 약 400대의 독일 전투기가 투입되었고, 그중 최소 66대가 격추되었다. 미군은 179대의 전투기를 격추했다고 주장했다. 대부분은 빠르고 민첩한 미군의 P-51 머스탱이 격추한 것이다. 독일 전투기 조종사들이 '인디언'이라고 부른 P-51은 베를린의 차가운 상공에서 격추 교환비가 무려 8 대 1로 앞섰다. 고공에서의 온도는 너무나도 차가워서 모피 안감이 들어간 장갑을 끼어도 손이 퍼렇게 얼어붙고, 조종사의 발은 감각이 사라질 정도였다. 전투기 조종사들은 손발에 피가 돌게 하기 위해 발을 구르고 주먹으로 조종실 벽을 치고는 했다.

그러나 일단 적기와 공중전이 시작되어 상대속도가 시속 600마일(960킬로미터)에 이르게 되면 긴장한 조종사들은 식은땀으로 목욕을 할 정도였다. 마치 백병전에서처럼 전투기들이 서로 스칠 때면 상대편 조종사의 눈동자가 보일 정도였다.

데브덴 기지로 돌아온 블레이크슬리 중령의 전투기 조종사들은 의기양양했다. 그들은 서로 농담을 주고받고 등을 두드리면서 이번 전투야말로 가장 전과가 화려했다며 자랑스러워했다. 그들의 전대는 이번 전투에서 15대를 격추했다. 귀환정보보고실에서 조종사들은 보고를 마치고 장교 클럽으로 향했다. 부하들은 블레이크슬리를 존경의 의미를 담아 '버드맨 Birdman'이라고 부르기로 했다. 그 버드맨은 부하들에게 맥주를 샀다.

폭격기 기지의 분위기는 사뭇 달랐다. 귀환한 B-17 중 반 이상이 심각한 손상을 입었다. 그리고 그중 상당수의 폭격기에 추위로 딱딱하게 얼어붙은 전사자 시체가 실려 있었다. 살아남은 일부 승무원들은 적보다 아군 지휘부에 더 큰 분노와 증오를 표했다. 이날 15대의 폭격기를 잃은 소프애보츠 기지의 장병들은 독일군이 뻔히 아는데도 베를린으로 자신들을 보낸 스파츠와 둘리틀을 향해 욕을 했다. 당시 장병들은 몰랐지만, 이번 공습은 이 전쟁에서 항공전의 전환점이 되었다. 그날 일부 베를린 시민들은 자신들이 이 전쟁에서 질 수도 있다고 예감했다. 기술학교 학생 게르트 뮐러Gert Mueller는 당시 도심 방공호 밖으로 나오며 이런 생각을 했다고 한다.

"한 번 했는데 다시 하지 말란 법도 없지!"

《뉴욕타임스》의 기자 제임스 B. 레스톤James B. Reston은 베를린 시민들이 '피의 월요일'이라고 부른 이날이 왜 중요한지를 알아챘다. 그는 이런 글을 남겼다.

"이제 '공습'이라 부르던 시기는 지났다. 연합군 공군은 이번 전쟁의 승패를 결정하는 결전을 위해 독일 공군을 상대로 소모전을 벌이기 시작했다. 이제부터 연합군 지휘부는 독일 전투기가 생산되고, 독일 전투기와 전투를 벌일 수 있는 곳이 있다면 어디든지 폭격기를 내보낼 것이다."

다음 날은 기상이 좋지 않아 제100폭격비행전대 승무원들은 낮 12시까지 잠을 잘 수 있었다. 잠자리에서 일어난 다음에는 편지를 쓰기도 하고, 저녁 식사 때는 약간의 술도 마셨다. 그런데 밤 10시, 느닷없이 내일 임무가 있다는 지시가 내려왔다. 레드 하퍼와 동료들은 천천히 막사로 돌아가 침대에 누웠다. 누구도 입을 열지 않았다.

다음 날 아침 4시, 브리핑 지도를 본 하퍼는 가슴이 내려앉았다. 또 베를린이었다. 그것도 이틀 전에 사용했던 항로와 같은 항로를 사용해서 말이다. 제100폭격비행전대의 새 전대장 존 M. 베네트John M. Bennett 소령은 월요일에 전력의 50퍼센트를 잃은 자신의 전대가 수요일에 다시 베를린에 투입된다는 것을 알고 발작을 일으킬 뻔했다. 베네트는 전대장으로 취임한 지 정확히 24시간밖에 안 되었다. 전대원들은 집단 항명이라도 일으킬 분위기였다. 베네트 역시 그것을 감지하고 출격 전날 밤 비행단 본부에 전화를 걸어 자신의 전대를 비행단 최선두에 배치해 달라고 요청했다. 부하들을 위한 사기 진작책이 필요했던 것이다.

베네트는 15대의 폭격기를 인솔하여 북해 상공을 날았다. 그는 그중 몇 명이 끝까지 살아남을지 궁금했다.

"망연자실했죠. 모든 종류의 실패와 패배가 다 떠올랐습니다."

독일 북부의 둠머 호수는 이틀 전 제100폭격비행전대가 대학살을 당한 곳이었다. 호위를 맡은 P-47은 여기까지 따라온 후 귀환했으나 나머지 항로에서 호위를 담당하기로 한 P-51의 도착이 늦어졌다. 독일 공군은 이 기회를 놓치지 않았다. 이번에 독일 공군은 제100폭격비행전대 바로 앞에 섰던 제45폭격비행단을 공격했다. 제45폭격비행단의 지휘관은 독일 공군의 공격으로 혼란에 빠져 정신을 차리지 못하고 베를린을 향해 기수를 돌려야 할 첫 선회 지점을 놓치고 말았다. 이때 베네트는 망설임 없이 자신의 비행대를 최선두에 위치시키고 제8공군을 표적으로 안내했다.

독일 공군의 아돌프 갈란트 장군이 가진 전투기 전력은 미군에 비해 현저히 부족했다. 따라서 그는 중폭격기들이 폭격 항정을 시작할 때까지 기다리다가 모든 전투기 전력을 털어 넣었다. 미군 항공기들은 독일 전투기들이 가하는 소나기 같은 총알 세례를 무릅쓰고 표적을 향해 돌진했다. 막상 표적 상공에 도착했을 때 독일 전투기들의 저항은 놀랄 만큼 미미해졌다. 그러나 베를린 상공에서 기다리고 있던 독일군의 대공 포화는 가히 살인적인 수준이었다. 승무원들이 착용한 산소마스크 속으로도 독일 대공포탄이 터질 때 나는 특유의 냄새가 스며들었다. 또한 포탄이 폭발하면서 일으킨 충격이 승무원들의 몸을 뒤흔들었다. 폭격기 아래에서 작렬하는 대공포탄의 뜨거운 파편이 기체를 뚫고 들어와 승무원들을 쓰러뜨렸다. 이런 사태를 예상한 제100폭격비행전대의 기관총 사수들은 소프 애보츠 기지의 쓰레기 야적장에서 구해온 장갑판을 방탄조끼 아래 달았다. 베를린을 지키겠다는 의지에 충만해 있던 독일군은 지대공 로켓탄도 쏘아댔다. 레드 하퍼도 그 로켓탄이 자신이 탄 항공기를 향해 날아오는 것을 봤다. 로켓탄이 항공기 기수를 스쳐지나간 것은 찰나였지만, 족히 30분은 지난 듯한 느낌이었다. 로켓탄의 모습은 꽁무니에서 불을 뿜는 흰색 전신주 같았다.

이날 이스트앵글리아로 귀환하지 못한 제100폭격비행전대 항공기는 1대뿐이었다. 이 작전에서 미군의 항공기 손실은 폭격기 37대, 전투기 18대였으나 대신 독일 공군을 처절하게 박살 내주었다. 소프 애보츠에 무사히 귀환한 승무원들은 새로운 의료 정책에 따라 추가로 스카치를 지급받았다. 레드 하퍼는 이제 승무원들의 사기가 하늘을 찌르게 되었다고 말했다.

베네트는 버펄로 갤호의 승무원들에게 48시간의 휴가를 주었고, 그들은 곧바로 런던으로 향했다. 레드 하퍼는 이렇게 말했다.

"우리 전대가 출격한 처음 다섯 번의 임무에서 돌아오지 못한 인원은 200명이 넘습니다. 당시 우리 모두 어느 정도 풀이 죽어 있었죠."

다음 날 저녁, 승무원들은 지하에 있는 한 음식점으로 들어갔다. 그들은 몰랐지만, 그곳은 또 다른 전쟁터였다. 그들이 주문한 진과 포도 주스가 채 나오기도 전에 폭발로 음식점이 흔들렸다. 수도를 폭격당한 독일군이 보복으로 런던과 영국의 여러 도시를 폭격한 것이었다. 이미 독일군의 폭격에 이골이 나 있던 영국인들은 이를 '소小 블리츠'라고 불렀다. 잠시 후 촛불이 켜지고, 파티는 계속됐다.

하퍼의 승무원들이 런던에서 휴가를 즐기던 그날, 제100폭격비행전대는 베를린에 9대의 항공기를 출격시켜 모든 항공기가 무사히 귀환했다. 3월 9일 대공습에 나선 미군의 항공기 손실은 B-17 6대, 전투기 1대에 불과했다. 미군에 의해 적기가 몇 대 격추됐는지에 관한 보고는 없었다. 다음 날《뉴욕타임스》에는 이런 제목의 기사가 실렸다.

"나치, 전투를 기피하고 있다."

이에 독일 측은 4마일(6.4킬로미터)에 걸친 거대한 구름층으로 전투기 출격이 불가능했다고 주장했다. 그러나 전투기가 뜨지 못한 진짜 이유는 이전 두 차례의 공습으로 인한 피해 때문이었다. 그 피해 규모는 약 5개월 전 제2차 슈바인푸르트 공습에 버금가는 것이었다. 미군은 짧은 기간 동안 독일 영공에서 제공권을 완전히 장악하지는 못했지만, 공중 우세를 확보했다. 윌리엄 케프너 장군은 후일 당시 아군은 매일 40~50대에 달하는 적의 전투기를 격추했다고 밝혔다.

스파츠는 햅 아놀드에게 보낸 전문에서 '베를린 주간'에 대해 간결하고 정확한 평가를 내렸다.

"지난 일주일간 … 우리 군은 어떠한 속임수도 쓰지 않고 같은 항로로

3회 출격했습니다. 아직 아군이 적의 전투기 생산에 끼친 타격 정도와 적의 항공 전력 손실이 얼마나 되는지 정확히 알지 못하지만, 우리는 이제 항공전의 주도권을 확보했다고 확신합니다."

3일간의 작전 중 제8공군이 잃은 폭격기는 총 153대였다. 그러나 육군 항공대 대변인들은 이 정도 손실쯤은 단시간에 복구할 수 있다고 기자들에게 호기롭게 말했다.

이것이야말로 미국의 강점이었다. 미국은 인력뿐만 아니라 장비도 엄청나게 많았다. 알베르트 슈페어의 비밀 공장에서 끊임없이 항공기를 만들어 보냈지만, 아돌프 갈란트에게는 그 항공기에 태울 유능한 조종사가 충분치 않았다. 1944년 3월 한 달 동안만 해도 그는 베테랑 조종사의 20퍼센트를 잃었다. 그리고 그달 제8공군이 격추한 독일 항공기는 1942년과 1943년에 격추한 독일 항공기를 합친 것보다 더 많았다. 어느 독일 역사학자의 표현을 빌리면, 이 소모전은 용기나 기술로 감당하기 어려운 단계로 접어들었다. 이러한 엄청난 손실이 독일군의 사기에 끼친 영향은 어느 독일 공군 조종사의 일기에 잘 나타나 있다.

"이륙 전 캐노피를 닫을 때마다 내 관 뚜껑을 내 손으로 직접 닫는 기분이었다."

대가

4월로 접어든 후에도 스파츠와 둘리틀은 정밀폭격이 불가능한 악천후에도 중폭격기를 투입해 레이더로 조준 폭격을 하는 방식의 전투를 계속했다. 중폭격기는 사실상 독일 공군을 꾀여내는 미끼 역할을 하고 있었다. 제8공군은 1944년 4월 한 달 동안 중폭격기 409대를 잃었다. 제8공군의 월간 손실 대수 중 최대치였다. 제15공군 역시 3월에는 99대, 4월에는 214 대를 잃는 등 손실률이 급증하고 있었다.

일부 독일 공군 조종사들은 애국심을 불태우며 맹렬히 저항하고 있었다. 그리고 일부 공군 장병들은 갈란트에게 엘리트 조종사들을 차출해 미군 중폭격기에게 일종의 자살 공격을 가하기 위한 폭풍 전대를 창설하자고 제안했다. 갈란트는 그 제안을 거절하는 대신, 지원자들로만 구성된 '폭풍' 전대, 제1돌격비행중대Sturmstaffel I 창설은 승인했다. 그들의 전술은 무모한 자살에 가까워 일본군 외에는 세계 어떤 나라도 생각하지 않을 법한 것이었다. 이 부대의 핵심 장비는 무장과 장갑을 강화한 Fw 190이었다. 더 가볍고 빠른 전투기들의 호위를 받으며 쐐기 모양의 대형을 이룬 Fw 190으로 미군 중폭격기에 최대한 가까이 접근한 후 집중 사격을 가해 어떤 희생을 치르고서라도 미군 폭격기를 격추하는 것이었다.

갈란트는 이렇게 말했다.

"이렇게 돌격하다가 적의 사격으로 우리 항공기가 심하게 타격받으면, 기체를 적기에 충돌시키고 탈출하라."

조종사 부족에 시달리는 독일 공군이 이러한 전술을 사용할 수 있는 기회는 상대에게 호위 전투기가 없을 때뿐이었다. 그래서 독일 공군은 이 전술을 사용할 때가 오기를 기다렸다.

미군 전투기의 폭격기 호위를 위한 계주 형태의 호위 방식은 적에게 공격당할 빈틈이 많았다. 전투기 부대가 폭격기 대열과 약속된 장소에서 합류한 후 연료가 소진될 때까지 폭격기와 같은 고도나 더 높은 고도에서 호위하고, 더 긴 항속거리를 지닌 다른 전투기 부대에게 폭격기 호위를 넘기는 방식이었다. 스핏파이어는 폭격기 기지 근처에서 단거리 호위를 제공하고, 스핏파이어가 이탈하면 P-47과 P-38이 라인강 너머까지, P-51이 베를린 또는 뮌헨까지 호위한다. 이러한 방식은 40~100대의 폭격기를 상시 호위하는 데에도 최대 1,000대의 전투기가 필요하다. 1944년 봄에 미군 폭격기 부대가 막대한 손실을 입은 원인은 호위 전투기와 폭격기가 합류에 실패했거나, 소수의 호위 전투기가 다수의 독일 전투기에 압도당했기 때문이었다. 늑대 떼 전술을 사용하는 독일 전투기들은 미군 호위 전투기보다 십중팔구 많았고, 이러한 전술을 사용한다면 가장 경험 없는 조종사도 우위를 점할 수 있게 될 것이었다.

4월 29일 베를린 폭격 임무 중, 당시 22세의 미군 부조종사 트루먼 스미스Truman Smith가 속한 전대는 실수로 폭격기 대열을 이탈했고, 그 대가를 톡톡히 치렀다. 그날 제8공군의 항공기 손실은 66대로, 그중 10대가 스미스의 전대에서 발생했다. 다음 날 아침, 이웃 기지에 있는 친구를 만나기로 한 스미스가 히치하이킹을 하고 있을 때 그의 앞에 구급차가 멈춰 섰다. 그가 구급차 뒷자리에 타려고 뒷문을 열자 운전병이 소리쳤다.

"안 됩니다, 중위님! 앞쪽으로 타십시오!"

그러나 이미 그는 구급차 뒷문을 연 상태였고, 거기서 스미스는 새하얗게 변한 시신 9구가 들것에 실려 있는 광경을 봤다. 스미스는 충격에 입이 쩍 벌어지고 말았다. 그들은 어제 독일 공군과의 전투에서 전사한 병사들이었다.

첫 베를린 공습 이후 누적되는 피로와 대량 손실로 인해 폭격기 승무원들의 사기는 바닥을 쳤다. 폭격기 승무원들은 특히 베를린 폭격에 대한 군사적 가치에 의문을 제기했다. 그들이 보기에 이러한 폭격은 그 어떤 계획이나 의도도 없는 듯했기 때문이었다. 제8공군이 1944년 봄에 승무원을 대상으로 실시한 비밀 설문 조사에서, 베를린은 표적 중요도 면에서 상위권을 당당히 차지했다. 승무원들의 주요 의견은 이랬다.

"베를린은 군사 표적이 아니다."

"베를린? 그냥 선전 목적으로 타격하는 거 아니에요?"

"보복 폭격에 무슨 효과가 있다고는 생각하지 않습니다."

"베를린을 붕괴시켜도 독일인의 사기는 꺾이지 않을 것임."

일부 승무원들은 살인을 업으로 삼는 것을 힘들어했다. 콜로라도주 덴버 출신의 버트 스타일스Bert Stiles 중위도 그중 한 사람이었다. 그는 어두운 분위기를 풍기는 사색가로 제91폭격비행전대의 부조종사였다. 그는 《새터데이이브닝포스트》지를 통해 여러 단편소설을 발표한 경력 있는 작가로, 콜로라도대학교를 다니다 작가가 되기 위해 학교를 그만뒀고, 이후 1944년 3월, 소속 전대와 함께 영국에 도착했다. 그는 비행 중 느끼는 감정을 기록하기 위해 규정을 어기면서까지 타자기와 노트를 들고 항공기에 탑승했다. 임무가 없는 날에는 단편소설과 《큰 새에게 바치는 소야곡 Serenade to the Big Bird》이라는 제목의 자서전을 썼다. 그의 대학 시절 친구인 한 조종사는 이렇게 말했다.

"그는 항공기 조종에 탁월했지만, 종군기자가 되었어야 했어요. 만약 그가 종군기자가 되었다면 어니 파일에 버금가는 인물이 되었을 겁니다."

첫 임무를 마친 후 스타일스는 작은 책상 앞에 앉아 자신이 과연 살인을 저지를 용기가 있는 사람일까, 하고 자문했다. 그는 영국으로 오는 도중 경유지인 아이슬란드에서 폴란드인 스핏파이어 조종사들을 만난 적이 있었다. 그 폴란드 조종사들은 모든 나치를 죽이고 말겠다는 강한 의지를 불태우고 있었지만, 그는 그렇지 않았다. 그는 폭격이라고는 당해본 적 없는 평화로운 고장 출신이었다. 스타일스는 베를린 상공에서 목숨을 건 사투를 벌이기 위해 '저 아래에는 정복해야 할 개자식들이 있다'는 사실과 자신이 사용하고 있는 침대는 4개월 동안 여덟 번이나 주인이 바뀌었고, 그 사람들은 모두 전사했거나 실종되었다는 점을 상기했다.

육군의 조사에 의하면 전쟁 기간 동안 미군 항공 승무원의 사기는 지상 군에 비해 높았다고 하지만, 그동안 날씨를 불문하고, 심지어 미끼 노릇을 하면서까지 벌였던 모든 임무가 승무원의 머릿속에서 떠나지 않았다. 그리고 결국 일부 승무원은 견디지 못하고 무너졌다. 제100폭격비행전대의 존 A. 밀러John A. Miller는 이렇게 증언했다.

"우리가 베를린에 일곱 번 출격하는 동안, 부조종사는 정신이 나가서 기체를 바다에 두 번이나 갖다 박으려고 했어요. 그때마다 나머지 승무원들이 모두 들러붙어 그를 조종석에서 끌어내야 했죠. 그 후 그는 우리 팀에서 쫓겨났어요. 그가 겁쟁이라서 그랬던 것은 아니에요. 단지 그는 베를린에 다시 갈 수 없었을 뿐이에요."

CME가 집계한 정신 질환자 수는 3월부터 눈에 띄게 많아졌다. 이러한 추세는 바로 전투기 조종사들 때문이었다. 어떤 전투기 조종사들은 1944년 3~5월 사이에 매달 20여 회 출격하기도 했다. 작전의 속도가 너무 빨라 전투기 조종사와 폭격기 승무원 중 일부는 두 달도 못 되어 전투 파견 기간이 종료될 지경이었다. 노르망디상륙작전이 임박하자 비행 거부 요청은 더 이상 받아들여지지 않았다. 전투기 조종사 맥스 J. 울리Max J. Woolley는 이렇게 말했다.

"어느 날 아침 항공대 군의관이 모든 조종사들의 신체 상태가 비행에 적합한지 점검하고 있었어요. 검진 결과, 대부분 조종사들의 상태는 좋지 않았어요. 내 차례가 되자 군의관이 이렇게 물었어요. '귀관, 오늘은 좀 어떤가?' 나는 설사 증상이 심하다고 무려 약 1분 동안 설명했죠. 그러자 군의관은 '코르크 마개를 항문에다가 끼운 다음에 비행을 즐기게'라고 대답하더군요."

승무원들은 갈수록 술을 더 많이 마셨지만, 전투 지휘관들은 이를 계속 방관했고, 비행을 하지 않는 장교들은 더욱이 이들을 통제할 방법이 없었다. 어떤 중위는 런던의 한 호화 호텔 술집에서 술을 10여 잔 들이키고 소란을 부렸다. 한 참모장교가 그를 제지하고 숙소로 가라고 명령하자 그 중위는 술에 취해 비틀거리며 이렇게 대꾸했다.

"대령님, 저는 어제 낮에 베를린 상공에 있었습니다. 대령님은 그때 어디서 뭘 하고 계셨습니까?"

전날 밤 술을 엄청나게 많이 마신 상태에서 음주 비행을 하는 사람도 있었다. 당시 21세로 헬스 엔젤스호의 통신수인 벤 스미스Ben Smith는 이렇게 회상했다.

"어느 날 밤 노샘프턴에서 술을 잔뜩 마시고 기지로 돌아왔어요. 그제야 내일 아침에 비행이 있다는 게 생각나더군요. 정말 상태가 안 좋았어요. 브리핑실에서 다른 승무원들의 도움을 받아 장비를 착용하고, 항공기에 타자마자 산소호흡기를 착용했죠. 바로 기분이 좋아졌지만, 오래가지는 못했어요. 적지 상공에 들어가자 구토를 하기 시작했어요. 고글과 산소마스크에는 성에가 두껍게 얼어붙어 앞이 보이지 않았어요."

그는 토사물을 뱉어내려고 산소마스크를 벗으면서 앞으로 영원히 금주하겠다고 다짐했다. 그러나 항공기가 착륙하자마자 기지 바로 앞에 있는 술집으로 달려갔다. 그리고 육군 항공대 군가 가사처럼 "살아서는 영광 속에, 죽을 때는 불꽃 속에 추락하는 것"이 자신의 운명임을 받아들였다. 그는 훗날 이런 글을 남겼다.

"술이야말로 우리의 그러한 운명을 견딜 수 있게 해 준 유일한 도구였다."

물론 그것은 과장이었다. 승무원의 사기에 대한 육군 항공대 자체 조사에 따르면, 대부분의 승무원이 신경쇠약 없이 비행을 계속하게 해 준 것은 '술'이 아니었다. 그것은 30회만 출격하면 귀향할 수 있다는 희망이었다. 물론 지휘관의 강력한 리더십도 사람들을 하나로 묶는 데 도움이 되었다.

제8공군의 최정예 대대장 중 한 사람인 제임스 M. 스튜어트James M. Stewart 소령은 프린스턴대학교를 우수한 성적으로 졸업한 수재로, 영화배우 제임스 스튜어트로 더 잘 알려진 인물이었다. 그의 고향은 펜실베이니아주 인디애나로, 아버지는 철물점 주인이었다. 193센티미터의 키에 깡마른 체격인 그는 1940년, 32세의 나이로 군에 입대했다. 그는 육군 항공대에 들어가고 싶었으나 신체검사에서 불합격되었다. 키에 비해 체중이 기준치보다 5파운드(2.27킬로그램)나 적게 나갔던 것이다. 그는 자신의 소속사 MGM의 거센 반대에도 불구하고 육군 항공대에 너무 입대하고 싶어서 탄원서까지 제출했다. 훗날 그 탄원이 받아들여졌고, 이를 두고 그는 자기 '인생에서 유일하게 당첨된 로또 복권'이라고 말하기도 했다. 그는 육군 항공대 모병관을 설득해 재검을 받았고, 군의관들은 그의 체중을 재는 것을 잊었다. 그는 영화 '필라델피아 스토리The Philadelphia Story'에서 기자 역으로 오스카상을 받았고, 며칠 후 이등병으로 입대했다. 그는 훗날 자신이 입대한 것에 대해 이렇게 말했다.

"누구는 그걸 낡은 생각이라고 할지도 모르죠. 하지만 자기 나라를 위해 싸우는 게 뭐가 잘못되었습니까? 왜 다들 애국심이라는 말을 입에 잘 안 담으려고 하죠?"

그는 군 입대 전 상업용 조종사 면장과 스포츠용 2인승 비행기를 가진 뛰어난 조종사였다. 군 당국은 그의 비행 경험에 주목해 그를 육군 항공대의 비행 장교 후보생으로 선발했다. 후보생 당시 그의 월급은 입대 전 MGM에서 받던 급여보다 11,979달러 적은 21달러였다. 그가 조종 흉장을 수여받은 것은 진주만 공습 1개월 후였다. 그는 해외에서 전투 임무를 시켜달라고 요청했으나, 본토의 비행 교관으로 발령되었다. 미국 최고의 인기 영화배우를 사지에 배치했다가 만일 잘못될 경우 그 뒷감당을 하고 싶은 사람은 없었다.

그러나 스튜어트는 높으신 분들이 끝내 항복할 때까지 줄기차게 전투 임무를 맡겨달라고 요청했다. 결국 1943년 11월, 그는 노리치 외곽 티벤햄에 주둔하고 있는 B-24 제445폭격비행전대 대대장으로 부임했다. 3개월 후, 대주간 첫날에 적의 강력한 반격에도 불구하고 부대의 건제를 유지했다는 공로로 우수비행십자훈장을 받았다. 그는 총 20회에 걸쳐 전투 임무에 참가했다.

그가 이끄는 제703폭격비행대대의 장병들은 가까이에서 그를 볼 수 있었다. 장병들은 스튜어트의 실제 모습이 스크린 속에서 스튜어트가 맡았던 캐릭터들과 너무나도 닮았다는 데 놀랐다. 어떤 일이든 무리 없이 해냈고, 시골 출신답게 장병들과 허물없이 지냈으며, 가족에게 편지를 쓰라고 권했다. 그의 연설은 마치 영화 속 인물이 연설하는 것처럼 비속어가 난무했지만, 듣는 이들의 마음을 사로잡았다. 스튜어트는 장교 클럽 무도회장에서 피아노를 연주했고, 초콜릿을 만들어 장병들에게 주기도 했다. 그러나 그의 동료 대대장 하워드 '닥' 크레이들러Howard 'Doc' Kreidler 대위의 증언에 따르면, 스튜어트는 원래 혼자 있기를 좋아했다. 스튜어트와 크레이들러는 휴일이면 작은 보트를 빌려 노를 저으며 타고 다녔다. 야외에 누워 휴대용 라디오에서 흘러나오는 미국식 스윙 음악을 듣는 걸 좋아하기도 했다. 크레이들러는 이렇게 말했다.

"장병들 앞에서 스튜어트는 지극히 합리적인 지휘관이었죠."

승무원들은 스튜어트의 냉정하고 정확한 지도력, 조용하면서 확실한 성격을 존경했다. 스튜어트 대대의 기관총 사수이자, 후일 자신의 전쟁 경험을 책으로 펴낸 존 해럴드 '로비' 로빈슨John Harold 'Robbie' Robinson 하사는 이렇게 말했다.

"스튜어트는 결코 쉬운 임무에는 출격하려 하지 않았어요. 최고사령부에서 좋아하지 않는 행동이었죠."

제453폭격비행전대의 카리스마 넘치는 전대장 램지 D. 포츠 주니어 Ramsay D. Potts, Jr. 대령은 이렇게 회상했다.

"스튜어트는 많은 장병들과 친분을 쌓았어요. 묘하게 맥 빠지고 우스운 방식으로, 가장 고통스러운 상황에서도 장병들을 진정시켰죠."

플로이에슈티 저공 폭격 당시, 막대한 피해를 입은 이 부대도 사기가 크게 저하되어 있었다. 포츠와 스튜어트는 같은 숙소를 쓰면서 엄격한 군기 확립과 솔선하는 지도력을 통해 부대의 사기를 높이기 시작했다.

전대 정보장교였던 스타 스미스는 이런 글을 썼다.

"그들은 언제나 일하고 있었다. 심지어 스튜어트의 지프를 타고 이동할 때도 그냥 놀지 않았다. 비행 대기선에서는 모든 사항을 꼼꼼하게 점검하고, 훈련 임무도 철저히 준비했다. 그들은 어지간해서는 기지 밖으로 나가지 않았다."

부대의 사기는 높아졌고, 비행 군기와 폭격 명중률도 높아졌다. 반대로 손실은 적었다.

로지 로젠탈 역시 제임스 스튜어트와 비슷한 종류의 사람이었다. 로지스 리베터스호의 승무원들과 함께 25회의 임무를 달성하고 2개월이 지난 1944년 5월, 그는 제100폭격비행전대의 제350폭격비행대대장으로 취임했다. 이 부대 역시 사기와 임무 효율은 크게 떨어져 있었다. 로젠탈은 이 부대의 전투력을 최고조로 끌어올리기 시작했다.

"첫 베를린 공습 이후 우리 대원들의 사기는 크게 떨어져 있었습니다. 심지어 더 이상 비행하지 않으려는 병사도 있었습니다. 나는 그들에게 비행은 도덕적 의무임을 상기시켰습니다. 그리고 나도 그들과 함께 비행하겠다고 말했습니다. 비행을 하지 않으려 하는 자는 이제까지 그들을 살아남을 수 있게 지켜준 친구들을 죽이는 짓이라고 이야기했습니다. 애국심에 호소하기보다 자부심과 존경심에 호소하는 쪽이 더 효과가 좋습니다."

로젠탈은 장병들이 부대에 대한 충성심, 즉 전우에 대한 책임감을 잃으면 전쟁을 해나갈 수 없음을 알고 있었다. 해리 크로스비는 이런 글을 남겼다.

"게일 클리븐과 존 이건이 제100폭격비행전대의 개성을 만들었다면, 로젠탈은 이 부대에 전쟁에서 이기고자 하는 투지를 심어 주었다."

제8공군의 사기는 1944년 5월 사상자 비율이 저하되자 눈에 띄게 오르기 시작했다. 전투기 조종사들이 독일 공군의 전투력을 약화시키기 시작한 시점이었다. 로젠탈은 이렇게 말했다.

"우리는 폭격이라는 더러운 일을 맡았습니다. 우리가 바로 미끼였고, 전투기 조종사들은 우리를 향해 달려드는 악당들을 물리쳐 주었습니다. 전투기 조종사들이 있었기에 노르망디상륙작전은 가능했습니다."

전투기 조종사

로지 로젠탈은 버트 스타일스와 수천 명의 사람들이 육군 항공대 전투기 조종사로 지원했다고 말했다.

"전투기 조종사들의 스타일과 투지는 우리 폭격기 승무원들을 능가했습니다. 전투기 조종사들은 1인승 항공기를 완벽하게 조종할 수 있었고 더 많은 공격 기회를 얻었습니다. 그들은 폭격기 승무원들보다 더 저돌적인 자유로운 영혼들이었습니다."

그해 봄, 전투기 조종사들은 2개의 큰 대회를 치르고 있었다. 하나는 제1차 세계대전 당시 미국 최고 에이스 에디 리켄배커Eddie Rickenbacker 대위가 세운 26번의 격추 기록을 깨는 것이었고, 또 하나는 블레이크슬리가 지휘하는 제4전투비행전대 P-51 머스탱과 젬케가 지휘하는 울프팩 P-47 썬더볼트 간의 격추 기록 경쟁이었다.

리켄배커의 기록을 가장 먼저 깨기 위한 격추 경쟁을 가리켜 미군 조종사들은 '훈족 사냥 대회'라고 불렀다. 이 대회의 최종 우승자는 돈 살바토레 젠틸레 대위로, 아이젠하워 장군은 이탈리아 출신 이민자의 아들인 그를 '일당백'이라고 불렀다. 유명한 종군기자 아이라 울퍼트Ira Wolfert도 젠틸레의 전기를 공동 집필하며 제목을 《일당백One-man air force》이라고 지었다. 울퍼트는 데브덴 기지 내 젠틸레의 숙소에서 1개월간 함께 생활하면서 글을 썼고, 출판사는 독점 인터뷰 대가로 젠틸레에게 2,000달러를 지불했다.

젠틸레와 그의 라이벌 조종사들은 미국에서 상영되는 뉴스 영화는 물론, 미국과 영국 신문의 1면을 장식했다. 이들이 매번 임무를 마치고 돌아오면 기자들은 이들을 쫓아다니며 그날의 격추 수를 집계했다. 조종사들은 기자들에게 정중하게 대했다. 전투가 없을 때는 카메라 앞에서 팬들이 보내준 버번을 마시기도 하고, 저공에서 저돌적으로 비행하는 모습을 촬영하게 해주기도 했다. 윈스턴 처칠은 젠틸레와 그의 윙맨 존 T. 가드프리John T. Godfrey를 가리켜 현대판 '다몬과 피티아스Damon and Pythias, 둘도 없는 친구'라고 했다. 젠틸레가 하루 동안 지상에 주기 중인 적기 5대를 격파해 총 격추 대수 30대를 기록하면서 이들은 미국의 영웅으로 급부상했고, 본토로 송환되어 전쟁 공채 판매 순회공연에 참가했다. 공장에서는 이들을 위해 경적을 울려댔고, 뉴욕의 택시 운전사들은 이들에게 사인을 해달라고 졸라댔다.

허브 젬케도 그들만큼 유명하기는 했지만, 좀처럼 조명을 받지는 못했다. 몬타나주 미줄라에서 독일인 이민자의 아들로 태어난 그는 10대 시절 금광에서 일하고, 부업으로 격투를 했다. 권투에 흥미를 갖게 된 그는 몬타나주립대학교에 입학하기 전 서부 5개 주에서 미들웨이트 골든 글러브 타이틀을 땄고, 대학 입학 후에도 권투와 미식축구를 즐겼다. 제2차 세계대전 중 그는 한 달에 한 번 런던의 레인보우 클럽에 가서 '젬케 상병'이라는 예명으로 권투 경기에 참가하기도 했다. 그는 이러한 호전성을 전투에서도 발휘했다.

젬케의 제56전투비행전대에는 그를 포함해 유럽 최고의 에이스 5명이 속해 있었다. 종전 당시 미국 최고의 에이스 개비 가브레스키처럼 전사로서 뛰어나지는 않았지만. 블레이크슬리와 함께 젬케는 뛰어난 전대 지휘관이었다. 젬케와 블레이크슬리에게는 미국 최고의 에이스가 되는 것보다 자신의 전대를 잘 이끄는 것이 더 중요했다. 이목구비가 뚜렷하고 폭음을 즐기는 던 블레이크슬리는 이렇게 말했다.

"우리는 전투를 좋아합니다. 전투야말로 진정한 스포츠입니다."

블레이크슬리의 상관 윌리엄 케프너는 다음 같은 메시지를 더욱 강하게 전달했다.

"혈기 넘치는 경주마는 쓰러질 때까지 달릴 수 있습니다. 전투기 조종사 역시 자살하거나 전사할 때까지 계속 싸울 수 있습니다."

던 블레이크슬리는 전투부대 지휘관으로 3년 반을 재직하면서 출격 임무를 400여 회 달성했다. 그는 독일 공군에 맞서 가장 오래 싸운 미군 조종사였다. 그가 이끄는 '블레이크슬리와페Blakesleewaffe'라 불린 머스탱 장거리 전투기들은 1944년 봄 막대한 전과를 올렸다. 그러나 제2차 세계대전 종전 당시 유럽 전구에서 665대라는 가장 높은 격추 수를 올린 전투기 부대는 머스탱보다 느리지만 더 강력한 화력을 보유한 P-47로 무장한 젬케의 부대였다. P-47 썬더볼트는 P-51 머스탱보다 더 튼튼한 기체와 뛰어난 급강하 성능을 이용해 공대지 임무에서 높은 전과를 보였다. 특히 기총소사를 통해 활주로에 주기 중인 적기를 격파하는 데 더 뛰어났다. 공대지 기총소사 임무는 기술보다는 담력이 더 중요했다. 통계상으로도 폭격기 호위 임무보다 5배는 더 위험한 임무였다.

조종사들은 초저공 기총소사 임무를 '타격' 임무라고 불렀다. 이런 형태의 임무는 최저 10피트(3미터) 고도에서 시속 450마일(724킬로미터) 속도로 나무, 집, 헛간, 고압선을 요령껏 피해 다니면서 적의 대공포대와 대공포탑의 포화를 견뎌야 한다. 제8공군은 한 번의 작전에서 워커 M. '버드' 마후린Walker M. 'Bud' Mahurin 대위, 제럴드 W. 존슨Gerald W. Johnson 소령 같은 최고의 에이스 2명을 잃기도 했다.

독일인들에게는 '기총소사strafen'*는 말 그대로 진짜로 무서운 징벌이었다. 미군 전투기들은 호위 임무를 마치고 귀환하는 길에 지상에 보이는 모든 표적에 공격을 가했고, 얼마 후에는 단독으로 적 전투기 소탕 작전을

---

* '기총소사'를 뜻하는 'strafen'은 독일어로 '징벌'을 뜻한다.

펼쳤다. 지미 둘리틀은 이러한 전술을 '조직적 항공 게릴라전'이라 불렀다. 악천후로 폭격기가 출격할 수 없는 날에는 전투기를 이용한 대규모 공습을 실시했다. 최대 700대에 달하는 P-51, P-38, P-47이 독일 본토 상공을 나무 높이로 날면서 눈에 띄는 모든 표적에 닥치는 대로 공격을 가했다. 심지어는 풀을 뜯는 소나 짚더미를 실은 우마차까지 공격했다. 1944년 4월, 미군이 격추 또는 격파한 독일 전투기 중 절반 이상이 저공비행하는 전투기로부터 공격당한 것이었다.

젬케 부대의 에이스인 로버트 존슨Robert Johnson은 이렇게 말했다.

"그러한 임무를 하면서 살아남으려면 눈이 좋아야 하고, 고개가 잘 돌아가야 합니다. 그게 아니면 그냥 죽은 목숨이죠."

팀워크야말로 전투기 전쟁에서 승리의 열쇠였다. 조종사의 기량에 의해 승부가 갈리는 1 대 1 식의 고전적인 공중전은 유럽 항공전에서는 매우 드물었다. 전투기는 장기와 요기로 이뤄진 2대의 편대 단위로 싸웠다. 1대가 먼저 공격에 들어가면 나머지 1대가 호위를 맡는 방식이었다. 따라서 적을 먼저 발견하고, 적보다 높은 고도에서 먼저 기습하는 것이 무엇보다 중요했다. 케프너 장군은 부하 조종사들에게 이렇게 말했다.

"먼저 발견한 적기는 절대 제군들을 격추할 수 없다. 따라서 제군들은 적에게 발견당하기 전에 적을 먼저 발견해야만 살 수 있다."

공중전에서는 속도와 기동성, 화력 같은 종합적인 기체의 성능도 중요했지만, 무엇보다 항공기를 조종하는 사람이 중요했다. 윌리엄 케프너는 유럽 전역에서는 100시간 이상 실전 경험이 있는 전투기 조종사만이 쓸모 있다고 생각했다. 대주간 첫날 케프너는 그런 조종사를 충분히 보유하고 있었다. 이들의 뛰어난 기량은 특히 열등한 조종사들에 맞서 싸울 때 확연한 차이가 드러났다.

1939년, 독일 공군 조종사의 기량은 가히 세계 최고라 할 수 있을 정도였다. 조종사에 지원한 열혈 청년들은 총 250시간의 비행 교육을 수료해야 일선 전투부대에 배치될 수 있었다. 그러나 1943년 중반, 무자비한 소모전에 지친 독일군 최고사령부는 교육 훈련을 간소화해 100~150시간의 비행 교육만 수료하면 최일선 부대에 배치했다. 게다가 조종사 인력 수급 계획 자체가 근시안적이었기 때문에 독일 공군 조종사 교육 프로그램의 수료자 수는 영국과 미국에 비해 현저히 적었다. 반면 영국과 미국은 조종사를 대규모로 양성할 뿐만 아니라, 비행 교육을 325~400시간 이수하게 했다. 1944년 봄에 이르자 독일 공군의 숙련된 전투기 조종사는 점점 고갈되고 있었다. 이들을 대체할 신참 조종사들은 엔진 고장, 악천후에 대처하는 요령은 물론, 비포장 활주로에 안전하게 착륙하는 방법도 몰랐다. 따라서 이들은 전투보다 사고로 더 많은 비행기를 잃었다. 18, 19세에 불과한 이들 신참 조종사들은 전투에서는 연합군의 상대가 되지 못했다. 독일 공군 역사가 제임스 코럼은 다음과 같은 글을 남겼다.

"1944년, 고도로 훈련된 미국과 영국 조종사들과 맞서 싸운 독일 신임 조종사들의 기대 수명은 몇 주에 불과했다."

에이스 전투 조종사 제럴드 존슨은 이렇게 말했다.

"경험은 매우 귀중한 자질입니다. 경험이 전혀 없을 때는 보이지 않던 것이 경험이 쌓이면 보이기 때문이죠. 경험이 없을 때는 뭘 찾아야 하는지도 모르고, 그냥 초점을 잡지 못한 채 멍하니 먼 곳을 보고 있을 때가 많습니다. 잠시 후, 하늘에서 작은 점을 찾아야 한다는 것을 깨닫게 됩니다. 이 점이 바로 적기입니다. 많은 조종사들이 하늘을 구석구석 살펴보지만, 적기를 보지 못합니다. 적기를 볼 수 있는 능력을 키우지 못하는 거죠."

바로 이 때문에 '상황 인식 능력', 즉 좋은 눈과 잘 돌아가는 목이 생사를 가르는 것이다. 그리고 매우 빠른 반사 신경도 필요하다. 젠틸레는 아이라 울퍼트에게 이렇게 말했다.

"모든 일이 너무 순식간에 벌어집니다. 생각할 시간이 없어요. 생각하는 데 시간을 뺏기다 보면 반응할 시간이 없습니다. 전투가 벌어지는 동안에는 머릿속을 완전히 비워야 합니다."

전투기 조종사의 생사가 몇 분의 1초만에 결정 난다면, 폭격기 승무원들은 오랜 시간 고통을 감내해야 했다. 운명의 여신이 주관하는 자신의 운명에 대해 생각할 시간이 너무 많았던 것이다. 육군 항공대는 시험 및 교육 프로그램을 통해 이상적인 전투기 조종사와 폭격기 조종사의 자질을 갖춘 인원을 골라내 배치했다. 폭격기 조종사가 갖추어야 할 자질은 체력, 판단력, 정신력, 신뢰성, 팀워크, 군기, 지도력이었고, 전투기 조종사가 갖추어야 할 자질은 손과 눈의 신속한 반응성, 저돌성, 대담성, 개성, 전투에 대한 열정이었다. 육군 항공대의 연구 보고서에는 이상적인 폭격기 조종사의 특성에 대해 이렇게 기록돼 있다.

"승무원들은 전대 내에서 가장 뛰어난 조종사와 함께 비행하고 싶어 한다. 그런 조종사는 생사를 가르는 결정을 해야 하는 어려운 상황에서 가급적 최선의 결정을 빠르게 내릴 수 있기 때문이다."

폭격기 조종사들에게는 '지적인 특성'이 감각과 운동 능력보다 더욱 중요했다. 이 연구에서는 이렇게 말하고 있다.

"전투기 조종사에는 격한 스포츠를 좋아하고, 자만심에 넘치고, 높지 않은 지적 수준의 사람이 적합하다."

폭격기 승무원들이 가장 큰 기쁨을 느낄 때는 임무에서 살아 돌아왔을 때였다면, 전투기 조종사들은 적기를 잔뜩 격추시키고 돌아와 양손으로 허공을 가르며 전투 상황을 설명할 때였다. 이를 관찰한 제8공군의 신경

정신과 군의관인 더글러스 본드Douglas Bond는 이렇게 말했다.

"전투기 조종사들은 많은 사람을 죽인 다음 숨김없이 그 기쁨을 드러내는 사람들이라 모르는 사람이 볼 때는 정말 충격적입니다."

그러나 폭격기 조종사의 사상자 비율은 전투기 조종사보다 훨씬 많았고, 휘하의 승무원들을 책임져야 하는 자리이기도 해서 폭격기 조종사들은 신경쇠약과 전투 피로증에 더욱 취약했다. 육군 항공대 신경정신과 군의관들은 전투기 조종사의 임무가 더 큰 동기를 부여하기에 적합하다고 결론 내렸다.

전투기 조종사는 브리핑이 짧고, 덜 형식적이었다. 폭격기 조종사의 브리핑 시간은 대략 1시간인 데 비해 전투기 조종사의 브리핑 시간은 5분이었다. 전투기는 폭격기에 비해 이륙과 편대 구성이 빠르고 안전했다. 저고도로 내려와 기총소사를 하지 않는 한 대공포의 공격을 받을 일은 거의 없었다. 전투기 조종사에게는 분명한 한계가 있지만, 자신의 결정에 의해 자유롭게 비행할 수 있었다. 이러한 환경은 때때로 무모하고 위험하기까지 한 자기 과시욕을 자극하기도 하지만, 조종사의 생명을 지키는 데 더 큰 도움이 되기도 한다. 전투기 조종사들은 너무 위험할 경우, 얼마든지 도망칠 수 있기 때문이다.

반면 폭격 항정 중인 B-17 승무원들은 마치 해저에서 적의 공격을 받는 잠수함 승조원들처럼 자기 자리에 앉아서 적의 공격을 묵묵히 견뎌내는 것 말고는 할 수 있는 일이 없었다. 블레이크슬리의 참모장교는 이런 글을 남겼다.

"항공전에서는 폭격기 승무원들이 가장 가혹한 싸움을 하고 있다는 점을 인정해야만 한다."

이들의 숭고한 희생 덕분에 전투기 조종사들은 독일 공군을 괴멸시킬 수 있었다.

물량과 전투력에서 모두 밀리던 독일 공군은 1945년 5월, 유럽의 제공권을 잃고 말았다. 미국과 영국은 항공기 보유 대수가 독일 공군의 20배나 되었고, 항공기 운용에 필요한 연료와 숙련된 조종사도 풍부했다.

독일 공군의 작전 참모장 카를 콜러Karl Koller 중장은 전후 신문과의 인터뷰에서 '만약 독일 공군이 1944년 봄에 제공권을 확보했다면, 연합군은 유럽 본토에 상륙하지 않았거나, 했더라도 더 큰 인명 손실을 감내할 수밖에 없었을 것'이라고 주장했다. 그러나 1944년 3~5월 사이 전투에서 제공권을 상실한 이후, 독일 공군의 임무는 조국을 위해 희생하는 것이었다는 점을 인정했다.

독일이 머스탱만큼 오래 체공滯空할 수 있는 민첩한 전투기를 개발하지 못한 이유를 묻자, 콜러는 당시 기업가들과 엔지니어들은 그런 전투기는 존재할 수 없다고 생각했다고 답했다. 그러나 전황이 독일에게 불리하게 돌아가기 시작하자, 그제야 그런 전투기를 만들자는 의견이 다시금 힘을 얻었고, 히틀러도 이에 관심을 갖게 되었다. 이것이 유연한 민주주의 체제와 경직된 독재 정권의 차이점이다. 전쟁 전 미국의 폭격기 만능주의자들과 항공 산업계 역시 독일 항공 산업계 인사들과 똑같은 의견을 말했다. 그러나 위기가 발발하자 그들은 신속하게 대응해 너무 늦기 전에 가까스로 대책을 내놓았다. 연합군의 유럽 침공이 성공할 수밖에 없었던 것은, 극소수의 사람들만이 가능하다고 여겼던 항공기를 양산해 실전에 투입한 혜안 때문이었다.

위대한 결투

독일 공군을 독일 본토 내부에 가둬놓은 덕택에 이제 유럽 침공이 가능해졌지만, 그렇다고 성공까지 보장된 것은 아니었다. 프랑스 북부에 주둔한 독일 국방군은 대규모 증원을 받아 굳건하게 버티고 있었으며, 히틀러로부터 최후의 1인이 남을 때까지 싸우라는 명령을 받았다. '항공력으로 이들 독일군을 약화시키려면 어떻게 해야 할까?' 연합군 지도자들은 이 문제를 가지고 1944년 1월부터 치열하게 논쟁을 벌였고, 그 논쟁은 5월이 되어서야 합의가 이루어졌다. 이는 이 전쟁에서 가장 치열했던 정책 논쟁 중 하나였다.

이번 오버로드 작전의 최고사령관으로 임명된 아이젠하워 장군은 미국과 영국의 전술 및 전략 공군의 작전 지휘권을 요구했다. 즉각적으로 영미 항공 전력 전체를 유럽 본토 상륙을 지원하는 데 동원하기 위해서는 지휘권이 필요하다는 게 그의 주장이었다. 아이젠하워의 오랜 친구인 햅 아놀드는 그 주장에 바로 찬성했으나, 영국은 반대했다. 처칠과 영국 전시 내각으로부터 영국 공군 폭격기사령부의 지휘권을 인수해 오는 일은 큰 난관에 부딪혔다. 결국 아이젠하워는 처칠 총리에게 아서 해리스 휘하의 폭격기사령부를 주지 않으면 사임하겠다고 위협하기에 이르렀고, 극약 처방은 통했다. 영국 공군의 트래퍼드 리맬러리Trafford Leigh-Mallory 경에게 유럽 본토 상륙작전을 직접 지원하기 위해 미 제9공군을 포함한 전술공군 지휘권이 주어졌다. 그러나 스파츠는 리맬러리의 역량에 의문을 제기했다. 그리고 아이젠하워의 부사령관 아서 테더가 4월 14일부터 노르망디 전투 종료 시까지 영국 공군 폭격기사령부, 미 제8공군, 제15공군에 대한 통제권을 갖게 되었다.

폭격기 통제권을 확보한 아이젠하워는 상륙 전 몇 주 동안 이 항공기들의 활용 방안을 결정해야 했다. 가장 큰 싸움은 '축적 전투the Battle of the Buildup'가 되리라는 데는 이견이 없었다. 연합군은 디데이 당일, 기습과 압도적인 충격력에 의존해 일부 부대를 해안에 상륙시키고자 했다. 그 후에 승리는 더 힘이 우세한 쪽이 이기게 될 것이었다. 독일은 벨기에와 프랑스의 잘 닦인 도로나 철도망을 이용해 연합국보다 쉽게 보급할 수 있는 반면, 연합국은 영국 남부의 대형 보급창과 노르망디 코탕탱 반도를 잇는 해로를 통해 위험을 감수하며 보급해야 하기 때문에 이 전투는 독일에 더 유리한 것처럼 보였다. 따라서 연합군의 목표는 교두보를 확보하고, 노르망디의 독일군과 라인란트 및 루르의 주요 보급 기지 사이의 보급로를 차단하는 것이었다.

테더의 과학 자문 솔리 주커먼Solly Zuckerman 교수가 제출한 '교통 계획'이라는 이름의 제안서를 본 아이젠하워는, 그 계획이야말로 목표를 달성하기에 안성맞춤인 계획이라고 생각했다. 주커먼은 북프랑스와 벨기에의 철도 조차장과 열차 수리 공장을 표적으로 하는 전략폭격 작전을 제안했다. 그는 연합군이 내륙에 위치한 이들 주요 교통 시설들을 타격한다면 독일군에게 파괴는 물론 혼란을 야기할 수 있고, 독일군 증원 병력의 전투 지역으로의 이동을 막을 수 있다고 주장했다. 반면 월터 W. 로스토Walter W. Rostow, 칼 키슨Carl Keyson이 이끄는 젊은 경제학자들로 구성된 미 육군 항공대 표적 선정 자문 위원회는 교량을 핵심 표적으로 삼아야 한다고 주장했다. 그러나 주커먼은 자신의 계획이 더 효과적이라고 생각했는데, 교량보다는 조차장이 중폭격기에게는 더 쉬운 표적이고, 조차장을 격파하는 것이 교량을 격파하는 것보다 적의 교통에 더 악영향을 미칠 거라고 생각했다. 그러나 3명의 강적이 이들의 계획을 맹비난하며 맞섰다. 그들은 바로 아서 해리스, 칼 스파츠, 윈스턴 처칠이었다.

이들 중 해리스와 스파츠는 주커먼의 계획대로 했다가는 지상군이 상륙하지 않고 오로지 전략폭격만으로 독일을 패배시킨다는 자신들의 목표를 달성하기 힘들다고 입을 모았다. 해리스는 주커먼의 계획에 대해 분명히 반대 의사를 표하면서 이런 글을 남겼다.

"독일 본토에 대한 폭격이 크게 줄어들거나 중단되는 것만큼 독일인들에게 큰 안도감을 주는 것은 없다. 독일인들이 안도감을 느끼고 다시 희망을 느끼게 되면 독일인들의 전의는 다시 불타오를 것이다."

그러나 최근 베를린 상공에서 영국 폭격기 부대가 입은 막대한 손실로 해리스의 입지는 점점 좁아지고 있었다. 1943년 11월부터 그가 잃은 폭격기는 무려 약 1,200대에 달했다. 게다가 해리스는 자신의 야간 폭격기들이 철도 조차장 같은 표적을 정밀폭격할 수 없다고 주장했다. 그러나 영국 공군 참모총장 찰스 포털 장군은 영국 공군 폭격기사령부에 프랑스 내 철도 조차장 여섯 곳을 표적으로 배정하자 이들은 말끔하게 제거했다. 역사학자 맥스 헤이스팅스의 말을 빌리면, 해리스는 자기 부하들의 실력을 제대로 가늠하지 못했다. 영국 공군 폭격기사령부는 야간에도 제8공군만큼 정확하게 폭격할 수 있는 경지에 올라 있었다. 논리에서 밀린 해리스는 마지못해 '교통 계획'에 찬성할 수밖에 없었다.

해리스가 독일인을 많이 죽이지 못하는 것을 염려했다면, 처칠은 프랑스인을 너무 많이 죽이는 것을 염려했다. 주커먼이 목표로 삼은 70여 개에 달하는 철도 중추는 도심 또는 도시 인근에 있었고, 정보기관의 보고서에 따르면 이 계획대로 폭격할 경우 최대 16만 명의 프랑스인과 벨기에인이 사망하거나 부상을 입을 수 있다고 했다. 이는 전후 프랑스와의 관계에 악영향을 끼칠 수 있고, 증오의 유산으로 발전할 수도 있다고 생각했다. 디데이가 다가오자 처칠은 반대 수위를 누그러뜨렸다. 그는 민간인이 처참하게 살해될 것을 우려했으나, 그러한 염려를 덜어준 것은 영국에 있는 자유 프랑스군 사령관 피에르 쾨니그Pierre Koenig 소장이었다. 쾨니그 소장은 처칠과 면담하면서 이렇게 말했다.

"이것은 전쟁입니다. 따라서 민간인의 희생은 어느 정도 이미 각오한 일입니다. … 우리 프랑스는 독일을 패배시키기 위해서라면 16만 명이 아니라 32만 명의 죽음도 감당할 수 있습니다."

그리고 5월 초, 루스벨트가 군사적인 고려를 우선시해야 한다는 내용의 서한을 보내 망설이고 있던 처칠이 이미 시작된 폭격 계획을 전폭적으로 지지하도록 설득했다.

주커먼의 교통 계획의 대안으로 가장 유력하게 제시된 것은 칼 스파츠가 제안한 '석유 계획'이었다. 전투기로 제공권을 확보한 미 육군 항공대는 여세를 몰아 중폭격기로 독일의 공군과 육군을 지탱해 주는 군수 및 정유 산업을 타격하자고 주장했다. 스파츠의 표적 분석관들은 미국 전략폭격기들이 25회(제8공군 15회, 제15공군 10회)만 공습 작전을 벌여도 독일의 가솔린 생산량은 50퍼센트가 줄어들 것이라고 추산했다. 연료 생산량이 줄어들면 독일의 기계화 부대의 기동성도 떨어질 것이고, 노르망디 해안의 교두보로 보급품과 증원 병력을 보내기도 어려워질 것이다. 스파츠는 이 작전을 통해 얻을 수 있는 효과는 쉽게 복구할 수 있는 철도 조차장을 파괴해 얻을 수 있는 효과를 크게 웃돌 것이라고 주장했다.

스파츠는 자신의 주장에 대한 타당성을 아이젠하워에게 더욱 확실히 납득시키기 위해 석유 공세에는 미 육군 항공대의 가용 작전 전력의 절반 정도만 있어도 충분하다는 점을 피력했다. 그러면서 나머지 절반은 프랑스의 교통 인프라를 파괴하는 데 쓰면 된다고 했다. 그러나 스파츠는 그

나머지 전력도 철도 조차장 파괴보다 센강과 루아르강을 가르는 교량을 파괴하는 전술작전에 집중적으로 투입할 것을 제안했다. 그 교량들은 로스토 중위의 위원회가 추천한 것들이었다.

햅 아놀드는 미 육군 참모총장인 마셜 장군에게 스파츠의 계획을 지지해달라고 요청했으나 마셜은 최종 결정권을 아이젠하워에게 넘겨버렸다. 당시 아이젠하워는 항공 작전에 관한 사안은 부사령관 테더의 조언에 크게 의존하고 있었다. 따라서 미국 폭격기 귀족들이 주장하던 석유 시설 타격 계획은 결국 채택되지 않았다. 폭격기 귀족들은 뭐든 부풀려 말하기로 유명했을 뿐 아니라 이전에 실패한 사례도 많았기 때문이었다. 불과 1년 전에도 이들은 제8공군이 독일 볼베어링 산업을 박살내기만 하면 전쟁이 끝날 것처럼 이야기했었다.

테더 역시 석유 계획과 관련해 나름의 경험이 있었다. 제2차 세계대전 초기, 영국 공군 폭격기사령부는 독일의 석유산업 시설을 파괴하려 했으나, 작전은 참담하게 실패하고 말았다. 표적을 제대로 맞히지도 못했을 뿐만 아니라, 승무원만 수십 명 전사하고 말았던 것이다. 테더는 석유산업 시설 폭격에 대해 테더 못지않게 회의적이었던 포털에게 이런 편지를 써 보냈다.

"아군 역시 예전에 그런 유혹에 빠졌던 적이 있지 않습니까?"

3월 25일 열린 영미 공군 사령관 회의는 긴장감이 넘쳤다. 이 자리에 참석하지는 않았지만, 처칠은 석유 계획을 지지했다. 하지만 아이젠하워는 결국 주커먼의 손을 들어주었다. 날카로운 질문 공세에 시달린 프레더릭 앤더슨 장군이 오버로드 작전 초기에 미 육군 항공대가 독일 석유산업에 충분한 타격을 가할 수 있을지 보장할 수 없다고 실토한 직후였다. 당시 앤더슨 장군은 이렇게 말했다.

"석유 계획은 6개월의 시간을 줘야 결정적인 효과를 볼 수 있습니다."

이는 아이젠하워가 도저히 용납할 수 없는 발언이었다. 그는 상륙 후 첫 6주 이내에 석유 계획이 효과를 봐야 상륙 교두보를 계속 유지할 수 있다고 여겼기 때문이다.

포털은 연합군 공군 참모들에게 오버로드 작전의 첫 난관을 돌파하고 연합군이 노르망디에 확실히 기반을 잡은 후에 이 석유 계획을 채택할지 고려해 보자는 말로 회의를 끝맺었다. 아이젠하워가 이에 동의하자, 어느 미군 장교가 '위대한 결투'라 부른 이날의 회의는 종료되었다.

스파츠는 아이젠하워를 누구보다도 존경했기 때문에 공개적으로 반발하지 않고 아이젠하워의 뜻에 굴복했다. 스파츠의 표적 선정 장교인 리처드 도일리Richard D'Oyly 대령은 이렇게 말했다.

"스파츠는 아이젠하워로부터 '디데이에 북극해 한복판에 폭탄을 투하하라'는 명령을 받았더라도 그대로 따랐을 사람입니다."

스파츠는 유럽 침공 작전이 성공하기를 진심으로 바랐고, 아이젠하워의 명령이라면 그보다 더한 것도 따를 수 있었다. 그리고 한편으로는 유럽 침공이 실패할 가능성도 염두에 두고 있었던 그는, 만약 이 작전이 실패할 경우 모든 책임이 육군 항공대로 돌아오는 것을 원치 않았다. 3월 25일 회의가 열리기 전에 스파츠는 어느 참모장교에게 이렇게 말했다.

"이번 유럽 침공 작전은 성공할 리가 없네. 따라서 나는 실패에 따른 책임을 지고 싶지 않아. 이 작전이 실패한다면 폭격만으로 전쟁에서 이길 수 있다는 것을 보여주고야 말겠네."

스파츠는 자신이 3월 25일 회의에서 패배했다고 생각하지 않았다. 위원회에서는 그의 석유 계획이 매우 매력적이라고 말했기 때문이다. 그 말에 더욱 자신감을 얻은 스파츠는 테더를 설득해 제15공군의 B-24로 플로이에슈티를 다시 폭격하게끔 했다. 그 폭격은 충분한 성과를 거두었고, 테더는 이탈리아를 발진기지로 한 후속 폭격을 허가하게 된다. 그런데 스파츠는 좀 더 큰 것을 원했다. 그는 독일의 주요 연료 생산 거점인 합성 연료 공장을 폭격하고 싶었다. 아이젠하워는 늦여름까지 기다리라고 했으나 스파츠는 끈질기게 매달렸다. 스파츠는 사임하겠다고까지 하면서 아이젠하워와 치열한 논쟁을 벌였고, 결국 아이젠하워는 스파츠에게 5월 중 독일 상공의 일기가 쾌청한 이틀 동안만 합성 연료 공장을 폭격할 것을 구두로 허가했다. 단, 프랑스의 합성 연료 공장은 폭격할 수 없었다.

5월 12일, 지미 둘리틀은 독일 중부의 밀도 높은 합성 연료 공장 단지를 목표로 886대의 폭격기를 출격시켰고, 이에 독일 공군이 다수의 요격기로 맞서면서 대규모 공중전이 벌어졌다. 미군은 폭격기 46대를, 독일군은 전투기 60여 대를 잃었다. 이 전투의 치열함을 본 스파츠는 휘하의 표적 선정 기획관들이 적의 치명적 약점을 발견했다고 믿게 되었다. 독일의 알베르트 슈페어 장관도 자신의 회고록에 이렇게 썼다.

"이날 기술전의 향방이 결정되었다."

공습 일주일 후, 슈페어는 히틀러에게 이렇게 보고했다.

"적은 우리의 가장 큰 약점 중 하나를 타격했습니다. 적이 그곳을 계속 공격해 온다면, 우리는 더 이상 충분한 연료를 생산할 수 없습니다. 적의 공군 수뇌부가 우리 공군만큼 멍청하지 않다면, 우리에게는 희망이 없습니다!"

독일은 잠시도 쉬지 않고 합성 연료 공장을 수리했으나 16일 후인 5월 28일, 29일 제8공군은 합성 연료 공장을 다시 폭격했고, 같은 날 제15공군은 플로이에슈티 유전을 폭격했다. 한꺼번에 두 방의 결정타를 얻어맞은 독일의 석유 생산량은 반으로 줄어들었다. 울트라의 첩보에 의하면 이 사건으로 독일은 크게 놀란 것이 틀림없다. 테더는 이런 말을 남겼다고 전해진다.

"고객이 원하는 것을 들어줘야지요."

그러나 유럽 본토 상륙이 불과 일주일 정도밖에 남지 않았기 때문에 석유 공세는 한동안 미뤄 둬야 했다.

상륙 준비 폭격

스파츠의 독일 석유산업 시설에 대한 폭격은 예상치 못한 소득을 안겨 주었다. 이와 같은 공습이 계속될 것을 두려워한 독일이 전투기 전력 중 상당수를 독일 본토로 불러들인 것이다. 교통 계획은 더욱 큰 성공을 거두었다. 연합군 중폭격기 및 중형 폭격기들은 벨기에 북부 및 프랑스 북부의 철도망을 거의 완벽하게 부숴 버렸고, 이로써 독일 육군의 주요 보급로는 봉쇄되었다. 연합군 전투기들 역시 프랑스의 도로와 철도 위를 달리는 것은 무엇이든 파괴해 버렸다. 5월 어느 날, 가장 혁신적인 미국 항공 지휘관 중 한 사람인 엘우드 피트 케사다 소장이 이끄는 제9공군 전투기들은 수많은 열차를 격파했다. 어느 독일군 지휘관은 노르망디 해안으로 가는 길을 '전투 폭격기의 경주장'이라고 부를 정도였다.

마지막 순간에 바뀐 교통 계획에 의해 연합군 전폭기들은 루아르강과 센강의 교량을 공격하기로 되어 있었다. 노르망디와 브르타뉴 지방을 다른 프랑스 지역으로부터 고립시키기 위한 작전이었다. 사실 이것은 스파츠의 표적 선정 기획관들이 그해 3월에 제안했던 전술 계획이었다. 5월 마지막 주가 되자 파리 북쪽에서 센강을 가로지르는 열차는 1대도 없었다.

파드칼레 지역의 교량들은 독일군으로 하여금 연합군이 파드칼레로 상륙할 것이라고 믿게 하려는 위장 작전의 일환으로 더욱 지독하게 타격을 가했다. 파드칼레는 노르망디보다 영국 남부와 더 가까울 뿐만 아니라, 심지어 연합군의 최종 목표인 독일 북부와도 더 가까웠다.

연합군 항공기들은 프랑스 철도에 히로시마 원폭의 7배에 달하는 총 7만 1,000톤의 폭탄을 투하했다. 전후 실시한 상륙 준비 폭격에 관한 연구에서는 저공으로 전투기나 전투 폭격기들이 수행한 교량 파괴 작전이 중폭격기들이 수행한 프랑스 철도 중추 파괴 작전보다 독일군 이동을 막는 데 더욱 효과적이었다는 사실이 드러났다. 독일은 수만 명의 포로와 노동자를 동원해 연합군 전략폭격기들이 파괴한 철도 조차장과 철로를 파괴되는 족족 복구해냈다. 게다가 철도 조차장은 인구 밀집 지역인 도심에 있었기 때문에 고공폭격에 의한 오폭으로 약 1만 2,000명의 프랑스 및 벨기에 민간인이 사망한 것으로 추정했다. 반면, 교량과 열차를 직접 타격하는 전술 공습은 부수적인 피해를 최소화하면서도 적의 병참 능력에 더 큰 타격을 주었다. 독일 국방군은 노르망디에서 매우 훌륭한 방어전을 치렀으나 연합군 공군이 상륙 준비 전투에서 승리한 순간, 노르망디 주둔 독일 국방군의 패배는 이미 정해지고 말았다.

노르망디 주둔 독일 지상군 총사령관 게르트 폰 룬트슈테트Gerd von Rundstedt 원수, 독일 국방군 최고사령부 사령관 빌헬름 카이텔Wilhelm Keitel 원수를 포함한 다수의 독일군 장성들은 전후 연합군 조사관들로부터 노르망디상륙작전에서 독일군의 패인이 무엇이라고 생각하느냐는 질문을 받았다. 그러자 카이텔은 이렇게 답했다.

"적시에 물자와 병력을 투입할 수 없었기 때문입니다. … 우월한 연합군 공군의 폭격기들과 전투기들이 제공권을 장악한 탓에 우리는 예비 부대를 투입할 수 없었고 적을 격퇴할 수도 없었습니다. 그러나 당시에는 누구도 내게 그 사실을 알려주지 않았습니다."

새로운 아군

B-17 조종사 버트 스타일스는 자신의 일기에 이렇게 썼다.

"우리는 이 순간을 너무도 오래 기다려 왔다. 심지어는 매일 밤 우리를 깨울 때마다 누군가가 '오늘이 바로 디데이다'라고 하며 깨울 정도였다."

그날 밤 이스트앵글리아 지방에서 제대로 수면을 취한 사람은 아무도 없었다. 자정이 지나자마자 하늘에서는 수천 대의 항공기 엔진 소리가 진동했다. 수송기, 정찰기, 폭격기, 전투기 등 각양각색의 군용기가 낮게 깔린 구름 위에서 편대를 이루었다. 그야말로 엄청난 항공기 대군이었지만 항로의 폭은 불과 10마일(16킬로미터)밖에 되지 않았기 때문에 충돌 위험성도 높았다. 6대씩 편대를 지은 중폭격기들은 탐조등 신호를 따라 런던 이남의 특정 지점으로 향하는 것 말고는 공중 충돌을 막을 방법이 없었다. 드문드문 흩어져 있는 구름은 거기서 더욱 짙어져 회색의 모포가 되었다. 그 위에서 총 1,300여 대의 중폭격기가 반짝이는 선도 폭격기들을 따라 표적을 향해 날아갔다.

스타일스와 그의 부하 승무원들도 이 거대한 쇼에 참가했다. 4마일(6.4킬로미터) 상공에서 아래를 내려다본 스타일스의 눈에 엄청나게 많은 해군 함포들이 빨간색과 오렌지색 화염을 뿜어내며 짙은 회색 바다를 물들이는 광경이 보였다. 저공에서 비행하는 B-17 폭격기에 타고 있던 로렌스 커터 장군도 이 폭격기의 대군을 봤다. 같은 시각, 커터 장군이 죽은 줄 알았던 한 동료가 나치 치하의 프랑스 농가에 숨어서 연합군의 상륙 소식을 기다리고 있었다.

버니 레이 주니어 중령은 사령부 근무를 그만두고 새롭게 편성된 B-24 비행대 제487폭격비행전대의 전대장으로 부임했다. 그리고 얼마 후 그는 노르망디상륙작전을 앞두고 프랑스 파리 남서쪽 쇼몽의 철도 조차장 공습 임무를 수행하다가 그만 격추당하고 말았다. 다행히 그와 부조종사 월터 듀어Walter Duer 중위는 프랑스 레지스탕스에게 구조되었다. 그러나 스페인으로 가는 탈출로는 독일 비밀경찰에 의해 모두 막혔고, 프랑스 철도망도 완전히 붕괴되었기 때문에 그들은 마키단이 운영하는 은신처로 이송되었다. 그들이 은신처로 이송된 시점은 하필이면 디데이 전날 밤이었다.

아침이 되자 은신처의 주인인 M. 포고이M. Paugoy가 큰 소리로 그들을 깨웠다.

"상륙했어! 미군이 왔다고! 노르망디야! 노르망디!"

두 승무원은 침대에서 펄쩍 뛰어 일어났다. 주방에 있는 라디오에서 뉴스가 흘러나오고 있었다. 그들은 연합군의 상륙을 축하하며 계란과 빵으로 식사를 마친 후 다시 밭 한복판에 있는 은신처로 안내되었다. 레이는 이렇게 말했다.

"우리가 포도밭을 살피고 있는데, 갑자기 엄청나게 큰 항공기 엔진 소리가 들렸어요. 아침 안개를 뚫고 36대의 메서슈미트 109 전투기가 나타났는데, 항공기 하부에는 커다란 폭탄이 1발씩 달려 있더군요. 근처의 공군기지에서 출격한 그들은 폭탄 무게 때문에 농장 상공에서 느리게 저공비행을 하며 편대를 구성했어요."

하늘을 올려다본 월터 듀어가 중얼거렸다.

"아군이 해협 상공에 깔아놓은 전투기들에게 걸리면 단 1대도 기지로 돌아가지 못할 거예요."

전투기들이 하늘 멀리로 사라지자, 버니 레이는 미군이 제공권을 장악해 독일 공군의 잔존 병력을 사실상 자살 임무로 내몰고 있다는 사실이 너무나도 자랑스러웠다.

두 미군 승무원이 보았던 메서슈미트 전투기들은 노르망디 지역에 배치된 150대의 변변찮은 독일 공군 전투기 전력을 보강하기 위해 파견된 300대의 예비대 중 일부였다. 연합군의 정보 보고서에 따르면 이들 전투기 대부분은 너무 심하게 흩어져 있었으며, 미숙한 조종사들이 조종하는 탓에 손실이 막심했다. 프랑스의 전진 기지 대부분이 연합군의 상륙 준비 폭격으로 박살나자, 독일 조종사들은 연합군이 상륙하는 해안 후방에 급조한 가설 비행장에서 출격해야 했다. 그러나 간신히 이륙한 독일 전투기들도 압도적인 수의 영미 전투기들의 먹잇감이 되었고, 독일 육군에게 항공 지원을 효과적으로 해줄 수 없었다. 디데이 저녁, 90여 대의 독일 항공기가 연합군 함대를 기습했지만 연합군이 당한 피해는 거의 없었고, 오히려 이들은 연합군 전투기들에 의해 쫓기거나 격추당하고 말았다.

그날 아침 연합군 폭격기들은 첫 상륙정들이 해안에 닿기 직전에 독일군 해안 방어 부대 앞에 갑자기, 장엄하게 나타났다. 두꺼운 구름 때문에 조준할 수 없었던 선도기의 폭격수들은 자칫 아군을 공격할 것을 염려해 레이더 조준기를 사용해 폭탄을 투하했다. 그러나 이날, 폭격기 승무원들에게는 영광이 돌아가지 않았다. 이들은 무려 5,000톤의 폭탄을 독일군 해안 방어 진지 뒤로 떨어뜨렸지만, 독일군에게 피해를 주지 못했던 것이다. 중폭격기들은 그날 여러 차례 출격해 독일군 증원 병력을 막기 위해 해안 근처 적의 방어 진지와 주요 교통 요충지를 타격했지만, 이들의 항공 지원은 저공비행하는 P-47 전투기와 P-51, B-26 마로더 폭격기의 항공 지원에 비해 효과가 적었다. 반면, 쌍발 마로더는 유타 해안의 독일군 방어 시설의 상당 부분을 파괴함으로써 미군 상륙 부대가 예상보다 훨씬 쉽게 상륙할 수 있게 해주었다.

그러나 제8공군은 이미 큰일을 해낸 바 있다. 유럽 본토 상륙에 필수적인 제공권 확보를 위한 5개월간의 전투에서 미 육군 항공대는 중폭격기 2,600여 대, 전투기 980여 대를 잃었고, 전사자 1만 명을 포함해 1만 8,400명의 사상자를 냈다. 이는 제8공군이 1942년과 1943년에 입은 인명 손실의 절반이 넘는 수치이다. 이들의 공적은 결코 디데이 당일, 해안 상륙 부대와 공정부대에서 발생한 약 6,000명의 전사 및 부상자, 실종자의 그것에 뒤지지 않는다.

디데이에 출격한 거의 모든 연합군 항공기 승무원들에게 그날의 경험은 이 전쟁에서 가장 강렬한 기억으로 남았다. 로지 로젠탈은 이때를 다음과 같이 회상했다.

"그날 나는 제100폭격비행전대 승무원들에게 임무 브리핑을 했습니다. 브리핑을 들은 그들은 모두 일어나 환호성을 질렀습니다. 그날이야말로 오랫동안 기다려 왔던 날이었습니다. 나는 해가 지기 직전, 디데이의 세 번째 폭격 임무를 맡아 전대를 지휘해 출격했습니다. 당시 우리에게는 인터컴으로 불필요한 대화를 해서는 안 된다는 규율이 있었지만, 바다 위에 떠 있는 거대한 함대 위를 지나 해안으로 향하자, 한 승무원이 소리 내어 기도하기 시작했습니다. 상륙 함대와 우리 모두를 위한 기도였습니다. 그때만큼 가슴 뭉클했던 적은 별로 없었습니다."

영국으로 복귀하던 버트 스타일스는 해안에 있는 불쌍한 연합군 병사들이 뭘 하고 있을지 궁금했다. 지상군 병사들의 머리 위에는 연합군 항공기들이, 그들의 뒤에는 연합군 군함들이 버티고 있었다. 그러나 유럽 본토 상륙작전은 본질적으로 지상군 병사들의 싸움이었다. 스타일스는 그 점을 그제야 갑작스럽게 깨달았다.

"이제 우리만의 전쟁은 끝났어요. 낮에는 제8, 제9 공군이, 밤에는 영국 공군이 독일군에게 폭탄을 뿌리기만 하던 전쟁은 끝난 거죠. 이제 전쟁에 뛰어든 지상군 친구들은 빛나는 영광을 향해 느리지만, 착실히 걸어 나가고 있어요."

버트 스타일스는 이 전쟁을 새로운 아군과 공유한다는 사실이 전혀 불편하거나 짜증나지 않았다. 그는 그날 일기에 이런 글을 남겼다.

"인간의 피는 알루미늄 기체에 흘리든, 노르망디의 진흙에 흘리든 모두 똑같다. 100만 달러짜리 항공기를 타든, 50달러짜리 소총을 들고 눈 속을 헤매든 모두 똑같은 용기를 필요로 한다. 항공력을 광신하는 높으신 분들 중에는 자기 방식대로 전쟁에서 이길 기회를 놓쳤다며 불평하는 사람도 있을 것이다. 그러나 정작 중요한 것은 승리뿐이다. 어떻게든 이겨야 한다. 이기고 나면 그 방법은 중요치 않다."

MASTERS

OF THE

제11장

죽음의 덫

AIR

"신의 왕국은 정의로, 인간의 왕국은 석유로 움직인다."
– 어니스트 베빈Ernest Bevin, 처칠 내각의 노동병역성 장관

1944년 6월, 런던

연합군이 노르망디에 상륙한 지 3일 후, 햅 아놀드 장군은 조지 마셜 장군을 비롯한 연합군의 다른 지도자들과 함께 회의에 참가하기 위해 런던에 도착했다. 이제 연합군 병사들이 프랑스 땅에 기반을 단단히 다지고 독일 국경을 향해 막 진격을 시작하려 할 참이었다. 연합군 합동참모본부에서 다룰 가장 중요한 의제는 이 서부 유럽 해방 전투에서 미 육군 항공대에 부여할 역할이었다. 연합군 합동참모본부는 영미 연합군의 최고 군사 기구로, 미 합동참모본부와 영국군 총참모부로 구성되어 있었다.

아놀드는 본회의가 시작되기 전에 프랑스 북부의 항공 상황을 파악하고자 했다. 6월 12일 아침에 그와 마셜은 아이젠하워와 함께 노르망디 전선으로 가기 위해 구축함 USS 톰슨USS Thompson에 승선했다. USS 톰슨은 순양함, 전함, 구축함, 소해정, 그리고 상륙 해안에 하루에 1만 5,000명의 병력과 3,000톤의 물자를 쏟아놓을 수 있는 리버티선과 상륙정 들로 가득 찬 짙은 회색 바다를 30노트(시속 55킬로미터)의 속도로 헤쳐 나갔다. 해안에서는 영국 공병과 노동자 4만 5,000명이 영국 본토에서 가져온 암호명 '멀베리Mulberries'라는 이름의 거대한 인공 부두와 방파제를 짓고 있었다. 종군기자 어니 파일은 이렇게 기록했다.

"인류 역사상 가장 거대한 함대가 보였다."

아놀드는 일기에 이렇게 적었다.

"훌륭하지만 한편으로는 무시무시한 광경이었다. … 마치 포츠머스 항구 같았다. 이 전례 없이 거대한 함선들이야말로 폭격기를 위한 천국 같았다. 독일 공군이 남아 있었다면 그야말로 잔칫날이 되었을 것이다."

프랑스에 상륙한 아놀드는 노르망디 해안에 급조한 제9공군 전투기사령부에서 피트 케사다 장군을 만났다. 케사다는, 자신의 정보에 따르면 연합군의 상륙을 막기 위해 투입된 독일 공군의 항공기는 수백 대에 불과하며, 그중 가동 기체는 60대에 불과하다고 장담했다. 케사다는 아놀드에게 이렇게 말했다.

"독일 공군은 충분한 항공기도, 잘 훈련된 승무원도, 전투 의지도, 사기도 없습니다."

이제 그들은 적 전투기의 극심한 저항을 겪지 않고 독일 영공으로 들어가 적의 전쟁 수행을 돕는 정유소와 탄약 공장을 파괴할 수 있게 되었다. 또한 영국에 2,100여 대, 이탈리아에 1,200여 대의 중폭격기를 배치해 단번에 독일의 산업을 마비시킬 수 있게 되었다. 그러나 아이젠하워와 합동참모본부는 전략폭격에 최우선 순위를 부여하지 않았다. 그로부터 수 개월간 제8공군은 노르망디 지역의 연합군 육군을 위한 직접 항공 지원에 투입될 것이었다. 제8공군으로서는 적절한 장비도 경험도 부족한 임무였다. 그러나 아이젠하워는 방침을 바꿀 생각이 없었다. 그해 여름, 전략폭격은 제8공군이 수행해야 할 임무 우선순위 중 2위도 안 되었다. 또한 아놀드가 영국에 있던 바로 그 주, 새로운 위협이 커져 가고 있었다. 그 위협 때문에 미국 폭격기 거물들은, 전쟁을 끝낼 수 있을 것으로 본 그들의 본 임무에 쓸 자원을 또 쪼개 써야 했다.

아놀드와 미국 합동참모본부 인원들은 영국에 머무는 동안 J. W. 깁슨. W. Gibson과 그의 아내가 서섹스에 소유한 대저택에서 묵었다. 사냥용 별장을 개조한 이 저택은 200에이커의 삼림으로 둘러싸여 있었고, 헨리 8세가 쓰던 건물이기도 했다. 6월 15일 저녁, 아놀드는 귀국 준비를 하기 위해 일찍 잠자리에 들었다. 동이 틀 무렵, 갑자기 여러 번의 폭발음이 꼬리에 꼬리를 물고 울려 퍼졌다. 그중 대부분은 런던 쪽에서 들려지만, 일부는 위험하리만치 가까운 곳에서 들려왔다. 아놀드는 건물 밖 들판으로 나갔다. 그리고 깁슨의 저택 상공을 선회 비행하는 이상하게 생긴 비행체를 봤다. 비행체의 엔진에서는 신경에 거슬리는 윙윙거리는 소리가 났다. 그리고 갑자기 그 소리가 끊기고 비행체가 급강하하더니 저택에서 1마일(1.6킬로미터) 정도 떨어진 곳에 추락해 폭발했다. 아놀드는 그것이 독일이 6월 12~13일 저녁에 런던에 사격했다는 신형 로켓 병기 V-1임을 단박에 알아차렸다. '보복 병기'를 의미하는 독일어 'Vergeltungswaffe'에서 따온 이름으로, 독일의 국민계몽선전부 장관 파울 요제프 괴벨스Paul Joseph Göbbels가 독일 도시를 폭격한 연합군에 복수하겠다는 히틀러의 일념을 담아 지은 이름이었다. 불과 몇 분 사이에 깁슨 저택에서 몇 마일 안 떨어진 곳에 이들 무인기 6대가 더 떨어졌다. 아놀드는 독일이 미국 합동참모본부 인원들은 머물고 있는 이 집을 표적으로 V-1을 발사했을지도 모른다고 의심했다.

때마침 로켓 병기에 관심이 많았던 아놀드는 아침 식사를 마치자마자 차를 타고 V-1이 떨어진 마을 과수원으로 갔다. 직경 6피트(1.8미터), 깊이 5피트(1.5미터)의 분화구가 파인 곳 주변에는 V-1의 잔해가 널려 있었다. V-1은 경비행기 형태로, 동체는 철로 이루어진 원통형이었고, 날개는 폭이 좁고 짧았으며, 제어 방식은 자이로식이었다. 폭탄 탑재량은 1톤 정도였으나 정밀성이 높지는 않았다. 그러나 아놀드는 이 무기가 연합국의 전쟁 수행 능력에 혼란을 일으킬 것이 두려웠다. 이 무기가 영불해협의 영국 항구나 노르망디 해안을 표적으로 대량, 집중 운용된다면, 충분히 그렇게 될 수 있었다.

다음 날 아놀드는 아이젠하워에게 이런 제안을 했다.

"이 문제를 해결하는 방법은 V-1의 주요 부품 제작 공장을 공격하는 것뿐이라고 생각합니다."

그러면서 아놀드는 발사장의 규모가 작은 데다 매우 잘 위장되어 있기 때문에 그곳을 폭격해봤자 소용이 없다고 생각했다. 그리고 부품 제작 공장보다 더 덩치가 큰 창고와 연구소 역시 폭격해 봤자 실질적인 피해를 줄 수 없을 것이라고 생각했다. 독일의 V병기를 막으려면 다른 곳을 공격해야 했다.

한편, 아놀드는 육군 항공대 과학자들이 복제품을 제조할 수 있는지 알아보기 위해서 V-1의 잔해를 회수해 미 본토 오하이오주 데이턴 근교에 위치한 라이트 항공기지로 보냈다. 이 프로젝트는 전후 미국산 순항 미사일 개발의 시초가 된다.

연합국이 독일의 신형 로켓 병기에 대해 처음 알게 된 것은 1943년 11월이었다. 당시 영국 정보기관은 북프랑스 해안을 따라 세워진 여러 개의 로켓 발사장을 발견했다. 《뉴욕타임스》는 그 해안을 '로켓포 해안'이라고 불렀다. 오버로드 작전 기획관들은 가까운 장래에 독일이 이 로켓에 생물학병기나 핵병기를 탑재할지 모른다고 두려워하며 발사장 폭격을 명령했다. '크로스보우Crossbow, 석궁'라는 암호명의 이 작전을 통해 연합군 공군은 셰르부르 반도 끝 파드칼레에 위치한 독일 로켓 발사장을 타격했다. 이들 로켓 발사장은 '스키장'이라고 불렸는데, 발사용 경사로가 마치 스키장처럼 보였기 때문이었다. 연합군의 폭격으로 독일군의 로켓 발사는 디데이 이후로 연기되었다. 연합군은 매우 크고 기묘하게 생긴 로켓 창고와 연구소도 폭격했으나 큰 성과는 없었다. 이제 아이젠하워는 영국 전시 내각의 긴급 요구에 따라 북서부 유럽에 존재하는 모든 독일 로켓 발사장과 창고를 폭격하라는 명령을 영미 연합 공군에게 내렸다.

칼 스파츠와 아서 해리스는 이러한 명령을 받고 말도 안 된다며 격분했다. 그들이 확보한 항공 정찰 사진에 따르면, 독일 공군의 비행폭탄 발사장은 잘 위장되어 있는 데다 이동식이었기 때문에 그 위치를 알기가 거의 불가능에 가까웠다.

당시 아이젠하워와 처칠은 히틀러가 더 크고 안전한 연구소에서 더 강력한 보복 병기를 개발하고 있다는 정보를 입수하고 노심초사했다. V-1보다 더 사거리가 길고 파괴력이 큰 초음속 유도 미사일 V-2와 독일은 뉴욕까지 타격할 수 있는 초음속 유도 미사일 V-3도 개발 중이라 예상됐다. 만약 천재 베르너 폰 브라운 박사가 이끄는 독일의 뛰어난 과학기술자들이 V-3에 핵탄두를 탑재한다면, 이 전쟁은 독일의 승리로 끝날 수도 있는 일이었다. 나중에 밝혀진 사실이지만, 독일 과학자들은 그만한 성능의 로켓을 만들 꿈도 꾸지 못했을 뿐만 아니라 원자탄 개발 역시 포기하고 있었다. 그러나 1944년 6월 당시 연합국 정보기관은 그러한 실태를 알지 못했다.

그러나 V-1이 런던을 폐허로 만들고 있는 것은 사실이었다. 하루에 거의 100발씩 런던에 떨어졌고, 이를 피해 100만 명의 여성과 아이가 피난을 떠났다. 처칠은 V-1을 전투에서 목숨을 걸 용기가 없는 이들이 사용하는 비겁한 자들의 무기라고 봤다. 분노한 그는 영국 공군에게 독일 도시에 독가스 공격을 할 준비를 하라고 명령했으나, 영국 공군 수뇌부는 독일 역시 강력한 신경가스 폭탄으로 반격해 올 게 뻔하다며 말렸다.

히틀러는 연합군의 교두보인 노르망디를 향해서는 V-1을 쏘지 않았다.

물론 그것은 V-1의 정확도가 매우 떨어져서일 수도 있었지만, 보복 폭격이라는 개념에 너무 집착해서였을 수도 있다. 그는 연합군의 폭격에 희생된 베를린 시민들의 복수를 위해 런던에 사는 노약자와 여성 들을 표적으로 삼았던 것이다. 그로 인해 V-1으로 인한 사망자 중 무려 90퍼센트 이상이 런던 시민이었다.

악천후에도 개의치 않고 시속 400마일(640킬로미터)로 무리 지어 비행하는 이 V-1은 처음에는 격추시키기 매우 어려워 보였다. 런던 인근에 배치된 대구경 대공포로 잡기에는 너무 고도가 낮았고, 소구경 대공포로 잡기에는 반대로 고도가 너무 높았기 때문이다. 그러나 영국 방공망은 신속하게 개량되었고, 결국 독일이 영국 남부를 향해 80일 동안 쏘아 보낸 V-1 7,488발 중 절반 이상을 요격하는 데 성공했다고 영국 측은 주장했다.

이들 중 일부는 런던에 가까운 켄트와 서섹스에 설치된 방공 기구 케이블에 충돌하기도 했다. 그러나 대부분은 전투기와 근접 신관 포탄을 발사할 수 있도록 개량한 대공포에 의해 격추되었다. 일부 용감한 조종사들은 사격도 하지 않고 V-1을 격추하기도 했다. 비행하는 V-1 옆으로 파고들어가 항공기 날개를 V-1 날개 밑으로 밀어 넣고 살짝 밀기만 하면 V-1 날개 주변의 공기 흐름이 바뀌게 되고, 그로 인해 V-1이 횡전橫轉하면서 지표면으로 추락했던 것이다.

그러나 제2차 대공습 수 주 동안 60퍼센트의 V-1이 런던을 타격했다. 처칠의 말처럼 런던은 가로 18마일(29킬로미터), 세로 20마일(32킬로미터)이나 되는 거대한 표적이었다. 따라서 V-1의 정밀성은 전혀 문제가 되지 않았다.

그해 여름, V-1의 공격으로 인한 사망자는 6,184명, 부상자는 1만 8,000여 명에 달했다. V-1이 너무 무작위로 떨어졌기 때문에 많은 런던 시민이 방공호로 대피하기를 거부했다. 당시 현지인의 일기장에는 런던 시민들은 그 '로봇 폭탄'을 무지할 정도로 태연하게 대했다고 쓰여 있다. 경마장에도 관람객들이 넘쳐났다. 그 현지인의 일기에는 이런 글도 남겨져 있다.

"당시 영국 남부에 살던 경마광들은 언제라도 순식간에 죽을 수 있다는 것을 알고 있었다. 그러니 유망한 말의 마권이나 사는 데 신경 쓰기로 한 것이었다."

크로스보우 작전은 초기에는 폭격기 승무원들에게는 그다지 인기가 없었다. 승무원들은 대공포로 잘 방어된 군사용 목표물이라는 설명만 들었을 뿐, 표적에 대한 제대로 된 설명을 듣지도 못했던 것이다. 그러나 1944년 여름, V-1으로부터 폭격당한 런던에 다녀온 일부 장병들 때문에 크로스보우 작전에 대한 생각이 바뀌었다.

기관총 사수 해리 A. 클라크Harry A. Clark 병장은 휴가를 받아 런던에 갔다가 연기를 뿜어대는 건물에서 희생자 시신을 수습하게 되었다. 그 후, 독일 상공을 비행하면서 그는 독일인들에 대한 일말의 동정심도 느끼지 않게 되었다. 심지어 그는 폭탄을 투하할 때 이렇게 외쳤다.

"죽어라, 나치 새끼들!"

폭격 맞은 독일 도시에서 먼지구름이 솟아올랐다. 그 모습을 보고 그는 런던의 부서진 건물 잔해 속에 누워 있던 어떤 남자의 시신을 떠올렸다. 그 남자는 아들의 시신을 품에 안은 채 죽어 있었다. 처참하게 으깨진 아들의 머리에는 겨우 몇 점의 살과 근육만이 붙어 있었다.

"속으로 나는 폭탄으로 복수를 해 주겠다고 맹세했어요."

아프로디테 작전

1944년 6월, 제8공군 조종사 페인 풀Fain Pool 중위는 14번째의 전투 임무를 수행했다. 오클라호마주 출신인 풀은 어깨가 넓고 검은 머리에 언제나 여유 있는 미소를 짓고 있었다. 그는 얼마 전 주말, 휴가차 런던에 갔다가 한밤중에 예고도 없이 날아온 무인 폭탄으로 산산이 조각난 집터에서 자신들의 피로 가득 찬 웅덩이 속에 누워 있는 여자와 아이들의 시신을 보고 전투에 대한 의지를 더욱 불태우게 됐다.

며칠 뒤, 풀 중위는 그레이트 애시필드 기지 제385폭격비행전대 장교 클럽에서 휴식을 취하던 중 사령관의 호출을 받았다. 거기에는 다른 조종사 4명이 모여 있었다. 사령관은 조종사들에게 매우 위험한 극비 임무를 제안했는데, 폭격기를 이륙시킨 다음 아군 영공에서 낙하산으로 탈출하는 단순한 임무라고 했다. 사령관은 임무에 대해서 그 이상은 아무것도 말하지 않았다. 그리고 이 임무를 맡을 수 있는 것은 조종사와 통신수뿐이라고 하며, 이번 임무에 지원하면 전투 임무 5회를 수행한 것으로 인정해 주겠다고 했다.

어느 조종사가 생각할 시간을 달라고 하자, 사령관은 즉시 답변을 요구했다. 조종사 중 4명은 지원을 거부했고, 오직 풀 중위만이 지원했다. 10시간 후 항공기를 타고 서포크주 호닝턴에 있는 영국 공군 수리기지에 내린 그는 지프로 기지 한편에 있는 작은 미군 시설로 안내되었다. 거기에 있는 녹황색의 조립식 반원형 막사가 그의 새로운 집이었다. 그가 들어서자 먼저 도착한 한 조종사가 악수를 청하면서 동료들에게 소리쳤다.

"이봐, 친구들. 여기 또 바보가 1명 왔다고!"

첫 브리핑에서 조종사와 통신수 들은 작전 계획을 간단하게 전달받았다.

핵심 내용은 낡은 B-17 10대를 무인 자살공격기로 개조하는 것으로,

장갑판, 기총, 좌석, 폭탄걸이 등 불필요한 장비를 제거한 후 거기에 약 2만 파운드(9톤)에 달하는 니트로스타치nitrostarch를 가득 채우고, 일부는 새로 발명한 네이팜탄을 탑재한다. 오렌지색 가루 형태로 된 니트로스타치는 주로 건물을 철거할 때 사용하는 고성능 폭약이다. 이 항공기에 '웨어리 윌리스Weary Willies'라는 무선 조종 장치를 달아 함께 비행하는 B-24에서 전파를 이용해 무선으로 항공기를 제어하는 것이다. B-17 기수에 카메라를 달아 그 영상을 B-24로 전송하고, B-24 조종사는 그 영상을 보고 B-17이 표적을 향해 정확하게 돌입하도록 조종할 수 있게 된다.

B-17에는 조종사와 자동조종을 담당하는 엔지니어 2명이 탑승하여 항공기가 1,800피트(540미터) 고도까지 올라가면, 항공기의 고도가 천천히 낮아지도록 자동조종장치를 설정한 다음, 안전장치를 해제한 후 기체가 아직 영국 상공에 있을 때 탈출한다. 당시 인간이 만든 가장 큰 미사일이라고 할 수 있는 이 무인 항공기는 적의 레이더 탐지 가능 고도인 600~700피트(180~210미터) 밑에서 비행하다가 표적을 향해 돌진하게 된다.

'아프로디테Aphrodite'라는 암호명으로 불린 이 작전의 목표는 영불해협 너머 유럽에 있는 4개의 대형 로켓 발사장을 파괴하는 것이었다. 작전기획자들은 그 시설들에서 앞으로 1개월 내에 V-1보다 더 강력하고 더 사거리가 긴 로켓을 발사할 것이라고 예측했던 것이다. 1944년 7월 말, 스파츠는 아놀드에게 이런 내용의 편지를 보냈다.

"런던에 가해지는 엄청난 위협과는 별개로, 영불해협 양쪽의 통신과 항만 시설을 직접 타격할 수 있기 때문에 연합국의 전쟁 수행 능력을 직접적으로 위협하고 있습니다."

이들 4개의 로켓 발사 시설 중 1개는 지하에 있었다. 그러나 4개 모두 두께가 30~40피트(9~12미터)에 달하는 반원형의 대형 철근 콘크리트로 둘러싸여 있었다. 대원들은 이 작전을 스파츠와 둘리틀이 직접 하달했다고 들었다. 게다가 햅 아놀드 장군이 이런 말을 남겼다고 들었다.

"즐겁고 자부심 넘치는 작전이지. 게다가 흥미로운 일이지."

간단한 훈련을 받은 후 사람들과 비행기는 퍼스필드에 있는 작은 영국 공군기지로 이동했다. 안개로 둘러싸인 노픽 시골에 있는 그 기지는 북해에서 그리 멀지 않은 곳에 있었다. 대원들은 마치 재판이 진행 중인 죄수마냥 기지 밖으로 나갈 수 없었다. 며칠 후, 미 해군 항공대 조종사들과 무선 조종 전문가들로 이루어진 분견대가 합류했다. 해군도 역시 독자적인 무인기 실험 프로젝트를 진행하고 있었는데, '앤빌Anvil, 모루'이라는 암호명의 이 프로젝트는 태평양 항공모함에서 발진하기 위한 것으로, 무선 제어와 TV 기술은 육군보다 더욱 정교했다. 그러나 스파츠와 둘리틀은 아프로디테 작전에 더 높은 우선순위를 부여했다.

아프로디테 작전의 첫 실전 임무는 1944년 8월 4일 실시되었다. 4대의 무인항공기로 개조된 B-17이 한 번에 2대씩 이륙했다. 선도기의 조종사는 페인 풀 중위였고, 자동조종 엔지니어는 펜실베이니아주 키태닝 출신 필립 엔터라인Philip Enterline 하사였다. 표적은 프랑스 미모예끄에 있는 독일 대형 지하 요새였다. 이 요새의 거대한 철문은 하루에 한 번, 30분 동안만 열리는데, 요새 문이 열리는 시간에 맞춰 그 안으로 B-17을 돌격, 자폭시킨다는 계획이었다.

풀과 엔터라인은 항공기에 탑승한 후 서로를 바라보며 휘파람을 불었다. 항공기 내부에는 천장까지 빼곡하게 니트로스타치 상자가 가득 채워져 있었기 때문에 기체의 무게 중심이 위험할 정도로 높아진 상태였다. 엔터라인은 이를 걱정했으나, 풀은 세계 최고의 과학자들이 참가한 프로젝트라며, 폭발물이 이렇게 높이 빼곡히 채워져 있는 데는 그럴 만한 이유가 있을 거라고 엔터라인을 안심시켰다. 이 항공기는 지금까지 만들어진 것 중 가장 큰 폭탄 덩어리였다. 그러나 풀은 그런 것에 대해 조금도 걱정하지 않았다. 그의 진짜 걱정은 높은 속도, 그리고 턱없이 낮은 고도에서 좁은 비상 탈출구로 빠져나가야 한다는 것이었다.

풀의 항공기가 아무 문제 없이 이륙했고, 5분 후 두 번째 항공기가 이륙했다. 그러나 그 후 어떤 것도 제대로 돌아가지 않았다. 그들은 자동조종장치를 설정하고 폭탄의 안전장치를 작동시키는 데 어려움을 겪었다. 게다가 항공기는 조종사에 의해 통제되지 않고 스핀을 일으키는가 하면, 위험할 정도로 낮은 고도에서 비행했다. 풀은 엔터라인을 먼저 탈출시키고 자신도 가까스로 탈출했다. 풀이 탈출한 고도는 불과 500피트(150미터)였다. 그는 잘 경운된 밭에 무사히 내렸고, 살아남았다는 사실이 너무 기뻐서 그 자리에서 춤을 췄다. 그 순간 귀가 찢어질 정도의 폭발음이 들려왔다. 나중에 안 사실이지만, 그것은 2번 기가 추락해 폭발하면서 난 소리였다. 실속失速을 일으켜 추락한 2번 기의 엔지니어는 무사히 탈출했지만, 조종사 존 피셔John Fisher 중위는 빠져나오지 못하고 말았다. 풀의 항공기는 표적까지 날아가기는 했다. 그러나 유도 장치가 고장 나 표적에 떨어지지 못하고 대공포에 의해 격추당하고 말았다.

그날 출격했던 나머지 두 항공기의 승무원들은 생존했지만, 큰 부상을 입고 말았다. 1대는 표적인 V-3 로켓 연구개발이 이루어지는 곳으로 추정되는 위제른의 대형 로켓 시설에서 꽤 먼 곳에 떨어졌고, 또 1대는 표적 바로 앞에서 폭파되고 말았다. 이렇게 그날의 작전은 실패로 끝났고, 육군 항공대는 8월 6일 작전을 재차 시도했으나 이번에는 인명 손실은 없었지만, 성공하지도 못했다.

미 해군은 육군의 실패를 보고도 기가 죽지 않았다. 해군은 8월 12일

퍼스필드에서 무인기 1대를 이륙시켰다. 해군이 시도한 무인기는 B-24의 해군 대잠수함 초계형인 PB4Y였다. 조종사는 당시 29세인 조지프 케네디 주니어Joseph Kennedy, Jr.로 후일 미국 35대 대통령이 된 존 F. 케네디의 형이었다. 조지프 케네디 주니어는 비스케이만에서 PB4Y로 50여 회나 대잠수함 초계를 해 조종 경험이 풍부했다. 그는 8월 10일 태평양에서 PT보트의 함장으로 근무하는 존 F. 케네디에게 보낸 편지에서 자기는 위험한 모험은 절대 하지 않는다며 동생을 안심시켰으나 앤빌 작전이 무모한 임무라는 것을 분명 알고 있었을 것이다.

케네디의 부조종사는 세 아이의 아버지이자, 당시 35세인 윌퍼드 J. 윌리Wilford J. Willy였고, 그의 항공기 주트수트 블랙Zootsuit Black에는 니트로스타치보다 가볍고 폭발력이 강한 신형 폭약인 토펙스가 2만 4,240파운드(1만 910킬로그램) 탑재되어 있었다. 주트수트 블랙은 이륙 직후 도버해협 방향으로 기수를 돌렸다. 원래는 도버해협 상공에서 탈출한 다음 B-17에 의해 회수될 계획이었다. 사람이 많이 사는 런던 교외에서 내려서 왜 멀쩡한 폭격기를 버렸냐고 추궁할 목격자가 나타나기 전에 구조된다면 더할 나위 없을 것이다. 주트수트 블랙의 바로 위에서는 제8공군 정찰비행전대장이자 당시 미국 루스벨트 대통령의 아들인 엘리엇 루스벨트Elliott Roosevelt 대령이 날고 있었다. 루스벨트 대령이 이륙한 지 불과 몇 분 후, 난데없이 두 번의 폭발음이 약간의 시차를 두고 들려왔다. 고개를 돌려보니 주트수트 블랙이 있어야 할 곳에는 거대한 불덩어리만 보였다. 항공기 잔해는 뉴딜라이트 우즈 마을 인근에 떨어졌으나, 케네디와 윌리의 시신은 어디에서도 찾을 수 없었다.

해군은 사고의 원인을 찾지 못했지만, 원격 조종식 안전장치 해제 장치에 문제가 발생한 탓으로 추정했다. 케네디 역시 한 전자전 장교에게 그 문제에 대해 주의를 받은 적이 있었다.

해군이 새로운 무인기를 완성했을 때, 영국 육군은 아프로디테 작전 목표인 파드칼레 서쪽 네 곳의 표적을 점령했다. 그러나 정보 요원들은 그곳에서 쥐 떼와 잡석 말고는 아무것도 발견하지 못했다. 독일군은 그곳을 버리고 떠난 지 이미 수개월이 지난 상태였고, 그곳은 V-1 이동식 발사대와 최첨단 로켓 기술 연구소로부터 연합군의 주의를 돌리기 위한 미끼였던 것이다.

그곳이 버려진 이유는 무엇이었을까? 당시 영국은 현존하는 가장 강력한 폭탄인 1만 2,000파운드(5.4톤)급 톨보이Tallboy를 그 시설들에 투하해 명중시켰는데, 그 효과가 연합군 정보기관이 예상한 것보다 더 뛰어났기 때문이었다. 따라서 아프로디테 작전은 이미 죽은 표적을 상대로 진행하고 있었던 셈이다.

미 해군은 이에 굴하지 않고 9월 3일, 북해의 헬골란트섬에 있는 유보트 방공호를 향해 새롭게 개량한 무인기를 보냈다. 그러나 무인기가 날려 버린 것은 방공호가 아니라 석탄 더미였고, 이로써 군의 무선 조종 비행기 놀음은 얼마 못 가고 끝장나고 말았다. TV 카메라를 탑재한 무인기들이 연이어 사고를 일으켰는데도 불구하고 아놀드는 아프로디테 프로그램을 계속 유지하자고 주장했다. 만약 전쟁이 더 오래 지속되었더라면, 그는 낡은 항공기를 개조한 무인기를 독일과 일본의 도시와 산업 시설로 날려 보내고자 했을 것이다. 1944년 하반기에 아놀드는 루스벨트에게 이것이야말로 독일을 끝장낼 방법이라며 지원을 요청했다.

독일의 V병기 기지를 타격하기 위한 크로스보우 작전도 실패했다. 1944년 여름, 방향을 잘못 잡은 이 작전은 별다른 열의가 없는 제8공군의 지원하에 아서 해리스의 폭격기사령부에서 입안되었다. 잘못된 정보에 의존하고 있는 영국 공군성은 타격해 봤자 별 효과가 없는 2개의 표적에 화력을 집중시킬 것을 고집했다. 그 표적들은 파괴되더라도 쉽게 수리할 수 있는 소형 이동식 로켓 발사대와 독일이 파리 북쪽 우아즈 계곡의 동굴과 터널 속에 몰래 지은 대형 콘크리트제 저장 창고들이었다. 연합군은 결국 이 창고들을 발견해 타격하기는 했지만, V-1이 런던에 가하는 피해를 줄이기에는 너무 늦은 상황이었다.

연합군이 치른 대가는 전과에 비해 턱없이 비쌌다. 약 2,000명의 병력과 400대의 4발 중폭격기를 잃었던 것이다. 결국 스파츠 장군이 옳았다. 아돌프 갈란트가 전후 지적했다시피, 독일 V병기 체계를 없애는 가장 좋은 방법은 독일 군수산업을 무력화시키는 것이었다.

항공대가 해내지 못한 일을 마침내 보병이 해냈다. 9월 초, V-1 발사가 중단된 것이다. 버나드 로 몽고메리Bernard Law Montgomery 원수가 이끄는 영연방군이 노르망디 캉에서 교착상태를 뚫고 프랑스 전역의 모든 V-1 발사장을 파괴한 것이다. 물론 V-1 발사장 파괴가 전황에 실질적인 영향을 미친 건 아니었다. 그러나 런던 시민들은 이제 안심할 수 있게 되었다. 어느 런던 시민은 일기에 이렇게 적었다.

"몇 주 동안 끔찍한 시기를 보낸 런던 시민들은 이제 비로소 처음으로 침대에 들어가서 편안하게 잠들 수 있게 되었다."

코브라 작전

1944년 7월 중순, 독일이 런던에 가장 가혹한 로켓 공격을 가하고 있을 당시, 연합군의 유럽 침공은 노르망디에서 정체되고 있었다. 연합군은 해안에서 불과 25~30마일(40~48킬로미터)밖에 진격하지 못했고, 전선의 폭도 80마일(128킬로미터)에 지나지 않았다. 영국 제2군은 캉에 집결한 독일군 기갑부대에 막혀 좀처럼 앞으로 나가지 못했다. 캉은 팔레즈로 연결되는 평야 지대로 가는 관문이었다. 팔레즈는 영국군 상륙지에서 남쪽으로 40마일(64킬로미터) 떨어진 곳으로, 연합군은 그곳에 전진 항공기지를 건설하고 독일 국경을 돌파하려는 지상군을 지원할 생각이었다. 한편 미군은 코탕탱 반도 북단의 항구도시 셰르부르를 점령한 후 노르망디의 보카즈 bocage 속에서 소모전을 벌이고 있었다. 보카즈는 허리 높이의 둑에 깊이 뿌리를 박은 잡목들이 20피트(6미터) 높이로 성장해서 이루어진 나무 울타리를 가리키는 프랑스어로, 이러한 보카즈는 농장과 목초지는 물론 노르망디의 습지를 누비는 좁고 움푹한 도로의 경계 역할을 했다.

폐소공포증을 자아낼 정도의 이런 곳에 숨은 독일군을 소탕하는 일은 매우 위험하고, 시간 또한 오래 걸렸다. 저격수들은 어디에나 있었고, 굴곡이 심한 지형은 전차가 기동하기에는 매우 불편했다. 독일군은 히틀러로부터 모든 지역을 지키라고 명령받았지만, 그보다는 자기 자신을 위해 더 격렬하게 저항했다. 연합군 사상자는 순식간에 10만 명 이상 발생했고, 독일군은 거점 주변에 철벽같은 방어망을 치고 있는 것 같았다. 미 지상군 사령관 오마 N. 브래들리Omar N. Bradley 중장은 훗날 이런 글을 남겼다.

"우리는 제1차 세계대전과 같은 교착상태에 직면했다."

교착전은 고통스럽고 절망적인 싸움이기 때문에 연합군 지휘관들은 제1차 세계대전 당시에는 없었던 무기를 사용해 이를 타개하고자 했다. 역사학자 러셀 F. 웨이글리는 그 무기를 가리켜 제1차 세계대전 당시 서부전선의 어떠한 공격준비포격보다 훨씬 더 강력한, 진정한 의미의 대규모 항공 폭격이라고 했다.

7월 18일, 군수뇌부로부터 너무 몸을 사리면서 싸운다는 비난을 들은 몽고메리의 영국군과 캐나다군은 이 전쟁에서 가장 무서운 융단폭격을 가한 후, 캉에서의 교착전을 돌파하고자 했다. 미 제8공군과 영국 공군은 적의 전선에 맹폭을 가해 엄청난 너비의 돌파구를 마련했고, 그로 인해 몽고메리는 캉의 대부분을 점령할 수 있었다. 그러나 독일 서부 기갑부대의 정예 병력들이 참호에서 나와 캉 남부의 고지를 사수하며 몽고메리의 부대가 팔레즈 평원으로 나아가지 못하게 막았다. 폭격으로 인해 생긴 수천 개의 크레이터도 몽고메리가 이끄는 기갑부대의 전진을 어렵게 했다.

브래들리는 다른 계획을 준비했다. 누구도 예상하지 못했지만, 그의 작전은 유럽 전선에서 가장 뛰어난 군사적 성과를 낳는다. '코브라 작전 Operation Cobra'은 제8공군의 실로 가공할 만한 폭격으로부터 시작되었다. 1시간 동안 1,000여 대의 중폭격기가 5만 발에 달하는 강철 폭탄을 노르망디 생로 마을 근처의 교차로 주변, 미군과 독일군을 가르는 긴 직선도로 남쪽의 좁은 직사각형 공간에 퍼붓는 작전이었다. 얼마 전 격전 끝에 생로를 점령한 브래들리의 제1군은, 개활지에서 시작해 남쪽으로 이어지는 산울타리 중간을 갈라놓는 쐐기꼴 지형에 미군을 배치해 놓았다. 이 전례 없는 집중 폭격을 통해 적의 잔존 병력을 마비시킬 수 있을 것으로 예상되었고, 로튼 '라이트닝 조' 콜린스 Lawton 'Lightning Joe' Collins 소장이 지휘하는 제1군 휘하의 제7군단이 맹렬한 공격을 준비했다. 캉 인근에는 7개의 독일 기갑사단이 주둔하고 있었으나, 그중 생로의 미 제1군에 맞선 것은 2개 사단에 불과했다. 따라서 브래들리는 이 작전에 큰 기대를 걸고 있었다.

칼 스파츠는 자신의 폭격기를 지상 작전 근접 지원에 사용하는 것에 대해 분노했다. 또한 그는 코브라 작전을 석유 작전에 쓸 항공 전력을 낭비하는 것이라고 여겼다. 그러나 그의 휘하 장병 중 다수는 종군기자 어니 파일의 표현대로 '진흙과 진눈깨비, 비에 시달리는 지상의 전우들'을 기꺼이 도우려고 했다. 로지 로젠탈은 다음과 같이 회상했다.

"우리 중 대다수는 신의 은총이 없었다면 저 보카즈 속을 헤매고 다닐 수 있었다는 사실을 알고 있었다. 동시에 우리는 정밀폭격이 현실적으로 어렵다는 것도 알고 있었다. 때문에 무척이나 걱정되었다."

작전 직전 브래들리는 항공대 지휘관들을 만나 폭격기들이 가장 안전한 방향에서 표적에 접근할 수 있는지를 알아보기 위해 영국으로 날아갔다. 그 방향이란, 생로-페리에 도로의 바로 아래에서 도로와 평행하게 동쪽에서 서쪽 방향으로 비행하는 것이었다. 남북 방향으로 비행했다가는 아군에게 오폭할 위험이 있었다. 브래들리는 회고록에는 항공대 지휘관들과의 회의에서 자신의 의견을 관철했다고 밝혔다. 이는 폭탄 탑재량에 관해서는 맞는 말이었다. 그러나 표적으로 가는 접근로에 대해서는 격론이 오갔고, 브래들리는 일부 지휘관들이 동의한 것을 전원이 동의한 것으로 착각했다. 영국 공군 트래퍼드 리맬러리 대장은 노르망디 전역에서 연합군 전략폭격을 조정하는 책임을 맡고 있었다. 리맬러리는 브래들리의 의견에 찬성했지만 제8공군의 지휘관들은 도로와 평행으로 날 수 없다고 분명히 밝혔다. 우선 표적의 크기가 너무 작았다. 표적의 너비는 불과 1.5마일(2.4킬로미터)에 불과한 지역이었다. 반면 그곳을 60분 내에 통과해야 할 폭격기의 수는 너무 많았다. 결국 확실한 결론은 나오지 않았으나, 브래들리는 리맬러리의 주장이 우세했다는 느낌만을 가진 채로 노르망디로 돌아갔다. 리맬러리는 그에게 중폭격기, 중형 폭격기, 전폭기를 망라해 2,200여 대의 항공 전력을 지원하겠다고 약속했다.

그 회의에서는 안전지대의 크기에 대해서도 논의했다. 제8공군은 자신들의 폭격 정확성을 믿지 않았다. 따라서 제8공군은 브래들리의 부대가 폭격 지대에서 3,000야드(2.7킬로미터) 이상 떨어져 있어야 한다고 주장했다. 그러나 브래들리는 800야드(730미터)만 떨어져 있어도 충분하다고 생각했다. 병력이 폭격 지대 근처에 있어야 폭격이 끝나고 독일군이 전열을 재정비하기 전에 빨리 공격할 수 있기 때문이었다. 결국 절충안으로 1,250야드(1,140미터)로 합의를 봤다. 그러나 제8공군은 브래들리에게 1,250야드로는 지상군이 오폭 피해를 입지 않을 거라 보장할 수 없다고 분명히 경고했다.

제8공군의 가용 기체 전부와 제9공군의 일부 기체로 7월 24일 작전을 개시할 예정이었으나, 막상 당일이 되자 기상이 좋지 않았다. 이에 리맬러리는 작전을 연기했다. 그러나 이미 수백 대의 중폭격기와 중형 폭격기가 표적을 향해 이륙한 후였고, 돌이키기에는 너무 늦었다. 구름 밑으로 비행한 그들은 700톤의 폭탄을 표적에 떨어뜨렸으나, 일부는 표적 밖으로 떨어졌다. 이러한 오폭으로 연합군 27명이 전사하고 131명이 부상당했다. 모두 미 제30보병사단 소속 장병들이었다.

다음 날 아침, 로지 로젠탈이 이끄는 미 제3항공사단이 생로로 다시 향했다. 그날 폭격에는 제3항공사단의 항공기를 포함해 총 1,507대의 4발 중폭격기가 참가했다. 승무원들은 표적의 북쪽에서 남쪽 방향을 향해 표적에 진입하라는 명령을 받았다. 로젠탈 부대의 선도기들이 생로 근처에 도착했을 때 하늘에는 드문드문 구름이 드리워져 있었기 때문에 전 편대가 고도를 사전에 정한 폭격 고도 이하로 낮추어야 했다. 따라서 선도기의 폭격수들은 폭격조준기를 황급히 재설정해야 했다. 앞서 4분 동안 독일군 전방 진지에 급강하 폭격을 가하고 있던 제9공군의 P-47들도 본의 아니게 중폭격기 승무원들의 임무를 어렵게 만들었다. 이들의 폭격으로 인해 발생한 연기와 먼지구름이 독일군 대공포의 포연과 뒤섞이자 재설정된 폭격조준기를 들여다보던 폭격수들의 시야가 흐려졌다. 로젠탈의 폭격수는 뿜어져 나오는 연기를 보고 머뭇거리다가 폭탄을 너무 늦게 투하했고, 그가 투하한 폭탄은 독일군 전선 후방에 떨어졌다. 그러나 다수의 다른 항공기는 독일군 전선에 못 미처 폭탄을 투하했다. 도로에서 불과 0.5마일(800미터) 떨어진 곳에는 적색 연막탄으로 자신들의 위치를 알리는 미군이 있었는데, 그 미군들 근처로 폭탄이 떨어지고 있었다.

당시 어니 파일은 생로의 미 육군과 함께 있었다. 그는 이런 글을 남겼다.

"느리게 날며 하늘을 가르는 항공기 편대의 움직임은 매우 철두철미했다. 이토록 지독한 살기를 뿜는 폭풍이나 기계, 사람을 나는 이제껏 본 적이 없다. 우리는 항공기 승무원들을 경외하지 않을 수 없게 되었다."

하늘을 가득 메운 항공기들의 엔진 소리는 세계의 종말을 재촉하는 소리 같았다. 그 항공기들이 만들어낸 전쟁의 풍경에 심취한 파일과 지상군들은 자신들이 위험 지대에 무척 가까이 있다는 사실마저 잊었다. 항공기에서 떨어지는 폭탄의 탄착점은 미군들이 피운 연막탄 쪽으로 점점 가까워졌다. 약하게 부는 바람이 연막탄 연기를 미군 지상군 쪽으로 불게 했고, 폭격수들은 그 연기를 조준해 폭격했다. 그러나 지상군들은 그 자리에서 꼼짝도 못한 채 보고만 있었다. 폭탄이 터지자 지축이 흔들렸고, 미군들은 그제야 땅에 납작 엎드리거나, 낮은 돌담 뒤 또는 참호로 달려갔다. 공포에 질린 미군들의 가슴과 눈알에도 폭탄의 충격이 느껴졌다. 그리고 얼마 지나지 않아 미 육군 항공대가 투하한 폭탄은 미군이 있는 곳이 아닌, 계획대로 미군으로부터 1마일(1.6킬로미터) 이상 떨어진 곳에 떨어지기 시작했다. 파일이 있던 대대의 선도 중대는 아군의 오폭에 당했음에도 불구하고 정시에 800야드(730미터) 떨어진 독일군 방어선에 생긴 폭 4마일(6.4킬로미터)의 틈새를 향해 달려갔다. 그들의 뒤를 따라 전 부대가 독일군 방어선으로 돌격했고, 이내 적의 저항에 부딪혀 교착상태에 빠졌다.

농가에서 이 전투를 지켜보고 있던 브래들리는 낙담했다. 사상자 보고가 들어오자 그는 자신도 모르게 이렇게 말하고 말았다.

"세상에, 다시 하나 봐라!"

제8공군의 오폭으로 전사한 미군은 111명, 부상자는 최소 500명에 달했다. 전사자 중에는 작전을 참관하러 영국에서 온 레슬리 맥네어Lesley McNair 중장도 있었다. 브래들리의 사령부에서 이 작전을 참관한 아이젠하워 역시 다시는 중폭격기로 지상군을 지원하지 않겠다고 다짐했다. 게다가 브래들리는 많은 급여와 훈장을 받으면서 과대평가되고 있는 폭격기 승무원들에게 화를 냈다. 그러나 신속하게 돌격하고 싶은 마음에 병력을 안전한 위치에 두지 않았던 브래들리의 실책 역시 이 엄청난 오폭으로 인한 희생에 책임이 있었다.

런던에서는 아이젠하워의 참모장 월터 베델 스미스Walter Bedell Smith 중장이 둘리틀 장군을 자신의 집무실로 불러, 이 참사에 대해 비난을 퍼부었다. 둘리틀은 자신의 책임을 인정했으나, 적의 기간산업에 대한 폭격 훈련을 받은 폭격기 승무원들을 지상군을 엄호하는 공중 포병대로 활용하는 것은 적절치 못하며, 연막탄 연기가 휘몰아치는 지역에 무려 3,300여 톤의 폭탄을 정확하게 투하할 수 있는 폭격기 부대는 없다고 설명했다.

둘리틀은 스미스가 자신의 해임을 건의할 거라고 확신했다. 그러나 생로 폭격은 아이젠하워와 브래들리가 예상한 것 이상으로 독일군에게 타격을 가했다. 정통으로 얻어맞은 독일 기갑교도사단의 사단장 프리츠 바이에를라인Fritz Bayerlein 중장은 미군 폭격기들이 마치 컨베이어 벨트처럼 몰려왔다고 말했다. 폭탄이 폭발하면서 병력과 장비가 불타고, 전차는 뒤집히고, 통신은 마비되었다. 기갑교도사단의 방어선은 폭발로 생긴 크레이터들 때문에 마치 달의 표면처럼 변했고, 그 주변에는 1,000명이 넘는 장병들이 쓰러지거나 죽은 채 드러누워 있었다.

적의 지휘 통제 체계에 치명타를 입혔다는 것을 눈치챈 라이트닝 조 콜린스 장군은 도박을 해보기로 결심했다. 다음 날 아침, 그는 휘하의 기갑예비대에게 적의 저항이 가장 적은 곳을 돌파한 후, 아브랑슈 인근의 도로까지 계속 진격할 것을 명령했다. 제9전술항공사령부의 전폭기들이 기갑예비대 전차 대열 앞에서 수색 및 섬멸 임무를 맡았다. 기자들이 후일 '생로 돌파'라고 부른 이날의 작전은 아이젠하워의 유럽 십자군 원정의 결정적인 전환점이 되었다.

이제 조지 패튼 장군이 제대로 활약할 차례였다. 미국 기갑전의 선구자인 그는 영국에 남아 독일군을 기만하는 바람잡이 역할을 하고 있었다. 골판지로 만든 전차와 모조 항공기로 이루어진 그의 미끼 부대가 활약한 덕에 독일군은 무려 6월 말까지 연합군의 주공이 파드칼레로 상륙할 것이라고 확신했던 것이다. 이제 유럽으로 건너온 패튼은 새로 편성된 제3군의 사령관을 맡아 특유의 기동전으로 하루 50마일(80킬로미터)씩 프랑스 영토를 돌파해 나갔다. 아브랑슈의 해안 절벽에서 출발해 브르타뉴반도로 들어간 다음, 동쪽으로 진격하여 독일 제7군을 격파했다. 이는 기동전 역사상 가장 놀라운 업적으로, 전차, 보병, 포병이 긴밀하게 협력하고, 지상군을 위해 전폭기들이 빠르게 움직이는 공중 포병대 역할을 해주었다.

아이젠하워는 생로 돌파가 성공하자 마음을 바꾸어 중폭격기를 다시 지상군 지원에 동원했다. 그러나 효과가 시원찮았고 오폭으로 인한 아군 사망자가 다수 발생했다. 지상의 병사들은 위압적인 4발 중폭격기가 머리 위에서 지원하는 것을 더 좋아했겠지만, 중폭격기는 적의 보급망을 차단하는 게 보병에게 더 유용했다.

생로 돌파에서 중폭격기의 지원이 없었다면, 미군은 사상자 수가 엄청날 것을 감수하면서 전선을 돌파해야만 했을 것이다. 이후 연합군 항공부대가 적에게 입힌 손실 대부분은 피트 케사다 장군이 지휘한 전폭기들에 의한 것이었다. 그들은 라인강으로 진격하는 미군 기갑부대 대열을 호위하면서 앞길을 가로막는 적을 모두 제거해 버렸다.

케사다는 육군 항공대에서 가장 젊은 장군 축에 속했다. 그가 도입한 혁신적인 전쟁 방식은 전술폭격과 전략폭격의 경계를 무너뜨렸다. 그는 프랑스의 전진 기지에서 작전을 수행하고 있던 휘하의 조종사들을 전방으로 보내 참관하도록 했다.

"그래야 조종사들이 지상에서 독일군과 싸우는 불쌍한 아군보다 자신들이 훨씬 낫다는 것을 알게 될 것이기 때문입니다. 또한 조종사들을 부상자들이 치료받는 집결소로도 데리고 갔습니다. 그러자 젊은 조종사들은 지상 작전을 지원하는 것이 자신들에게 매우 중요한 임무임을 깨닫게 되었습니다."

전폭기는 B-17이나 B-24에 비해 호출 후 도착하는 데 걸리는 시간이 짧았다. 피트 케사다는 전폭기에 5인치(127밀리미터)의 로켓탄을 지급했다. 그 결과 전폭기가 표적을 더욱 효율적으로 공격할 수 있게 되었다. 또 그는 전폭기의 눈과 귀를 개선했는데, 전차에 고주파 무전기 세트를 지급한 것이다. 이로써 전차병과 조종사가 무선통신을 통해 직접 소통할 수 있게 되었고, 전차 부대에 육군 항공대 대원을 배치해 전방 공정 통제사 역할을 맡기자 표적 공격 시 더욱 정밀하게 화력을 유도할 수 있게 되었다.

보병을 위한 근접 항공 지원은 원래 독일이 발명한 것이었다. 그러나 1944년 늦은 여름, 그 발명품은 독일의 가장 큰 패인으로 작용하고 있었다. 캉을 돌파한 후 빠르게 진격하는 미군 보병, 포병, 기갑부대는 캐나다군, 영국군, 폴란드군과 합류하여 독일군 사단들을 독일 국경 쪽으로 밀어붙이고 있었다. 연합군의 전폭기들은 독일 항공기가 거의 다 사라진 하늘을 휘젓고 다니며 독일군에 치명타를 가했다. 역사적으로 '팔레즈 포위망'이라고 알려진 지독한 공포의 회랑 지대를 통과하던 독일군은 연합군의 공지합동전투단에 의해 학살당했다. 당시 독일 병사는 이렇게 회상했다.

"혼란 그 자체였습니다. 나는 그때 '이렇게 세상이 끝나는구나' 하고 생각했습니다."

프랑스 한복판에 추락해 도피 중이던 버니 레이 주니어와 월터 듀어는 독일군의 퇴각을 지켜보며 쾌재를 불렀다. 8월 초, 그들은 농가로 위장해 영국에서 보내준 무기를 보관하는 데 사용하던 마키단의 비밀 창고에 여전히 숨어 있었다. 생로 돌파 소식에 그들은 지도를 보며 미군의 진격 상황을 파악했다. 마키단의 밀밭에서 아침부터 저녁까지 일하면서 레이와 듀어는 해방의 날을 기다렸다. 어느 날 저녁, 마구간에서 말을 풀어주고 있을 때, 2명의 프랑스 소녀가 웃는 얼굴로 마구간 안으로 뛰어 들어와 미국인들에게 꽃다발을 주면서 쉴 틈 없이 빠르게 떠들었다. 그녀들은 독일군이 마을을 떠났고, 미군이 여기서 30킬로미터 거리까지 와 있다고 말했다.

이튿날 아침 식사 때 잔뜩 흥분한 마키 단원들이 기관총, 권총, 수류탄, 칼로 무장한 채 부엌으로 들이닥치더니, 두 미국인에게 톰슨 기관단총을 주고는 여기저기 찌그러진 세단 뒷좌석에 타라고 했다. 탈 자리가 부족했던 탓에 몇몇 대원들은 차 옆에 매달린 채로 패튼 장군의 기갑부대 중 한 곳으로 향했다.

다음 날 아침 그들은 프랑스에 주둔하고 있는 미 제9공군 사령부로 보내졌다. 레이는 훗날 이런 글을 남겼다.

"사방에 독일군의 잔해가 널려 있었다."

팔레즈 포위망에 갇혔던 독일군은 5만 명의 포로와 1만 명의 전사자를 남겨두고, 가지고 있던 장비 대부분을 버린 채 탈출할 수밖에 없었다. 그래도 최소 5만 명의 독일군이 팔레즈 포위망을 뚫고 탈출하는 데 성공했다. 이들은 라인강 앞에서 연합군과 다시 결투를 벌일 것이었다.

서부전선에서 가장 결정적인 전투였던 노르망디 전투는 팔레즈 대학살을 끝으로 80일 만에 끝이 났다. 독일군의 피해는 전사자, 부상자, 포로를 모두 합쳐 40만 명 이상 됐고, 연합군 역시 22만 5,000명의 사상자를 냈는데, 그중 3분의 2가 미군이었다. 그리고 미군 항공부대의 전사자 및 실종자 수는 8,536명이었다.

이 전투는 파리 해방뿐만이 아니라 프랑스를 지나 독일 국경까지 진격하기 위한 전초전에 불과했다. 8월 15일, 프랑스 남부에 상륙한 연합군은 후속 전투에 합류했다. 북쪽의 연합군 지상군은 센강에서부터 제1차 세계대전 격전지 솜, 마른을 거쳐 벨기에 국경까지 거의 저항 없이 빠른 속도로 진격했다. 노르망디에 상륙한 지 불과 100일 만에 연합군은 길이 250마일(402킬로미터)에 달하는 소위 지크프리트선Siegfried Line과 마주하게 되었다. 이 서부 장벽은 전쟁 전 히틀러가 라인강 앞에 세운 방어선으로, 최근 한층 더 강화되었다. 이제 프랑스 전투는 끝났고, 독일 전투가 시작되려 하고 있었다.

독일 영토에서의 전투는 한층 더 가혹할 것이었다. 비록 그 영토는 줄어들었지만, 독일 국방군은 역사상 가장 강한 군대 중 하나였다. 여전히 강력한 독일군을 박살내기 위해서는 엄청난 희생을 각오해야 했다. 그런 희생을 줄이기 위해 칼 스파츠는 독일군의 석유 공급선에 대한 대규모 공격을 이미 시작했다.

석유 전쟁

미군 전략폭격기들은 9월까지 연합군 최고사령관의 직속 통제하에 지상군의 공세를 지원하는 게 우선 의무였지만, 아이젠하워는 스파츠에게 약간의 재량권을 주었다. 디데이 이후 스파츠는 독일 상공의 기상이 좋고, 크로스보우 작전이나 지상군 지원을 위한 폭격기 소요가 없을 경우, 석유 시설을 폭격해도 좋다는 허가를 받았다. 6월 말부터 제8공군은 뮌헨 북쪽에 있는 정유 시설들에 일련의 대규모 공습을 감행했다. 같은 시기 제15공군은 플로이에슈티는 물론 독일 남부, 오스트리아, 헝가리의 석유 시설에 폭격을 계속 가했다. 영국 공군성 역시 아서 해리스에게 루르 지방의 도시들을 폭격하지 않을 때, 합성석유 공장을 폭격하라고 명령했다. 물론 해리스는 이러한 명령에 거부감을 느꼈다. 해리스는 독일 석유 시설 폭격은 독일의 저항을 종식시키는 데 쓸데없는, 전력을 분산시키는 행위라고 여겼다. 나중에 해리스는 석유 시설에 대한 공격을 긍정적으로 평가하면서도 이렇게 말했다.

"지금도 나는 그 공격이 합리적인 결정이었다고 생각하지는 않습니다. 특히 당시에는 석유 시설 공격이 성공할 거라고 보지 않았습니다. 연합군 전략가들이 승산 없는 말에 배팅했고, 그 말이 우연히 이긴 것일 뿐입니다."

그의 말은 타당치 않았다. 스파츠는 웬만해서는 승산 없는 도박은 하지 않는 사람이었다. 해리스가 받은 암호 해독문과 기타 정보 보고서에는 '폭격으로 파괴할 경우, 유럽 전선의 향방을 바꿀 수 있는 표적을 발견했다'는 사실이 분명히 적시되어 있었다.

스파츠가 석유 작전을 시작하기 한 달 전인 1944년 4월까지만 해도 독일의 합성석유 산업은 연합군으로부터 폭격을 거의 받지 않았다. 이 산업의 중요성이나 공중 공격에 매우 취약하다는 사실을 감안한다면 정말 놀라운 일이었다. 이러한 산업의 공장 규모는 매우 큰 데다가, 대부분 독일 대도시 외곽에서 쉴 새 없이 가동했기 때문에 당대 최고의 조준기를 탑재한 주간 폭격기로 폭격하기에 매우 이상적인 표적이다. 엄청난 손실을 치르면서 폭격 작전을 벌이는 와중에도 미국의 표적 선정 기획관들은 볼베어링 공장이나 항공기 공장보다 합성석유 공장이 더 중요하다는 점을 1년 반이 지나도록 알아차리지 못했다. 볼베어링 공장은 무력화하기가 사실상 불가능했고, 항공기 공장은 잘 위장된 외딴 곳으로 이동해 버렸다. 또한 놀랍게도 표적 선정 기획관들은 폭발물의 모든 주요 원료를 생산하는 화학 산업과 독일의 합성석유 산업 간의 긴밀한 관계에 대해서 인식하지 못하고 있었다.

1943년, 햅 아놀드의 작전 분석 위원회는 전략폭격 작전에서 항공 산업 시설과 볼베어링 산업 시설 다음으로 석유 산업 시설을 표적 우선순위 3위에 두었다. 작전 분석 위원회가 석유에 의외로 낮은 우선순위를 배정한 것은, 독일에는 충분한 정유 시설이 있기 때문에 폭격을 가해도 그 타격을 극복할 수 있을 거라고 생각했기 때문이었다. 또한 위원들은 석유 작전만으로 일선 독일 육군과 공군의 전력을 즉시 약화시킬 수 없을 거라고 생각했다. 그러나 칼 스파츠 장군은 육군 항공대 표적 선정 기획관들의 조언에 따라 이 문제를 지속적으로 거론했다. 미 전략공군의 최고사령관이 우유부단했거나, 다른 표적에 더 높은 우선순위를 계속 부여했더라면 안 그래도 지지부진했던 석유 작전은 위험하리만치 오래 지연되었을 것이고, 제2차 세계대전의 종식도 그만큼 늦춰졌을 것이다.

미군이 석유 작전을 전담하자, 주간 전략폭격으로 적국의 경제를 무력화시킬 수 있다는 육군 항공대 교리의 타당성이 이제 처음으로 검증받게 되었다. 어찌 보면 진정한 전략폭격은 1944년 여름에야 시작된 셈이다. 제2차 세계대전 중 영미 연합 공군이 독일에 투하한 140만여 톤의 폭탄 중 70퍼센트 이상이 1944년 7월 1일 이후 투하되었다. 그리고 그중 20만 톤이 석유 시설에 집중되었다. 비교적 적지만, 무시하지 못할 양이었다. 1944년 5월, 합성석유 공장에 대한 공격이 개시되었고, 이는 알베르트 슈페어의 표현에 의하면 독일 산업계에 가해진 '최초의 강타'였다. 이 작전이 독일 산업에 미친 영향력은 즉각적이고 광범위했다. 슈페어는 히틀러에게 이렇게 경고했다.

"독일 정부가 합성석유 공장의 방공망을 즉시 보강하지 않는다면, 9월 이후에는 군과 민간의 석유 수요를 충족시키지 못하게 되고 말 겁니다. … 이것은 비극적인 결말을 초래하게 될 것입니다."

석유는 기계화전을 수행하는 군대에게는 그야말로 피 같은 존재다. 현대전에서는 연료, 윤활유 등의 석유 제품을 충분하게, 안정적으로 공급하지 못하면 전쟁을 성공리에 수행할 수 없다. 독일은 석유 수급이 불안정한 상태에서 전쟁을 시작했고, 전쟁 개시 2년 만에 막대한 석유 자원을 가진 미국과 맞붙었다. 반면, 미국은 이미 20세기 초반에 석탄 경제에서 석유 경제로 전환했다. 1939년 미국의 전체 에너지 소비량 중 석유가 차지하는 비율은 절반 이상이었다. 같은 해, 미국의 석유 생산량은 독일의 전시 최대 생산량의 20배에 달했다. 캘리포니아주의 석유 생산량이 유럽 최대 산유국인 소련의 석유 생산량보다 많았다. 반면 독일은 에너지의 90퍼센트를 석탄에 의존했다. 그러나 육군과 해군, 공군의 장비 대부분은 석유로 움직인다. 이는 매우 큰 문제로, 독일 내에 있는 유전은 연료 수요를 7퍼센트밖에 감당하지 못했다.

1939년 9월, 독일군은 불과 2~3개월 분량의 항공기·자동차용 가솔린을 비축한 채 폴란드를 침공했다. 당시 독일은 석유의 약 70퍼센트를 수입에 의존하고 있었는데, 이는 제국주의적 야망을 품고 있는 국가로서는 너무나도 큰 약점이었다. 히틀러는 동맹국인 헝가리, 오스트리아, 루마니아의 유전을 확보해 석유 공급량을 늘리고, 간신히 연료 위기를 넘겼다. 루마니아의 플로이에슈티 유전은 1944년 8월 중순, 소련군과 미 제15공군에 의해 사용할 수 없게 될 때까지 독일의 석유 수입량 중 약 60퍼센트를 담당했다. 그러나 히틀러에게는 총력전을 계속 수행하기 위해 다뉴브강 유역의 유전들에서 생산되는 양의 3배에 달하는 석유가 필요했다.

독일은 이러한 에너지 위기를 화학 기술을 이용해 해결했다. 독일이 풍부하게 가지고 있는 석탄을 화학적으로 가공해 석유로 만든 것이다. 미군이 석유 시설을 공격하기 직전까지 독일의 석유산업은 이 기술에 맞춰 완벽하게 변모해 있었다. 독일의 석유 수요 중 약 4분의 3을 합성석유가 전담하고 있었고, 항공유와 디젤유 재고 상태도 크게 개선되었다. 이는 독일 정부의 지원을 받아 나치의 지구 정복과 인종 청소 이념에 찬동한 석유 카르텔이 힘을 합친 결과였다.

I. G. 파르벤I. G. Farben 같은 화학 기업들은 유대인 중역들을 모두 해고하고, 나치 친위대 SS가 제공하는 점령지와 강제수용소 노동자들의 노동력에 갈수록 더 의존하게 되었다. 일례로 I. G. 파르벤의 합성석유 및 고무 공장 중 한 곳은 폴란드 아우슈비츠 수용소 바로 옆에 있었다.

1944년 9월, 당시 독일 연료 산업계의 노동자 중 3분의 1이 강제 노동자들이었다. 물론 그보다 훨씬 전, 한때는 독립적이었던 독일의 합성석유 산업은 나치의 도구로 단련되어 군수부 장관 알베르트 슈페어가 통제하는 전쟁 지향적 복합기업이 되었다.

독일의 합성석유 대부분은 노벨화학상 수상자인 프리드리히 베르기우스Friedrich Bergius의 이름을 딴 베르기우스법을 적용해 수소화 공장에서 생산되었다. 화학 공학자들은 고온, 고압 상태의 수소를 촉매로 갈탄을 고급 전차용 가솔린과 항공유로 변화시키는 방법을 개발했다. 1944년 초반, 합성석유 공장은 루르, 슐레지엔, 독일 중부의 라이프치히 인근 등 석탄이 풍부한 곳에 있었다. 이곳에서 독일의 총 석유 수요량 중 절반 이상, 고급 자동차 연료의 85퍼센트, 항공유의 거의 대부분을 생산했다. 현재까지도 전시의 독일 합성석유 생산량을 따라잡은 국가는 없다.

독일 석유산업의 급속한 성장은 연합국에 큰 고통을 안겨주었다. 독일 국내 석유 생산량이 최고조에 다다른 지 불과 몇 개월 만에 알베르트 슈페어는 전투기 생산량 역시 역대 최대가 되었다고 발표했다. 미군이 독일의 석유 생산량이 최고점을 찍은 1944년 5월부터 최신예 제트전투기 등 엄청난 수의 독일 전투기들이 전선에 속속 투입된 1944년 9월까지, 총 4~5개월 동안 석유 시설을 정확하게 타격하지 못했다면, 더 많은 독일 전투기들이 매일같이 출격할 수 있었을 것이다. 물론 전쟁 초기에 숙련된 조종사를 많이 잃은 독일이 제공권을 다시 회복할 수는 없었겠지만, 미숙련 조종사들이 탄 전투기라도 그 가동률이 높았다면, 독일 전시경제를 파괴하는 데 더 긴 시간이 걸렸을 것이고, 연합군 폭격기들의 희생 또한 더 컸을 것이다.

전시 독일은 석탄, 공기, 물이라는 세 가지 기둥 위에 세워진 화학 제국이었다. 독일은 이 세 가지 원료를 기본으로 석탄에서 얻은 가스로 합성석유뿐 아니라 합성고무의 99퍼센트, 그리고 합성 메탄올, 합성 암모니아,

질산 등 군용 폭발물을 만드는 데 사용되는 원료를 만들었는데, 이 모든 화학 공정이 하나의 공장에 모두 집중되어 있는 경우가 많았다.

당장 눈에는 띄지 않는 석유 작전의 목표는 바로 이런 일련의 활동을 막는 것이었다. 미국 폭격기들이 메르제부르크 인근의 거대한 로이나 공장과 그보다 작은 루트비히스하펜의 수소화 공장을 파괴한다면, 독일은 합성 질소의 63퍼센트, 합성 메탄올의 40퍼센트, 합성고무의 65퍼센트의 생산력을 잃게 된다. 영국과 미국은 독일 합성석유와 화학 공장 간의 관계나 그 실체를 전쟁이 끝난 후 독일 장관들과 경영자들을 신문하고 나서야 제대로 알게 되었다. 이는 연합군이 이 전쟁에서 가장 실패한 정보전 중 하나였다. 게다가 1920년대 후반, 막 태동한 독일 합성석유 산업을 도운 것이 다름 아닌 미국의 석유 회사라는 것은 더 어이없는 일이었다. 당시 I. G. 파르벤사의 로이나 공장은 베르기우스법을 최초로 실험한 공장이었다.

이러한 정보의 부재로 인해 화학 공장에 딸린 합성석유 공장보다 훨씬 덜 중요한 정유소를 폭격하느라 무수히 많은 항공기와 승무원이 희생되어야 했다. 독일의 합성 에너지 공장은 독일 전국에 산재해 있었으나, 아주 극소수의 베르기우스 공정에 최적화된 수소화 공장만이 독일 석유 생산의 대부분을 차지하고 있었다. 이 공장들이야말로 고급 항공 가솔린과 자동차용 연료의 주요 공급원이었다. 베르기우스법으로 로이나와 폴란드 슐레지엔 지방의 폴리츠 두 공장이 생산량의 약 3분의 1을 차지하고 있었고, 나머지 3분의 1 이상은 5개 공장에 집중되어 있었다.

전쟁 초기, 슈페어는 연합군이 너무 크고 복잡해서 분산시킬 수 없는 합성석유 공장을 목표로 삼을까봐 몹시 두려워했다. 결국 공장이 폭격당하자, 히틀러는 I. G. 파르벤사의 화학생산감독위원회 위원장 카를 크라우흐Karl Krauch에게 폭격에 취약하게 산업을 조직했다면서 공개적으로 비난했다. 그러나 독일 합성석유 생산의 효율성을 높이기 위해 업계의 통폐합을 독려한 인물은 다름 아닌 히틀러였다. 게다가 히틀러가 이러한 공장들을 적의 공중 폭격으로부터 확실히 지킬 수 있다는 헤르만 괴링의 근거 없는 자신감을 꺾기 위해 한 일은 아무것도 없었다.

미군의 공격이 시작되자 슈페어는 오래전부터 우려해왔던 독일 석유산업 시설에 대한 공세가 시작되었다며 공포에 질렸다. 하지만 독일에는 다행스럽게도, 실상은 그렇지 않았다. 아서 테더의 명령으로 미국 폭격기들은 여전히 폭격의 대부분을 석유 시설이 아닌 다른 곳에 가했다. 전쟁 이후 슈페어는 미국 신문관들에게 영미 연합군이 독일 합성석유 산업 시설에 24시간 내내 쉬지 않고 총력을 다해 폭격을 가했더라면, 독일은 8주 내에 항복하고 말았을 거라고 밝혔다.

물론 그럴 가능성은 희박하다. 이 전쟁 역시 다른 전쟁과 마찬가지로 지상전에서 승패가 갈릴 터였다. 그러나 독일의 석유 시설에 대해 더 먼저, 더 지속적으로 공격했다면 서부전선의 전쟁은 실제 역사보다 몇 개월은 더 빨리 끝났을 것이다.

독일 군대 및 산업계의 주요 에너지 공급원인 로이나 공장은 독일 화학 기술의 금자탑이었다. 로이나 공장에서는 독일 공군기용 가솔린, 티거 전차용 윤활유, 기계화 사단용 각종 고무 제품, 기갑부대와 포병 부대용 폭발물을 공급했다. 면적은 3제곱마일(7.7제곱킬로미터)이었고, 노동자는 3만 5,000명에 달했는데, 이 중 약 1만 명은 적국 포로 또는 강제 노동자였다.

이곳은 독일에서 두 번째로 큰 합성석유 공장이자, 두 번째로 큰 화학 공장이었다. 이 공장은 근처 노천 탄광에서 캐낸 수백만 톤의 갈탄과 공장 자체 급수 시설에서 얻은 수십억 갤런의 물을 2마일(3.2킬로미터) 길이의 생산라인에서 소비했다. 250개에 달하는 건물이 수백 마일의 지하 케이블과 철로, 파이프라인으로 연결되어 있었다. 이렇게 서로 촘촘하게 연결된 교통과 전력 인프라 구조 중 어디 한 군데라도 망가지면 산업 시설 전체가 마비될 수 있다. 그 때문에 로이나 공장은 다른 합성석유 공장과 마찬가지로 항공 공격에 매우 취약했다. 이런 형태의 공장이 짊어진 본질적인 문제점이라고 할 수 있다.

1944년 5월 14일부터 1945년 4월 5일까지 약 10개월간 총 6,630대의 미군 폭격기가 로이나를 폭격했다. 어느 작가는 당시의 폭격을 '육군 항공대가 벌인 가장 잔혹한 사투'라고 묘사했다.

로이나 공장은 워낙 크고 모양이 특이했기 때문에 날씨가 맑으면 2만 피트(6킬로미터) 상공에서도 쉽게 찾을 수 있었다. 미군 승무원들은 이 시설의 출입구 서쪽에는 철로가 마구 뒤엉켜 뻗어나가는 철도 정거장이 있고, 불을 뿜어내는 100피트(30미터) 높이의 굴뚝이 13개 있다는 정보를 전달받았다. 그러나 막상 실제로 폭격에 들어가자, 공장에서 뿜어져 나오는 시커먼 연기가 낮을 밤으로 바꿔 버렸기 때문에 조종사들은 자기 항공기 날개 끝도 제대로 볼 수 없었다.

폭격이 점점 치열해질수록 독일의 위장과 방어 능력도 더 교묘해져갔다. 공장 외부에 가짜 건물을 지은 적도 있는데, 그 건물은 진짜 건물만큼 집중적으로 폭격을 당했다. 하지만 미군 폭격기 승무원들이 당면한 진짜 문제는 공장을 둘러싼 대공포들이었다. 이 대공포들의 화망은 세계에서 가장 밀도가 높았다. 로이나 공장에 대한 세 번의 공습에서 제8공군은 단 1발의 폭탄도 명중시키지 못한 채 무려 119대의 항공기를 잃기도 했다.

로이나사의 노동자 중 1만 9,000여 명은 잘 훈련된 방공 요원이었다. 이들은 레이더 조준 방식 대공포를 600여 문이나 보유하고 있었고, 인근 공군기지에도 충분한 수의 독일 공군 전투기가 주둔하고 있어서 산발적이지만 치열한 반격을 가했기 때문에 로이나는 유럽에서 가장 강력한 방어망을 갖춘 산업 표적이 되었다.

그해 초, 히틀러는 동부전선에서 일부 병력을 빼 오고, 중·고등학생, 여성, 소련군 포로까지 동원해 약 100만 명에 달하는 방공 전력을 확충했다. 당시 독일의 중대공포 보유량은 1만 3,200여 문에 달했고, 대공포 사수 대부분은 6~12문의 대공포로 편성된 포대에 배치되었다.

슈페어는 로이나와 여러 석유 시설 주변에 '대형 포대Grossbatterie'라는 것을 설치했다. 이 포대는 일반적인 포대와 달리 36문의 대공포로 이루어져 있고, 이 포들을 이용해 사전에 정해진 지점에 탄막을 형성하거나 살상 지대를 운영할 수 있었다. 하계 석유 공습이 시작되면서 제8공군은 대공포로 인해 전투기보다 2배가 넘는 항공기를 잃었다. 항공전 첫해에 독일 대공포로 인한 부상자는 제8공군 부상자의 40퍼센트를 차지했고, 제2차 세계대전 전체로 보면 71퍼센트에 달했다.

대공포는 매우 비효율적인 방어 장비. 최신형 88밀리미터 대공포라도 폭격기 1대를 격추시키기 위해 평균 8,500발을 쏴야 했다. 그러나 심리적 효과는 컸다. 폭격기 승무원의 정신을 빼놓고 폭격의 정확성을 떨어뜨리는 효과가 있었다. 1944년 여름과 초가을, 독일에게는 아직도 석유 시설 상공에 강철 탄막을 발사해 많은 미군 폭격기 승무원을 살상할 정도의 충분한 탄약이 있었다. 종전까지 대공포에 의해 격추된 미군 항공기는 총 5,400대였으나 전투기에 의해 격추된 미군 항공기는 4,300대였다. 어느새 미군 승무원들은 메르제부르크를 '무자비한 도시'라고 부르기 시작했다. 그곳은 승무원들이 가장 기피하는 죽음의 땅이 되었다.

전후 미식축구 팀 댈러스 카우보이스의 수석코치를 지낸 B-17 부조종사 톰 랜드리Tom Landry는 이렇게 회상했다.

"표적에 접근할 때면 하늘을 가득 메우던 시커먼 연기를 아직도 잊을 수 없어요. 그 포연 한복판으로 대대장기를 따라 돌격할 때 느꼈던 한없는 무력감 역시 잊을 수 없어요."

대공포 탄막 속으로 뛰어들었던 고든 P. 새빌Gordon P. Saville 준장은 전쟁 전 육군 항공전술학교에서 로렌스 커터가 했던 유명한 말을 떠올렸다.

"대공포는 짜증나기는 하지만, 무시해 버려야 한다."

헬스 엔젤스호의 통신수이자 사수인 벤 스미스는 이렇게 말했다.

"석유 공장의 하늘은 마치 히에로니무스 보스Hieronymus Bosch가 그린 초현실적인 그림 같았습니다. 주위는 마치 산불이라도 난 것처럼 짙은 검은색 연기로 뒤덮였고, 그것을 배경으로 긴 연기를 꼬리처럼 매달고 적군과 아군 항공기들이 추락하고 있었어요. 여기저기 보이는 낙하산들은 마치 그 기묘한 풍경 속에서 피어난 들꽃들 같았고요."

어떤 승무원들은 기도를 했지만, 벤 스미스는 계속 욕을 해대는 게 더 도움이 된다고 생각했다. 스미스는 불타는 기체 안에서 선량한 사람들이 죽음을 맞게 하는 하나님에게서 위안을 찾을 수 없었다.

귀환 가능성은 전투기보다 대공포에 피격당하는 쪽이 그나마 높았다. 그러나 승무원들은 대공포에 피격된 채 돌아온 항공기의 몰골을 보고 불안감에 떨었다. 어떤 폭격기들은 무려 200~300개의 구멍이 뚫린 채 귀환했다. 부상당한 승무원들의 모습은 더욱 처참했다. 팔이나 다리가 잘리거나 눈알이 튀어나온 승무원도 있었다. 시신들은 몸통이 터지거나 폐가 다 드러나 보일 정도였다.

독일 공군이 몰락해 가면서 임무당 폭격기 손실률도 줄어들고 있었지만, 여전히 많은 승무원이 전사하고 있었다. 버트 스타일스는 이런 글을 남겼다.

"우리 부대의 소프트볼 팀은 힘든 임무를 한 번 다녀올 때마다 새 멤버를 뽑아야 했다. 내야수도 두 번이나 바뀌었다."

대공포는 인간을 완전히 무력한 상태로 만들 만큼 교활했다. 정신과 군의관들은 이를 '수동적 스트레스'라고 불렀다. 절망감에 빠진 사수들은 작렬하는 대공포탄을 향해 사격을 가했다. 아무도 그들을 미쳤다고 하지 않았다.

분명 1944년 여름 독일 공군은 몰락해 가고 있었다. 그러나 폭격기 승무원들의 투혼도 디데이에 정점을 찍은 후 점점 나약해져 가고 있었다. 대공포도 그 이유 중 하나지만, 전투 피로도 빼놓을 수 없는 이유였다. 그해 여름 독일 상공의 기후는 유례가 없을 정도로 나빴다. 그럼에도 제8공군은 거의 매일같이 출격했다. 6월에는 28일, 7월에는 27일, 8월에는 23일이나 출격했다. 그야말로 강행군이었다. 이 3개월 동안 제8공군은 중폭격기 1,022대를 잃었는데, 이는 작전 전력의 약 절반에 해당했다. 상시적으로 900대 정도 보유하고 있는 전투기는 665대나 잃었다. 손실률은 계속 감소하기는 했으나 승무원이 전투 파견 기간을 무사히 마치지 못하고 전사하거나 포로로 잡힐 확률도 여전히 3분의 1이 넘었다. 이렇게 잦은 출격의 유일한 장점은, 그만큼 더 빨리 귀향할 수 있다는 것뿐이었다. 그러나 이들에게 진짜로 위안이 되는 소식은 따로 있었다. 1944년 8월 말, 미국의 승무원 학교가 드디어 폭격기 1대당 2개의 승무조를 양성할 능력을 갖추었다는 소식이었다.

물론 벤 스미스처럼 대부분의 시간에 삶보다 죽음을 더 생각하는 승무원들에게는 별다른 위안이 되지 못했다. 조지아 출신의 밝고 활기찼던 그는 불과 몇 달 만에 냉소적이고 불경하며 거친 사람이 되었다. 그는 더 이상 고향도 가족도 생각할 수 없었고, 고향으로 보내는 편지도 쓰지 않게 되었다. 스미스는 당시를 이렇게 회상했다.

"자신에 대해서 철저히 둔감해졌어요. 어떤 것도 느끼지 않도록 나 자신을 껍질 속에 가두었어요. … 그 껍질을 부수는 것은 쉽지 않았지요."

기지를 방문한 사람들은 승무원들에게서 뭔가 이상한 기색을 느꼈다. 그들 대부분은 말이 없고 까칠하고 까다로웠다. 그리고 상당수의 승무원들은 마치 오늘만 산다는 듯 폭음을 했다. 또래 청년들이 가지고 있을 만한 큰 꿈이나 야망도 없었다. 이제 막 새로 들어온 보충병들은 잘해보려는 열의와 열정이 넘쳤지만, 일주일을 넘기지 못했다. 곧 동료들에게서 전염되었던 것이다.

어느 날 오후, 벤 스미스는 배구 경기에 참가했다. 그 경기는 그가 치른 경기 중 가장 이상했다. 웃는 사람이나 소리치는 사람도 없었고, 그 누구도 소리 내지 않고 경기는 시종일관 침묵 속에서 진행되었다.

메르제부르크 석유 작전에서 폭격은 순전히 운에 맡겨야 했다. 로이나 상공은 대공포탄 폭연과 연막탄 연기, 폭발하는 석유탱크에서 뿜어져 나오는 연기로 가득 차 있었다. 어떻게 제대로 보이지 않는 표적을 격파할 수 있단 말인가? 톰 랜드리는 폭탄이 표적에 얼마나 가까이 가서 맞는지 알 수 없었다고 회상했다.

전후 연구에 따르면, 유럽 전역에서 가장 크고 가장 타격하기 힘든 표적은 합성석유 공장과 정유소였다. 날씨가 맑은 날 육안 조준으로 로이나에 투하한 폭탄 중 불과 29퍼센트만이 공장으로 떨어졌고, 레이더 조준 폭격 시에는 5.1퍼센트만이 표적으로 떨어졌다. 그리고 폭탄 7발 중 1발은 신관 불량으로 격발되지 않았고, 폭탄 중 10분의 1은 공터에 지어놓은 미끼용 공장에 떨어졌다.

결국 악천후와 인간의 실수, 기계 결함, 적의 저항이 폭격 정확도를 떨어뜨렸다. 합성석유 공장에 배치된 중대공포는 뮌헨이나 프랑크푸르트 같은 도시에 배치된 것보다도 많았다. 하늘을 가득 메울 정도로 많은 폭격기를 투입했지만, 그 커다란 석유 공장에서 단 1명도 죽거나 다치지 않은 경우도 많았다. 처음 로이나가 공습 받았을 때 노동자 126명이 사망하자 독일 측 공장 경영진은 더욱 안전한 방공호들을 지었다. 이후 로이나에 21차례나 공습이 더 가해졌지만, 공습 때문에 죽은 노동자는 175명에 불과했다.

공장 설비는 그보다 더 잘 보호되었다. 저장 탱크는 철근 콘크리트 벽으로 둘러싸고, 압축기 등 필수 장비는 매우 잘 만들어진 방폭벽으로 보호해 미군이 애용하는 250~300파운드(113~135킬로그램)급 폭탄으로는 파괴할 수 없었다. 가장 성공적이라 할 수 있는 공습에서 이런 필수 장비에 명중한 미군 폭탄의 비율은 1~2퍼센트에 불과했고, 그 폭탄들이 입힌 피해는 사실상 없었다.

영국 공군은 제8공군보다 공습 빈도는 낮았으나 방폭벽을 관통할 수 있는 2,000 내지 4,000파운드(900 내지 1,800킬로그램)급 대형 폭탄을 사용했기 때문에 연료 저장 탱크와 주요 구조물에 더 큰 타격을 가할 수 있었다. 폭격기 해리스는 대형 폭탄을 선호했지만 미국 전문가들은 작은 폭탄을 여러 개 투하하는 것이 더 효과적이라고 주장했고, 그런 오판은 더 많은 희생을 낳았다. 미군 폭격기 승무원들은 잘 파괴되지 않는 표적을 격파하기 위해 몇 번이고 다시 가야만 했다. 이는 커티스 르메이가 질색하는 방식이었다. 당시 르메이는 극동에서 신형 B-29 슈퍼포트리스 항공기 부대를 지휘하고 있었다.

작은 폭탄을 투하하면 화재를 진화하기도 쉽다. 작은 폭탄이 일으킨 화재는 그만큼 약했고, 오래 지속되지 못했다. 석유 시설에 대한 미군의 공습 이후, 슈페어는 자신의 심복 에드문트 가일렌베르크Edmund Geilenberg를 새로 만든 비상대책청 청장에 임명했다. 그의 방침은 지극히 간단했다. 이 공장들을 빨리 복구해야 전쟁 수행이 가능하다는 것 말이다. 가일렌베르크는 노동력 동원에 관한 전권을 가지고 공장 시설 복구에 필사적으로 매달렸다.

베를린에는 '석유를 위해서라면 모든 것을 다 바쳐라'라는 구호가 있었다. 그러나 항공기 공장과 탄약 공장의 노동자는 물론 7,000명에 달하는 공병까지 끌어온 탓에 전쟁 수행 능력과 관련된 다른 부분은 점차 약화되고 말았다. 1944년 늦가을, 독일은 석유 시설을 복구하는 데 무려 35만 명을 투입했고, 석유 시설에 대한 대공 방어와 수리에 투입한 인력은 총 150만 명에 달했다. 그만큼 군수생산에 큰 차질을 빚을 수밖에 없었다.

그해 여름 동안 악천후와 더 높은 우선순위의 표적을 폭격하기 위해 제8공군은 석유 시설에 대한 공습을 자주 할 수 없었다. 가일렌베르크는 석유 시설을 발빠르게 수리해 이전 생산량의 몇 분의 1이라도 석유 생산을 재개할 수 있었다. 가일렌베르크의 작업자들은 엄청나게 속도를 내 4~6주 만에 소형 수소화 공장을 완전히 복구할 수 있었다.

그러나 그해 늦여름, 석유 생산이 재개되자마자 공습도 다시 재개되었다. 이는 연합군이 항공 정찰 빈도를 크게 늘린 덕분이었다. 그리고 육군항공대 작전 장교들은 자신들의 오류를 수정하고 폭격 효율을 높이고자 석유 시설 공습에 고폭탄을 사용하기 시작했다.

이는 큰 변화였고, 마침내 독일 석유 시설들은 상당한 타격을 입게 되었다. 무자비한 융단폭격으로 인해 다수의 석유 생산 공장이 치명타를 입었다. 그러나 석유 생산 공장은 가스 압축기 또는 가스 정화 장치 등의 주요 장기에 단발적인 타격을 입을 때가 아니라, 신경에 해당하는 전력망과 동맥, 정맥에 해당하는 가스, 수도관에 지속적으로 타격을 입을 때 생산 능력이 크게 떨어졌다. 이들은 공장 운영에 필수적인 것들이었다. 슈페어는 이를 두고 '콘크리트와 폭탄의 경주'라고 표현했다.

9월 말이 되자 누적된 폭격 피해가 수리 인력을 압도하기에 이르렀다. 따라서 월 석유 생산량은 이전 생산량의 9퍼센트로 줄어들었다. 전후 슈페어는 다음과 같은 보고서를 남겼다.

"적의 폭격은 화학 공장의 파이프라인에 큰 타격을 주었다. 폭탄이 파이프에 정확하게 명중하지 않고 근처에서 폭발하더라도 파이프는 그 충격으로 여러 군데서 새고 만다. 그것을 다 수리하기란 사실상 불가능하다."

파이프라인이 망가진 석유 생산 공장은 서서히 죽어갔다. 정밀폭격을 위해 태어난 미 육군 항공대는 비로소 융단폭격을 통해 가장 큰 승리를 거두었다.

로이나 전투에서 승리하기 위해 제8공군은 1,280명의 목숨을 바쳤다. 로이나 공장은 잠깐 부활했지만, 여름의 공격으로 돌이킬 수 없는 피해를 입었다. 제1차 세계대전에서 독일은 연합국의 숨 막히는 해상 봉쇄 끝에 패전했고, 25년이 지난 후에는 연합군 폭격기의 석유 봉쇄에 시달리고 있었다. 그 결과, 독일 공군은 사실상 끝장났고, 독일 육군의 기동성도 크게 떨어졌다. 1944년 6월부터 종전 시까지 생산된 독일 항공유는 불과 19만 7,000톤이었다. 이는 석유 공습 이전의 한 달 치 사용량이 조금 넘는 수준에 불과했다. 그리고 9월부터는 루마니아산 석유도 더 이상 수입할 수 없게 됐다.

미 제15공군과 영국 공군은 중폭격기 230대의 손실을 감수하면서 1944년 8월 30일 소련의 붉은 군대가 루마니아 플로이에슈티 유전의 연기가 자욱한 폐허를 점령할 때까지 이곳의 석유 생산량을 90퍼센트까지 줄여놓았다. 이탈리아 남부의 원시적인 기지에서 실시된 이 공습에서 1944년 여름 제15공군의 손실률은 제8공군을 훨씬 뛰어넘었다. 그러나 제15공군의 영웅적인 행위는 언론의 주목을 별로 받지 못했다. 반면 제8공군은 런던의 대형 신문사 기자들에 의해 일거수일투족이 헤드라인을 장식했다. 그 때문에 제15공군 장병들은 'As Time Goes By시간이 흐르면'라는 유명한 노래의 가사를 이렇게 바꿔 불렀다.

언제나 세상은 늘 그렇다네.
제8공군이 모든 영광을 다 가져간다네.
우리도 나가서 죽어가는데
중요한 것은 늘 들어맞는다네.
대공포성이 흐르면…

아우슈비츠

1944년 여름, 제15공군은 폴란드 남부의 석유 시설도 부쉈다. 그들은 7월 7일에는 아우슈비츠에서 북서쪽으로 40마일(64킬로미터) 떨어진 블레흐함머를, 8월 20일에는 모노비츠 인근에 있는 I. G. 파르벤사의 합성석유 및 고무 공장을 공습했다. 모노비츠에는 이 공장에 강제 노동력을 제공하는 모노비츠-부나 수용소가 있었다. 이 수용소는 거대한 아우슈비츠 수용소 시설의 일부로, 가스실과 화장장을 갖추고 인종 청소를 단행한 아우슈비츠 2호 또는 비르케나우라 부르는 수용소에서 불과 5마일(8킬로미터) 정도 떨어져 있었다. 8월 20일 임무에 출격했던 레이더 항법사이자 폭격수인 밀트 그로반Milt Groban은 이렇게 회상했다.

"포로수용소나 강제수용소 상공을 항로에 포함시키지 않는 것이 관례였어요."

육군 항공대 표적 선정 기획관들은 나치에 의해 억류된 무고한 병력과 시민들을 미군 폭격기로 살상하고 싶지 않았다.

그로반과 동료들은 아우슈비츠가 히틀러의 가장 악명 높은 집단 절멸 수용소라는 사실을 알지 못했다. 유대인 지도자들과 레지스탕스 조직들이 영국과 미국 정부에 비르케나우 가스실을 폭격하라는 압력을 넣고 있다는 사실도 모르고 있었다. 연합군은 비르케나우를 폭격하지 않기로 했으나 만약 그곳을 공격했다면, 그리고 수용자 수천 명이 폭격으로 죽었다면 아주 큰 도덕적 논란을 불러일으켰을 것이다. 사실 그 안건은 계속해서 논란이 되고 있었다.

1944년 5월, 독일 비밀경찰 유대인 담당 부서의 부장 아돌프 아이히만Adolf Eichmann과 그의 부하들은 폴란드에 거주하는 모든 유대인을 아우슈비츠로 보내기 시작했다. 나치는 이미 유럽에 있는 500만 명의 유대인을 죽였다. 1944년 5월 폴란드에는 두 곳의 절멸 수용소가 있었는데, 아우슈비츠는 그중 하나였다. 영국과 미국 정부에는 그해 6월과 7월 초순, 헝가리 유대인들을 이송시킨다는 정보와 아우슈비츠에서 최근 탈출한 두 사람에게서 입수한 수용소 내부 정황에 관한 상세한 보고서가 도착했다. 이 정보를 접한 유대인들과 런던에 본부를 두고 있는 저항군들은 영국 정부에 헝가리-아우슈비츠 간 철도는 물론, 비르케나우의 화장장과 가스실을 폭격해 달라고 요청했다.

7월 첫 주, 아우슈비츠로 헝가리 유대인 43만 4,000명이 이송되었고, 그중 약 90퍼센트가 학살당했다. 처칠 총리는 히틀러의 '최종 해결책'을 인류 역사상 가장 크고 끔찍한 범죄라고 여기고 공군 참모들에게 가스실

폭격의 타당성을 조사하라고 지시했다. 그들은 부다페스트에서 아우슈비츠로 가는 철도 노선을 폭격하더라도 빠르게 보수할 수 있기 때문에 큰 효과가 없을 것이라 예상했다. 극약 처방이기는 하지만 수용소 건물에 폭격을 가해 나치의 꼭두각시를 자처하는 헝가리 정부에 유대인 추방을 중지하라는 압력을 넣을 수는 있었다. 조사가 완료된 지 일주일이 채 지나지 않은 7월 15일, 영국 공군성 장관 아치볼드 싱클레어Archibald Sinclair는 야간에 공격하기에는 아우슈비츠까지의 거리가 너무 멀다고 보고했다. 따라서 이 방안에 대해 미군이 시도할 준비가 되어 있는지 알아보자고 제의했다. 다만 미군이 이 방안을 검토하더라도 실행할 의지를 보일지는 매우 의심스럽다는 의견도 덧붙였다.

싱클레어의 의견은 옳았다. 수용소와 부속 철도 시설을 폭격해달라는 요구는 이미 스위스에서 유대인들을 지원하기 위해 루스벨트가 창설한 전쟁난민위원회를 통해 미 육군부로 전달되었다. 시민 단체와 미군 간의 조율을 담당하는 육군 차관 존 J. 맥클로이는 수용소 폭격은 "결전을 치르고 있는 아군의 승리에 필요한 항공 지원 자원을 분산시키기만 할 뿐"이라는 입장을 견지했다. 맥클로이의 입장은 육군부의 공식 정책과 같았다. 육군부 역시 '신속하게 추축국의 항복을 받아내는 것이 박해받는 사람들을 위한 최고의 해결책'이라는 입장이었다. 독일 포로수용소에 수감된 영미 연합군 장병 수는 20만 명에 달했다. 그러나 당장 이들을 구출해낼 계획은 없었다. 미국의 공식적인 입장은 모든 구조 작전은 적을 물리치기 위한 군사작전의 직접적 결과물이어야 한다는 것이었다.

맥클로이는 아우슈비츠까지 왕복하기 위해서는 적의 영공을 호위 없이 2,000마일(3,200킬로미터)이나 날아가야 하므로 이 임무를 제8공군이 전담하기에는 너무 위험하다고 줄곧 주장했다. 그러나 실제 비행 거리는 1,540

마일(2,470킬로미터)에 불과했고, 물론 전투기 호위도 받을 수 있었다. 맥클로이는 제15공군이 이미 아우슈비츠 인근 고지대 슐레지엔 지방에 대한 조직적 폭격 작전을 시작했다는 사실은 밝히지 않았다. 또한 8월 2일, 칼 스파츠가 영국 공군 참모차장 노먼 H. 보텀리Norman H. Bottomley로부터 아우슈비츠 수용소 폭격 요청을 처음 접하고 매우 깊은 동감을 표했지만, 맥클로이는 이 사실에 주목하지 않았거나 알지 못했을 것이다.

제8공군은 아우슈비츠에서 비교적 가까운 곳에 있는 새로 점령한 기지를 이용해 이 임무를 수행할 능력이 있었다. 1944년 6월, 제8공군은 '프랜틱Frantic'이라는 암호명으로 소련을 위한 편도 비행 임무를 시작했다. 영국에서 출격한 폭격기들은 독일 영토 내 표적을 폭격하고, 영국으로 돌아가지 않고 계속 직진해 스탈린이 제공한 우크라이나 키예프 인근의 소련 공군기지에 착륙했다. 이 항공기들은 거기서 발진해 동유럽을 폭격하고, 이탈리아로 가서 휴식도 취하고 보급도 받은 다음 영국으로 복귀했다. 이들의 목표는 비행 중 들르는 모든 나라에서 폭격 임무를 수행하는 것이었다. 그러나 스탈린은 B-17이 프랜틱 작전에서 폭격할 표적을 정하는 데 제한 사항을 두었다. 소련군 하계 공세 수행에 필요한 표적에 폭격을 집중하기를 원했던 것이다. 또한 소련 공군기지는 해당 지역의 방공망 상태가 그리 좋지 않았기 때문에 독일 공군의 폭격에도 취약했다. 6월 21일 밤, 독일 공군 폭격기들은 소련 폴타바의 공군기지를 폭격했다. 조명탄과 함께 폭탄 110톤을 투하해 이곳에 주기되어 있던 B-17 114대 중 69대를 파괴했고, 미국이 제공한 대량의 항공유를 불태워 버렸다. 독일 공군은 다음 날 밤에도 프랜틱 작전을 수행 중인 소련 공군기지 두 곳을 폭격했다. 따라서 아우슈비츠 폭격 임무가 만약 승인되었다면, 스파츠는 아우슈비츠에서 640마일(1,030킬로미터) 떨어진 이탈리아 포자 항공기지에서 발진하는 제15공군 소속 중폭격기를 동원해야 했다.

아우슈비츠 작전은 했어야 했을까? 전쟁의 큰 흐름에서 볼 때 꼭 해야
만 하는 것이었을까?

헝가리의 유대인들은 서방 연합국에게 매우 중요한 순간, 즉 오버로드
작전이 시작되고, 프랑스 해방 전투와 V병기에 대한 공격 그리고 가장 중
요한 석유 공세가 시작된 시점에 절멸 수용소로 보내졌다. 당시 연합국은
이 작전이 성공하기만 하면 1944년 초겨울에 전쟁을 끝낼 수 있으리라 믿
었다. 이런 중요한 순간에 미군 중폭격기를 주요 군사 목표물이 아닌 다른
곳에 보낸다는 게 과연 좋은 판단이었을까? 맥클로이는 그렇지 않다고 생
각했다. 스파츠의 부사령관이던 프레더릭 앤더슨 역시 마찬가지였다. 그
러나 역사학자 리처드 데이비스Richard Davis의 계산에 의하면, 석유 공세
에 투입된 제15공군 폭격기 전력의 7퍼센트만 투입했어도 아우슈비츠 공
습 임무에 4회 출정할 수 있었을 것이라고 했다. 그리고 그해 9월, 항공부
대 지휘관들에게 아우슈비츠 공습과 비슷한, 위험하면서도 희망 없는 인
도적 임무에 전략폭격 전력을 분산 투입할 것을 명령하자, 지휘관들은 기
꺼이 그 명령에 따랐다.

1944년 8월 1일, 폴란드 바르샤바의 저항군들은 하계 공세를 벌이는
소련군이 비스툴라강을 건너 바르샤바로 진격할 예정이라는 소련 라디오
방송을 믿고, 나치 점령군에 맞서 봉기를 일으켰다. 그러나 독일군의 맹렬
한 저항에 직면한 소련군은 바르샤바 교외의 비스툴라강 동안에서 공세를
멈추었다. 그 후 스탈린은 무려 6개월 동안 진격 명령을 내리지 않았다. 그
동안 폴란드인들은 압도적인 독일 친위대에 맞서 무려 60일간 수류탄과
화염병으로 시가전을 벌였다.

처칠은 휘하 공군 지휘관들의 맹렬한 반대에도 불구하고 바르샤바 저항군을 위한 식량과 무기 공수 작전을 지시했다. 이 임무에 참가하는 승무원들은 전원 지원자들로, 상당수가 폴란드인이었다. 처칠 총리는 흔들리는 루스벨트에게도 작전을 도우라고 압력을 넣었고, 스탈린에게는 바르샤바에 보급품을 투하하는 미군 폭격기들이 우크라이나의 프랜틱 기지에 착륙할 수 있게 해달라고 요구했다. 9월 18일, 총 107대의 B-17이 영국에서 이륙해 폐허가 된 바르샤바에 1,200여 톤의 식량과 무기, 의약품을 투하했다. 이미 바르샤바 대부분을 독일군이 점령하고 있었기 때문에 이들이 보낸 물자의 4분의 3가량은 독일군 손에 들어갔지만, 이 임무는 비참한 상황에 놓여 있던 폴란드인들의 사기를 크게 끌어올렸다.

루스벨트는 또 다른 프랜틱 공수 작전을 명령했으나 10월 2일, 스탈린이 미군 항공기의 기지 사용 허가를 취소했다. 스탈린은 바르샤바 봉기가 런던 주재 폴란드 망명정부와 연결된 반공 저항군이 주도하고 있어 자신들의 이익에 맞지 않는다고 생각던 것이다. 그로부터 며칠 후, 바르샤바 봉기는 독일군에 의해 완전히 진압되었다. 1945년 1월 소련군이 바르샤바를 점령했을 때 바르샤바에는 폐허 말고는 아무것도 남아 있지 않았다.

스탈린도 1944년 8월 초, 소련 전선에서 불과 100마일(160킬로미터) 떨어진 아우슈비츠를 소련의 전술공군을 동원해 폭격할 수 있었다. 이는 아우슈비츠 폭격 관련 논쟁에서 많은 사람이 무시하고 지나치는 부분이었다. 그러나 '위대한 애국 전쟁'은 소련을 구하기 위한 것이지 유대인을 구하기 위한 것이 아니었다.

1945년 1월 바르샤바를 차지한 소련군은 같은 달 아우슈비츠에 도착했고, 그곳에서 기아와 동상에 시달리는 8,000명의 수감자를 발견했다.

그런데 아우슈비츠의 유대인이 아닌 바르샤바의 폴란드인을 지원한 이유는 무엇일까?

당시 폴란드인들에게는 유대인들과 달리 런던에 망명정부가 있었고, 이를 통해 처칠에게 영향력을 행사할 수 있었다. 물론 영미 정부 관료들 사이에 존재한 반유대주의 역시 한몫했다고 볼 수 있지만, 확실한 것은 폴란드인들은 유대인들에 비해 정치적으로 훨씬 더 영향력이 있었다. 어느 아우슈비츠 생존자는 이렇게 회상했다.

"유대인도 중요하긴 했습니다. 다만 덜 중요했을 뿐이죠."

만약 독일이 유대인 대신 네덜란드인을 학살했다면 어땠을까? 수천 명의 연합군 공군 포로를 아우슈비츠에서 학살하려고 했다면 말이다. 그래도 영국과 미국은 결단을 내리지 못했을까?

1944년 여름의 폭격은 유대인의 생명을 살리기도 했다. 7월 2일 스파츠는 부다페스트 지역의 군사 표적에 대한 대규모 공습을 명령했다. 유대인 이송과는 전혀 상관없는 작전이었다. 그러나 하필 이 공습이 실시된 시점은 연합국과 중립국 스웨덴, 바티칸이 유대인 학살을 돕지 말라는 외교적 압력을 헝가리 정부에 가하던 때였다. 루스벨트는 헝가리 정부를 압박하면서 헝가리 국민들에게 유대인 탈출을 돕고, 후일을 위해 인종 범죄의 증거를 모아달라고 호소했다. 독일 친위대에 대한 협력 문제를 놓고 의견이 엇갈리던 헝가리 괴뢰 정부는 7월 2일 실시된 이 폭격이 부다페스트에 대한 일련의 보복 차원에서 시작되었다고 오판했다. 결국 7월 7일, 헝가리 섭정 미클로시 호르티Miklós Horthy 제독은 아이히만에게 더 이상 유대인 이송은 할 수 없다고 통보했다. 이로써 헝가리에 남아 있던 30만 명의 유대인은 목숨을 구하게 되었다.

10월 3일, 전쟁난민위원회 위원장 존 W. 펠John W. Pehle은 아우슈비츠 폭격안을 또 거론했다. 이번에는 폴란드 망명정부의 요청에 의한 것이었다. 스파츠 장군은 전신으로 통보받았으나, 조치를 취하라는 지시는 받지 못했다. 프레더릭 앤더슨 장군은 스파츠에게 아우슈비츠 폭격안에 대해 열의를 품지 말라고 주의를 주었다. 그는 이 공습을 수행해봤자 수감자들의 여건을 개선시키지 못할 뿐만 아니라 오폭으로 많은 사람이 죽게 될 가능성이 있다고 주장했다. 만약 그렇게 될 경우 독일이 그들이 저지른 대량학살에 대한 알리바이를 제공하게 될 것이었다. 스파츠가 어떻게 답했는지는 기록이 남아 있지 않다. 하지만 그는 이 작전의 최종 결정권자가 아니었다. 맥클로이는 1983년, 《워싱턴 포스트》와의 인터뷰에서 이렇게 말했다.

"이에 대해 결정할 수 있는 사람은 대통령 한 분뿐이었습니다."

그리고 맥클로이를 비롯한 루스벨트의 측근 중 아우슈비츠 폭격 계획이 루스벨트의 눈에 잘 띄도록 제시한 사람이 있었다는 신뢰할 만한 기록은 없다. 설령 있더라도 루스벨트는 분명 거부했을 것이다. 루스벨트가 유럽 전구에서 가장 중요시했던 것은 히틀러를 물리치고 미군을 고향으로 데려오는 것이었다. 제8공군 항법사 폴 슬라우터Paul Slawter의 말이다.

"당시는 남북전쟁과 비슷했습니다. 링컨에게 승리는 그 무엇보다도 중요했습니다. 노예해방은 적의 영토 안에서 전략적 중요성이 높은 군사작전을 수행하는 과정에서 이뤄진 것입니다. 나치 절멸 수용소를 찾고 생존자를 석방하는 문제도 그렇게 해서 이뤄진 것입니다."

루스벨트의 관점이 옳았는지는 모르겠지만, 아우슈비츠를 폭격했다면 수천 명의 유대인을 살릴 수 있었을 것이고, 유대인 학살을 방관하거나 관용을 베풀지 않겠다는 미국의 메시지를 더 강하게 전달할 수 있었을지도 모른다.

죽음의 덫

칼 스파츠는 아우슈비츠 공습안에 대한 자신의 의견을 기록으로 남기지 않았다. 그해 여름 그의 주된 관심사는 석유 공세였다. 울트라로 해독한 정보에 따르면, 석유 공세는 엄청난 성과를 거두고 있었다. 그해 8월, 알베르트 슈페어는 베를린 주재 일본 대사에게 이렇게 털어놓았다.

"처음으로 독일에 치명타를 줄 수 있는 전시경제를 타깃으로 한 연합군의 폭격이 시작되었습니다."

독일 전역에서 연료 부족 현상이 심화되기 시작했고, 동부전선의 소련군과 서부전선의 영미 연합군은 독일로 집결하려는 그들의 군사작전을 방해했다. 그해 8월, 팔레즈 포위망을 뚫고 탈출하던 독일 육군은 연료 부족으로 전차와 차량을 버려야 했고, 독일 공군 역시 대부분의 조종사 훈련 학교를 폐쇄할 수밖에 없었다. 공군 후보생들은 보병 부대로 전속되었고, 교관들은 석유 공장 인근의 공군기지로 배속되어 방공 임무에 투입되었다. 신참 조종사들은 항속거리와 가속력이 더 향상된 P-51 머스탱들과 불공평한 전투를 벌여야 했다.

독일 공군 조종사 하인츠 크노케는 일기에 이런 글을 남겼다.

"그해 여름은 절대 깨어나지 못할 악몽 같았다."

그의 부대 소속 조종사들은 비록 용감했으나 출격할 때마다 5명씩 사망했다. 또한 지휘관들은 이미 낡아빠진 고물 전투기로 압도적인 미군 전투기를 막으라고 요구했다. 크노케는 그런 명령을 내리는 것은 살인을 저지르는 것과 별반 다르지 않다고 했다.

크노케와 그의 전우들에게 진정한 적은 연합군 공군이 아니라, 산업 및 석유 분야에서 초강대국인 미국 그 자체였다. 미국의 석유 생산량은 다른 모든 산유국의 석유 생산량을 합친 것보다 많았다. 진주만 공습 때부터 종전 시까지 연합국이 소비한 약 70억 배럴의 석유 중 60억 배럴이 미국산이었고, 전 세계 옥탄가 100 가솔린 생산량 중 90퍼센트가 미국산이었다. 소련의 이오시프 스탈린은 처칠의 공로를 기리는 파티에서 축배를 들며 이렇게 외쳤다.

"이 전쟁은 엔진과 고옥탄가 연료의 전쟁입니다. 미국의 자동차 산업과 석유산업을 위해 건배합시다!"

아돌프 갈란트는 연료 부족이야말로 '독일 공군의 발목을 잡는 죽음의 덫'이라고 표현했다. 독일 공군은 연료를 공급해 주는 석유 공장을 지켜야 했지만, 공장을 지키는 데 쓸 연료도 점점 부족해졌다.

전 세계 원유의 90퍼센트는 연합국에 의해 통제되었다. 반면 추축국이 가진 것은 3퍼센트에 불과했다. 이러한 불균형을 극복하기 위해 독일과 일본은 소련과 동남아시아를 대상으로 정복 전쟁을 벌였던 것인데, 결국 석유가 점점 부족해지면서 자신들이 시작한 세계대전에서 이길 수 없게 되었다. 일본은 연합군의 해상 봉쇄로, 독일은 연합군의 항공 봉쇄로 석유가 부족해졌다.

특히 이 점이 분명하게 드러난 것은, 하계 폭격으로 인한 연료 부족이 독일군에게 직접적으로 나쁜 영향을 주기 시작했기 때문이다. 독일 국방군은 1944년 7월부터 종전 시까지 충분한 연료와 탄약을 지급받은 적이 없었다. 1944년 9월 초에는 고성능 폭약인 헥소젠의 주원료인 메탄올 공급량이 급감했다. 질산과 합성고무 생산량도 줄어들기는 마찬가지였다. 독일은 줄어든 폭발물 공급량을 늘리기 위해 탄피에 암염 20퍼센트를 함유한 포탄을 전방으로 보냈다.

연합군의 폭격속도가 빨라지면서 독일 경제에는 또 다른 악영향이 미치기 시작했다. 이 시점에 독일의 대포 생산량의 3분의 1, 광학장비 생산량의

3분의 1, 레이더 및 통신 장비 생산량의 3분의 2, 알루미늄 생산량의 5분의 1이 대공 방어에 투입됐다. 게다가 직접 포를 조작하는 인원 외에도 도시와 공장의 폭격 피해를 복구하는 인원을 합한 무려 200만 명의 인력이 동원되었다. 역사학자 리처드 오버리Richard Overy는 이렇게 결론 내렸다.

"연합군에 의한 직접적인 폭격 피해와 자원의 분산으로 인해 1944년 독일 국방군은 1선급 무기와 장비 중 절반을 사용할 수 없게 되었다."

독일 국방군의 생존과 전투를 위해서는 연료와 탄약이 필요했는데, 슈페어는 그 연료와 탄약을 생산하는 산업을 지키기 위해 독일 국방군에게 절실하게 필요한 인력과 장비를 빼앗을 수밖에 없었다. 이것은 또 다른 죽음의 덫이었다.

1944년 여름, 독일 공군의 주간 평균 항공기 손실 대수는 300대에 달했고, 그 대부분은 동부전선과 서부전선에서 발생했다. 그러나 연합군이 아직 모르는 것이 있었는데, 그것은 독일 공군이 새로운 부대를 편성하고 있다는 사실이었다. 사실 슈페어와 갈란트는 이 부대가 전선이 아닌, 석유 시설 상공에서 운용되어야 한다고 봤는데, 거기에는 그럴 만한 이유가 있었다. 슈페어는 1944년 8월 총통에게 보낸 석유산업 현황 보고서에서 이렇게 말했다.

9월에도 8월과 같은 강도 및 정확도로 화학 산업에 대한 공격이 지속될 경우, 화학 산업 생산량은 더욱 떨어질 것이며, 결국 현대전을 지속하는 데 마지막까지도 가장 필요한 화학제품마저 고갈되고 말 것입니다. 이제 우리에게 남은 희망은 하나뿐입니다. 그것이라도 실현시키려면 엄청난 행운이 필요할 것입니다.

우리에게는 두 가지 호재가 동시에 일어나야 합니다. 첫 번째는 악천후가 유럽 상공에 최소 3주간 지속되는 것입니다. 두 번째는 이 틈을 이용해 독일 공군의 전력을 강화하는 것입니다. 적에게 막대한 타격을 입혀 적의 폭격기 편대를 분산시키고, 우리 군은 융단폭격의 여파를 줄일 수 있을 만큼 공군 전력을 강화해야 합니다.

독일 공군은 아무리 늦어도 9월 중순까지는 이 최후의 대공세를 벌일 준비 가 되어 있어야 합니다. 우수한 비행 교관과 높은 전과를 올린 전투기 조종 사 등 군의 최정예 인적 자원을 이 임무에 모조리 투입해야 합니다.

성공한다면 독일 공군은 새로 태어날 것이고, 실패한다면 독일 공군은 괴멸 하고 말 것입니다.

그해 가을, 정말로 유럽 상공의 기상은 좋지 않았고, 덕택에 슈페어는 주요 석유 시설을 수리하고 독일 공군의 새 전투기들이 쓸 연료를 생산할 시간을 벌 수 있었다. 독일 공군의 최신 전투기들은 3,000여 대 규모로, 상 당 부분 지하에 숨겨진 공장에서 만들어졌다. 슈페어와 갈란트는 이 정도 면 본토를 방어하는 데 전투기를 투입하도록 히틀러를 설득할 수 있을 것 으로 봤다.

한편 제8공군은 다시 강력해진 독일 공군과 한판 대결을 벌이기 전에, 부대원들의 심각한 사기 저하 문제를 해결해야 했다. 그해 여름, 햅 아놀드 는 상당수의 폭격기가 중립국인 스위스나 스웨덴에 착륙하고 있다는 보고 를 접했다. 기체 이상으로 기지로 돌아올 수 없어서 그런 게 아니었다. 승 무원들은 전쟁을 그만두고 싶었던 것이다.

MASTERS

OF THE

제12장

스위스의 포로들

AIR

"스위스 정부는 미군 승무원들을 인질로 억류하고 있다.
그들은 왜 그랬을까?
그것은 제2차 세계대전의 가장 큰 수수께끼 중 하나다."

- 도널드 아서 워터스Donald Arthur Waters, 제100폭격비행전대 조종사

1944년 3월 18일, 스위스

제44폭격비행전대의 B-24 항공기 헬스 키친Hell's Kitchen호는 독일과 중립국인 스위스 사이에 있는 콘스탄스 호수를 향해 동쪽으로 날아가고 있었다. 지상에는 안개가 잔뜩 끼어 있었고, 하늘을 가득 메운 구름층 사이로 군데군데 틈이 나 있었다. 헬스 키친호의 기체에는 문제가 있었다. 호숫가에 있는 독일 측 국경도시 프리드리히스하펜 상공에서 대공포탄에 피격당하는 바람에 엔진 2개가 멈췄고, 좌익 연료 탱크에서 연료가 새고 있었다. 이스트앵글리아 기지는 무려 1,000마일(1,600킬로미터)이나 떨어져 있었기 때문 돌아갈 방법이 없었다. 조종사 조지 D. 텔퍼드George D. Telford 중위는 승무원들에게 항공기가 편대에서 이탈해 스위스에 비상 착륙할 것이라고 통보했다.

그날 아침 대대 브리핑에서 텔퍼드는 항공기가 표적 상공에서 피격될 경우, 스위스 영공으로 들어가 스위스 당국에 비상 착륙 허가를 요청하라는 지시를 받았다. 그가 스위스에 대해 아는 것이라고는 그의 동료들이 숱하게 비상 착륙하기는 했지만, 아직 돌아온 이는 아무도 없는 곳이라는 것뿐이었다.

헬스 키친호가 스위스 국경에 접근하자, 이 항공기에서 25번째이자 마지막 임무를 치르고 있던 19세의 항공기관사 다니엘 컬러Daniel Culler는 4대의 Me 109가 접근하는 것을 발견했다. 컬러 병장은 겁을 먹었다. 그가 공중전을 싫어하기도 했지만, 그의 총탑이 제대로 작동하지 않았기 때문이기도 했다. 인디애나주의 작은 시골마을에서 태어난 컬러는 아버지를 일찍 여의고 독실한 퀘이커 교도인 홀어머니 슬하에서 평화주의자로 자랐다. 그러나 진주만 공습 이후, 그는 폭력을 기피하기보다 조국을 위해 의무를 다하는 것이 더 중요하다고 여기게 되었다. 그는 괴로워하는 어머니를 설득해 입대 지원서에 서명을 받아냈다. 그때까지 그가 죽여 본 생명체라곤 가족들에게 먹일 토끼를 사냥한 게 전부였다. 컬러는 다른 생명을 없애는 데 예민했다. 그래서 헬스 키친호에서 폭탄이 투하될 때 울기도 했다.

"폭탄을 얻어맞고 있는 적들은 내 눈에 보이지 않았지만, 그들도 나와 같은 사람입니다."

그래도 그는 나치에 맞서야 한다는 도덕적인 의무감으로 계속 항공기에 탑승해 용감하게 싸웠다.

그와 동료 사수들이 적 전투기와 맞서 싸울 준비를 하는 와중에 텔퍼드 중위가 인터컴으로 상대 항공기 동체에 흰 십자가 모양의 스위스 국적 마크가 그려져 있다고 알려 주었다. 그들에게 접근한 4대의 Me 109는 스위스 전투기였던 것이다. 승무원들은 일단 사격 준비만 한 상태에서 총을 쏘지 않았다. 스위스 조종사들은 무선으로 착륙 장치를 당장 내리지 않으면 격추시키겠다고 말했다. 그와 동시에 폭격수는 1급 비밀 장비인 노든 폭격조준기를 파괴해 버렸고, 통신수는 무전기를 비활성화하고 암호문을 찢어 버렸다. 다니엘 컬러는 암호문 조각을 측면 창문 밖으로 던져 버렸고, 항공기가 지상에 착륙하면 기체에 불을 지를 계획을 세우기 시작했다.

그는 스위스에 대해 아는 것이 별로 없었지만, 스위스 영토 내에 비상 착륙한 연합군 항공기를 독일에 보내고, 그 대가로 독일제 전투기를 가져온다는 소문을 들은 바 있었다. 그는 헬스 키친호를 적의 손에 넘기고 싶지 않았다.

헬스 키친호가 제네바 교외의 두벤도르프에 착륙하자, 컬러는 항공기 후방 동체의 큰 연료관들이 합류하는 주익 부근에 숨었다. 승무원들이 안전한 곳으로 이송되면 녹슨 주머니칼로 연료관을 찢은 다음 연료 펌프의 스위치를 켜고 조명탄을 쏴서 항공기에 불을 지를 생각이었다. 가장 큰 연료관을 자르자 그의 몸으로 가솔린이 쏟아졌다. 비상 착륙 시 충격으로 부서진 날개 쪽 연료 탱크가 완전히 망가졌기 때문이었다. 곧 유증기로 가득 차 조명탄을 발사하기만 하면 기체는 폭발할 것 같았다. 그를 제외한 모든 승무원이 열려 있는 폭탄창을 통해 항공기에서 내렸고, 컬러도 곧 폭탄창을 지나 땅으로 뛰어내린 다음 항공기를 향해 조명탄을 쏠 준비를 했다. 그 순간 누군가의 손이 강하게 그의 발을 붙잡아 끌어당겼다. 컬러는 조명탄 권총을 꽉 잡고 쏘려고 했으나, 누군가가 컬러의 팔에 온 체중을 실어 비튼 다음 조명탄 권총을 빼앗았다.

컬러는 자신을 제압한 사람들이 스위스 병사들이며, 그들이 자신의 목숨을 구했다는 사실을 알아챘다.

"나는 가솔린에 흠뻑 젖어 있었어요. 만약 내가 조명탄을 쐈더라면 항공기는 물론 나도 불덩어리가 됐을 거예요. 한 병사가 내 머리에 소총을 겨눴고, 다른 3명은 나를 제압하고 있었어요. 주위를 둘러보니 스위스 군인들이 몰려 나와 우리에게 소총을 겨누고 있는 게 보였어요. 그들은 우리를 그다지 환영하는 것 같지 않았어요."

그날 스위스에 내리거나 불시착한 미군 폭격기는 총 16대였다. 컬러는 헬스 키친호가 착륙한 이후에도 여러 대의 미군 폭격기가 두벤도르프에 착륙하는 것을 봤다. 그들 모두 상태가 좋지 않았다. 그는 당시 알 턱이 없었겠지만, 그중 일부는 스위스 전투기와 대공포의 사격으로 손상되었다.

이는 드문 일이 아니었다. 제2차 세계대전 중 스위스군에 의해 사살된 영국 공군은 최소 12명, 미 육군 항공대 대원은 최소 16명에 달했으며, 부상자는 더 많았다. 스위스 영토 내에 의도적으로 착륙한 미군 폭격기는 총 168대인데, 전투 중 입은 손상이나 고장의 흔적이 명확한 데도 불구하고, 이 중 21대는 스위스군으로부터 공격당했다. 1944년 여름이 끝나갈 무렵, 스위스에는 1,000여 명의 미군 승무원이 억류되었고, 이들은 전쟁이 끝날 때까지 스위스 국경 밖으로 나갈 수 없었다.

또 다른 중립국인 스웨덴에도 약 1,000명이 억류되어 있었다. 제2차 세계대전과 관련된 이야기 중 중립국에 억류되었던 이들에 관한 이야기는 가장 알려진 바가 없다.

윌리엄 조이스William Joyce는 나치 독일의 선전 방송 아나운서였다. 영국에서는 그 특유의 억양 때문에 그를 '호호 경Lord Haw-Haw'이라고 불렀다. 호호 경은 스웨덴과 스위스에 불시착한 폭격기 승무원들이 골프와 스키를 즐기고 있다고 선전했다. 미국 비행사 르로이 뉴비Leroy Newby 역시 자신이 들었던 스위스에 관한 소문을 풀어놓았다.

"호화로운 휴양지에서 좋은 포도주와 맛있는 음식도 먹으면서 여성들과 뜨거운 데이트도 즐길 수 있다고 들었죠."

스위스 정부는 자국에 내린 승무원들이 리조트에 억류돼 있다고 확인해줬고, 많은 미군 항공기가 도장에 흠집 하나 없이 착륙하고 있다는 소문이 퍼졌다. 1944년 8월, 《콜리어스 매거진Collier's magazine》은 미군 승무원들이 미소를 지으며 스키와 자전거를 즐기고, 스톡홀름 유흥가에서 스웨덴 금발 미녀들과 함께 샴페인을 마시는 사진을 게재했다.

1944년 7월 한 달 동안 미군 폭격기 45대, 머스탱 전투기 1대가 스위스로 넘어가자 워싱턴의 육군 항공대 최고사령부에는 비상이 걸렸다. 햅 아놀드 장군은 지난 3월과 4월, 독일 공군과의 전투가 최고조에 달했을 때, 상당수의 미군이 중립국에 착륙한 것에 대해 몹시 언짢아했다. 그는 스파츠에게 다수의 미군 폭격기가 심각한 손상이나 고장, 연료 부족 등의 징후가 없는 상태에서 중립국에 착륙했다는 증거가 있다며 분노를 담아 편지를 보냈다. 또 그는 스웨덴 주재 미국 외교관들이 억류된 미군 승무원들을 면회하고 수집한 증언들을 근거로 대며 이 항공기 승무원들이 전투를 기피할 목적으로 중립국에 착륙했다고 주장했다.

언제나 평정심을 유지하는 칼 스파츠를 동요시키기란 결코 쉽지 않은 일이지만, 이번에는 이 한 통의 편지가 그 일을 해냈다. 그는 아놀드 장군과 지중해 전역의 연합군 항공 작전 사령관 아이라 이커에게 거의 항명에 가까운 말을 했다.

"승무원들이 비겁하다거나 사기가 떨어졌다거나 의지가 부족하다는 말은 이 전쟁에서 가장 용감한 전사들의 얼굴에 먹칠을 하는 것입니다!"

그다지 평정심을 잘 유지하지 못하는 아놀드 역시 과민반응을 보였다. 그는 스파츠에게 보낸 편지에서 스웨덴의 미국 외교관들에게 받았다는 증거를 부풀렸다. 아놀드가 가지고 있는 증거라는 것은 사실 스웨덴 예테보리 주재 미국 영사 윌리엄 W. 코코란William W. Corcoran에게서 받은 편지한 통이 전부였다.

코코란은 변덕스럽기로 악명 높은 인물이었다. 그는 중립국에 억류된 미군 승무원들은 애국심이 결여되어 있고, 수단과 방법을 가리지 않고 군 복무를 기피하려 한다며 비난했다. 그의 경솔한 비난은 최근 중립국에 착륙하는 미군기가 많아지는 상황을 우려하던 아놀드의 마음에 기름을 부었다. 아놀드는 승무원들이 전투 피로와 인명 손실로 인해 사기가 위험하리만큼 저하되는 것을 우려했다. 스파츠에게 편지를 보내기 전에 아놀드는 독자적으로 세 가지를 조사했다. 그는 우선 억류 중인 승무원들을 인터뷰하고, 동시에 중립국에 억류된 항공기를 조사했으며, 마지막으로 사령부 소속 참모에게 유럽 전구 항공기 승무원들의 사기 상태를 연구하게 했다.

조사가 한창 진행 중인 1944년 8월, 아놀드는 베른 주재 미국 공사 무관 반웰 레트 레그Barnwell Rhett Legge 준장으로부터 서신을 받았다. 그 서신에는 스위스 억류 미군들의 실제 상황이 담겨 있었다. 서신에는 아놀드가 전투를 기피하려 했다며 비난한 병사들이 위험을 무릅쓰고 우호적인 프랑스 지하단체의 도움을 받아 스위스에서 탈출해 영국으로 돌아오려 하고 있다며, 이들을 설득하는 데 상당히 애를 먹고 있다는 내용이 담겨 있었다. '왜 이들은 편안한 리조트에서 탈출하려 하는 걸까?', '왜 레그 장군은 그들을 막으려고 한 걸까?' 서신을 읽은 아놀드는 계속 이런 의문이 들었다.

육군 항공대 조사관들이 스위스의 억류 시설에 있는 미군의 여건을 좀 더 자세히 조사해 보았다면, 아놀드가 걱정한 그것과는 다른 이유로 그들의 사기가 크게 저하되어 있음을 알았을 것이다. 제2차 세계대전 중 스위스에 억류된 미군 폭격기 승무원은 총 1,740명에 달했다. 여기에는 항공기를 타고 스위스로 들어온 억류자 1,516명과 적지에 떨어진 뒤 육로를 통해 스위스로 도망친 도피자도 모두 포함된다. 이 중 947명이 스위스에서 탈출하려고 시도했다. 심지어 세 번이나 탈출을 시도한 사람도 있었다.

한편, 스웨덴에는 약 1,400명의 미군 폭격기 승무원이 억류되어 있었지만, 공식 집계는 없지만, 그중 탈출을 시도한 인원은 극소수였다. 사실 스웨덴에서 영국으로 탈출하기는 매우 어려웠다. 그리고 네 곳에 있는 스웨덴 미군 수용소의 처우는 비교적 꽤 괜찮았다. 이곳을 운영하는 사람들은 대부분 미국을 좋아하고 영어도 잘하는 스웨덴군 장교들이었다. 그들은 미군들을 위해 다양한 오락 시설도 지어 주고, 정기적으로 스톡홀름 등지의 대도시로 외출도 시켜주었다. 스웨덴은 독일에 철광석을 수출하고 있었기 때문에 미국 정부로부터 외교적으로 강한 압력을 받고 있었고, 억류된 병사들을 서둘러 석방하고자 했다. 따라서 스웨덴에 억류된 미군은 굳이 위험을 무릅쓰고 탈출할 필요가 없었다. 물론 참을성 없는 일부 승무원들이 탈출을 시도하기는 했으나, 미국의 경제 제재를 두려워한 스웨덴 정부는 굳이 그들의 탈출을 막으려 하지 않았다.

그러나 스위스의 상황은 달랐다. 미 국무부 장관 코델 헐Cordell Hull의 거센 항의에도 불구하고, 스위스는 종전 수개월 전까지 억류된 미군을 석방하려 하지 않았다. 스위스 헌병은 수용소를 탈출해 국경으로 도망가는 미군들을 열심히 잡아들였다. 심지어는 탈출하는 미군을 향해 총을 쏴 다수의 병사들이 부상을 입었고, 도망치다가 체포된 미군들은 무기징역에 처해졌다. 비공식적으로 억류된 미군들을 담당하게 된 레그 장군은 이러한 현실을 받아들여 군사재판 카드까지 꺼내 위협하면서 미군의 탈출을 막으려고 했다. 레그는 영국에 있는 스파츠 사령부에 미군의 탈출을 위한 노력은 미국과 억류국 간의 관계를 소원하게 할 것이며, 미군 석방을 위해 그가 비밀리에 진행 중인 협상에 나쁜 영향을 끼칠 것이라고 지적했다. 레그는 분명 미군의 석방보다는 스위스를 화나게 하지 않게 하기 위해 더 신경 쓰고 있었다. 그리고 스위스를 탈출하려는 미군이 다시 체포되어 투옥될 때도 열악한 수용 여건을 개선하는 데 큰 관심을 기울이지 않았다. 1944년과 1945년, 미군에게 자비로운 억류국이라고 자처한 스위스 정부는 당시 가학적인 나치당원이 교도소장을 맡고 있는 유럽에서 가장 악명 높은 교도소로 무려 187명의 미군을 보냈는데 그중에는 다니엘 컬러도 있었다..

알프스의 수용소

컬러의 승무원들과 그날 두벤도르프에 착륙한 모든 미군 승무원들은 무장 경비병들의 감시하에 커다란 강당에 모여 스위스 관료들로부터 앞으로 생활할 수용소에 대한 설명을 들었다. 그날 늦게 기차를 타고 스위스 중부 오지에 있는 특별 수용소로 이송된 미군은 2주 동안 격리된 다음, 경비병의 감시하에 전쟁이 끝날 때까지 거기 머물러야 했다. 물론 어느 정도의 자유가 주어졌으나, 허가된 장소를 벗어나면 교도소에 수감되었다. 스위스군은 미군이 탈주를 시도할 경우, 우선 정지 명령을 내리고, 이에 불응하면 발포 명령을 내렸다. 스위스는 비교전국이었기 때문에 미군들은 전쟁 포로나 탈주자로 간주되지 않았다. 그러나 제네바협약에서 규정한 전쟁 포로들에게 부여된 권리 중 상당 부분이 허용되지 않았을뿐더러 거의 모든 면에서 전쟁 포로처럼 취급되었다.

두벤도르프 강당에 모였을 때 미국 장군이 브리핑하는 것을 보고 미군들은 용기를 얻었었다. 그러나 그것은 속임수에 불과했다. 고도로 훈련된 미군 전사들에게는 자신들을 원 부대로 돌려보내 다시 전투에 참여할 수 있게 도와줄 사람이 필요했다. 그러나 펑퍼짐한 기병 바지에 무릎까지 올라오는 긴 가죽 부츠를 신은 제1차 세계대전 기병 장교 출신 레그 장군은 엄중한 경고로 브리핑을 마쳤다. 그는 억류 중에 탈출을 시도하는 자는 미국 영사관이나 무관에게 보호를 요청할 수 없고, 스위스 법에 따라 처분될 것이라고 말했다. 또 그는 수용자들이 좋은 대우를 받을 것이고, 인내심을 발휘해야 한다면서 어차피 이 전쟁은 곧 끝나고, 모두 집으로 돌아가게 될 것이라고 말했다. 그의 말에 귀 기울이고 있던 다니엘 컬러는 뭔가 좀 이상하다고 느꼈다. 그는 포로가 될 경우 탈출해 부대로 복귀할 의무가 있다고 교육받았으나, 레그 장군의 경고는 자신이 받은 교육 내용과 달랐다. 컬러는 훗날 이런 글을 남겼다.

"스위스 사람들은 우리를 '피억류자'라고 부르면서도 우리에게 총을 겨누고 감시했다. 우리는 전쟁 포로나 다를 바가 없었다."

컬러 병장과 승무원들은 제네바 호수에서 북동쪽으로 30마일(48킬로미터) 떨어진 아델보덴의 비어 있는 여름 휴양지에 있는 미군 수용소로 이송되었다. 금발에 파란 눈동자를 가진 수용소장은 영화에 나올 법한 SS친위대와 그 모습이 완벽하게 일치했다. 수용소장은 장교와 사병을 구분해 숙소를 배정했다. 그들은 낡아빠진 리조트에 수감되어 지속적인 감시를 받았고, 기대만큼은 아니지만 꽤 좋은 대우를 받았다.

당시 스위스는 엄격한 배급제를 실시하고 있었다. 뜨거운 물은 당시 스위스에서는 사치였기 때문에 열흘에 하루, 그것도 몇 시간만 나왔다. 석탄이 없기 때문에 숙소는 난방이 되지 않았다. 식사는 흑빵, 감자, 맑은 수프로 부실했으며, 너무 추워서 스위스에 들어올 당시 입고 있던 비행복과 장갑을 착용한 채 먹어야 했다. 고기는 일주일에 한 번, 주로 산양으로 만든 선지 소시지가 나왔는데, 그마저도 상태가 좋지 않았다. 이렇게 식단이 부실했기 때문에 억류된 미군 절반 이상이 구강과 위장에 병이 생겼지만, 아주 응급한 상황이 아닌 한 치료를 제대로 받을 수 없었다. 전투에서 부상을 입은 자들은 병원에 가기 위해 몇 달이나 기다려야 했다. 컬러는 스위스 입국 당시에 심한 동상을 입고 있었고, 며칠 지나지 않아 발이 검게 변했다. 그는 아델보덴에 군의관이 와서 치료를 해 줄 거라는 말을 들었지만, 군의관 얼굴은 단 한 번도 보지 못했다. 반면 스위스는 동부전선의 독일군을 지원하기 위해 의료진을 파견하고 있었다.

아델보덴의 가장 큰 문제점은 권태로움이었다. 그곳에서 가장 인기 있는 운동은 음주였는데, 술을 마시면 대부분 과음을 하게 됐다. 미군들은 억류된 상태에서도 베른 주재 미국 공사관에서 비행 수당을 받았기 때문에 술을 사 마실 수 있었다. 어떤 사람들은 며칠 내내 만취한 상태로 지내기도 했다. 미군들은 경비병의 감시 없이 현지 스키장에서 스키를 탈 수 있었고, 마을을 방문할 수도 있었다. 다만 해가 지기 전까지 숙소로 돌아와야 했다.

작은 도시인 프루티겐에는 젊은 여성이 귀했다. 하지만 카페에 미군들이 왔다는 소문이 퍼지자, 주말이면 베른과 취리히에서 잘 차려입은 여자들이 몰려왔다. 한 마을 주민은 이렇게 회고했다.

"그 여성들 중 다수는 스위스군 장교의 부인이었어요. 아델보덴에 혼자 찾아와서 딴 세상에서 온 것 같은 젊은 미군 승무원들과 데이트를 하는 '모험'을 즐겼어요."

스위스에 억류된 미군은 스웨덴에 비해 장거리 여행에 제약을 많이 받았다. 그러나 행동이 모범적인 사람은 스위스인으로부터 정식 초청장을 받을 경우, 다른 도시로 여행을 갈 수 있었다. 보통 스키장에서 사귄 여성의 부모님이 초청장을 보내는 경우가 많았다. 그러나 혈기 왕성한 미군들은 오직 섹스와 교제만 원했을 뿐 지속적인 관계는 원하지 않았다. 전쟁 기간 동안 스위스 여성과 결혼한 미군 피억류자는 오직 2명뿐이었다. 그리고 얼마 후부터는 권태, 스파르타식 생활 여건, 프랑스 내 연합군의 진격, 레그 장군이 말한 '전투 복귀 명령' 등이 미군의 도망치고 싶은 충동을 자극했다. 하지만 탈주를 막는 장애물도 그리 만만치 않았다.

일부는 무장 경비병을 가이드 삼아 스위스 산으로 등산을 가기도 했다. 스위스의 경치는 정말 동화나 소설에 나올 법할 정도로 아름다웠으나, 이런 풍경을 보고도 우울한 기분으로 숙소로 복귀하는 사람도 있었다. 등산을 갔던 미군 중 일부는 솔숲 향기 가득한 계곡을 지나 마치 교도소 담장처럼 우뚝 솟아오른 알프스 봉우리를 넘어 탈출할 기회를 얻었다. 그러나 도저히 인간의 힘으로는 넘을 수 없을 것 같은 그 산봉우리의 어느 쪽으로 넘어가도 기다리고 있는 것은 독일 영토뿐이었다.

경비병들은 컬러에게 그가 싫어하는 산들이 독일로부터 스위스를 지켜주고 있다고 말했다. 또 스위스 인구의 60퍼센트가 독일계이고, 많은 스위스인이 지역 나치 단체에 가입되어 있으며, 도주하는 미국인을 도와주지 않을 거라고 알려 주었다. 그러나 그것은 반쪽짜리 진실이었다.

중립국 스위스

스위스는 가공할 만한 알프스 전선과 사기 높은 지역 민병대로 조직된 43만 5,000명의 병력을 보유하고 있었기 때문에 정복하기 쉽지 않은 국가이다. 그러나 히틀러는 이 알프스 요새를 굳이 제압할 필요성을 느끼지 못했다. 협박과 이데올로기의 적절한 조합만으로 스위스에서 얻어낼 수 있는 것을 거의 대부분을 얻을 수 있었기 때문이다.

대부분의 스위스 국민들은 연합국을 지지했고, 나치 독일이 스위스를 점령하는 데 반대했다. 그러나 제2차 세계대전 당시 스위스에는 파시즘과 극우 민족주의 단체가 40여 개 있었다. 그중에는 지부가 150여 개나 되는 단체도 있었는데, 이들은 대부분 독일어 사용 지역에 몰려 있었다. 독일 정부, 특히 친위대 장관 하인리히 히믈러Heinrich Himmler와 국민계몽선전부 장관 요제프 괴벨스는 이런 단체들을 전폭적으로 지지했고, 극단적인 반유대주의 성향 단체에게는 자금과 사상 지원을 적극적으로 해주었다. 스위스 정부 내 독일계 관료들은 당원이 수만 명에 이르는 나치당 스위스 지부를 공개 지지했다. 역사가 앨런 모리스 숌Alan Morris Schom은 이렇게 기록했다.

"인구 규모와 국토 면적을 감안한다면 당시 독일을 제외한 유럽 국가 중 나치와 유사한 정치단체가 가장 융성했던 곳은 아마 스위스일 것이다."

이런 단체의 회원들은 대부분 노동자와 중하층 계급이었으나 준비밀결사 단체인 '스위스 조국 협회'의 회원은 주로 스위스의 정계, 재계, 군의 고위층이었다. 이유는 알 수 없지만, 현재 이 단체가 발간한 친나치, 반유대인 서적들은 스위스의 모든 도서관과 학술 논문 서고에서 찾아볼 수 없다.

스위스 조국 협회의 지도자들은 주로 스위스와 나치 독일, 파시스트 이탈리아 간의 강력한 경제적 유대를 담당했다. 이러한 협력 관계는 7명으로 구성된 스위스 연방 평의회의 공동 위원장이면서 나치 협력자인 마르셀 에두아르 필레트 골라츠Marcel Edouard Pilet-Golaz에 의해 더욱 강화되었다.

이는 스위스의 심각한 경제적 취약점에 뿌리를 두고 있었다. 스위스는 연료의 전부와 식량의 대부분을 수입에 의존하고 있는데, 철강을 수출하는 대가로 독일에서 석탄과 농산물을 수입했다. 스위스는 중립국이기 때문에 독일이나 이탈리아와 교역한다고 해서 국제법상 문제가 되지는 않지만, 국제법에서는 중립국이 특정 교전국에 전쟁 물자를 거의 독점적으로 공급하는 것은 금지하고 있기 때문에 사실 스위스는 이 법을 위반하고 있는 것이었다. 스위스 조국 협회의 회원 발터 슈탐플리Walther Stampfli는 나치 독일의 요구에 맞게 스위스의 산업 생산량까지 조절했다.

스위스의 주요 은행들은 나치 독일의 은행에 무기 생산에 필요한 자금을 대주었다. 스위스 산업계는 기계 공구, 항공기용 기관포, 무전기 부품, 군용 화물차, 화학물질, 염료, 공업용 다이아몬드, 볼베어링 등 독일이 전쟁을 수행하는 데 반드시 필요한 물자들을 공급해 주었다. 스위스의 대기업 올리콘Oerlikon사의 사장 에밀 부를레Emil Buhrle는 히틀러 동조자로, 이 회사에서는 독일 공군에 120밀리미터 대공포와 다양한 장비를 납품하고 있어, 올리콘사 제품을 보유하지 않은 독일군 부대가 거의 없을 정도였다. 스위스는 독일에 공장도 세웠고, 그중 일부는 친위대의 지시에 따라 강제 노동자를 동원했다. 국제적십자사 총재인 막스 후버Max Huber는 독일 남부에 이런 공장을 여러 개 소유하고 있었다. 1942년, 스위스의 총수출액 중 97퍼센트 이상이 추축국이나 그들의 협력국을 대상으로 한 것이었다.

루마니아산 석유는 이탈리아까지는 배로 간 다음, 철도를 이용해 스위스를 거쳐 독일로 들어갔다. 터키와 발칸반도 국가들이 수출하는 니켈, 구리, 크롬 등도 마찬가지였다. 스위스를 경유하는 이탈리아–독일 간 무역도 활발했다. 역사학자 캐스린 J. 프린스Cathryn J. Prince는 이런 글을 남겼다.

"스위스의 철도망은 독일 것이었다. 따라서 스위스 그 자체는 사실상 독일제국에 속했다."

또 나치는 강제수용소 유대인들에게서 빼앗은 금과 미술품을 스위스 은행 금고에 보관해 두었다.

스위스는 전쟁 중 약 20만 명의 난민을 수용했는데, 그중 약 2만 8,000명이 유대인이었다. 스위스의 유대인 단체를 비롯한 여러 단체에는 이 난민들을 돕기 위한 세금을 징수했다. 그리고 스위스는 수만 명의 유대인 난민의 입국을 거절했는데, 그중 일부는 체포되었고, 일부는 독일이나 비시 프랑스Vichy France*로 추방되었다. 1938년 스위스는 독일 유대인의 여권

---

* 제2차 세계대전이 벌어지고 있던 1940년 7월 프랑스가 나치 독일에 패한 뒤부터 1944년 9월 연합군에 의해 파리가 해방될 때까지 앙리 필리프 페탱Henri Philippe Pétain 원수가 통치하던 괴뢰정권 체제.

마스터스 오브 디 에어 2

에 붉은색으로 J자를 적어 넣어, 스위스 국경 경비대가 식별하기 쉽게 하자는 방안을 독일 정부에 제안하기도 했다.

전쟁 중, 스위스 정부는 연합국에게 자신들은 본의 아니게 지정학적인 포로가 되었다고 강변했다. 1942년 11월, 독일이 비시 프랑스를 점령하자 스위스는 추축국들에 완전히 포위되었고, 가장 가까운 자유세계는 1,000마일(1,600킬로미터) 이상 떨어져 있었다. 1945년 2월, 700년 역사의 민주주의를 자랑하는 스위스는 경제 정책을 변경해 제3제국에 대한 전쟁 물자 수출을 중단했다. 하지만 이는 전적으로 연합국의 외교적 압력과 눈앞으로 다가온 연합군의 승리 때문이었다. 심지어 스위스 국립은행은 연합국의 요구를 무시하고, 독일 제국은행이 약탈한 금을 계속 반입하고 있었다. 스위스 연방 평의회가 스위스 내 모든 나치 단체를 불법으로 간주한 것은 유럽 전쟁이 끝나기 일주일 전이었다. 미국 외교관이자 훗날 해리 트루먼 행정부에서 국무장관을 지낸 딘 애치슨Dean Acheson은 이런 글을 남겼다.

"스위스가 항복한 것은 1945년 4월로, 독일의 알프레트 요들Alfred Jodl 장군이 항복하기 고작 일주일 전이었다."

스위스 정부는 독일군의 보복이나 영토 침공을 우려해 휴양지인 다보스의 고급 호텔을 독일군이 쓸 수 있게 허가했고, 조난당한 독일 전투기가 스위스 공군기지에 기착할 수 있게 허가했다. 반면 스위스 공군은 연합군 항공기가 접근하면 대개는 사격을 가했다. 어느 폭격기 승무원은 이런 불평을 했다.

"중립국이 어떻게 이럴 수 있나? 우리는 그저 안전하게 착륙해서 대지에 키스하고 싶었을 뿐인데, 왜 우리에게 사격을 가한단 말인가?"

비록 그는 알지 못했지만, 스위스가 과도하게 반응하는 데는 이유가 있었다. 미 육군 항공대가 스위스 국경 가까운 곳에서 대규모 폭격 임무를 수행하면서 스위스 영공을 침범한 적이 자주 있었는데, 이 때문에 헤르만 괴링의 분노를 샀다. 게다가 미군은 스위스 베른, 바젤, 취리히 같은 도시를 오폭한 사례도 여러 번 있었다. 1944년 4월 1일에는 두꺼운 구름 속에서 길을 잃은 B-24 리버레이터 20대가 샤프하우젠을 폭격해 파괴하며 최악의 오폭 사고를 일으키기도 했다. B-24 리버레이터 승무원들이 독일에 도착한 줄로 착각하고 시장 중심부에 폭탄을 투하한 것인데, 그로 인해 40명의 민간인이 죽었고 100여 명이 다쳤다. 스위스 정부는 공식적인 사과와 배상을 요구했다. 그러나 그러한 조치는 국경 근처에 사는 스위스인의 분노를 가라앉히는 데는 전혀 도움이 되지 않았다. 샤프하우젠이 폭격당한 달, 손상을 입은 미군 B-17 리틀 처브Little Chub호가 취리히 근처에 비상 착륙을 시도하던 중 스위스 공군 전투기와 대공포에 피격당해 격추된 것은 단순한 사고가 아닐지도 모른다. 미군 승무원 6명이 죽었고, 그중 1명은 불과 600피트(180미터) 고도에서 탈출하다가 사망했다. 스위스 주재 미국 공사는 이렇게 주장했다.

"스위스 공군 전투기가 녹색 조명탄을 발사하자 미군 폭격기도 녹색 조명탄으로 응답했지만, 공격을 가해 격추하고 말았다."

스위스 당국은 이번 사건으로 인해 스위스 공군에게 변경된 지침을 전달했다고 간결하게 답변했다.

아델보덴에 억류된 미군들은 히틀러의 유화적인 정책과 연합군의 공습에 대한 초조함으로 고통받았다. 만약 스위스가 진정한 중립국이었다면 아델보덴을 포함해 스위스 내 3개 수용소에 있는 수용자들은 스웨덴에 억류된 미군들만큼 자유를 누려야 했다. 스웨덴에 억류된 미군 중 상당수는 안락한 게스트하우스에 묵으면서 스웨덴 항공기 회사에 취업을 하기도 했다. 물론 스위스에 억류되어 전쟁이 끝나길 기다리는 수용자들이 스위스군에 의해 가혹행위를 당한 사례는 거의 없었다. 그러나 감히 탈출을 시도했다가는 충성하는 상대가 사람마다 다른 군대와 경찰, 법원 관리들이 뒤섞이고 억류된 미군에게 강경하게 대하라고 명령하는 중무장 국가 한복판에 뛰어들게 되는 셈이었다.

1944년 5월 다니엘 컬러는 탈출을 시도했으나, 이내 체포되어 약식 재판을 받은 후 스위스의 악명 높은 바우빌레모스 수용소에 수감되었다. 이곳에 홀로 버려진 그는 소련군 포로들의 잔혹한 구타와 강간으로 몸도 마음도 점점 피폐해져 갔다. 그는 레그 장군이나 미국 영사관에 도움을 청했으나, 어떠한 도움도 받을 수 없었다. 그는 목숨을 걸고 싸웠던 조국으로부터 버림받은 것만 같았다.

"바우빌레모스의 마지막 기억은, 나 스스로가 점점 미쳐갔다는 것이다. 나는 숨을 쉴 수 없을 때까지 지푸라기를 마구 집어삼켰다."

결국 그는 자살을 시도했으나, 다행히 스위스 군 병원에서 정신을 차렸고, 며칠 후 스위스 주재 미국 영사관 무관의 도움으로 오스트리아 국경 인근에 있는 다보스 요양소로 보내졌다. 이곳에서 그는 1944년 9월 26일 프랑스로 탈출했다. 그의 탑승기 조종사인 텔퍼드 중위가 스위스인들에게 뇌물을 주고 자신의 승무원들을 프랑스로 탈출시킨 후 마키단에게 넘긴 것이다. 그 과정에서 스위스 국경 경비대의 사격을 받아 텔포드 중위는 발목에 총상을 입었다.

런던에 도착한 다니엘 컬러는 육군 정보부와 OSS로부터 철저한 신문을 받았다. 아무도 그가 바우빌레모스에서 당한 일을 믿으려 하지 않았다. 당시 미국 외교관들은 스위스 도시에 대한 오폭 배상금 규모를 놓고 스위스 정부와 협상 중이었다. 레그 장군도 600여 명에 달하는 미군 억류자 석방 문제를 놓고 스위스 정부와 협상 중이었다. 따라서 그의 이야기는 철저하게 감춰져야만 했다. 미 육군은 컬러에게 자신의 주장을 대중에게 발표한다면, 그를 정신병원에 입원시키겠다고 협박했다. 결국 컬러는 수용소에서 당했던 일에 대해 침묵하겠다는 맹세를 하고서야 1944년 11월, 고향으로 가는 배를 탈 수 있었다.

제13장

전쟁, 이만하면 충분해

"조종 흉장을 갖고 싶었지. 그 빌어먹을 조종 흉장을 따기 전까지는 말이야.
이제 그딴 건 더는 필요 없어. 조국은 내게 비행법을 가르쳤고,
죽으라고 여기로 보냈지. 전쟁, 이만하면 충분해."

– 미 육군 항공대 비공식 군가

1944년 9월, 서포크 동부

다니엘 컬러 병장은 신문을 앞두고 안전한 곳에 보관한 옷, 돈, 사진, 편지, 자전거 등 개인 물품을 정리해두기 위해 런던에서 기지로 복귀했다. 그의 옛 전우들은 모두 작전을 수행하던 중 전사하거나 실종되거나 미국으로 돌아갔다. 이제 이 기지에 컬러를 아는 사람은 없었다. 주기장에 서 있는 항공기들도 낯설었다. 컬러는 이렇게 말했다.

"예전의 위장 도색이 벗겨진 채 여기저기 찌그러진 초라한 B-24들은 사라지고, 반짝이는 알루미늄을 그대로 드러낸 새 항공기들이 그 자리를 차지하고 있었죠."

이제 항공기 1대에 2개 승무조가 배정되어 수개월에 걸친 전투 파견 기간을 부지런히 채워 나갔다. 항공기에는 더 이상 노즈 아트나 애칭 따위를 그려 넣지 않았고, 등록 번호만 적혀 있는 항공기도 많았다. 미군은 이제 독일 공군을 무서워하지 않았다. 컬러는 지난여름 약 20여 회 출격하면서 단 1대의 독일 전투기도 목격하지 못한 사수들과 이야기를 나눴다. 독일 공군은 죽은 것이 틀림없었다. 1944년 9월, 라인강과 오데르강을 목표로 동쪽에서는 소련군이, 서쪽에서는 연합군이 접근하면서 사람들은 그해 크리스마스 전에 전쟁이 끝날 거라고 말했다.

제8공군에 배치된 지 얼마 안 된 뉴올리언스 출신 엘리스 '우디' 우드워드Ellis 'Woody' Woodward 대위의 제493폭격비행전대는 로버트 아비브의 공병부대가 건설한 데브이치에 주둔했다. 제493폭격비행전대는 제8공군에 소속된 40개의 중폭격비행전대에 마지막에 합류한 전대로, 처음에는 B-24로, 3개월 후에 B-17을 운용했다. 디데이에 첫 실전에 참가한 우드워드의 승무원들은 그해 여름 동안 석유 공장에서 수많은 전우가 대공포에 피격되어 쓰러지는 모습을 봤다. 그러나 분노에 사로잡혀 기관총을 쏜 사수는 한 사람도 없었다.

1944년 9월 12일 아침, 우드워드는 폭격 편대 하부를 담당하는 선도기를 조종해 북해 상공에서 300여 대의 폭격기를 이끌고 마그데부르크로 향했다. 표적 상공은 대공포탄이 터지면서 생긴 검은 연기로 가득했다. 위험하긴 했지만 일상적인 임무였다. 그 순간 우드워드의 항공기 사수가 소리쳤다.

"전투기 발견!"

몇 초 후, 항공기는 적기가 난사한 기관포탄에 얻어맞았다. 우드워드는 밀집 대형을 짠 B-17 12대를 이끌고 있었다. 그러나 적기가 출현한 지 불과 90초 만에 우드워드 주변에는 B-17 1대만이 남아 있었다. 그리고 모든 것이 고요해졌다. 우드워드의 폭격기가 가장 위험한 순간에 적기들은 모두 사라졌다. 4시간 후, 우드워드는 영국 비상 활주로에 만신창이가 된 항공기를 착륙시켰다. 그는 나중에 알았지만 제493폭격비행전대의 B-17 7대가 그날 격추당했다. 나머지 항공기들도 너무 크게 손상되어 대형을 유지할 수 없었다. 우드워드는 활주로에 서서 자신의 램프 해피 패피Ramp Happy Pappy호가 부품 회수장으로 끌려가는 모습을 지켜봤다. 그때 우드워드는 의문이 들었다. '그 전투기들은 대체 어디에서 온 거지? 왜 우리 항공기들을 전멸시키지 않은 상태에서 사라진 걸까?'

우드워드는 알지 못했지만, 육군 항공대의 사진 정찰기는 독일 공군 전투기 부대가 부활하고 있다는 징후를 포착했다. 우드워드가 출격하기 전날인 9월 11일, 그동안 잠잠했던 독일 공군은 디데이 이후 처음으로 대규모 공격을 감행했다. 거의 100여 대의 적기가 P-51 머스탱의 호위망을 뚫고 급강하해 폭격기 대형의 후방 하부를 담당하던 제100폭격비행전대의 B-17을 급습했다. 불과 5분 만에 제100폭격비행전대의 12대가 사라지고, 제92폭격비행전대의 8대가 추락했다. 다음 날 오후, 우드워드의 비행대대가 공격받을 때까지 제8공군은 불과 2일 만에 75대의 폭격기를 잃었다. 연합군 정보부는 알베르트 슈페어가 기적을 만들었다는 사실은 알고 있었으나, 이 공격이 있기 전까지 아돌프 갈란트가 새로운 전투기로 구사한 새로운 전투 방식에 대해서는 알아내지 못하고 있었다.

돌격비행대

전원 지원자로 구성된 돌격 비행대인 갈란트의 제1돌격비행중대는 기습을 통해 1943년과 1944년 사이의 겨울에 약간의 전과를 올렸다. 그러나 무거운 장갑을 갖춘 쌍발 중형 전투기Zerstörer는 머스탱의 상대가 되지 않았다. 갈란트는 그 해결책으로 장갑과 무장을 강화한 Fw 190 전투기를 개조했다. '슈투름보크Sturmbock, 공성퇴'라고 불리는 개조형 Fw 190은 강화된 장갑판, 방탄유리 캐노피, 2개의 보조 연료 탱크, 5정의 기관총을 장착하고 있었고, 기체의 무게는 무려 8톤에 달해 명실공히 '날아다니는 전차'라 할 수 있었다. 이들 최대 40대 규모의 '돌격비행대 Strumgruppen'는 잠간이지만 이 전쟁에서 가장 치명적인 폭격기 사냥꾼으로 이름을 날렸다.

갈란트는 돌격비행대와 더욱 속도 빠른 단발 전투기들을 섞어 비행대대를 편성해 각진 Me 109가 상공을 엄호하면 돌격비행대는 미군 중폭격기를 향해 돌격하게 했다. 충격 효과를 극대화하기 위해 폭격기 대형의 특정 부분에만 화력을 집중했고, 항공기들은 서로 날개 끝이 닿을 정도로 가깝게 붙어 날면서 폭격기의 후방에서 공격했다. 조종사들은 미군 폭격기와의 거리가 100야드(90미터) 이내로 좁혀지면 사격을 개시했다. 돌격비행대의 한 조종사는 이렇게 회상했다.

"그 정도 거리에서는 빗맞히기도 힘듭니다. 특히 30밀리미터 포탄을 명중시키면 적의 폭격기가 그 자리에서 산산조각 나는 것을 볼 수 있었습니다."

돌격비행대 조종사는 사격을 가한 후 더 속도 빠른 P-51에게 격추당하지 않기 위해 곧장 급강하해 귀환했다. 바로 이 때문에 우디 우드워드의 비행대대를 전멸시키지 않고 바로 사라져버렸던 것이다.

슈투름보크 항공기 조종사는 적의 폭격기를 명중시키지 못할 경우 기체를 직접 적기에 충돌시켜서라도 격추하겠다고 굳게 맹세해야 했다. 그러나 당시 독일은 조종사가 절대적으로 부족했기 때문에 일선 지휘관들은 돌격비행대 지원자들에게 만약 충돌해야 하는 상황이 온다면 충돌 직전이나 직후에 바로 탈출하라고 지시했다. 돌격비행대의 조종사 베르너 포르베르크Werner Vorberg 대위는 이렇게 회상했다.

"충돌 공격 시 살아서 낙하산으로 탈출할 확률을 따져보면, 영웅답게 자살하라는 말이나 다름없었습니다."

그러나 놀랍게도 미군 폭격기를 들이받은 조종사의 절반 이상이 심각한 부상 없이 낙하산으로 안전하게 탈출하는 데 성공했다.

이런 전술은 조종사들의 뛰어난 용기와 열렬한 애국심을 더욱 빛나게 했다. 물론 자국의 하늘을 사수하기 위해 나선 독일 조종사 중 용기와 애국심이 부족한 자들은 매우 드물었다. 포르베르크는 이런 글을 남겼다.

"독일 공군 조종사라면 연합군 폭격기가 대도시의 주거지역에 가하는 잔인하고 가차 없는 폭격, 그리고 연합군 호위 전투기가 농부나 자전거 탄 사람, 길을 걷는 사람, 심지어 적십자 마크가 달린 구급차 같은 군사적으로 아무 의미 없는 표적에 기관총을 난사하는 일이 점점 도를 넘어가고 있다는 것을 알고 있었다. 따라서 평화협정이 체결된다 해도 연합국이 우리 독일에 털끝만큼일지라도 자비를 베풀 리는 없어 보였다. 돌격비행대 조종사들은 그러한 점을 잘 알고 있었기 때문에 기꺼이 위험한 임무에 자원할 수 있었다."

1944년 9월 11일, 12일 이틀 동안 돌격비행대는 큰 전과를 올렸지만, 38명의 조종사를 잃으면서 인명 피해도 막심했다. 포르베르크의 부대는 손상을 입은 상태로 9월 27일, 미 제2항공사단의 B-24 300여 대에 맞서 출격했다. 단 한 번도 적 앞에서 물러서지 않은 미군과 목숨 걸고 조국을 지키겠다고 맹세한 독일군이 독일 중부 상공에서 맞붙은 것이다. 지미 스튜어트가 속한 제445폭격비행전대에 이날은 이 전쟁에서 가장 최악의 날이 있었다. 이날 이 전대가 입은 손실은 미군 항공전 역사상 단일 부대가 단일 전투로 입은 손실 중 가장 컸다.

제2항공사단은 이날 적 전투기의 공격을 전혀 예상하지 못했다. 독일 공군은 무려 2주 이상이나 보이지 않았기 때문이다. 사단의 지휘관들은 과도한 자신감에 사로잡혀 B-24 폭격기에 더 많은 폭탄을 탑재하기 위해 하부 기관총 터렛을 제거하라고 지시했다. B-24들이 카셀에 있는 산업 시설을 타격하기 위해 폭격 항정 시작점에 도달한 순간, 제445폭격비행전대의 항공기 35대가 갑자기 대형에서 이탈했다. 주력 부대의 항법사들과 조종사들이 제445폭격비행전대 선도기에 무전으로 경고를 보냈으나 돌아

온 답변은 "대형을 잘 유지하고 나를 따르라"라는 명령뿐이었다.

길을 잃은 제445폭격비행전대 항공기들은 카셀에서 20마일(32킬로미터) 떨어진 괴팅겐에 폭탄을 투하했다. 그 순간, 후방의 낮은 고도에서 3개의 돌격비행대가 공격을 개시했다. 첫 번째 사격 이후 독일 전투기들은 프로펠러를 방어하는 볼 터렛이 사라진 기체 하부를 집중적으로 공격했다. 포르베르크 대위의 보고에 따르면, B-24가 하나둘씩 불덩어리로 화해 추락하자 다른 폭격기 승무원들은 아직 공격당하지 않았는데도 앞다퉈 항공기를 버리고 탈출하기 시작했다. 그리고 잠시 후, 한 독일 전투기가 B-24에 충돌했다. 그 독일 전투기의 조종사인 하인츠 파펜베르크Heinz Papenberg는 다음과 같이 회상했다.

"표적에 접근하면서 기관포의 안전장치를 해제하고 방아쇠를 당겼지만, 탄이 나가지 않았어요. 그때 나는 돌격비행대의 맹세를 떠올렸고, 그것을 실행하기로 마음먹었죠. 적기 후방 기관총 사수의 공포에 질려 있던 표정이 아직도 기억에 선해요. 나는 왼쪽 날개로 적기의 방향타를 잘라 버렸어요. 왼쪽 날개가 망가지자 항공기는 스핀을 일으켰고, 조종 불능 상태가 되자 순간 내가 죽을 수도 있겠다는 생각이 들었어요. 간신히 캐노피를 열었고, 허공으로 빨려 나갔어요."

파펜베르크는 다리가 전투기 꼬리날개에 부딪혀 부러지면서 잠시 의식을 잃었다. 정신을 차려보니 아직도 하늘에서 떨어지는 중이었다. 어떻게 했는지는 기억나지 않지만, 잠시 후 낙하산을 펼쳤고, 그때 고도는 수백 피트에 불과했다.

파펜베르크는 베라강 계곡에 무사히 내려왔다. 그 계곡의 하늘에서 미군 폭격기 조종사들은 미친 듯이 호위 전투기를 찾고 있었다. 제361전투비행전대의 P-51이 조금만 늦게 왔다면 제445폭격비행전대는 전멸을 면치 못했을 것이다.

독일 공군은 불과 6분 동안에 걸친 집중 공격으로 미군 중폭격기 25대를 격추했다. 티벤햄 기지로 무사히 돌아간 폭격기는 4대에 불과했다. 그해 7월에 진급해 헤셀의 제2항공사단 본부에서 근무하던 지미 스튜어트 중령은 서둘러 티벤햄으로 와 큰 충격을 받아 입을 열지 못하는 승무원들을 위로했다. 스튜어트는 생존자들을 작은 그룹으로 나누고 대화를 시도했으나, 충격을 받은 생존자들은 아무 말도 할 수 없었다.

실종 처리된 B-24 일부는 영국 해안에 있는 비상 활주로에 착륙했지만, 실종자 대부분은 독일 영토에 있었다. 작은 마을에서 휴가를 즐기던 독일 병사가 탈출한 미군 생존자를 발견하고 총을 쏘는 사건도 있었고, 4명의 미군 승무원이 체포돼 현지의 강제수용소로 이송됐다가 그날 밤 수용소 경비병들에 의해 사형에 처해진 일도 있었다. 조지 콜라George Collar를 비롯한 소수의 생존자들은 독일인들로부터 구타와 가혹행위를 당한 다음, 미군 시신 수습 작업에 투입되기도 했다. 콜라는 분노한 독일 농부들에게 맞아 코가 부러지고 양쪽 눈에 멍이 들었다. 콜라는 이렇게 회상했다.

"종일 숲속을 헤매며 아군 시신 10여 구를 수습했어요. 마을로 돌아온 날 밤, 우리는 전우들의 시신을 실은 마차를 마을 묘지에 두고 유치장으로 향했어요. 유치장에 가니 흰 빵을 하나씩 주더군요. 그 후로 1945년 5월에 석방될 때까지 흰 빵은 먹어본 적이 없어요."

제8공군은 돌격비행대에 맞서기 위해 새로운 전술을 도입했다. 전투기들을 폭격기 대형 앞에 배치해 돌격비행대가 위협적인 대형을 만들기 전에 흩뜨려 버리는 것이었다. 미군 전투기들이 돌격비행대 후방에서 공격해 차례로 격추하는 방법도 있었다.

용감한 독일 조종사들은 미군 호위 전투기와 교전하지도, 그렇다고 도주하지도 않았다. 일부는 그래도 폭격기 가까이 오는 데 성공했다. 그러나 미군 호위 전투기들은 거의 언제나 적기를 쫓아다니며 격추했다. 돌격비행대에도 속도 빠른 Me 109가 호위 전투기로 붙어 있었지만, 느려터진 돌격비행대에 묶여 있는 신세인지라 P-51의 먹잇감이 될 뿐이었다.

10월 12일, B-24 호위 임무를 수행하던 척 예거는 브레멘 상공에서 하루에 Me 109 5대를 격추해 제8공군 최초로 '일일 에이스'가 되었다. 그러나 육군 항공대 규정이 엄격하게 적용되었다면, 그날 예거는 아예 조종석에 오르지 못했을지도 모른다.

1944년 5월, 독일 점령지 상공에서 격추당했다가 스페인을 거쳐 영국으로 돌아온 예거는, 복귀한 승무원은 전투 임무에 투입시키지 않는다는 육군 규정을 놓고 기지 사령관과 논쟁을 벌였다.

"독일 정보기관은 미군 승무원 대부분의 신상 기록을 다 가지고 있습니다. 따라서 한 번 격추당했다가 탈출한 승무원이 다시 전투에 나섰다가 독일의 포로가 된다면, 프랑스 지하조직에 대한 정보를 얻기 위해 고문을 할 것입니다. 그러나 나는 어릴 적부터 내가 시작한 일은 내가 끝을 내야 한다고 배웠습니다. 여덟 번 출격하고 전쟁을 그만두라고요? 그런 규정 따위는 엿이나 먹으라지요."

웨스트버지니아주 출신인 예거는 뻔뻔하리만치 용감했다. 그는 심지어 지휘 계통을 거슬러 올라가 아이젠하워 장군까지 직접 만나 호소했다. 연합군이 프랑스에 상륙하고 레지스탕스들이 공개적으로 작전을 벌이게 되자 그는 예거에게 관대한 처분을 내린다.

예거는 뛰어난 시력과 반사 신경을 지니고 있는 타고난 전투 조종사였다. 또한 그의 편대장의 표현을 빌리자면, 지능보다는 배짱이 훨씬 뛰어났다. 그러나 그날 거둔 5회의 격추 기록은 적 조종사의 형편없는 실력 덕택이었다. 심지어 2대는 사격을 하지 않고 격추시켰다. 예거가 독일 전투기 2대의 후방으로 접근해 사격을 가하려 하자, 오른쪽에서 날던 독일 조종사가 그것을 알아채고 놀라서 기수를 왼쪽으로 황급하게 꺾다가 왼쪽에 있는 요기를 들이받아 둘 다 추락하고 만 것이다.

제트기

아돌프 갈란트는 갑자기 막대한 손실을 입은 돌격비행대를 재건해 유지시킬 만한 조종사도, 연료도 없었다. 그러나 그에게는 또 다른 카드가 있었다. 바로 프로펠러 없이 나는 항공기, 세계 최초의 실전 투입 가능한 제트전투기였다.

그해 7월부터 둘리틀 장군은 소수의 제트전투기와 로켓 전투기들이 미군 폭격기들을 추적했다는 보고를 받았다. 그 항공기들은 폭격기 방어 기관총 사거리 밖을 날아다니면서 뛰어난 비행 성능을 자랑했고, 폭격기와의 교전은 잘 벌이지 않았다고 했다. 미 육군 항공대 정보부는 이 적기들의 출현에 대해 매우 우려했다. 그중에서도 가장 크게 두려워한 것은 시속 540마일(869킬로미터)에 달한 쌍발 제트전투기 메서슈미트 Me 262였다. 이 기체는 당시 세계에서 가장 빠른 항공기였는데, 머스탱보다 약 100마일(160킬로미터)이나 빠르고, 연료는 디젤을 사용했다. 당시 독일은 항공유보다 디젤을 더 많이 보유하고 있었다. 제8공군 정보부는 지난여름 독일 항공 산업계가 생산한 재래식 전투기 수를 턱없이 적게 추산했다. 스파츠는 같은 실수를 Me 262에 저지르고 싶지 않았다. 이 엄청나게 빠르고 강력한 무장을 갖춘 항공기가 대량생산된다면 제공권은 다시 독일 공군에 넘어가게 될 것이다.

스파츠와 둘리틀은 햅 아놀드에게 효과적인 대응 무기를 더 빨리 생산해달라고 요청했다. 그러나 미국 최초의 제트전투기인 벨 P-59Bell P-59의 속도는 머스탱보다 못했고, 진정한 고성능 제트전투기인 P-80A는 이듬해인 1945년에나 실전에 배치될 수 있다고 보고받았다. 영국 역시 '미티어 Meteor'라는 이름의 유망한 제트전투기를 개발 중이었으나, 그 개발 과정은 한심할 정도로 느렸다. 결국 미티어 전투기는 제2차 세계대전에 쓰이지 못했다.(실제로는 1944년 7월부터 극비리에 영국 본토에 배치되어 V-1 로켓 요격용으로 운용되었다. - 역자주)

연합군이 독일 제트전투기에 대해 내놓을 수 있는 카드는 프로펠러 전투기 말고는 없었다. 둘리틀은 7월부터 독일 제트전투기 생산 공장에 체계적인 공격을 가하기 시작했다. 이는 초가을까지 계속되었으나 효율은 떨어졌다. 제트전투기 공장은 프로펠러 전투기 공장보다 훨씬 더 잘 숨겨져 있었기 때문이다. 어느 독일 공군 지휘관은 이렇게 말했다.

"신형 제트전투기야말로 1944년 가을, 우리 공군 조종사들의 유일한 희망이었습니다."

오랫동안 역사학자들은 아돌프 히틀러가 Me 262에 어설프게 개입하지 않았다면 연합군 공군은 패배를 면치 못했을 거라고 주장해 왔다. 전후 연합국 신문관들은 괴링에게 "Me 262의 전투기 운용이 늦어진 이유는 무엇입니까?"라는 질문을 했는데, "아돌프 히틀러의 광기 때문이었습니다"라고 한 괴링의 답변도 그들의 주장을 뒷받침했다. 그러나 이는 항공전 역사상 가장 오래된 거짓말 중 하나로, 물론 히틀러가 Me 262 개발에 개입했고, 그로 인해 Me 262의 실전 투입 시기가 늦춰지기는 했지만, 그 시기는 길게 잡아봤자 수개월에 불과했다.

1943년 하반기 Me 262의 양산이 시작되기 직전, 총통은 이 전투기를 '블리츠 폭격기Blitz bomber'로 개조하라고 명령해 기술 자문단을 충격에 빠뜨렸다. 괴링은 이 프로젝트를 지휘하는 엔지니어와 관리자 들에게 확인하지 않은 채 총통에게 1944년 5월까지 이 항공기를 대량 배치할 수 있을 거라고 장담했다. 총통은 그 시점에 "공포는 오직 공포로만 막을 수 있다!"라며 영국 도시에 보복 폭격을 가할 때 이 항공기를 사용하고자 했다. 그리고 연합군이 프랑스 북부에 상륙할 것이 분명했기 때문에 연합군 침공을 격퇴할 폭격기도 필요했다.

갈란트를 위시한 총통의 공군 자문 대부분은 총통에게 프로펠러와 제트기를 포함한 전투기의 생산을 늘려야 군수산업 시설을 보호할 수 있다고 주장했다. 그들의 요청은 뜻하지 않은 방식으로 이루어졌는데, 생산 천재인 군수부 장관 에르하르트 밀히가 히틀러의 명령을 몰래 무시하고 전투기형 Me 262 개발을 서두른 것이다. 히틀러는 1944년 5월, 첫 Me 262가 출고되어 괴링이 '연합군 공군을 하늘에서 쓸어버릴 전투기'라고 소개할 때까지 이 사실을 전혀 알지 못했다. 히틀러는 분노에 휩싸여 길길이 날뛰었고, 밀히를 군수부 장관에서 해임하고 항공기 생산을 슈페어에게 전적으로 맡겼다. 또한 서둘러 Me 262의 공중전 무장을 제거하고, 폭격기형으로 개조하라고 지시했다. 물론 슈페어는 나중에 군수부 차관으로 밀히를 임명했다. 괴링은 미국 신문관들에게 이렇게까지 말했다.

"총통은 항공전에 관한 한 당신들의 훌륭한 전우였습니다."

그 후 수개월 동안 슈페어와 갈란트는 히틀러에게 Me 262에 대한 계획을 변경하고 모든 가용 항공기를 합성석유 공장을 방어하는 데 투입할 것을 탄원했다.

그해 8월, 히틀러는 갈란트와 슈페어에게 이성을 잃고 소리를 질렀다.

"나는 더 이상 항공기 생산은 원하지 않아! 이따위 전투기 부대는 해체해 버리겠어. 항공기 생산을 즉시 중단하게 … 알겠나?"

히틀러는 항공기 공장의 모든 숙련 노동자와 자원을 즉시 대공포 생산으로 돌리려고 했다. 그는 어이없어 하는 슈페어에게 이렇게 말했다.

"우리는 대공포 생산 능력을 지금의 5배로 늘릴 거야. 수십만 명의 노동자를 대공포 생산에 투입하게. 외국 신문은 우리의 대공포가 매우 치명적이라고 보도하고 있어. 외국인들은 아직도 우리 대공포는 무서워하지만, 우리 전투기는 더 이상 두려워하지 않네."

그리고 히틀러는 갈란트와 슈페어에게 밖으로 나가라고 지시했다.

그러나 막대한 자원 전환이 어렵다는 보고를 들은 히틀러는, 대공포 생산을 적당한 수준으로 증산하라고 명령했다. 하지만 슈페어와 전투기 생산 담당 차관인 카를 자우어에게는 전투기 생산을 줄여서라도 대공포 생산을 늘려야 한다고 계속 반복했다. 슈페어는 이런 글을 남겼다.

"자우어와 내가 히틀러의 명령을 따르지 않은 것은 그때가 처음이었다."

다음 날 슈페어는 휘하 보좌관들을 소집해 분명하게 말했다.

"우리의 전투기 생산량은 최대 수준을 유지해야 합니다."

이렇게 되자 히틀러도 조금 진정하고 슈페어가 제시한 새 전투기 생산 프로그램을 승인했다. Me 262에 대해서도 폭격기와 전투기 모두 실험해 볼 것을 허가했다. 그러나 양산은 계속 지연되었다.

그 항공기에 장착된 세계 최초의 터보제트 엔진이 계속 말썽을 일으켰고, 제8공군이 대주간을 시작으로 1943년 겨울부터 1944년 봄까지 계속 공세 일변도로 나왔기 때문이다. 게다가 Me 262는 다루기 매우 까다롭고,

화재를 일으키기 일쑤였기 때문에 조종사 교육도 그만큼 까다로울 수밖에 없었다. 따라서 Me 262의 등장이 늦어진 데는 히틀러의 개입보다 이런 요인들이 더 큰 영향을 미쳤다고 볼 수 있다.

1944년 늦여름, 연합군이 독일 국경으로 한창 진격해 가는 가운데, 히틀러는 결국 갈란트에게 독일 영공 방어를 위해 제트전투기 부대를 편성할 권한을 부여했고, 10월 3일, 독일-네덜란드 국경 인근의 공군기지 두 곳에서 최초의 제트전투기 부대가 전력화되었다. 이곳은 미군 폭격기가 독일로 들어오는 항로 한가운데 위치해 있었다. 부대장은 발터 노보트니 Walter Nowotny 소령으로, 258대를 격추한 독일 공군 최정예 에이스였다.

그해 10월, 둘리틀과 스파츠는 제공권 확보를 위한 싸움이 재개될지도 모른다고 생각했으나 노보트니 부대가 격추한 것은 22대에 불과했다. 반면 부대에 배치된 30대의 항공기 중 26대를 잃었는데, 그 원인의 대부분은 기술적 문제와 조종사의 미숙함 때문이었다. 독일 공군 역사학자 카유스 베커Cajus Becker는 이런 글을 남겼다.

"많은 조종사들은 이 혁신적인 항공기를 충분히 타보지 못했다. 기껏해야 기지 상공을 몇 바퀴 돌아본 게 전부였다."

연합군 조종사들이 자기 몫을 제대로 해낸 것도 그 원인 중 하나였다. 노보트니 부대의 제트기들은 이착륙 시 속도가 매우 느렸고, 체공 시간은 최대 1시간 정도에 불과했다. 따라서 이 항공기가 나타나면 연합군 초계기들은 독일 기지 상공에 잠복하면서 제트기가 귀환하기를 기다렸다. 척예거는 Me 262를 격추시킨 과정을 이렇게 묘사했다.

"6,000피트(1.8킬로미터)짜리 활주로의 남쪽으로 제트기 1대가 500피트 (150미터) 고도로 접근하고 있는 것을 봤습니다. 그 제트기가 랜딩기어를 내리고 기체를 활주로에 정렬시킬 때 적기의 속도는 시속 200마일(320킬로미터)에 불과했습니다. 나는 적기의 꼬리를 향해 500마일(800킬로미터)의 속도로 강하했습니다."

예거가 제트기 날개를 향해 기관총탄을 퍼붓자 적기는 활주로에 내리지도 못하고 연기와 잔해만 남긴 채 사라져버렸다.

11월 8일, 발터 노보트니는 자신의 기지에서 비상 착륙을 시도하다가 전사하고 말았다. 그 모습을 지켜본 갈란트는 같은 날 Me 262 3대가 더 추락하자, 이 부대를 전투 임무에서 배제하고 추가 훈련을 받게 했다. 이들보다 3배의 전력을 지닌 제트전투기 비행대가 이미 준비되고 있었지만, 갈란트는 슈페어가 얼마 전에 넘겨준 2,500대의 단발 프로펠러 전투기를 독일 공군의 주력 전투기로 삼기로 했다. 사실 이 정도면 1943년 독일 공군이 보유한 전투기 전력의 2배에 달하는 수준이었다. 갈란트는 이 본토 방공 계획을 '대타격The Great Blow'이라고 불렀다.

1944년 8월부터 갈란트는 미국 폭격기 편대를 타격하기 위해 상당수의 전투기 부대를 동원해 맹공을 퍼부을 수 있도록 갈고닦았다. 그는 이들이 최대 500대의 폭격기를 격추시키고, 독일군도 그와 비슷한 정도의 손실을 입을 것으로 예측하며 "이번 전투는 이 전쟁에서 가장 크고 결정적인 항공전이 될 것"이라는 글을 남겼다.

갈란트는 제8공군에 전례 없이 막대한 타격을 가하면, 그들은 독일의 석유 생산 시설에 대한 공격을 포기하고 타격하기 더 어려운 항공기 생산 시설에 대한 공격에 집중할 수밖에 없을 것이고, 그렇게 되면 독일 전 국토가 서방 연합국에 점령되거나 총통의 정적들이 평화협정을 맺을 때까지 독일군이 소련군의 진격을 지연시킬 수 있을 것이라고 생각했다.

11월 중순, 독일 전투기 타격 부대는 모든 준비를 끝마쳤다. 이제 기상만 잘 받쳐준다면 바로 작전에 들어갈 수 있을 것이다. 갈란트는 이 전투에 독일의 운명이 걸려 있다고 생각했다. 그러나 이후 수 주 동안 날씨가 좋지 않았다. 그런데도 갈란트는 자신이 준비해둔 전력의 3분의 2를 털어 넣어 레이더 조준 폭격에 나선 스파츠의 미군 폭격기들에 대해 네 번에 달하는 공격을 벌였다. 그 과정에서 독일 공군은 무려 348명의 조종사를 잃었다. 그야말로 막대한 손실이었다. 한 독일 전투기 부대 지휘관은 이렇게 보고했다.

"1944년 11월의 전투는 이 전쟁에서 가장 혹독했습니다. 아군은 적군의 20분의 1, 어떤 때는 30분의 1에 불과했습니다."

스파츠는 적들은 매번 출격할 때마다 아군의 P-51에 의해 4분의 1씩 격추당했다고 육군부 항공 차관보 로버트 러베트에게 보고했다.

"독일 조종사들은 전투에 대한 의욕이 매우 높았지만, 잘 훈련되지 않았습니다."

이는 독일군에게는 최악의 조합이었다.

11월 전투에서 발생한 미군 사상자 중에는 제339전투비행전대 소속 P-51 조종사이자 촉망받는 작가였던 버트 스타일스도 있었다. 스타일스는 폭격기 승무원으로 35회의 전투 임무를 마치고 전투기 부대로 전속을 요청했다. 그 이유에 관해 그는 영국인 친구에게 이렇게 말했다.

"나는 진짜 비행기를 타고 싶어. 자유롭게 상승하고 하강하면서 얼굴에 부딪히는 바람을 느끼고 싶어."

그는 하노버 상공에서 전사했다. 그가 전사한 날 독일 공군기는 132대가 격추당했다.

11월 20일, 최적의 기상 상태를 기다리고 있던 갈란트에게 충격적인 소식이 전해졌다. 자신이 대타격 작전을 위해 준비해 놓은 부대 중 2개

전투비행단만 남기고 12월 초에 벌어질 대규모 지상 작전을 위해 서부전선으로 이동시키라는 명령이 떨어진 것이다. 갈란트는 조종사들에게 지상군 근접 지원을 위한 저공 공중전 훈련을 시킬 시간이 없었다. 모든 희망을 걸고 대타격 작전을 준비했던 공군 부대는 계획이 무산된 데 실망하면서 다음 임무에 필요한 준비도 하지 못한 채 서부전선으로 이동해야 했다.

이런 조치는 전투기부대 총사령관으로서 아돌프 갈란트의 마지막 공식 업무였다. 괴링과 총통의 눈 밖에 난 그에게는 이후 어떠한 임무도 주어지지 않았다. 괴링은 갈란트를 자신의 사령부로 불러 무려 2시간 동안 일방적으로 비난했다. 그의 죄목은 다른 사람들의 조언을 제대로 듣지 않고 전술을 고안한 것, 명령에 불복종한 것, 독일 공군 전투기 부대를 갈란트의 제국으로 만든 것 등이었다. 그리고 그 벌로 갈란트를 전투기부대 총사령관직에서 해임했다. 괴링은 갈란트에게 후임자가 선발될 때까지 휴식을 취하고, 일선 조종사로 근무할 것을 명했다.

이렇게 독일은 공군에 최고 지휘관이 없는 상태에서 사상 최대의 지상전을 치르게 되었다.

11월이 되자 총통은 벨기에부터 룩셈부르크에 이르는 아르덴 숲에서 벌일 총반격 작전 계획을 완성했다. 불리하게 돌아가는 전세를 단번에 역전시키기 위한 총통의 마지막 큰 시도였다. 아돌프 갈란트가 대타격 작전을 준비하며 의도했던 것만큼이나 거대하고 강렬한 반격 작전이었다.

루르 전투
히틀러가 이 기습적인 반격 작전을 구상하고 있을 때 연합군 수뇌부는 유럽 전쟁의 결정적인 폭격 계획을 준비하고 있었다. 그 계획은 독일 전시 경제 체제에만이 아니라 독일 경제 전체에 회복 불능의 타격을 입히는 것이 목표였다. 그러나 나쁜 일기로 인해 연합군 폭격기들이 독일 석유 저장 시설에 정밀폭격을 가할 수 없게 되면서 비로소 그 작전은 본격적으로 시작되었다. 아이러니하게도 알베르트 슈페어에게는 독일 산업이 파멸에 이르지 않게 막을 유일한 해결책이었던 악천후가 반대로 독일 경제를 완전한 파괴의 길로 내몬 것이다.

1944년 9월, 엄청난 속도로 북서 유럽을 가로질러 지크프리트선으로 내달리던 연합군은 갑자기 발이 묶이게 되었다. 그 역시 아이러니하게도 보급선이 감당하지 못할 정도로 빠르게 진격했기 때문이었다. 당시 유럽 연합군 보급로의 중심은 노르망디 해안으로, 영국에서 오는 보급품의 90 퍼센트가 그곳을 통해 들어오면서 이제 연합군은 탄약, 의약품, 식량, 연료 부족에 시달리게 되었다. 노르망디상륙작전 이전에 연합군으로부터 폭격 당한 프랑스 전역의 철도망은 아직 완전히 복구되지 않았고, 르아브르, 브레스트, 칼레, 덩케르크 등 영불해협의 항구를 독일이 점령하고 있었기 때문에 물자를 전선으로 보내기가 더욱 어려웠다. 이에 연합군은 수송기와 중폭격기에 가솔린을 실어 나르는 방법으로 전선에 발이 묶인 연합군에 물자를 보급했다. 또 트럭과 트레일러 6,000여 대, 병력 2만 3,000여 명을 동원해 원래의 상륙지와 셰르부르 항구에서 연료, 탄약, 식량을 라인강으로 진격하는 아군에게 전달하는 긴급 24시간 트럭 운송 서비스를 운용했다. 하지만 이런 급조된 보급 체계로는 보급 수요를 따라잡기 힘들었다. 항공 보급도 진격하는 부대 근처에 충분한 비행장을 확보하지 않고서는 수행하기 어려웠다.

이런 이유로 연합군은 유럽 최대 항구인 앤트워프를 주목했다. 영국군은 얼마 전 앤트워프를 점령했으나 항구로 들어가는 좁은 통로인 스헬데강 어귀를 점령하지 못했다. 그곳을 점령한다면 연합군의 만성적인 연료 부족 문제는 해결될 것이었다. 그러나 아이젠하워는 스헬데 강둑을 지키는 독일군을 전멸시키기 위해 전력을 다하는 대신, 연말까지 전쟁을 끝내고자 위험한 도박을 하기로 했다. 버나드 몽고메리 원수가 제안한 지크프리트선 바로 너머에 있는 네덜란드에 공정부대를 투입한 후, 이를 기점으로 루르 공업 지대를 건너 베를린으로 진격하자는 계획을 승인한 것이다.

1944년 9월 17일, '마켓 가든Market-Garden'이라는 암호명으로 시작된 이 작전은 처참한 실패로 끝이 났다. 연합군의 인명 손실은 막대했는데, 대부분이 영국 공정부대 대원이었다. 그 후 아이젠하워는 독일 국경을 따라 일련의 전면 공격을 가해 지크프리트선을 돌파하기로 결정했다. 그 첫 공격은 라인강 서쪽 고대 문화의 중심지인 아헨에서 10월 초에 실시되었다. 연합군은 처절하고 치열한 격전 끝에 독일 대도시 중 처음으로 아헨을 함락했으나 라인강은 돌파할 수 없었다. 연합군 전선 남단의 패튼 장군은 전차 운용에 필요한 연료 수급에 어려움을 겪자, 요새화된 도시 메스에서 독일군의 저항을 줄이기가 어렵다는 것을 알았다. 몽고메리는 늦게나마 스헬데강 어귀의 독일군을 전멸시키고 앤트워프 항구를 함락했으나, 그해 말 지크프리트선 전투는 교착상태에 빠졌고, 연합군은 엄청난 사상자를 내면서 독일군의 포화에 맞서 느리게 진격해갔다.

그해 가을, 아이젠하워의 통제에서 벗어난 연합군 공군 사령관들은 공군력으로 독일을 패배시킬 방법을 놓고 고심했다.

새로운 자문 기구인 연합전략표적위원회Combined Strategic Targets

Committee가 창설되었으나, 표적 선정 권한은 해리스와 스파츠에게 있었고, 이 위원회는 합동참모본부와 연합군 공군 수뇌부에 종속된 상태였다. 전략 조율의 필요성은 제기되었지만, 연합군 지휘관들은 쉽사리 의견을 좁히지 못했다. 어떻게 보면 이는 노르망디 상륙 준비 폭격을 둘러싼 분쟁을 재현한 것이라고 볼 수 있었다. 스파츠는 석유 시설을, 해리스는 산업 도시를, 테더는 교통망을 폭격하고자 했다.

그해 초에는 가급적 빨리 노르망디상륙작전을 준비하는 것이 급선무라는 이유로 테더가 이겼었고, 이번에는 테더가 이겼던 것과 같은 이유로 스파츠가 이겼다. 이번에는 크리스마스 전까지 가급적 빨리 독일을 끝내버리는 게 지상 과제였다. 합동참모본부는 석유 시설에 대한 공격을 보다 강화하기로 결정하고, 이것이 아이젠하워 지상군 추계 공세와 맞물릴 경우, 크리스마스 전에 독일을 패배시킬 가능성이 가장 클 것이라고 봤다.

빈틈없는 관료이자 술수에 능한 테더는 자신의 계획을 관철시키기 위해 참모본부는 물론 영국 공군 총사령관 찰스 포틸 장군의 영향력을 이용해 그의 수석 정책 보좌관인 솔리 주커먼 교수와 함께 1944년 봄부터 시작된 프랑스 철도망에 대한 폭격을 독일 본토로 이어가야 한다고 주장했다. 군대뿐만 아니라 독일의 경제와 산업은 전적으로 철도에 의존하고 있기 때문이었다.

그해 9월 연합군 전폭기들은 때때로 중폭격기의 도움을 받아가며 독일 북서부의 철도와 운하 시설을 폭격하기 시작했다. 그러나 테더는 더 큰 한 방을 원했다. 전략적으로나 전술적으로 연합군 공군의 전력을 총동원해 독일의 철도, 강, 운하 등 모든 교통 인프라에 총공격을 가하는 것이었다. 독일 경제의 대동맥을 끊어 버린다면, 폭격기 해리스가 원하는 산업 도시나, 스파츠가 원하는 석유 시설도 제대로 기능할 수 없게 될 것이다. 그리고 독일 전역의 공장은 원자재와 부품을 공급받을 수 없게 되고, 완제품을 시장에 내다 팔 수도 없게 된다. 교통망에 대한 조직적인 공격은 알베르트 슈페어의 교묘하지만 취약한 산업 분산 시스템을 완벽하게 박살낼 것이다. 테더는 포털에게 이 점을 상기시켰다.

"독일의 산업이 분산될수록 교통망과 통신망이 발달해야 합니다. 독일군 또한 교통망과 통신망에 크게 의존하고 있음은 말할 필요가 없습니다…."

테더는 석유 시설을 폭격하자고 한 스파츠의 주장이 옳았다는 것을 인정하면서도 동시에 교통 체계와 석유는 상호보완적인 관계이지, 경쟁하는 관계가 아니라는 점을 지적했다.

주커먼이 입수한 정보에 의하면, 북프랑스 및 벨기에의 철도망은 상륙 준비 폭격으로 인해 파괴되었으며, 독일 국영 철도 역시 화물 열차와 기관차 상당수가 파괴되어 이미 정상적인 운행은 불가능한 상태로, 살짝 밀기만 해도 그 시스템은 무너져 버릴 거라고 주장했다. 그는 미국의 수뇌부가 적의 교통망이 벼랑 끝에 서 있다는 사실을 알지 못하는 게 이상했다.

그러나 사실은 그렇게 명쾌한 문제가 아니었다. 제8공군의 정보 전문가들은 프랑스 철도망에 대한 공습이 주커먼의 주장처럼 효과적이지 않다고 주장했다. 독일군 병력의 이동을 불편하게 만들 수는 있지만, 완전히 막지는 못한다는 것이었다. 석유 시설 공습으로 이미 독일은 벼랑 끝까지 몰린 판에 왜 중폭격기의 전력을 다른 표적으로 분산시켜야 하는가? 오버로드 작전과 마찬가지로 연합군 지도부는 타이밍을 가장 중요하게 여겼는데, 세계에서 가장 뛰어난 철도망 중 하나인 독일 철도망을 연말까지 무력화시킬 가능성은 거의 없어 보였다. 게다가 울트라가 내놓은 반박하기 어려운 증거에 따르면 독일 석유산업은 KO패를 당하기 직전이었다.

주커먼은 저명한 동물학자로, 그는 자신의 전략폭격 계획이 과학적 원리와 객관적 분석에 기반하고 있다고 주장했다. 그러나 그것은 말도 안 되는 소리였다. 전략폭격은 과학과 가장 거리가 먼 행위였기 때문이다. 전략폭격은 사실이 아닌 신념과 불완전하고 오류 많은 데이터에 근거해 태어났다. 그 데이터도 연간 대부분 구름에 덮인 특정 지역에서 얻은 정찰 사진을 통해 얻은 것이었다. 전략폭격의 모든 것이 검증되지 않은 새로운 것이었다. 전략폭격과 과학의 유일한 공통점은 실험을 하고자 하는 충동이었다. 다른 많은 부대와 달리 폭격기 부대의 지휘관과 참모 들은 의지할 전례나 경험이 없었기 때문이다.

테더와 스파츠처럼 유연한 연합군 항공 지휘관들은 폭격 행위 자체나 새로운 전략 전술의 실험을 통해 정확한 폭격 방식을 배웠고, 이를 바탕으로 임무의 효율성을 극대화했다. 그들의 잘못을 깨우쳐 주는 것은 정찰기가 찍어온 흑백의 적외선 사진과 울트라를 통해 얻은 감청 정보뿐이었다. 게다가 울트라로 들어오는 정보는 독일의 거의 모든 상업용 통신이 암호화 기계가 아닌 유선으로 이루어졌기 때문에 그 가치가 매우 낮았다.

10월 말, 주요 공군 지휘관 회의에서 석유에 가장 높은 우선순위가 매겨졌다. 그 다음은 교통이었다. 그러나 한 가지 전제 조건이 테더의 계획에 뜻하지 않게 가산점을 주었다. 스파츠의 폭격기들이 합성석유 공장을 타격하려면 정밀한 조준이 필요하기 때문에 하늘이 맑아야 했다. 따라서 악천후로 인해 석유 공장을 타격하지 못하게 된다면, 무차별폭격이 가능한 교통 표적에 폭격하라는 지시였다. 1945년까지 날씨는 계속 나빴고, 철도 폭격 지지자들은 그만큼 더 유리해졌다. 이 전쟁의 마지막 시기에 제8공군이 투하한 폭탄 중 약 절반이 교통 시설에 떨어졌다. 스파츠가 독일 철도망에 우선순위를 두지 않은 이유 중에는 철도망의 규모가 너무 크다는 점도 있었다. 표적이 너무 크면 좋은 표적이라고 할 수 없다. 아무리 폭격을 가해도 완전히 파괴하기가 어렵기 때문이다.

폭격기 해리스는 스파츠와 거의 같은 폭격 지침을 받았지만, 해리스는 처칠이라는 든든한 배경과 국내에서의 엄청난 인기 덕분에 포털은 여전히 그를 통제할 수 없었다. 따라서 이 고집불통의 공군 사령관은 자신이 원하는 것은 거의 다 할 수 있었다. 1944년 마지막 3개월 동안, 영국 폭격기 부대는 53퍼센트를 도시에, 15퍼센트를 교통 시설에 투하했고, 석유 시설에는 14퍼센트만 투하했다. 영국 랭커스터 폭격기의 엄청난 폭장량으로 인해 그가 마음만 먹었더라면 교통과 석유 시설에 더 큰 타격을 가할 수 있었을 것이다. 그런데도 그는 그렇게 하지 않았고, 이는 그의 명성에 오점을 남겼다.

9월 11일, 독일 헤센주 남부에 있는 다름슈타트에 가한 대규모 폭격으로 도시 인구의 10분의 1에 달하는 1만여 명이 사망했다. 그해 가을에서 초겨울까지, 그는 이곳의 30개 산업 도시에 폭격을 가했다. 그중에는 그 전해에도 영국 공군에 의해 폭격당한 마을도 있었다. 잔해 대부분은 가스 공장, 전력망, 수도관 등의 산업 자산과 교통 인프라였지만, 너무나 많은 인간의 피와 뼈가 나왔다. 해리스의 중폭격기들이 루르 지역 도시에 투하한 6만 톤의 폭탄을 석유와 철도 시설에 떨어뜨렸다면, 그는 연합국의 전쟁에 더 큰 기여를 했을 뿐 아니라 평판도 더 좋아졌을 것이다.

연합군 공군의 폭격은 독일 최대의 석탄, 철강 생산지인 루르에 집중됐다. 독일의 거의 모든 화물은 철도나 운하를 통해 움직인다. 그리고 여기서 가장 중요한 화물은 석탄으로, 독일 에너지의 90퍼센트를 석탄으로 만들어내기 때문이다. 연합국은 독일의 합성석유 산업과 탄약 산업 간의 관계를 알아내는 데 실패했고, 이와 마찬가지로 석탄과 제국 철도 간의 관계를 알아내는 데도 실패했다.

1942년에 제8공군이 영국에 도착했을 때 이들의 폭격 정책에 관한 유일한 지침은 독일이 아닌 미국 경제에 기반한 급조된 계획뿐이었다. 그러나 미국 경제는 석유와 자동차에 의존했던 반면, 독일 경제는 석탄과 철도에 의존하고 있었다. 석탄 중심 경제 출신으로 교통 시설에 대한 폭격을 그렇게 열렬하게 주장한 테더조차 석탄과 철도의 밀접한 관계를 알아내는 데 실패했다. 그는 그저 철강 같은 일부 주요 산업 시설에 석탄을 공급하지 못하게 하자는 것이었지, 독일 교통의 핵심인 석탄을 아예 공급하지 못하게 하자는 것은 아니었다.

연합군 정보기관 중에서도 이 사실을 알아차린 곳은 없었다. 독일이 전쟁을 수행하는 데는 석유도 물론 중요했지만 석탄은 그보다 더 중요했다. 이런 상황에서 연합군은 악천후라는 행운을 만나, 없으면 독일 경제가 붕괴될 수도 있고, 독일 경제에서 가장 중요한 필수품인 석탄에 괴멸에 가까운 타격을 입히게 된다.

독일의 석탄 대부분은 루르, 슐레지엔, 자르 지방에 매장되어 있었다. 루르 지역에서는 독일에서 철광석을 제련할 때 반드시 필요한 점결탄의 63퍼센트와 가장 품질 좋은 역청탄의 80퍼센트를 생산했다. 반면 역청탄에 비해 에너지 효율이 떨어지는 루르산 갈탄은 해당 지역 산업 지대는 물론 독일 중부와 남부의 산업 지대에서 연료로 쓰였다. 고지 슐레지엔산 석탄은 베를린 지역의 난방 에너지로 쓰였다.

루르 지역에 대한 연합군 폭격 작전의 핵심은 이곳이 석탄을 나르는 교통의 요지라는 이유 때문이었다. 이곳에서 생산된 석탄은 모두 대형 철도 조차장을 지나 독일 각지로 퍼져나갔다. 테더의 의하면 이곳은 독일 철도 망의 심장이었다. 게다가 이곳은 그때까지 폭격 피해를 거의 입지 않았다. 연합군 폭격기들이 이 조차장들을 조직적으로 파괴하기 시작하자, 독일 전역에서 엄청난 석탄 부족 사태가 빚어졌다. 결국 이로 인해 1945년 초 독일 경제 전체가 마비되었다. 역사학자 앨런 S. 밀워드Alan S. Milward는 이렇게 기록했다.

"아이러니하게도 독일의 모든 원자재 중 가장 잘 공급되던 원료가 최종 적인 붕괴의 원인이 되었다."

레이더 조준 폭격

1944년 9월부터 종전까지 미군이 철도 조차장에 투하한 폭탄의 양은 다른 표적에 투하한 것의 2배에 달했고, 그 대부분은 레이더 조준 방식으로 투하한 것이었다. 하지만 철도 조차장 폭격은 골치 아픈 도덕적 문제를 야기했다. 석유 시설과 달리 조차장은 산업 도시의 중심지이자 노동자 거주 지역 근처에 있었다. 이들 도시들은 구름 낀 날에도 H2X 레이더로 쉽게 탐지할 수 있었지만, 조차장은 그렇지 않았다. 제8공군은 대형 조차장을 폭격하면서 그 인근에 있던 인구 밀도 높은 주거지역을 같이 날려 버려 수천 명의 민간인이 죽거나 다쳤다. 육군 항공대 자체 조사 결과를 보더라도 레이더 조준 폭격 시 조준점에서 1,000피트(300미터) 내에 폭탄이 탄착할 확률은 2퍼센트밖에 되지 않았다.

커티스 르메이는 선도기가 폭격하면 다른 모든 항공기가 따라서 폭격하는 방식을 채택했다. 이것은 군사적으로는 효율적인 방식이었으나, 여기에도 인간의 실수가 개입되곤 했다. 제8공군 조종사 크레이그 해리스는 도심 조차장 공습 작전에 관한 경험담을 이렇게 설명했다.

"우리 비행대대는 작은 산업 도시의 조차장을 폭격하는 폭격대의 맨 후미에 위치해 있었어요. 우리 앞에 날고 있는 폭격기 400대의 그림자만으로도 그 도시 전체에 그늘이 드리워질 정도였어요. 구름층이 너무 두꺼워서 지상을 전혀 볼 수 없었고, 선도기에는 레이더 폭격조준기가 달려 있었어요. 선도기는 표적 상공에 이르자 폭탄과 연막탄을 투하했어요. 연막탄은 폭격 시작을 알리는 신호였죠. 대형의 앞에 있는 항공기들은 조차장을 정확히 박살냈지만, 그 뒤를 따르는 항공기들은 조차장이 아닌 도시 전체를 다 박살내 버렸어요."

날이 맑아 육안으로 조준 폭격을 할 때도 피해는 엄청났다. 제457폭격비행전대의 존 J. 브리올John J. Briol 병장은 이런 글을 남겼다.

"우리는 철도가 시내 중심가로 뻗어 있는 마옌의 조차장을 폭격했다. '폭탄 투하'라는 구령이 울리고 우리 항공기의 폭격수가 폭격 스위치를 눌렀다."

수 분 후 폭탄이 터지자 볼 터렛 안에 있던 브리올은 폭격의 참상을 생생하게 볼 수 있었다.

"마옌은 인구 2,000명의 소도시였다. 아군은 조차장은 물론 마옌시 전체를 날려 버렸다. 나는 마옌 전체가 불바다 속으로 사라지는 모습을 봤다. 내가 하는 일이 얼마나 잘못된 것인지를 갑자기 깨달았다."

제8공군 조종사 버나드 토머스 놀란Bernard Thomas Nolan은 이렇게 회고했다.

"무고하게 죽은 이들의 원혼은 아무리 세월이 흘러도 잊히지 않고 내 마음속 한편에 남아 있었습니다."

제8공군 정신과 군의관의 연구에 따르면, 대부분 중폭격기 승무원이 살인을 저질렀다는 죄책감을 떨쳐버리지 못하는 것으로 나타났다. 대부분 승무원은 독일의 지도자들을 증오했지만, 전투를 벌인 독일 조종사나 폭격을 얻어맞는 독일 국민은 증오하지 않았다. 통신수 J. J. 린치J. J. Lynch는 전투 일지에 이렇게 적었다.

"우리는 생활하면서 두려움을 느끼기는 했지만, 타인에 대한 증오심으로 살아가지는 않았다. 적들도 의지라는 게 있을 것이다. 그들 역시 이 난장판에 뛰어들고자 하는 마음이 우리보다 특별히 더 강하지는 않을 것이다."

그러나 잘못된 폭격 임무 이후 나타나는 더 흔한 반응은 그 일을 묻어 두는 것이었다.

제8공군은 이전에도 무차별폭격을 가했지만, 이번만큼 무자비하게 폭격한 적은 없었다. 1944년의 마지막 3개월 동안 제8공군 임무의 약 80퍼센트, 제15공군 임무의 약 70퍼센트가 구름층 위에서 실시되었다. 이제는 대형 철도 시설을 갖춘 도시라면 어디라도 폭탄을 떨어뜨렸다. 이로 인해 독일 서부의 거의 모든 도시와 마을이 경제적으로 어려워졌다. 12월이 되자 독일 전 국토로 파괴의 여파가 몰아닥쳤다.

11월이 되자 폭격기 승무원들은 표적이 발견되지 않을 경우, H2X 스코프로 식별 가능한 다른 큰 도시나 산업 시설을 폭격해도 좋다는 허가를 받았다. 빨리 전쟁을 끝내고 싶었던 조지 마셜 장군은 그 정도 규모의 도시라면 군사적 표적이 철도 1량이나 석유탱크 하나라도 있을 것이라는 논리로 둘리틀을 압박했다.

1944년 10월 29일, 이 새로운 폭격 지침은 무차별폭격을 금지하던 제8공군의 기존 정책과는 분명히 그 성격이 달랐다. 이전까지 제8공군은 민간인에게 직접적으로 폭격을 가한 경우가 거의 없었고, 폭격기 해리스가 잘 쓰던 화재 전술도 거의 쓰지 않았다. 그러나 하루속히 독일을 패배시켜야 한다는 압력이 들어오자, 이제 독일 민간인들은 야간뿐만 아니라 주간에도 초토화 폭격을 당하게 되었다.

제8공군에는 항공 수색대라는 부대가 있었다. 폭격기 조종사 출신으로 이뤄진 이 부대는 P-51을 타고 폭격기 부대에 앞서서 표적 근처에서 주의해야 할 최신 기상 정보를 동료들에게 무전으로 경고했다. 그러나 이전 겨울에 그랬듯이 이번 겨울에도 독일 상공의 날씨는 폭격기를 내보낼지 여부를 결정할 때 그리 중요하지 않게 되었다. 제8공군은 이착륙이 완전히 불가능할 정도로 나쁘지만 않으면 무조건 폭격대를 출격시켰다.

1944년 겨울, 제8공군의 폭격 방식은 영국 공군 폭격기사령부와 꽤 비슷해졌지만, 그래도 여전히 큰 차이는 있었다. 제8공군은 주요 도심지 표적을 폭격할 때 정확하게 폭격할 수 없어서 부득이하게 많은 민간인을 살상하게 되었으나, 폭격기 해리스는 1944년 영국 공군 폭격기 부대가 유도 기술을 발전시킨 이후에도 도시 초토화 폭격을 계속 이어갔다. 영국 공군은 독일 민간인을 일부러 조준해 폭격을 가한 반면, 미 육군 항공대는 극소수의 예외를 제외하고는 그렇게 하지 않은 것이다. 빗맞은 폭탄에 죽어간 독일인들에게 공격자의 의지는 그다지 중요치 않을지도 모르지만, 지도에서 없애 버리기로 한 도시에 사는 독일인들에게는 중요한 문제였다.

무차별적 폭격은 미군 승무원과 독일 민간인을 더 큰 위험 속으로 몰아넣었다. 존 브리올은 일기에 이렇게 적었다.

"만약 독일 상공에서 탈출하면 그들 손에 죽을 거야."

그러나 무차별폭격 작전에 나선 대부분 승무원은 독일인보다 날씨를 더 무서워했다. 루이스 웰스Lewis Welles의 제95폭격비행전대 선도기 항법사는 짙은 구름 속에서 길을 잃고, 자신의 전대를 다른 전대 한복판으로 데리고 들어가고 말았다. 웰스 탑승기의 후미 기관총 사수 루론 파라모어 Rulon Paramore는 그날의 사고에 대해 일기에 이렇게 기록했다.

"루이스는 다른 비행기와의 충돌을 피하기 위해 항공기가 실속에 빠질 정도로 기수를 잔뜩 들었다. 그 난장판 속에서 우리는 윙맨을 잃었다. 우리 항공기를 칠 뻔한 그 항공기가 요기와 충돌했고, 두 항공기는 공중에서 폭발했다."

벌지 전투

독일군 게르트 폰 룬트슈테트 원수는 아르덴 숲 앞 아이펠고원에 비밀리에 집결한 독일군에게 이런 일일명령을 내렸다.

"서부전선의 병사들이여, 위대한 순간이 도래했다. 조국의 운명이 위험에 처해 있다."

다음 날 아침 5시 30분, 천지를 진동하는 포성과 함께 세계를 놀라게 한 대공세 작전의 서막이 열렸다. 무너져가는 전세를 역전시키기 위한 히틀러의 마지막 시도로, 폰 룬트슈테트를 위시한 고위 수뇌부의 만류를 무릅쓰고 벌인 도박이었다.

총통은 독일 공군과 해군 장병, 퇴역 군인, 점령지에서 징집한 외국인, 15세 이상의 청소년으로 구성된 '국민척탄병Volksgrenadier'이라는 이름의 새로운 군대를 창설하고 있었다. 그의 계획은 이 국민척탄병을 무장 친위대처럼 숙련도 높은 육군 부대의 보조 부대로 편성해 벨기에 남부에서부터 룩셈부르크 중부에 이르는 길이 약 80마일(128킬로미터)에 달하는 전선에서 기습 공격을 가하는 것이었다. 선봉에는 알베르트 슈페어의 생산 가속화 프로그램으로 이제 막 공장에서 출고된 수백 대의 전차가 앞장섰다.

그리고 갈란트가 대타격 작전을 위해 갈고 닦은 독일 공군 부대가 이들을 상공에서 지원했다.

목표는 독일군 2개 군이 아르덴 숲의 복잡한 지형을 돌파하면 다른 1개 군이 남쪽을 방어하는 가운데 북쪽으로 방향을 돌려 뫼즈강을 건너 25마일(200킬로미터) 떨어진 앤트워프 항구를 점령하는 것이었다. 앤트워프를 점령하면 연합군의 주요 보급로를 차단할 수 있고, 서부전선 북부의 영국-캐나다군과 남부의 미군을 단절시키게 된다. 이 작전이 성공하면 히틀러는 소련군을 막는 데 전력을 기울일 수 있고, 연합국과 단독으로 강화 협상에 들어갈 수도 있었다.

히틀러의 계획이 성공하려면 최소 세 가지 조건이 충족돼야 했다. 우선 기습이 성공해야 하고, 악천후가 이어져야 하며, 더 많은 연료가 필요했다. 히틀러는 부족한 연료는 적으로부터 노획해 충당할 수 있다고 생각했다. 또한 짙은 안개, 어둠, 폭설로 연합군 항공기들의 발이 묶인다면 승산이 있다고 생각했다.

폰 룬트슈테트 원수가 지휘하는 25만 명의 독일군은 900대의 전차를 앞세우고 공세 시작 몇 시간 만에 미군의 방어선 중 가장 취약한 곳을 돌파했다. '유령 전선'이라고도 불리는 이곳은 실전 경험이 없는 부대들과 지난 11월 독일 휘르트겐 숲 전투에서 전력을 크게 소모한 부대들이 지키고 있었다. 전투는 폭설과 안개 속에서 이어졌고, 길도 없는 울창한 숲속에서 완전히 기습을 당한 미군의 방어선은 빠르게 무너졌다. 독일군은 빠른 진격에 성공하자 미군 전선을 파고들어 커다란 돌출부를 만들었고, 이로 인해 이 전투에는 '벌지bulge, 돌출부 전투'라는 이름이 붙었다. 상공에 드리운 짙은 구름으로 인해 연합군 공군은 거의 출격할 수 없었고, 이는 독일군에게 큰 이점이 되었다.

연합군이 절대적인 공중 우위를 누렸던 시기에 히틀러는 미군 전선 앞에서 무슨 수로 대군을 집결시켜 기습을 할 수 있었을까? 그것은 미군이 정보를 입수하고도 이를 믿지 않았기 때문이었다. 미 육군은 항공과 지상 정찰을 통해 라인강 서쪽에서 독일군이 집결하고 있다는 사실을 알아냈다. 그러나 미 육군 지휘관들은 연합군이 가장 밀집한 아르덴 숲 남쪽과 북쪽에서 공세를 벌일 것을 대비해 독일군이 지크프리트선을 따라 기존의 방어 진지들을 강화하는 것이라고 생각했다. 역사학자이자 벌지 전투 참전 용사 찰스 맥도널드Charles MacDonald는 이런 글을 남겼다.

"미군 지휘관들은 독일군의 움직임을 거울을 보듯이 지켜보면서도 그것을 제멋대로 해석했다."

며칠 동안 날씨는 개일 기미가 보이지 않았다. 히틀러의 기갑군은 여세를 몰아 아르덴 숲 깊숙이 들어갔다. 그러나 계속 패배를 거듭하던 미군들은 다시 역전의 용사가 되었다. 소총 중대, 공병대, 대전차 부대 장병들은 영하를 밑도는 날씨 속에서 분전해 독일군의 진격을 늦추고 아이젠하워가 대규모 증원 병력을 투입할 시간을 벌어 주었다.

독일군의 빠른 진격을 저지한 또 다른 중요한 원인이 있었는데, 바로 연료 문제였다. 독일이 보유한 연료로는 공세를 5, 6일간밖에 지속할 수 있었다. 요아힘 파이퍼Joachim Peiper 중령의 전투단을 앞세워 진격하는 제1SS기갑사단은 연료가 바닥나기 전, 미군 전선 후방에 있는 연료 집적소를 점령해야 했다. 그러나 미군의 치열한 저항으로 인해 독일군의 계획은 난항에 부딪혔다. 미군 소부대는 바주카포와 총류탄으로 독일의 티거 전차에 맞섰고, 각종 소화기, 수류탄, 박격포 등으로 독일 보병을 격파했다. 어느 미군 병사는 이렇게 회상했다.

"우리에게 떨어진 명령은 '현 위치를 사수하라'는 것이었고, 우리는 어떻게든 버텼습니다."

장크트비트, 바스토뉴 등 교차로에 있는 마을의 상황이 불리해지자 미군은 보병 부대와 공정부대를 트럭에 태워 보내 그곳의 방어를 강화했다. 그리고 적의 공세가 시작된 지 일주일쯤 지났을 무렵 패튼의 제3군은 위기에 처한 바스토뉴로 달려갔는데, 이는 이 전투 중 가장 긴박했던 구출 작전 중 하나였다. 한편 아이젠하워는 25만 명의 추가 병력을 더 투입했다. 이렇게 짧은 시간 내에 이만한 병력을 동원한 것은 전례가 없는 일이었다.

크리스마스를 이틀 앞두고 다시 하늘이 맑아졌다. 연합군 전투기와 중형 폭격기 들은 연료 부족으로 이미 발이 묶이게 된 독일 전차들을 유린하기 시작했다. 당시 병장이었던 로저 러틀랜드Roger Rutland는 이렇게 회고했다.

"우리는 하늘을 올려다보며 '하나님, 아군이 다시 날 수 있게 해 주셔서 감사합니다'라고 말했죠."

그날 제8공군은 모든 중폭격기를 출격시켰다. 2만여 명의 육군 항공대 승무원을 태운 무적함대가 하늘로 날아올라 라인강 동쪽에 있는 공군기지와 철도 조차장을 폭격했다. 그들이 이날 투하한 폭탄은 제2차 세계대전 당시 일일 투하량 중 최고치를 기록했다.

다음 날 제8공군은 아이라 이커와 함께 영국에 도착한 제8공군 창설 멤버 1명을 잃고 말았다. 프레더릭 캐슬 준장은 이커의 사령부에서 1년 동안 근무하다가 새로 편성된 제94폭격비행전대의 전대장에 지원해 임명되었다. 그는 말 안 듣는 부대원들로 이루어진 이 부대의 군기를 확립했고, 그 후 1944년 4월 제8공군 예하 비행단 중 최대 규모를 자랑하는 제4전투비행단 단장으로 부임했다. 1944년 12월 24일, 그는 독일 보급창과 공군기지 폭격 임무를 맡아 항공 역사상 가장 강력한 부대를 이끌었다. 그러나 선도기로 벨기에 상공을 비행하던 캐슬의 항공기는 갑작스러운 엔진 문제로 선도기 임무를 그만둘 수밖에 없었다. 폭탄을 버리면 속도를 더 낼 수 있었지만, 지상에는 아군이 있었으므로 차마 그럴 수 없었다. 엔진에서 연기를 내뿜는 그의 항공기는 적 전투기의 좋은 먹잇감이 되었다. 7대의 메서슈미트 전투기가 그의 항공기로 달려들었고, 기체가 추락하는 와중에 그는 기장으로부터 조종권을 넘겨받고 다른 승무원들이 안전하게 탈출할 수 있도록 했다. 결국 기체는 지면에 충돌해 폭발했고, 그 파편과 시신이 600피트(180미터) 높이까지 치솟아 올랐다. 캐슬 준장은 이날의 무공으로 의회명예훈장을 받았다.

연합군의 전략 및 전술 공군은 크리스마스 당일까지 교량, 철도, 고속도로에 무자비한 폭격을 가해 독일군의 보급로를 차단함으로써 독일군의 공세를 막는 데 한몫했다.

독일 공군은 필사적으로 보급선 방어에 나섰으나 불과 5일 만에 250대의 전투기를 잃었다. 연료와 탄약이 고갈되고, 다리를 폭파한 미군 공병대와 연합군 항공기에 시달리던 파이퍼 중령의 친위대는 결국 전차를 버리고 걸어서 독일로 돌아가기 시작했다.

크리스마스 당일, 독일 하소 폰 만토이펠Hasso von Manteuffel 장군이 이끄는 독일 육군 제2기갑사단은 장크트비트를 통과했으나, 뫼즈강을 불과 3마일(5킬로미터) 남겨놓고 연료가 떨어지고 말았다. 그리고 바로 생로 돌파의 영웅 로튼 콜린스 장군의 부대에 의해 격퇴되고 말았다. 다음 날 패튼의 제3군 선발대가 바스토뉴의 독일군 포위망을 돌파했다. 독일군은 이 두 번의 패배로 앤트워프에 도달할 가능성이 모두 사라졌지만, 히틀러는 더 이상 목표를 달성할 수 없다는 사실을 인정하지 않고 휘하의 병력을 미친 듯이 독려했으나 소용없었다.

연합군 중폭격기와 중형 폭격기들이 전선 후방의 철로 교차점, 교량, 조차장 등을 계속 파괴하자 독일군 부대는 전선으로 진출할 수 없었고, 일부 독일군 부대는 자전거로 이동했지만, 연합군의 폭격으로 파괴된 철도 마을은 통과할 수 없었다. 전후 폰 룬트슈테트 장군은 이렇게 증언했다.

"아군의 보급품과 보충 병력이 남쪽에서 진격해 오는 패튼 장군만큼 빨리 움직였다면 벌지 전투는 독일의 승리로 끝났을 것입니다."

이 말을 곧이곧대로 믿기는 어렵지만, 라인강 서쪽 철도망 파괴가 새해가 되기 전에 아르덴 숲속에 있던 독일군을 무력화하는 데 일조한 것은 틀림없는 사실이다.

1945년 1월 1일, 독일 공군도 히틀러의 명령으로 반격 작전에 돌입했다. 해가 뜨기 전, 독일 조종사 800여 명은 네덜란드, 벨기에, 프랑스 북부의 연합군 전투기 기지에 대한 공습 준비를 마쳤다. 작전 목표는 연합군 전투기들이 이륙하기 전에 지상에서 쓸어버리고, 일격에 연합군 공군 전력의 상당 부분을 마비시키는 것이었다. 어떤 독일군 비행대는 새해를 축하하고 1시간도 못 되어 이륙하기도 했다. 다음은 독일 공군 군터 블뢰메츠Gunther Bloemetz 중위의 증언이다.

"술을 마시며 웃고 춤추고 있는데, 갑자기 우리 지휘관이 손짓하자 오케스트라가 연주를 멈췄습니다. 그리고 그의 목소리가 쥐죽은 듯 조용한 방 안에 울려 퍼졌습니다. 그는 '제군들, 전원 시계를 맞춰라. 50분 후에 이륙한다!'라고 하더군요."

차가운 겨울 해가 떠오를 무렵, 조종사들은 서둘러 항공기에 탑승했다. 2명은 흰 셔츠와 드레스 슈즈, 하얀 장갑을 착용한 예복 차림으로 나섰다.

만에 하나 연합군의 포로가 된다면 고위급 장교처럼 보이고 싶었기 때문이다. 잠시 후 60대의 항공기가 굉음을 내며 기지를 이륙했다. 새해 전날 밤 내린 눈이 항공기 후폭풍에 휘말리며 날렸다. 그들은 나무를 스치듯 낮은 고도로 날아 방심하고 있는 연합군 비행장으로 향했다.

이 '보덴플라테Bodenplatte, 쟁반' 작전으로 연합군 항공기 450대가 순식간에 지상에서 격파되었다. 그러나 독일 공군도 전투기 400여 대와 최정예 부대 지휘관 59명을 포함해 조종사 237명을 잃었다. 독일 공군이 입은 재앙 중 가장 큰 규모였다. 이 작전에 투입된 조종사 대부분은 아돌프 갈란트가 대타격 작전에 대비해 육성한 사람들이었다. 그는 전후 이렇게 말했다.

"이렇게 강요된 작전에서 아군은 마지막 남은 밑천마저 다 날려 버렸습니다."

1944년 한 해 동안, 독일 공군은 모든 전선에서 1만 3,000여 대 이상의 항공기를 잃거나 수리가 불가능할 정도로 손상을 입었다. 보덴플라테 작전 이후 독일 공군의 단발 전투기는 연합군 폭격기를 방해하는 정도의 공격밖에 할 수 없게 되었다. 1944년 12월 한 달 동안 독일 공군이 인도받은 새 전투기는 2,900여 대였지만, 그것을 제대로 운용할 연료와 승무원이 없었기 때문에 신형 전투기들은 전쟁이 끝날 때까지 비행장만 지켜야 할 판이었다.

1월 첫 주, 연합군은 아르덴에서 진격해 독일군을 70마일(112킬로미터) 깊이의 돌출부에서 서서히 몰아내고 있었다. 1945년 1월, 미 육군은 유럽 전투에서 그 어느 때보다 많은 3만 9,000여 명의 사상자를 냈다. 벌지 전투 후반 몇 주 동안 미군의 가장 친한 친구는 연합군 공군이었다. 하늘을 가득 메운 미군 P-47과 영국군 타이푼Typhoon들은 나무 높이로 낮게 날면서 눈 위에 찍힌 독일 전차의 궤적을 쫓았다. 그동안 제8공군이 계속 라인강 양안에 있는 철도 조차장을 파괴했기 때문에 독일군은 필수 보급품은 계속 공급되고 있었지만 그나마 수송이 지연되고, 무기와 탄약이 심각할 정도로 부족한 상황이었다. 쾰른 지역과 프랑크푸르트 주변의 철도 교통망 전체가 사막화되면서 엄청난 어려움을 겪었다. 그리고 스파츠의 석유 공세로 인한 연료 부족은 벨기에의 얼어붙은 숲에서 퇴각하는 폰 룬트슈테트 부대의 발목을 꽉 붙들어 매놓았다. 1월 말이 되자 독일군은 6주 전 전투가 시작되었던 지크프리트선으로 다시 돌아갔다.

벌지 전투에 참전한 연합군은 사실상 미군이었다. 이 전투는 미 육군이 치른 가장 큰 전투이자, 사상자가 가장 많이 발생한 전투였다. 이 전투에 참전한 양쪽 병력은 100만 명 이상이었고, 그중 60만 명이 미군이었다. 이 전투로 인해 미군 1만 9,000명이 전사했고, 4만 7,000명이 부상당했으며, 1만 5,000명이 포로가 되었다. 독일군의 인명 피해는 거의 10만여 명에 달했다. 이 전투는 근본적으로 보병전이었으나, 항공력도 한몫했다.

1945년 1월은 연합군 항공 작전이 히틀러의 독일 경제에 가장 큰 타격을 가한 달이었다. 철도가 복구하기 힘들 정도로 파괴되었고, 그로 인한 석탄 부족은 돌이킬 수 없는 에너지 위기를 몰고 왔다. 독일 경제의 심장이자 석탄과 철의 산지인 루르 공업 지역은 독일의 다른 지역과 거의 완벽하게 차단되었다. 가스 공장, 발전소, 군수생산에 필요한 원자재가 부족하자 산업 시설들은 문을 닫거나 조업 시간을 단축해야만 했다.

1945년 1월부터 동부전선과 서부전선의 독일군 역시 폭격전의 여파로 연료와 무기가 심각할 정도로 부족한 상태가 되었다. 오마 브래들리 장군은 이를 두고 이렇게 말했다.

"연합군은 2월에는 라인강 서쪽, 3월에는 라인강 건너편, 4월에는 독일 전역을 휩쓸었습니다. 독일 도처에서 전차, 포, 트럭을 버리고 수천 명 단위의 병력이 항복했습니다. 원인은 다름 아닌 가솔린 부족 때문이었어요."

소련의 이오시프 스탈린은 소련군이 1945년 2월과 3월 슐레지엔에서, 4월 베를린에서 거둔 승리는 독일의 연료 부족과 철도망 붕괴, 동부전선에 배치된 독일 전투기들이 자국의 산업 시설을 방어하기 위해 철수했기 때문이라고 인정했다.

그렇다면 수송 시설과 석유 시설에 대한 항공 공격 중 독일에 더 큰 피해를 준 것은 무엇이었을까? 전후 신문 과정에서 이에 대한 독일 국방군 최고사령부 요인들의 의견은 정확히 반으로 나뉘었다. 카이텔 원수는 군사작전과 군수산업에 직접적인 타격을 준 교통 시설에 대한 공습이 더 큰 피해를 주었다고 생각했다. 반면 괴링은 어느 누구도 석유 없이는 싸울 수 없기 때문에 석유 시설 공습이 더 큰 피해를 주었다고 생각했다. 한편, 일선에서 작전을 수행한 서부전선의 독일군 지휘관들은 교통 시설과 석유 시설이 동시에 타격을 받았기 때문에 효과적인 지상 작전이 불가능했다고 주장했다. 폰 룬트슈테트는 이렇게 말했다.

"우리 군이 서부전선에서 진 것은 세 가지 요인 때문입니다. 첫째, 연합군 공군이 전례 없이 강하게 공중 우세를 확보했기 때문에 주간에 아군의 이동이 불가능했습니다. 둘째, 디젤과 가솔린 등 운송용 연료가 부족했기 때문에 아군 기갑부대와 항공 부대의 이동이 불가능했습니다. 셋째, 모든 철도망이 조직적으로 파괴되어 어떤 열차도 라인강을 건널 수 없어서 아군 병력 재배치는 물론 모든 기동이 일절 불가능했습니다."

독일 주요 군수생산 위원회 위원장 게오르크 토마스Georg Thomas 장군은 좀 더 간명하게 표현했다.

"생산이 바로 승리입니다. 그런데 당신들이 독일의 생산력을 파괴했죠. 기동해야 승리할 수 있습니다. 그런데 당신들 때문에 독일군의 기동력은 마비되었죠."

1944년 가을과 겨울의 석유, 교통 공세는 1945년 하반기까지 끌 수 있었던 전쟁을 좀 더 일찍 끝낼 수 있게 해주었다.

1월 위기

1945년 1월, 연합군 항공 지휘관들은 독일 경제를 붕괴시켰으면서도 아직 그 사실을 깨닫지 못했다. 연일 구름이 끼어 있어서 항공 정찰을 하기 어려웠기 때문에 폭격으로 인한 피해가 어느 정도나 되는지 정확히 알수 없었던 것이다. 2월이 돼서 날씨가 풀리자 영국 공군 참모차장 노먼 보텀리 경은 독일 상업 통신에 대한 울트라 감청 내용을 다시 검토할 것을 지시했고, 이를 통해 독일의 교통망이 입은 피해의 규모를 자세히 알게 되었다. 보텀리의 조사관들은 독일 국가 경제의 비참한 상황을 묘사한 적의 보고서 수천 건을 발견했다. 그러나 석유 시설에 대한 폭격을 중시한 연합 전략표적위원회는 이들 보고서를 자세히 조사하지 않았거나 의도적으로 무시했다.

1월 초, 이런 엄청난 정보를 알 턱이 없는 연합군 공군 지휘관들은 의기 소침했다. 차관보 로버트 러베트는 미 육군 항공대 주요 지휘관들 사이에 만연해 있던 비관론에 대해 이렇게 말했다.

"독일 육군의 전투력은 여전히 높았습니다. 독일의 공격 능력 또한 여전히 높았습니다. … 독일 산업의 회복 능력 또한 예상을 초월하는 수준이었습니다. … 독일 국민의 사기 역시 줄어들 기미가 보이지 않았습니다."

햅 아놀드가 칼 스파츠에게 보낸 편지는 주목할 가치가 있다. 이 편지에는 이 전쟁이 시작된 이후 처음으로 이런 말이 담겨 있다.

"어쩌면 우리는 항공 공격으로 독일을 항복시키지 못할지도 모릅니다."

1월 11일, 연합군 주요 공군 지휘관 회의에서 프레더릭 앤더슨 장군은 이렇게 보고했다.

"전략적 관점에서 볼 때, 현 상황은 매우 암울합니다."

그 말을 들은 지미 둘리틀은 이렇게 맞받아쳤다.

"100퍼센트 동의합니다."

앤더슨은 얼마 전 제8공군 정보과장 조지 C. M. 맥도널드George C. M. McDonald가 보낸 보고서를 읽고 마음이 심란해졌다. 그 보고서에는 독일 항공 산업 역량 중 상당 부분이 제트기 생산 프로그램에 투입되고 있으며, 1945년 6월까지 전쟁이 끝나지 않을 경우 독일은 700대의 제트전투기를 보유하게 돼 유럽 상공에서 현재의 세력 균형을 완전히 역전시킬 수 있다고 밝히고 있었다.

또한 울트라 감청 정보에 따르면 최근 독일은 최대 72시간 동안 잠항할 수 있는 보조 전기 모터를 갖춘 정숙한 고속 잠수함을 생산하기 시작했다고 밝히고 있었다. 독일은 1월까지, 거의 100여 척의 새로운 잠수함을 건조 중이었고, 이미 36여 척은 발트해에서 훈련 중이었다. 영국 해군 장관 A. V. 알렉산더A. V. Alexander는 신형 유보트가 실전에 투입될 경우, 영국은 1943년 봄에 입었던 수준의 손실을 다시 입게 될 수 있다고 경고했다.

1월 초, 스파츠가 아놀드에게 보낸 편지에는 이렇게 적혀 있었다.

"현 상황을 통해 추측해 본 결과, 가까운 미래에 독일의 전력이 약해질

가능성은 없을 듯합니다. 조만간 라인강 서부에서 우리 육군이 독일 육군을 상대로 대승을 거두지 못한다면, 장기전을 예측하고 대비해야 할 것입니다."

합동참모본부도 이에 동의했다. 그들은 한때 1944년 크리스마스 전에는 전쟁이 끝날 걸로 예상했으나, 이제는 1945년까지 전쟁이 연장될 것이라고 예상했고, 유럽 전쟁 종결 후 18개월이 지난 시점에야 일본이 패배할 것이라고 예상했다.

2월 2일, 연합군 주요 공군 지휘관 회의를 마치면서 프레더릭 앤더슨 장군은 진심을 담아 이렇게 요청했다.

"전쟁 장기화에 대비해 전략 항공 공세 계획을 조정할 필요가 있습니다."

석유 및 교통 시설에 대한 공세는 더욱 강화해야 하며, 함부르크, 브레멘의 제트전투기 공장과 잠수함 조선소에도 강력한 공격을 가해야 할 것이었다.

나치의 마지막 저항의 불씨를 끄기 위해서는 인구 밀집 지역에 대한 폭격이 필요했다. 그렇다면 다시 베를린이 제8공군의 최우선 목표가 될 수도 있었다. 또한 로버트 러베트의 집무실에서는 남북전쟁 당시 남부군의 전설적 기병 지휘관 젭 스튜어트Jeb Stuart의 이름을 딴 새로운 전폭기 부대를 창설하자는 의견이 나왔다. 피트 케사다 장군이 처음 구상한 이 창설안의 표면적 목적은 독일 내륙의 보급망, 소규모 공장, 발전소 등을 조직적으로 파괴하는 것이었다. 그러나 그것은 어설픈 위장에 불과했다. 이 안의 실체는 아직 연합군의 항공 공격을 받지 않은 수백 개 독일 도시에 거주하는 시민들의 사기를 꺾기 위해 도심에 폭격을 가하는 것이었다. 러베트는 아놀드에게 이렇게 제안했다.

"독일인의 저항 정신을 꺾어야 한다면, 분산된 군수생산 시설이 이전되고 있는 작은 도시와 마을도 폭격으로 파괴해야 합니다."

아놀드 사령부 참모들은 러베트의 제안을 거부했다. 그 안을 실행하기 위해서는 항공기가 지금보다 500대나 더 필요했으나 현재의 육군 항공대 전력으로는 도저히 불가능했다. 그러나 아놀드는 스파츠에게 지금보다 적에게 더 심각한 타격을 가할 수 있는 '이상적인' 계획을 검토해 볼 것을 요구했다.

"우리 육군 항공대는 서부전선이 교착상태에 빠지게 놔둬서는 안 되네."

1월 초, 햅 아놀드를 비롯한 여러 낙담한 영미 공군 지휘관들은 곧 시작될 소련군의 대규모 공세가 성공하기만을 바랐다. 그렇게 된다면 히틀러는 동부전선의 군비를 크게 늘려야 할 것이고, 반대로 서부전선의 독일군 부대는 라인강 방어를 강화하기 어려울 것이라고 생각했다.

연합군 포로 수천 명의 운명도 소련군의 공세에 달려 있었다. 독일 동부의 포로수용소에 수감된 포로들 중 소련군의 예상 진격로에 있는 미군 포로는 9만 5,000명에 달했고, 그중 3만여 명이 육군 항공대 소속이었다. 폴란드령 슐레지엔 자간에 있는 슈탈라크 루프트 III도 그중 하나였고, 그곳 외에도 연합군 포로가 수감된 수용소가 5~6군데 더 있었다.

1945년 1월 12일, 스탈린은 동부전선 최후의 동계 대공세를 시작했다. 8일 후 소련의 붉은 군대가 슐레지엔을 점령하면서 독일의 최대 석탄 산지 한 곳을 빼앗았다. 1월 27일, 소련군이 자간의 북쪽과 남쪽에 있는 포젠, 브로츠와프에 접근하자 히틀러는 소련군에 의해 곧 점령당할 포로수용소를 소개시킬 것을 독일 공군에 명령했다. 그는 영미 항공 승무원들을 계속 인질로 잡아두어 서방 연합국과의 단독강화 협상에 유리한 카드로 활용하려 했다.

천지를 울리는 소련군의 포성을 들은 슈탈라크 루프트 III의 포로들은 다가올 운명에 대해 걱정하기 시작했다. 수감돼 있는 동안 그들은 이상한 안정감을 느꼈다. 포로 생활은 힘들었지만 탈출을 시도하지 않는 한 목숨이 위험할 일은 없었다. 사실 독일 상공을 비행하는 것보다 포로수용소가 훨씬 더 안전했다. 항법사 루이스 뢰브스키Louis Loevsky는 이렇게 말했다.

"불타는 폭격기에서 뛰어내려 우리가 폭격한 사람들의 땅에 내렸을 때 느꼈던 두려움과 비슷한 종류의 두려움이 들기 시작했습니다."

MASTERS

OF THE

제14장

철조망

A I R

"우리는 늘 철조망 안에서 살았고, 이번에는 안 좋은 쪽 철조망 안에 있었어요."
- 유진 E. 핼모스Eugene E. Halmos, 제8공군 소속 전쟁 포로

1944년 3월 22일, 베를린

루이스 뢰브스키 중위는 폭격으로 난타당한 베를린 상공에서 지상을 향해 떨어지고 있었다. 그의 머릿속에는 두 가지 걱정거리가 있었다. 하나는 자기 목에 걸고 있는 것, 또 하나는 영국에 두고 온 것이었다.

"낙하산의 립코드를 당기기 전에 유대인이라는 표식이 적힌 인식표 때문에 독일 비밀경찰이나 친위대에게 살해당할 수 있다는 생각이 들었어요. 그 인식표를 허공에 던져 버릴 수도 있었지만, 적발될 경우 스파이로 간주되어 사형당할 위험이 있었어요. 군에서는 그런 사소한 것까지는 알려주지 않았어요. 그래서 나는 유대인으로서 살해당할 위험을 감수하기로 했어요."

뢰브스키의 또 다른 걱정거리는 영국에 두고 온 자신의 개인 소지품이었다. 몇 분 내로 그는 사살되지 않으면 생포당할 처지였다. 어찌됐든 부대에서는 그를 실종 처리할 것이고, 자신의 개인 소지품은 뉴저지주에 있는 부모님에게 배송될 것이다. 그런데 그중에는 부모님이 꽤 당혹스러워 할 만한 물건도 있었다. 그가 속한 제466폭격비행전대가 영국으로 떠나기 일주일 전, 일부 장병들은 영국 여성들이 허쉬 초콜릿을 좋아한다는 소문 때문에 기지 매점에서 허쉬 초콜릿을 여러 상자 샀다. 뢰브스키는 더 대담한 물건도 샀는데, 콘돔을 한가득 사서 군복의 주머니에 쑤셔 넣어놓은 것이었다. 심지어 지금 입고 있는 비행복 주머니에도 콘돔이 들어 있었다.

"베를린 상공에서 떨어지는 와중에 '이런 젠장! 부모님이 내 가방을 열어본다면, 당신들 아들이 색광이라고 오해하시겠네'라는 생각이 들더군요."

몇 년 후, 그는 전쟁 당시 성적으로 지나치게 활동적이었는지에 대한 질문에 이렇게 대답했다.

"아뇨. 나는 그저 낙관주의자였을 뿐입니다."

당시 24세였던 뢰브스키는 B-24 테리 앤드 더 파이렛츠Terry and the Pirates, 테리와 해적들호의 항법사였다. 대공 포화에 피격당한 그의 항공기는 다른 B-24인 브랜드Brand호와 충돌하면서 브랜드호의 꼬리를 잘라버렸다. 브랜드호가 폭발하기 직전 프로펠러 하나가 떨어져나가 테리 앤드 더 파이렛츠호의 복부에 박히면서 폭격수 레너드 스미스Leonard Smith가 기수 전방 기관총탑에 갇혔고, 스미스는 고통과 충격으로 장갑과 산소마스크를 벗어 던졌다. 뢰브스키는 당시 상황에 대해 이렇게 회고했다.

"스미스의 얼굴은 빠르게 파란색으로 변해갔어요. 2만 3,000피트(7킬로미터) 상공에서 온도는 영하 40도에 가까웠고, 그가 곧 심각한 동상에 걸릴 걸 알았기 때문에 가급적 빨리 그를 꺼내야 했어요. … 덩치가 엄청나게 큰 스미스를 5.33피트(162센티미터)에 불과한 내가 꺼내기는 쉽지 않았지요. 그래도 한 팔을 그의 가슴에 두르고 간신히 빼냈어요. 그리고 항공기에 남아 있는 폭탄을 다 버렸어요. 그게 어디로 떨어질지 알 수 없지만, 공중 충돌로 전우들이 죽는 것을 보았기 때문에 그렇게 임무를 끝내기는 싫었어요. … 그리고 나는 스미스를 발로 걷어차 항공기 밖으로 날려버리고, 그 뒤를 따라 뛰어내렸어요. 조종사인 빌 테리Bill Terry가 내 뒤를 따랐어요. 나는 베를린 시내의 가로수 위에 떨어졌어요."

두 독일군 병사가 뢰브스키를 체포했다. 그리고 뢰브스키에게 총을 겨눈 채 폭격으로 만신창이가 된 베를린 시내를 지나 본부로 데려갔다.

"걸어가는데 성난 베를린 시민들이 우리 주변으로 모여들었어요. 그들은 우리에게 침을 뱉고, 손으로 목을 베는 시늉을 해 보였어요. 그리고 유창한 영어로 이렇게 외치더군요. '죽여라! 죽여라!' 우리를 호송하던 독일 병사들은 군중들 사이를 빠져나가기 위해 어쩔 수 없이 자기네 독일인들에게 총을 겨눴어요. 그렇게 하지 않았다면 우리는 아마 그 자리에서 죽었을 거예요."

뢰브스키는 독일군 본부에서 레너드 스미스를 만났다. 스미스 역시 심한 동상이 걸린 손으로 어떻게든 낙하산 줄을 당겨 어느 작은 호텔 지붕에 떨어졌다. 나중에 알았지만, 빌 테리는 결국 사망하고 말았다. 독일은 제8 공군에 빌 테리의 시신이 테리 앤드 더 파이렛츠호의 잔해 근처에서 발견되었다고 통보했으나 뢰브스키는 빌 테리가 분명히 탈출하는 모습을 목격했기 때문에 그럴 리가 없다고 생각했다. 뢰브스키는 수년 후 이렇게 말했다.

"내 주장을 뒷받침할 증거는 없습니다. 그러나 내 생각에 그는 낙하산 강하 중에 저격당했거나, 착지 후 분노한 시민들에게 살해당한 것 같아요. 우리는 베를린을 비롯한 여러 독일 도시들을 폭격하고 있었기 때문에 격추되어 탈출할 경우 가급적 독일 민간인을 피하라는 지시를 받았어요. 정보에 따르면 독일인들은 탈출한 미군 승무원들을 '유아 살해범'이라고 부르면서 구타한다고 했거든요."

공포 폭격 승무원

보병들과 달리 항공기 승무원들은 보통 개인 단위로 독일에 체포되었다. 따라서 독일인들에게 구타당하거나 살해당한 미군 승무원 수를 알기는 사실상 불가능하다. 그러나 미군 폭격기 승무원 및 전투기 조종사가 독일인들에게 '테러플리거Terrorflieger, 공포 폭격 승무원'라 불리며 가혹행위를 당하거나 살해당한 기록은 남아 있는 것만 해도 수십 건이 넘는다. 뢰브스키가 체포될 당시, 미군은 베를린을 비롯한 독일 도시의 주거지역을 주기적으로 폭격하고 있었다. 장거리 호위 전투기들 역시 영국으로 귀환 시 저공비행을 하며 눈에 띄는 모든 표적에 사격하라는 명령을 받은 바 있었다. 보통은 비행장이나 기차역에 사격을 가했으나, 독일 정부의 보고서에 따르면 미군 전투기들은 여객 열차, 학교, 자전거 탄 사람, 보행자, 농민에게도 사격을 가했고, 독일 정부는 강력한 응징을 촉구했다. 국민계몽선전부 장관 요제프 괴벨스는 이렇게 말했다.

"적들은 독일 국민을 무제한적인 야만 행위의 제물로 길들이려 하고 있습니다. 이것은 우리에게 너무 많은 것을 요구한 것입니다."

독일 소도시와 시골 마을을 연합군 전투기가 휩쓸고 지나가면서 헤아릴 수 없이 많은 독일 민간인이 죽었다. 그러나 이런 민간인 사상자에 대한 독일 측 보고서의 대부분은 나치 선동가들에 의해 조작되었다. 독일 신문은 이들 미군 폭격기 승무원들이 베를린과 함부르크 같은 대도시의 민간인들을 살상하기 위해 갱들의 도시인 시카고에서 모집된 킬러 부대의 일원이라고 선정적으로 보도했다. 1943년 하반기, 베를린의 한 신문 1면에는 등판에 '살인 주식회사Murder, Inc.'라고 적힌 비행 재킷을 입은 B-17 승무원의 사진이 실렸다. 베를린의 한 잡지에서는, 그 승무원은 제351폭격비행전대 소속의 케네스 윌리엄스 중위로 알 카포네가 고용한 냉혹한 살인자들 중 하나이고, 앨카트래즈 교도소에 수감되어 있다가 루스벨트 대통령의 요구로 석방되었다고 보도했다. 그 잡지는 계속해서 미 육군 항공대에는 '살인 주식회사'라고 부르는, 여성과 아이 들을 전문적으로 학살하는 부대가 있으며, 출격할 때마다 무려 5만 달러의 보수를 받는다고 주장했다. 어느 나치 방송국 라디오 아나운서는 이런 말도 했다.

"악당 윌리엄스의 신병은 지금 우리가 확보하고 있습니다. 그는 미국인들이 살인광임을 보여주는 산 증인입니다. 그는 미국의 비밀 부대인 대량학살 부대 소속으로, 그들은 지금 우리 독일인들을 무참하게 학살하고 있습니다."

물론 진실은 그보다 지루하다. 영국에 도착한 케네스 윌리엄스Kenneth Williams와 그의 동료들은 낡은 B-17 머더 아이엔씨Murder, Inc. 살인주식회사호를 지급받았고, 호기로운 성격의 윌리엄스는 부하를 시켜 자신의 비행 재킷에 항공기의 애칭을 적어 넣었던 것이다. 그러나 윌리엄스는 머더 아이엔씨호로 비행을 한 적이 없었다. 이 기체를 격납고에서 수리하는 동안 윌리엄스의 승무원들은 예비 기체로 첫 임무를 시작했고, 두 번째 임무에서 격추당했다. 윌리엄스가 탈출한 직후에 뒷모습이 사진으로 찍혔고, 나치 선동가들은 그 기회를 놓치지 않았던 것이다.

독일 공군의 신문관들은 그 기사를 대수롭게 여기지 않았으나, 수천 명의 독일인들은 진심으로 받아들였다. 브레멘 근교에서 생포된 로저 버웰Roger Burwell은 트럭을 타고 아직 불타고 있는 브레멘 시내를 지나가면서 가로등에 목이 매달린 미군 승무원을 봤다. 버웰은 훗날 이렇게 말했다.

"분노한 시민들이 아닌 독일군에게 생포된 것이 다행이라는 생각이 들었습니다."

괴링은 전쟁 초기, 독일 공군 헌병에 생포한 적 승무원을 분노한 독일 민간인으로부터 보호하라는 명령을 내렸다. 제1차 세계대전의 유명한 에이스 조종사인 괴링은 항공기 승무원은 하늘의 기사로, 국경을 초월한 동료애가 있다고 생각했다. 또한 그는 연합국 측에도 체포된 독일 공군 승무원에게 인도적 처우를 해줄 것을 요구했다. 그러나 1944년 초, 독일의 공식 정책은 총통의 요구에 의해 나쁘게 변질되기 시작했다. 그해 5월 말, 나치당 기관지에 게재된 괴벨스의 사설에는 영미 연합군의 항공 공격은 전쟁이 아니라, 무고한 여성과 아이 들에 대한 명백한 살인 행위라고 비난했다. 그리고 장차 독일은 이런 야만인들을 시민들의 분노에서 보호할 필요가 없다고 주장했다. 그는 "눈에는 눈, 이에는 이"라고 강조했다.

그로부터 채 일주일도 지나지 않아 히틀러의 개인 비서이자 독일에서 가장 악독한 인물인 마르틴 보어만Martin Bormann은 각 지역 나치당 관료들에게 비밀문서를 돌렸다. 이 문서에는 연합군 전투기가 고의적으로 독일 민간인을 대상으로 조준 사격을 했다는 내용이 자세하게 적혀 있었다. 그는 이 문서에서 다음과 같은 사실을 인정했다.

"생포한 연합군 승무원 중 상당수가 매우 분노한 시민들에 의해 현장에서 살해당했다."

연합군 승무원들을 공격한 군중들은 처벌받지 않았고, 보어만은 이러한 정책이 계속 유지되어야 한다고 주장했다. 전후 독일 장군들의 증언에 따르면, 히틀러는 추락한 연합군 승무원들을 군중의 분노 속에 방치하기를 원했다고 한다.

보어만의 비밀문서가 돈 지 얼마 안 돼 총통의 압력을 받은 독일 국방군 최고사령부는 명백하게 전쟁 범죄인 극비 명령을 하달했다. 증거를 남기지 않기 위해 모든 독일군 장교들에게 구두로 전달된 이 명령은 '공중해적', 즉 연합군 승무원을 구타하는 민간인들을 방해하지 말라는 것이었다. 그리고 나치 관료들의 가장 깊숙한 밀실에서는 추락한 연합군 승무원을 사형에 처하라는 직접 명령이 지속적으로 내려왔다. 전후 연합군 승무원 4명이 살해당한 사건을 조사하던 중 나치 당원 후고 그루너Hugo Gruner는 나치당의 지역 위원장이자 상관인 로베르트 바그너Robert Wagner 로부터 생포한 모든 연합군 승무원을 사형에 처하라는 명령을 받았다고 증언했다. 그루너는 이 명령을 매우 무자비하게 실행했다. 포로가 된 연합군 승무원들 등에다 기관총을 갈기고 그들의 시신을 라인강에 던져 버린 것이다.

결국 드레스덴 공습 이후 한 달이 지난 1945년 3월 15일, 히틀러는 다시 생포한 모든 공포 폭격 승무원을 현장에서 사살 또는 타살해도 좋다고 명령했다. 이러한 히틀러의 광기에는 보복 이상의 의미가 있었다. 그는 아이젠하워의 연합군에게 독일군이 집단적으로 항복했다는 소식에 화가 났던 것이다. 그는 하인츠 구데리안Heinz Guderian 장군에게 이런 말을 했다.

"동부전선의 아군이 더 낫다. 서부전선에서 아군이 쉽게 항복하는 이유는 망할 제네바협약 때문이야. 그런 바보 같은 것은 없애 버려야 돼."

그러나 하인리히 히믈러가 이끄는 친위대조차 전후 연합국의 보복이 두려웠기 때문에 히틀러의 이런 정신 나간 명령을 따르려 하지 않았다. 뉘른베르크 국제 전범 재판에서 독일 국방군 최고사령부 작전 참모장인 알프레트 요들 장군은 이렇게 증언했다.

"나를 포함한 독일 국방군 주요 지휘관들은 연합군 승무원을 타살하라는 히틀러의 정신 나간 명령을 막기 위해 지연 전술을 사용했습니다. 하지만 그것도 제대로 안 먹힐 때가 많았습니다."

독일 국방군 최고사령부가 이렇게 한 이유는 인도주의와는 거리가 멀었다. 그들이 가장 크게 걱정한 것은 연합국 포로가 된 독일 공군 승무원의 신변을 보호하기 위해서였다. 그리고 독일군이 제네바협약을 위반하기 시작하면, 아직 포로가 되지 않은 많은 독일 공군 승무원의 사기에도 좋을 게 없었다. 전쟁 마지막 수개월 간 연합군 승무원 수천 명의 생명을 구한 것도 도덕적 판단이 아닌 실리적 판단 때문이었다. 그러나 나치당의 독려와 히틀러의 광기에 굴복한 독일군 현장 지휘관들 때문에 민간인 자경단의 폭력은 계속되었다. 1944년 6월 21일, 메클렌부르크 상공에서 격추당한 B-24 승무원 9명은 탈출을 시도했다는 이유로 사형당했다. 독일 비밀경찰이 포로로 잡은 미군을 마을 주민들이 때려죽인 사건도 있었다. 비밀경찰이 미군 승무원 6명을 데리고 뤼셀스하임 마을을 지나던 중 마을에 있던 공장 직원들이 뛰어나와 미군들의 신병을 넘기라고 요구했다. 그중 2명의 여성이 소리를 질렀다.

"저들은 어젯밤에 우리를 폭격한 자들이야! 저 자들을 죽여! 저들에게 자비를 베풀 이유가 없어!"

한 여성이 벽돌을 집어 던지자 주변에 있던 사람들도 곧 합류했고, 그들은 농기구와 돌로 미군 승무원 6명을 전부 죽여버렸다. 승무원 중 하나는 아내와 두 아이가 있다며 살려달라고 애원했으나, 소용이 없었다. 승무원들의 시신은 하루 동안 길가에 방치되었다가 마을 공동묘지에 매장되었다. 전후 다름슈타트 군사재판소에서는 이 학살에 가담한 독일 민간인 중 5명에게 살인죄로 사형을 선고했다. 이들 중에는 군중을 선동했던 두 여성도 끼어 있었다. 그러나 아이젠하워 장군은 그들의 형량을 30년 형으로 감형해 주었다.

종전 2년 후, 다하우 미군 군사재판소에서 전쟁 당시 독일 군의관이었던 막스 슈미트Max Schmidt는 미군 승무원 시신의 머리를 잘라 끓이고 표백해 안구를 제거한 다음 아내에게 기념품으로 주었다고 자백했다. 군사재판소는 슈미트에게 전투원 사체 손괴죄로 징역 10년 형을 선고했다. 뉘른베르크 국제전쟁범죄 재판의 공식 기록에는 독일에 억류된 비무장 미군 승무원에 대한 폭행 및 살인 사건이 무려 66건 기록돼 있는데, 그중 살인 사건의 비율은 70퍼센트가 넘는다.

따라서 추락한 연합군 승무원은 민간인보다 독일군에게 신병이 접수되었을 때 더 안도감을 느꼈다. 추락한 연합군 승무원의 관리 책임은 공식적으로 독일 공군 헌병과 신문관에게 있었다. 그들의 정보 획득 방법은 다소 거칠었지만, 야만적이지는 않았다.

뢰브스키는 체포된 후 다른 미군 승무원들과 함께 둘라크 루프트로 이송되었다. 프랑크푸르트 교외에 있는 오버오우젤에 위치한 이곳은 연합군 승무원들을 신문하는 독일 공군 신문 본부였다.* 그는 옷을 모두 벗기고 몸수색을 당한 다음, 난방이 들어오지 않아 나치의 심장보다 더 차가운 독방에 수감되었다. 창문이 없었고 크기는 침대보다 약간 더 넓었으며 조명도 없었다. 시계를 압수당했기 때문에 지금이 밤인지 낮인지 구분할 방법도 없었다. 식사로는 오래된 흑빵과 떡갈나무잎과 석탄으로 만든 대용커피가 나왔다. 식사를 마친 뢰브스키는 신문을 받기 위해 방 밖으로 끌려나왔다.

"그 친구들도 내가 첫 임무에서 격추당한 신참인 것을 알고 있었어요.

* 둘라크 루프트(Dulag Luft, 적 공군 포로 단기 수용소를 나타내는 독일어 Durchgangslager der Luftwaffe의 약자)라는 말은 원래 신문 본부, 그리고 신문 본부에서 방출된 포로들이 정식 수용소로 보내질 때까지 대기하는 단기 수용소 모두를 가리켰다. 이후 단기 수용소는 연합군의 폭격을 저지하기 위해 프랑크푸르트 중부의 기차역 근처 공원으로 옮겨갔다. 그러나 이 단기 수용소가 1944년 3월 말 연합군의 폭격으로 폭파되자, 프랑크푸르트에서 북쪽으로 30마일(50킬로미터) 떨어진 베츨라르에 임시 수용소가 세워졌다. 독일인들은 이들 임시 수용소와 오버오우젤의 주요 신문 본부(서부 평가 본부) 모두를 '둘라크 루프트'라고 불렀다. 오버오우젤 '서부 평가 본부'는 이 시설을 동부전선에서 포로가 된 소련 공군 승무원들을 수용하는 신문 본부와 구분하기 위해 붙인 명칭이다. 그러나 미 육군 항공대 및 오버오우젤에 있던 대부분의 포로들은 오버오우젤 서부 평가 본부 전체를 '둘라크 루프트'라고 불렀다. 이 책에서 필자는 미 육군 항공대의 관행을 따르고 있다.

신참이니 알려줄 정보도 없었죠. 그래서 며칠 후 다른 곳으로 보내졌어요. 말이 많거나 계급이 높을수록 그곳에 오래 머물러야 했어요."

둘라크 루프트의 독일 공군 신문관들의 신문 기술은 탁월했다. 그들은 단순히 육체적인 고문보다는 훨씬 더 세련된 방법을 선호했다. 전원 영어를 유창하게 구사했으며, 영국과 미국에서 오랫동안 거주했던 사람도 있었다. 그중에는 뉴욕주 용커스에서 피아노 외판원으로 일하다가 히틀러가 집권하자 독일로 귀국한 사람도 있었다. 독일 비밀경찰과 SS는 연합군 승무원 포로 대우에 관해 갈수록 강한 압력을 가했지만, 독일 공군은 이에 완강히 저항했다. 종전 후, 오버오우젤의 유명한 수석 신문관이던 한스 샤르프Hanns Scharff는 이렇게 주장했다.

"나와 동료들은 라디오에서 괴벨스 장관의 발언을 듣고 공포에 질렸습니다. … 그 사람은 이제 독일에 떨어지는 모든 연합군 승무원이 시민들의 '사냥감'이 될 거라고 말하더군요. … 하지만 우리는 우리만의 원칙을 고수했고, 그 원칙은 변하지 않았어요. … 포로들을 완전하게 보호하는 게 그 원칙이었습니다."

샤르프는 실력이 뛰어난 신문관으로 수녀에게서도 "나는 신을 믿지 않는다"라는 진술을 끌어낼 수 있는 인물이었다. 그는 장교를 신문할 경우 우선 초콜릿과 담배부터 주고, 그 후 미국 야구나 영화 같은 가벼운 이야기를 나눴다. 이런 종류의 이야기는 유쾌한 분위기에서 진행되기 때문에 승무원들은 대부분 신문이 시작된 줄도 몰랐다. 본격적으로 신문이 시작되면 그는 포로들과 미군 폭격비행전대의 정보가 적혀 있는 두꺼운 파일을 보여주며 포로들을 압박했다.

"자네가 아는 것 중 우리가 모르는 건 없어."

한 독일 공군 소령은 로저 버웰을 신문하다가 미소를 지으며 이렇게 물었다.

"리지웰의 제381폭격비행전대에 있는 장교 클럽의 시계가 고장 난 걸로 알고 있는데 왜 고치지 않는 건가?"

군사 정보나 개인 정보를 말하지 않으려는 포로는 협력하지 않으면 여기에 안전하게 살아 있다는 사실을 가족에게 알리지 않겠다는 협박을 당하기도 했다. 인식표가 없는 상태에서 포로가 된 사람들은 독일 비밀경찰에 넘겨 스파이로 사형당하게 하겠다고 협박했다. 끝내 입을 다물고 있던 장교는 계속 고집을 부릴 경우 다음 날 칼레의 독일 방송국에서 그가 격추당하기 전날 밤 런던의 한 호텔에서 매력적인 금발 여성과 함께 투숙했다는 내용이 방송으로 나갈 것이라고 협박했다. 실제로 그 장교는 그날 그 자리에 그 여자와 함께 있었다. 그 말을 들은 장교의 얼굴은 창백하게 질렸다고 한다.

물론 이 정도 고도의 협박은 자주 쓰이지는 않았다. 포로 신문 보고서에는 이런 말이 적혀 있었다.

"연합군 승무원 포로들이 입은 옷은 사복과 비슷하게 생긴 비행복이었다. 따라서 심리적 압박감을 받고 있는 포로들은 무엇이든지 다 털어놓았다."

둘라크 루프트의 열악한 생활 여건도 포로들을 무너뜨렸다. 포로들은 무덤 같은 독방에 수감되었고, 주어진 식사만으로는 허기를 면하기 어려웠다. 습기 찬 독방 안에는 쥐떼가 우글댔고, 쥐가 옷 속으로 파고들기도 했다. 그 때문에 때로는 샤워, 면도, 뜨거운 음식을 제공하겠다는 약속만으로도 포로들의 입을 열 수 있었다. 경비병들은 감방의 온도를 철저하게 조절했다. 겨울에는 전기 난방 기구를 모두 꺼버리고, 다른 계절에는 온도를 54도로 높이기도 했다.

마스터스 오브 디 에어 2

둘라크 루프트에 수용된 포로 중 수백 명은 이미 부상을 입은 상태였다. 그러나 독일 측은 이들의 치료 요구를 들어주지 않았다. 이는 명백한 제네바협약 위반이었다. 로저 버웰은 이렇게 회상했다.

"내 담당 신문관은 이렇게 말했어요. '자네는 부상을 당해 치료를 받아야겠군! 쓸데없이 고집부리지 않으면 바로 병원에 보내 주겠네'라고요."

한편 고급 군사 정보를 지니고 있는 고위 장교들은 독일 장교들과 함께 사냥을 나가거나 술자리에 초대되기도 했다.

독일 신문관들은 미 육군 항공대의 작전에 대해 어마어마하게 많은 지식을 갖고 있었다. 그것이야말로 포로들에게서 정보를 효과적으로 뽑아내는 도구였다. 물론 영국에서도 승무원들에게 주의를 주기는 했으나, 미군에 대해 그야말로 모르는 게 없는 것 같은 신문관들 앞에서 넋이 나가지 않을 포로는 거의 없었다. 어느 승무원은 이렇게 회고했다.

"나를 맡았던 신문관은 고향에 계신 어머니와 학교에 다니는 여동생의 안부를 묻기까지 했다."

많은 포로들은 독일이 영국 주둔 미군의 모든 기지에 스파이를 침투시켰다고 생각했다. 그러나 스파이가 침투했다는 증거는 없었다. 게다가 독일은 그럴 필요도 없었다. 독일군이 보유한 정보 대부분은 연합군이 스스로 만든 정보원들에게서 직접 수집한 것이었다. 그들은 중립국인 포르투갈에서 미국 신문과 잡지를 구해 철저하게 연구, 조사했다. 특히 《스타스 앤 스트라이프스》에는 육군 항공대에 관한 정보가 매우 풍부하게 실려 있었다. 그 외에 승무원이나 항공기 잔해에서 노획한 로그북, 브리핑 노트, 승무원의 일기 등도 귀중한 자료가 되었다. 노획한 문서에는 항공기 운항 양상, 독일 방공망의 효율성, 차후 폭격 목표와 같은 1급 비밀 정보가 들어 있었다. 전쟁 당시 미 육군 항공대 방첩대의 어느 장교는 이렇게 말할 정도였다.

"독일의 거대한 군수산업체들은 종종 독일 공군에 '우리 공장이 다음 폭격 타깃에 들어가 있습니까? 만약 그렇다면 언제 폭격할 예정입니까?' 라고 물었습니다."

언어 전문가들은 연합군 승무원들의 무선통신 내용을 감청했다. 한스 샤르프에 따르면 둘라크 루프트의 신문관들에게는 항공기 간의 통신, 항공기와 기지 간의 통신을 감청한 내용이 빼곡하게 적힌 파일이 있었다. 육군 항공대 방첩 전문가들이 지적했듯이, 둘라크 루프트 정보장교들은 미군에 관한 문서라면 개인적인 수기든 인쇄물이든 가리지 않고 빠짐없이 철저하게 조사했다.

독일군이 특히 주목하는 것은 승무원들의 배급 카드였다. 유럽 전구에 주둔하는 모든 미군 승무원들은 다 똑같은 배급 카드를 지급받았다. 단순히 카드만으로 카드 주인의 소속과 주둔지를 알 수는 없지만, 둘라크 루프트의 조사관들은 카드의 표기 방식을 보고 카드 주인의 소속 전대를 맞힐 수 있었다. 예를 들어, 소프 애보츠 기지의 PX 관리병들은 짙은 검은색 연필로 카드에 표기했다. 게다가 그곳의 계산대는 거친 판자로 되어 있기 때문에 모든 배급 카드에는 특정한 검은색 연필 자국이 남아 있을 수밖에 없었다. 육군 항공대 방첩대는 둘라크 루프트가 가지고 있는 정보의 80퍼센트는 노획한 문서와 통신 감청을 통해 획득한 것이라고 추측했다.

전후 한스 샤르프는 미군 통역관으로 일했다. 그는 자신이 신문한 500여 명에 달하는 미군 중 20명을 제외하고는 모두가 독일 공군에 유리한 정보를 알려주었다고 했다. 그는 이 중 일부러 정보를 알려주었거나, 독일의 협박에 굴복했거나, 좋은 대우를 받으려고 정보를 알려준 사람은 거의 없었다는 점을 강조했다. 어느 미군 승무원은 이렇게 말했다.

"내가 독일 놈들에게 뭔가 정보를 알려준 것 같기는 해요. 하지만 그 정보가 뭔지는 도통 모르겠네요."

뢰브스키는 다른 수십 명의 승무원과 함께 둘라크 루프트에서 프랑크 푸르트로 이송되었다. 그곳에서 다시 가축 수송용 열차를 타고 독일 내륙 깊숙한 곳에 있는 자간 인근 슈탈라크 루프트 III으로 옮겨졌다. 이곳은 독일 공군이 운영하는 5~6개의 대형 포로수용소 중 하나로, 연합군 공군 포로만 수감돼 있었다. 독일 육군과 해군도 이와 비슷한 체계로 포로수용소를 운영하고 있었다. 이들 중 슈탈라크 루프트 III과 슈탈라크 루프트 I은 장교 전용이고, 나머지 수용소들은 사병 전용이거나, 사병 포로와 장교 포로를 함께 수용했다. 종전 당시 독일 포로수용소에 있던 미 육군 항공대는 대략 3만 3,000명에 달했다. 이는 유럽 전구에서 포로가 된 미군 9만 3,941명의 3분의 1을 웃도는 수치다.

자간의 포로 중 가장 큰 영향력을 지닌 사람은 제100폭격비행전대의 게일 클리븐과 존 이건이었다. 이건은 비밀리에 탈주를 계획하기 위해 포로들이 조직한 비밀 정보 위원회의 일원이었고, 클리븐은 포로수용소에서 귀중한 교육 담당자였다. 두 사람은 제100폭격비행전대의 초대 사령관인 다르 알카이어 대령과 긴밀하게 협력했다. 이 수용소의 5개 구역 중 하나를 담당하고 있었던 그는 군대식 지휘 체계로 포로들을 조직해 그들이 '얼간이'라고 부르는 경비병을 괴롭히기 위해 무슨 일이든 다 했다. 클리븐은 이렇게 회상했다.

"독일군과 우리는 고지 슐레지엔의 황폐한 소나무 숲속에 함께 감금된 불행한 대가족이었습니다. 게다가 가족의 숫자가 빠르게 불어나고 있었습니다. 우리가 독일을 폭격하면 할수록 포로의 숫자도 늘어났습니다."

그들은 최소 반 이상이 부상을 입었고, 상당수가 장애나 흉터를 가지고 있었다. 그중 상당수는 붕대로 몸을 칭칭 감거나 목발을 짚었고, 초점 잃은 눈에는 포로가 된 데서 온 놀라움과 분노, 심지어 수치심까지 배어 있었다. 전쟁 전에 잡지 기자로 일했던 B-24의 항법사 유진 E. 핼모스는 이렇게 회상했다.

"이상하게도 전쟁터로 향할 때는 포로가 될 것이라고 생각하지 않아요. 영국에 온 모든 승무원들은 자신이 죽거나 다칠 것을 생각하지, 포로가 될 수도 있다고 생각하는 사람은 소수에 불과했어요."

전쟁이 끝난 후 한참이 지나 폭격기 조종사였던 행크 플룸Hank Plume 은 이렇게 말했다.

"포로가 될 줄 알았더라면 더 철저하게 준비했을 거예요."

대탈주

포로 대부분은 독일군에게 생포되었을 때 "자네의 전쟁은 이제 끝났어"라는 말을 들었다. 그에 대해 루이스 뢰브스키는 이렇게 말했다.

"그건 거짓말이었어요. 포획되는 것으로 우리의 가장 긴 임무가 시작되었죠."

포로들이 소독 및 전입 절차를 밟기 위해 포로수용소 본관에 도착하자 고참 포로들이 각 구역 문 가까이에 모여서 소리 지르며 손을 들었다. 한 포로는 이렇게 회상했다.

"신입과 고참 중에는 서로 아는 얼굴이 거의 반드시 있었어요. 그럴 때면 엄청난 함성이 터져 나왔죠."

고참들은 이런 말로 신입들을 환영했다.

"어이, 조. 어쩌다가 여기 왔나? 어서 와! 여기 물 괜찮아!"

"헨리! 빌 봤나? 나는 그 친구를 기다리고 있다네!"

"자네 단짝 친구가 왔군… 외로워서 특별히 불렀나 보지."

루이스 뢰브스키를 포함한 포로들은 여기서 사진과 지문을 찍고, 포로 번호를 부여받았다. 그리고 육군용 모포 두 장, 깔개 두 장, 톱밥이 들어 있는 삼베 매트리스 커버, 작은 리넨 수건, 그릇과 컵, 나치를 상징하는 스와스티카 문양이 새겨진 나이프, 포크, 스푼 등을 받았다.

뢰브스키는 흥겹고 떠들썩한 곳으로 들어갔다. 그가 도착하기 며칠 전 북쪽 구역에서 영국 공군 포로 76명이 탈출했다. 1,000명의 포로가 1년 넘게 지하 30피트(9미터) 깊이의 터널을 파고 빠져나갔던 것이다. 1944년 3월 24일과 25일 사이의 밤에 있었던 이 사건은 훗날 '대탈주'라고 불리게 된다. 탈출자들은 여러 조로 나뉘었는데, 각 조의 조장은 독일어를 할 수 있는 포로가 맡았다. 그들은 사방팔방으로 흩어졌다. SS와 독일 비밀경찰이 소집되었고, 독일 정부는 가장 등급 높은 수색 명령을 발령했으며, 검거를 위해 약 500만 명의 독일인이 동원되었다. 뢰브스키가 자간에 들어왔을 때 수용소에 남아 있던 사람들은 아직 탈출자들이 잘 도망 다니고 있을 거라고 믿으며 행복해하고 있었다.

그러나 포로들은 3명을 제외하고는 모두 얼마 못 가 체포되고 말았다는 사실을 몰랐다. 히틀러의 명령으로 체포된 50명은 독일 비밀경찰에 의해 사형에 처해졌고, 증거를 없애기 위해 시신은 화장되었다. 히틀러는 탈출자 전원을 사형에 처하고자 했으나, 장군들의 만류로 50명만 사형에 처했다.

전력을 다해 동료들을 탈출시키는 것이 연합군 장교 포로들의 의무였다. 성패 여부와 상관없이 포로들은 계속해서 탈출을 시도했다. 탈출자가 체포되면 통상 '냉장고'라고 부르는 징벌용 독방에 10일간 수감되는 벌을 받았다. 이렇듯 처벌이 그다지 가혹하지 않았기 때문에 포로들은 탈출을 일종의 게임처럼 생각했다. 그래서 4월 6일, 영국군 장교 허버트 M. 마시 Herbert M. Massy는 탈출한 장교 중 41명(후일 50명으로 정정되었다)이 체포되지 않으려고 저항하다가, 혹은 체포되었다가 다시 탈출을 시도하다가 사형에 처해졌다는 소식을 듣고 놀랐다. 그가 부상자 수를 묻자 부상자는 없다고 했다. 이 소식을 다른 포로들에게도 전하자 포로들은 분노와 충격 그리고 절망감에 빠졌다. 뢰브스키는 이렇게 말했다.

"우리 구역의 선임 장교 델마 T. 스피비Delmar T. Spivey 대령이 사람들을 모아놓고 한 말을 아직도 잊을 수 없습니다. 그가 슈탈라크 루프트 III을 소개하며 한 말은 '제군들, 여기는 무기력하고 희망도 없다'였습니다."

대탈주 사건으로 포로수용소장 프리드리히 빌헬름 폰 린다이너 빌다우 Friedrich-Wilhelm von Lindeiner-Wildau 대령이 체포되고, 연쇄적으로 여러 일이 일어났다. 9월 30일 마르틴 보어만은 모든 포로수용소의 통제권을 친위대로 넘기라는 명령을 내렸다. 다행스럽게도 히믈러는 포로 처리 권한을 친위대의 고틀로프 베르거Gottlob Berger 상급대장에게 일임했다. 그는 생존 본능이 매우 뛰어난 인물로, 독일이 이 전쟁에서 이기지 못할 것을 알았기 때문에 전쟁 막바지에 영미 연합군 포로에게 인도적으로 대우해주면 종전 후 자신이 사형당할 일은 없을 거라고 생각했다. 그는 독일 공군 소속 포로수용소에 대한 통제권을 독일 공군이 계속 행사할 수 있도록 했다. 그러나 히믈러의 명령으로 포로들에게 탈출하다 붙잡히면 사형을 당한다고 경고했다. 히믈러가 모든 포로를 사형에 처하려고 한다는 소문도 돌았다. 그리고 모든 슈탈라크에는 잘 보이는 곳에 이런 말이 적힌 포스터가 나붙었다.

"포로수용소 탈출은 더 이상 게임이 아니다."

대탈주 이후 포로수용소의 포로들과 독일 공군 경비병들 간의 관계는 악화되었다. 특히 자간에서는 더욱 심했다. 후일 전쟁 포로 경험을 바탕으로 쓴 소설《폰 라이언의 탈주 특급Von Ryan's Express》으로 일약 베스트셀러 작가가 된 데이비드 웨스트하이머David Westheimer는 이렇게 기록했다.

"감시탑에서 수용소 구내로 사격을 가하는 일은 과거에는 매우 드물었으나, 갈수록 빈번해졌다. … 철조망을 사이에 둔 양측의 대치로 신경은 매우 날카로워졌다. 그러다가 어느 날 슈탈라크 루프트 III에 아서 W. 바나만 준장Arthur W. Vanaman이 잡혀 왔다. 그에 대해 여러 소문이 퍼졌는데, B-17에 탑승했던 그는 독일 상공에서 탈출했지만, 그를 제외한 나머지 모든 승무원이 멀쩡한 채로 영국으로 돌아갔다고 했다. 독일어가 유창하고 전쟁 전, 헤르만 괴링과 친분이 있었던 그는 포로수용소의 긴장 관계를 완화시키기 위해 파견된 일종의 특사라는 것이었다."

진주만 공습 이전에 베를린 주재 미국 항공대 무관으로 4년간 근무한 바나만은 실제로 괴링을 만났다. 그러나 그가 슈탈라크 루프트 III에 온 것은 긴장을 완화시키기 위해서가 아니었다. 그가 거기 있는 것은 인생 최대의 실수를 범했기 때문이었다. 제8공군의 새 정보과장으로 부임한 그는 영국 도착 직후 울트라 정보 브리핑을 받게 되었다. 그리고 그는 휘하 정보 참모들로부터 더 큰 존경을 받기 위해 둘리틀에게 전투 비행에 참가시켜달라고 요구했고, 둘리틀은 그 요구를 마지못해 들어주었다. 세 번째 임무에서 그의 항공기는 대공포에 피격되었고, 엔진에 화재가 발생했다. 조종사가 비상 탈출 명령을 내리자 바나만은 가장 먼저 비행기에서 뛰어내렸다. 잠시 후 조종사는 화재를 진압하고 비상 탈출 명령을 취소했고, 남아 있던 4명의 승무원과 함께 부대로 복귀했다. 바나만의 생포 소식은 연합군 최고사령부에 큰 충격을 주었다. 아이젠하워는 연합군 최고의 군사비밀을 알고 있는 바나만에게 독일 상공 비행을 허가한 둘리틀에게 분노했다. 전후 로렌스 커터는 인터뷰에서 이렇게 말했다.

"바나만이 포로가 되었을 때, 우리는 모든 것을 잃었다고 생각했습니다. 그는 모든 고급 비밀 정보를 다 알고 있었고, 따라서 그는 절대로 거기에 있지 말았어야 했습니다."

다행히도 계급을 중시한 독일인들은 그를 신문하지 않았다. 바나만은 제2차 세계대전에서 독일 측에 포로가 된 최고위급 육군 항공대 장성으로, 베를린으로 이송되어 특별한 대우를 받았다. 그리고 그와 같은 특별한 포로들의 전용 수용소인 드레스덴의 안락한 성으로 이송될 거라는 통보를 받았다. 그러자 그는 탁자를 내리치며 독일 최대의 포로수용소로 보내줄 것을 요구했다. 그는 슈탈라크 루프트 III에 오자마자 찰스 굿리치Charles Goodrich 대령을 제치고 그곳에서 미군 최고위급 포로가 되었다. 그는 중앙 구역을 배정받았고, 전임자 스피비를 자신의 참모로 임명했다.

바나만은 낙하산으로 탈출하는 과정에서 부상을 입었는데, 밤이 되자 부상 부위에 감아놓았던 붕대를 잘라 자기 입을 봉했다. 혹시라도 잠꼬대로 군사비밀을 털어놓지 않기 위해서였다. 그는 마인드 컨트롤로 울트라 관련 핵심 개념들을 잊는 데 성공했다. 그는 전후 인터뷰에서 이렇게 말했다.

"독일에서 석방될 때쯤에 나는 울트라를 완전히 잊고 있었어요. 인간의 정신력은 정말 대단한 것 같아요."

그해 10월, 포로들은 비밀 연락 채널을 통해 미국 정부의 메시지를 받았다. 메시지 내용은, 미군 장병의 의무에서 탈출 계획은 제외한다는 것이었다. 탈출하기 위해 감수해야 할 위험은 너무 커졌고, 이제 연합군은 라인 강 근처까지 와 있었다. 따라서 포로들의 해방은 시간문제로 여겨졌다. 물론 그래도 탈출 계획을 짜고 터널을 파는 사람들은 계속 나왔다. 탈출하려는 포로, 그리고 탈출을 포기한 포로 모두 1944년 가을과 겨울을 희망 속에서 보냈다. 그러나 그 시기는 그리 순탄한 시간이 아니었다. 뢰브스키는 이렇게 말했다.

"희망이 있어야 제정신을 유지할 수 있었어요. 그런데 희망을 갖는다는 것 자체가 너무 힘들었어요. 물론 가혹하게 대한 사람은 아무도 없었어요. 그러나 너무 외롭고 마음이 아파 어떤 때는 울고 싶을 때도 있었어요."

가방 속의 책

슈탈라크 루프트 III은 1942년 4월에 보안 등급 최고 수준의 소규모 영국 공군 포로 전용 수용소로 시작했다. 그러나 1944년 말이 되자 이곳에 수용된 포로는 1만 명이 넘어갔고, 새로 들어온 포로 중 절반 이상이 미군이었다. 쉽게 통제하기 위해 포로를 동, 서, 남, 북, 중앙, 5개 구역에 분산 수용했고, 독일 경비병과 수용소 관리 인력은 자체 구역에 상주했다. 수용소 한편에는 병원, 목욕탕, 창고, 냉장실이 구비된 포를라거Vorlager라는 특별 시설이 있었다. 남쪽과 북쪽 구역에는 영국군 포로들이 수용되었고, 나머지 구역에는 미군 포로들이 수용되었다. 각 구역에는 낡은 10여 개의 막사가 있었는데, 포로들은 이 막사를 '블록'이라고 불렀다. 그 외에 각 구역별로 취사장, 샤워장, 세탁실, 극장, 교회가 한 동씩 있었다. 칙칙한 회색 건물들 사이의 공터에는 포로들이 건설한 야구장, 축구장, 미식축구장이 있었다.

막사 한 동에는 최대 150명의 포로를 수용했으며, 막사당 다양한 크기의 침실 12~15개가 있었다. 영화 '제17포로수용소Stalag 17'에서 묘사한 것처럼 침실에는 벤치 몇 개, 낡은 목조 사물함, 탁자 등의 가구가 있고, 천정에는 유일한 조명 기구인 20와트 전구가 매달려 있었다. 포로들은 고약한 냄새가 나는 수프가 나오면 위에 뜨는 기름을 깡통에 모아서 원시적인 조명 기구를 만들었다. 고위 장교들은 2~4인실을, 하급 장교들은 12~15인실을 배정받았다.

생활공간을 나누는 좁은 중앙 복도의 양 끝에는 목욕탕이 있었는데, 이곳에서는 찬물이 나왔다. 좁은 주방에는 석탄 스토브가 2개 있었고, 야간에 막사 문을 걸어 잠근 후에만 사용하는 작은 화장실도 있었다. 낮에는 막사 사이에 있는 대형 재래식 화장실을 사용했다.

소련군 포로들이 대충 지은 건물은 폭우가 내리면 천정에서는 물이 새고 바닥은 호수로 변하곤 했다. 그리고 슐레지엔 특유의 지독히 추운 겨울에는 벽의 갈라진 틈을 뚫고 얼어붙은 바람이 들이쳤다. 덕분에 포로들은 옷을 있는 대로 껴입고 자야 했다. 일부는 생포되었을 때 입고 있던 비행복을 가지고 있었지만, 포로 대부분은 적십자사를 통해 미군이 보내 준 군복을 입고 있었다. 또 고향에서 보내 온 옷을 입고 있기도 했다. 여름에는 모래바람이 막사 안으로 들어와 옷 사이는 물론 손톱 밑과 살 속으로 파고들었다. 매트리스에는 이와 빈대가 창궐했고, 재래식 화장실이 넘쳐흐를 때면 막사 안에서도 지독한 냄새가 맡아졌다.

슈탈라크는 이중의 높은 금속제 울타리로 둘러싸여 있고, 울타리와 울타리 사이에는 길고 날카로운 철조망 덤불이 빽빽하게 채워져 있다. 각 구역별 경계에는 3층 높이의 목조 감시탑이 배치되어 있고, 거대한 탐조등을 장착한 그 감시탑에서는 경비병들이 무표정한 얼굴로 보초를 섰다. 경계선 울타리에서 수용소 안쪽으로 30피트(9미터) 떨어진 곳에는 철조망이 낮게 깔려 있는데, 수용소 측은 어떤 이유로든 그 철조망을 넘어가면 안

된다고 하며, 만약 그곳을 넘을 경우 현장에서 총살한다고 경고했다.

막사 바닥은 지면에서 2피트(60센티미터) 정도 띄워져 있었다. 이는 막사 내에서 탈출 터널을 팔 수 없게 하기 위해서였다. 포로들이 '족제비'라고 부른 파란색 제복의 경비병들은 금속제 탐침을 가지고 막사 밑으로 기어들어가서 탈출 터널을 파고 있는지를 감시했다. 영어를 할 수 있었던 그들은 막사에 숨어서 포로들이 주고받는 대화를 엿듣기도 하고, 수용소 곳곳에 도청기를 설치해놓기도 했다. 또 한밤중에 갑자기 막사를 수색하기도 했는데, 매트리스와 침대를 뒤집고, 마룻바닥을 뜯어내고, 포로들의 얼마 안 되는 소지품을 밖으로 내던져 경비견이 물어뜯게 하거나 훔쳐갔다.

밤 10시가 되면 경비병들은 창문을 모두 닫고 문에 무거운 나무 막대기를 걸어 잠갔다. 그리고 MP-40 슈마이서 기관단총을 목에 건 경비병들이 으르렁거리는 셰퍼드를 대동하고 밤새 수용소 내를 순찰했다. 경비견들은 수용소 외곽에서 연합군 군복을 입은 자를 찾아낼 수 있도록 훈련되었다. 그리고 가끔 경비병들에게도 덤벼들 만큼 포악했다. 바르트의 슈탈라크 루프트 I에 수감된 제15공군 조종사 존 비터John Vietor는 이렇게 회상했다.

"밤에 창문이 열려 있어도 개가 물어뜯을 수 있기 때문에 밖으로 손을 내밀면 안 됐어요."

사병 전용 수용소의 경비병들은 더욱 독하게 굴었다. 독일 포메라니아의 슈탈라크 루프트 IV에서 가장 악명 높은 경비병은 한스 슈미트Hans Schmidt 병장으로, 포로들 사이에서 '대습격Big Stoop'이라고 통했다. 키 6.58피트(200센티미터)에 체중 300파운드(135킬로그램)에 달하는 거인이자 속이 꼬일 대로 꼬인 사디스트였다. 그는 포로들 뒤로 몰래 다가가 그 거대한 손으로 포로들의 따귀를 때려 포로들이 고통스러워하며 바닥에 쓰러지는 모습을 보길 좋아했다. 그중에는 고막이 터진 포로도 여럿 있었다. 그는 수용소 순찰을 돌 때 두꺼운 가죽 허리띠를 휘두르며 다녔고, 슈미트가 휘두른 허리띠의 버클이 머리 가죽에 박혀 두개골이 드러날 정도로 두피에 깊은 상처를 입은 사람도 있었다.

독일군은 보안 규정을 제외하고는 포로들에게 어느 정도 자유를 주었다. 매일 아침 7시 정각에 아침 점호가 시작되었는데, 포로들이 연병장에 집합해 차렷 자세로 도열하면 수용소 간부들이 돌아다니며 인원 점검을 했다. 인원 점검을 마치면 독일군은 연합군 고위 장교 포로에게 경례를 하고, 장교 포로는 포로들을 해산시킨다. 이 순간부터 밤에 막사 문이 잠길 때까지 비공식적으로나마 상급자, 즉 각 구역의 최선임 장교 포로가 해당 구역의 포로들을 관리했다. 사병 전용 포로수용소에서는 자체적으로 구역별 대표를 선출했다. 구역 대표 밑에는 막사 대표가 있었다. 이들은 독일군과 포로 사이에서 협상을 중재하고, 연합군 포로들의 이익을 보호하는 스위스 정부 대표와 소통했다.

1929년 조인된 제네바협약에서는 교전국에게 보호국의 지원을 수용하고, 전쟁 포로 관련 논쟁을 해결하며, 제네바협약에서 정한 포로의 생활 여건이 제대로 지켜지고 있는지를 확인하기 위해 정기적으로 포로수용소 시찰을 실시할 것을 촉구하고 있다. 제네바에 본부를 둔 국제적십자위원회역시 전쟁 포로에 대한 제네바협약에 의거하여 수용소를 시찰했다. 시찰날짜가 정해지면 독일군은 서둘러 수용소의 생활 여건을 개선했다. 그러나 시찰단이 돌아가면 다시 예전처럼 나빠지는 경우가 많았다.

포로들은 4~12명이 하나의 생활조를 이뤄 같은 방을 사용하고, 모든 것을 함께했다. 생활조는 막사에서 함께 식사를 준비했다. 수용소의 취사장에서는 보통 하루에 한 번 식사를 제공했는데, 주로 작은 흰 벌레가 떠다니는 걸쭉한 보리 수프가 나왔다. 포로들은 그 벌레마저 단백질 공급원이라며 귀중하게 여겼다. 그 외에 독일군은 벌레 먹은 감자, 자동차 윤활유 같은 마가린, 양파와 선지로 만든 독일식 소시지 등 조리되지 않은 재료를 제공했고, 포로들은 급조된 취사장에서 직접 조리해 먹어야 했다. 그리고 매끼마다 톱밥 섞인 딱딱한 흑빵이 나왔다.

포로들의 열악한 식사는 적십자사가 지급한 더 영양가 높은 식량으로 보강되었다. 포로들에게는 일주일에 하나씩 적십자사가 지급하는 식량 꾸러미가 지급되었다. 이 식량에 대한 비용은 연합군이 지불한 것으로, 스위스 적십자사를 통해 독일로 반입되었다. 1인당 1개씩 주어지는 꾸러미 상자에는 담배와 초코바 그리고 10파운드(4.5킬로그램) 정도의 각종 통조림이 들어 있는데, 통조림은 건포도, 참치, 간으로 만든 파테, 콘드 비프, 설탕, 잼, 스팸, 프룬, 크래커, 분말 커피, 연유 1파운드 등 다양했다. 적십자사에서 보내는 식량 소포 덕택에 수천 명의 포로들이 영양실조를 면할 수 있었다. 생활조는 담배, 초코바, 잼을 제외하고 식량 꾸러미의 내용물을 균등으로 나눴다.

수용소 안에서 포로들은 '푸다코Foodaco*'라는 물물교환 상점을 만들어 엄격한 규칙 속에서 적십자사가 지급한 물건을 다른 물건들과 교환했다. 기본 거래 단위는 점수제로, 모든 물건에 담배 한 개비당 1점 단위로 가격을 매겼으며, 화장품과 의복도 거래되었다. 용도에 따라 더 비싸게 거래되는 물건도 있었다. 그 안에서는 돈이었던 담배는 니코틴에 굶주린 경

---

* 식량 계좌를 의미하는 food account의 약칭.

비병들에게 뇌물로 주고 카메라, 피복, 라디오 부품, 작은 공구 등 탈출과 생존에 필요한 물품을 구하는 데 사용했다.

생활조는 정해진 시간에 스토브를 이용해 지급받은 식량을 조리했다. 포로들은 음식을 다양한 방법으로 조리했고, 조리법도 매우 활발하게 교환했다. 이전에 프라이팬을 만져 본 적이 없는 사람이라도 여기서는 엄청나게 창의적인 요리사가 되었다. 밀가루 없이 크래커로 비스킷을 만들어 내고, 스팸과 독일산 양파를 이용해 맛있는 수프를 만들었다. 포로들은 건포도와 프룬, 설탕을 이용해 술을 만들기도 했다. 그러나 이렇게 만든 술은 세 잔까지는 즐겁게 마실 수 있었지만, 네 잔째부터는 속이 뒤집어지기 시작했다.

독일군은 신선한 야채를 거의 지급하지 않았기 때문에 포로들은 막사 뒤에 텃밭을 만들어 무, 당근, 케일, 상추, 양파 등을 키웠다. 그러나 그것도 간신히 하루치 영양을 채울 정도의 양밖에 안 됐다. 뢰브스키와 같은 구역에 수감된 로저 버웰은 이렇게 말했다.

"포로수용소에서 오래 생활한 사람을 알아내기는 쉽습니다. 그들은 보리 수프를 먹을 때 구더기를 걸러내지 않고 그냥 먹거든요."

역사학자들에 따르면, 독일이 제네바협약을 비교적 잘 지켰던 덕택에 독일 포로수용소의 포로 1,000명당 사망률은 5명 정도로 매우 낮았다고 한다. 그러나 독일은 의복과 식량을 제네바협약에서 규정한 만큼 지급하지 않았다. 평범한 체격의 사람은 보통 일일 3,000킬로칼로리를 섭취해야 하지만, 독일군이 제공한 식량은 1,500~1,900킬로칼로리에 불과했다. 그리고 장교 전용 수용소에 배속된 사병 포로는 사병 전용 수용소의 포로나 미 육군 지상병 전용 수용소의 포로보다 양질의 급식을 받았다.

포로수용소의 의료 서비스에도 문제가 많았다. 의료 기기는 원시적이었고, 숙련된 의료진도 부족했다. 중상을 입은 포로는 우선 독일 병원에 후송되어 비교적 좋은 치료를 받을 수 있었지만, 일단 포로수용소에 들어오면 적절한 후속 치료를 받기 어려웠다.

슈탈라크 루프트 IV에 수감된 군의관 레슬리 카플란Leslie Caplan 대위는 오물과 벼룩, 기아로 인해 시설 내에 만연한 환자들을 돌봤다. 광적인 나치주의자이자 연합군의 폭격으로 가족을 잃은 아리베르트 봄바흐Aribert Bombach 중령이 수용소장으로 있던 이곳은 포로수용소 중 최악이었고, 1944년 여름에만 약 2,000명의 영미 공군 승무원이 이 포로수용소에서 가장 잔인한 방법으로 희생되었다.

폭격기 승무원들은 훈련을 통해 협동심을 배운다. 그 때문에 그들은 포로수용소에서도 서로 잘 지낼 수 있었다. 좁은 막사 안에서 오랫동안 지내다 보면 마찰과 다툼이 생기고 주먹다짐도 벌일 수 있지만, 포로들은 마치 폭격기 안에서처럼 모두가 조화롭게 지냈다. 독일군 포로수용소에는 다양한 배경의 사람들이 모였지만, 그들은 개인차와 선입견은 모두 던져 버렸다. 어느 포로의 말처럼 더 나은 판단을 하고자 하는 의지에 복종하는 곳이었다.

일부 포로들은 혼자 지내는 것보다 동료 없이 지내는 게 더 어려웠다. 시간은 모든 포로의 적이었다. 한 포로는 이런 글을 남겼다.

"매일매일 시간은 느리고 고통스럽게 지나갔다. 느리게 지나가는 그 시간을 없애는 것이 우리의 과제였다."

B-17 조종사 프랜시스 '버드' 제럴드Francis 'Budd' Gerald는 바르트에서 2년간 수감 생활을 하면서 일기를 썼다. 이 일기에서 그는 자신을 가두고 있는 철조망을 의인화해 기록했다.

철조망, 그것은 말 없으면서도 가혹한 폭군이다. 우리 막사 앞에 놓인 그의 완고한 경계선에는 정확히 8,369개의 가시가 박혀 있다. 나뿐만 아니라 모든 포로가 다 세어 본 결과다. 예전에는 가시의 숫자가 8,370개였다. 그러나 얼마 전에 한 개가 녹슬어 떨어졌다. 좀처럼 일어나기 힘든 일이 벌어진 것이다.

철조망을 속일 수는 있다. 그러나 오래는 못 속인다. … 그에게서 등을 돌리고 깡통으로 액자를 만들면 달아날 수 있을지 모른다. 매주 목욕을 하거나 시를 쓰면서 달아날 수 있을지도 모른다. 그러나 고개를 들면 철조망은 늘 거기에 있다. 모든 꿈과 계획, 헛된 열망이 비상하는 걸 막으면서 말이다.

철조망은 포로들이 무력한 존재임을 끊임없이 상기시켰다. 이 때문에 많은 포로들은 '철조망 병'이라는 위험한 지경에 이르기도 했다. 이 병의 증세는 꼼짝 못할 정도의 우울감에 빠지는 것으로, 악화될 경우 정신병으로 발전했다. 환자는 집중력이 사라지고 자기 이름을 기억하지 못한다. 매사에 무관심하고 주의력이 사라지며 종일 침대에 누워 벽만 쳐다보게 된다. 어떤 포로들은 무력감을 느끼다가 마비성 우울증에 빠졌고, 말을 못 하게 되거나 손으로 말하는 사람도 있다. 민간 교도소에서 징역형을 사는 범죄자들과 달리, 언제 석방될지 알 수 없는 포로 생활 특유의 불확실성 때문에 그들의 병세는 더욱 악화되었다. 이로 인해 일부 포로들은 감금되는 것보다 죽는 게 낫다고 생각했다.

더운 여름날 밤, 막사의 창을 열어놓고 있던 존 비터와 그의 친구는 한 폭격수가 막사에서 나와 철조망을 향해 달려가는 것을 봤다.

"잠시 후 한 발의 총성이 울리고 재갈을 문 개가 으르렁거리는 소리가 들렸습니다. … 그리고 얼마 후 탐조등 불빛이 그곳을 비추었습니다. … 10

피트(3미터) 정도 떨어진 곳에 총상을 입은 폭격수가 쓰러져 있었고, 그 옆에는 셰퍼드와 권총을 든 땅딸막한 경비병이 서 있었습니다."

일요일에는 예배가 열렸다. 예배는 포로들을 위해 자원해서 독일 영토로 낙하산을 타고 내려온 용감한 군종 장교들이 주재했다. 종교는 포로들에게 위로가 되었다. 그러나 편지는 더 큰 위로가 되었다. 포로들이 보낼 수 있는 우편물은 한 달에 편지 3통, 엽서 4통으로 제한되었고, 검열을 통과한 우편물이 미국에 도착하는 데는 무려 3~4개월이 걸렸다. 이렇게 시간이 오래 걸린 이유는, 우편물을 독일 측에 넘기기 전에 포로들이 먼저 자체적으로 검열했기 때문이었다. 이는 구역 내에서 몰래 준비 중인 탈출 계획이나 비밀 작전 내용을 부주의하게 누설하지 않게 하기 위한 조치였다. 포로수용소로 들어오는 우편물에는 제한이 없었다. 그러나 독일의 우편 체계는 매우 불규칙하게 운영되었기 때문에 일부 포로들은 독일군이 미국에서 오는 우편물을 일부러 늦게 전달하고 있다고 오해하기도 했다. 어느 대위는 적십자사를 통해 어떤 여성이 보낸 스웨터를 받았다. 대위가 그녀에게 스웨터를 보내줘서 고맙다고 편지를 보내자 이런 답장이 돌아왔다.

"저는 일선에서 싸우는 군인들을 위해 그 스웨터를 만들었는데, 그게 포로에게 갔다니 유감이네요."

한 포로는 아내에게서 예기치 않은 소식을 듣기도 했다.

"사랑하는 해리, 넓은 마음으로 이해해주길 바라요. 나 방금 아이를 낳았어요. … 애 아빠는 정말 좋은 사람이에요. … 그가 당신에게 담배를 보냈어요."

한 모험심 많은 포로는 자기 침대 바로 옆 벽에 '참을성 없는 그녀들'이라는 이름의 작은 갤러리를 만들었다. 그는 벽에 여성들 사진을 그야말로 빼곡하게 줄지어 붙여놓았다. 그중에는 웨딩드레스를 입은 여성 사진도 있었는데, 거기 있는 사진들은 모두 아내나 애인에게 버림받은 포로들이 기증한 것이었다. 루이스 뢰브스키는 이렇게 말했다.

"모두 폭소를 터뜨렸지요. 아내가 바람피운 남편들은 서로를 보면서 웃었어요. 그곳의 삶은 너무나 가혹했기 때문에 그런 식으로라도 웃어야 정신 건강을 지킬 수 있었어요."

우편물 이상으로 포로들의 사기에 큰 영향을 준 것은 바로 전쟁 소식이었다. 포로들이 전쟁 소식을 알아내는 방법은 크게 세 가지였다. 첫 번째는 새로 들어온 포로를 통해서, 두 번째는 연합국과 독일의 라디오 방송을 듣고, 세 번째는 비밀리에 제작되는 수용소 신문을 통해서였다. 공개적으로 제작되는 수용소 신문이 가십성 기사로만 채워진다면, 이 비밀 신문은 전선에서 날아 들어온 최신 정보들로 가득했다. 그런 비밀 신문들 중에는 슈탈라크 루프트 I에서 발행하는 일간지 《파우 와우Pow Wow》지가 있었다. 이 신문에 실리는 기사의 출처는 영국군 포로가 벽에 숨겨둔 라디오였다. 라디오 수신기를 숨겨둔 벽에 박힌 못이 단자 역할을 했고, 여기에 안테나와 이어폰 케이블을 연결했다. 라디오 부품은 독일군 경비병들에게 미제 담배를 주고 얻어냈다.

타자수 출신 포로가 화장지에 라디오 뉴스를 받아 적으면 영국군 연락 장교가 속이 빈 손목시계 속에 이 화장지를 숨겨 국제 특파원 출신 로웰 베넷Lowell Bennett이 있는 구역으로 가져간다. 물론 연락 장교는 여러 구역의 포로 대표자 간에 중요한 소식을 주고받을 수 있게끔 독일군에게 허가를 받은 사람이다. 화장지는 베넷과 그의 동료들에게 전달되고, 거기서 손으로 쓴 1면짜리 신문 모양이 갖춰진다. 이 신문은 일반 종이를 태워서 만든 먹지를 이용해 호당 딱 4부만 발행하고, 구역당 한 부씩 배부한다. 전령들이 이 신문을 막사 보안 장교에게 전달하면, 그는 포로들을 전원 집합시켜 놓고 신문 기사를 낭독한다. 장소는 주로 목욕탕을 이용했고, 이때는 일부 포로들이 막사 양쪽 끝과 목욕탕 창문에서 망을 본다. 낭독을 마치면 신문은 막사 내 나무 난로에 버린다.

독일군은《파우 와우》지와 비밀 라디오의 존재를 알아차리고 신문을 발행하는 막사를 철저하게 수색했지만, 이 2,000 단어짜리 신문은 단 한 번도 거르지 않고 계속 발행되었고, 독일군은 끝내 비밀 라디오를 찾아내지 못했다.

모든 공군 포로수용소에는 자체 제작하는 신문이 있었다. 그리고 연합군의 진격 소식은 담에 걸린 거대한 지도에 표시되었다. 1944년 가을, 전쟁 소식은 매우 고무적이었다. 서방 연합군과 소련군이 독일 국경을 돌파했고, 영국에서 날아오는 은색 폭격기들은 날이 갈수록 하늘을 가득 채우고 있었다. 폭격기들이 수용소 상공을 지나갈 때마다 포로들은 막사 밖으로 뛰어나와 열렬히 손을 흔들며 함성을 질렀다.

그러나 겨울이 다가오자 연합군의 진격은 지크프리트선에서 정체되었다. 그에 따라 포로수용소의 분위기도 냉랭해졌다. 그해 12월, 독일군이 아르덴에서 반격 작전을 벌였다는 소식이 전해졌을 당시를 게일 클리븐은 이렇게 회상했다.

"대부분 늙고 뚱뚱한 우리 경비병들은 그 소식을 듣고 아이처럼 기뻐하더군요."

포로들 사이에는 절망감이 퍼져나갔다. 오랫동안 포로 생활을 했던 사람들은 낮은 목소리로 죽을 때까지 그곳에서 나갈 수 없을지 모른다고 말했다. 기온이 떨어지자 포로들은 추위를 피해 종일 침대 속에 웅크리고 있었다. 연합군 항공기가 독일 철도망과 도로망을 파괴하면서 식량과 우편물도 줄어들었다. 만약 제네바 적십자사에서 보내온 식량이 없었다면, 포로들은 맑은 수프와 벌레 먹은 채소, 톱밥으로 만든 빵만 먹다가 영양실조로 죽었을지도 모른다. 언제나 낙관적이었던 유진 핼모스도 절망하기 시작했다. 그는 일기에 이렇게 썼다.

"여기서 나가는 날은 갈수록 미뤄지기만 하는 것 같다."

그 음울한 겨울, 루이스 뢰브스키에게 유일하게 위안이 된 것은 영국에 두고 온 문제가 해결되었다는 것뿐이었다. 친구가 그의 개인 사물함에 있던 콘돔을 빼고 나머지 짐을 고향으로 보냈다는 소식을 들었던 것이다.

전쟁 소식은 우울했지만, 크리스마스 분위기까지 꺾을 수는 없었다. 슈탈라크 루프트 I에서 포로들은 적십자사에서 보내준 수채화 물감으로 칠한 종이로 막사를 장식하고 빗자루 손잡이, 깡통, 화장지를 잘라 색을 입힌 후 크리스마스트리를 만들었다.

"담배 포장용 셀로판 은색 조각으로 반짝이는 장식물을 만들었어요. 그외에도 다양한 색깔의 비누 포장지, 통조림 라벨, 노트 표지를 정교하게 잘라서 만들었어요. 종이를 잘게 잘라서 눈을 만들기도 했어요."

1940년 덩케르크에서 포로가 된 군종목사가 식당에서 심야 예배를 집도했다. 2,000명이나 되는 성가대가 야외에서 YMCA에서 보내준 작은 오르간 반주에 맞춰 크리스마스 캐럴을 불렀다. 크리스마스 아침의 날씨는 차갑고 청명했다. 슈탈라크 루프트 III의 포로들은 적십자사에서 보내준 칠면조 통조림, 쿠키, 자두 푸딩 같은 특식을 받았다. 독일군들도 들떠서 싸구려 파티 모자를 쓰고 호루라기를 불며 돌아다녔다. 포로들은 최선을 다해 크리스마스를 즐기려고 했다. 그러나 대부분의 포로에게 이곳의 크리스마스 파티는 공허하게 느껴졌다. 유진 핼모스도 다른 사람들과 마찬가지로 집에 대한 그리움만 가득했다. 고향에는 신혼도 제대로 즐기지 못하고 두고 온 아내가 있었다.

그날 독일 경비병들의 가족들이 수용소를 찾아왔고, 포로들은 철조망 너머로 그들을 지켜보았다. 가족과 함께하는 모습을 보는 것은 포로들에게 엄청난 고문이었다. 그날 예고 없이 우편물이 도착했다. 존 비터에게는 3통의 편지가 왔는데, 2통은 비터의 아버지가 집안 소식을 적어 보낸 것이었다. 아버지의 편지를 읽고 비터는 그의 소꿉친구로부터 온 세 번째 편지를 열었다. 그 편지에는 비터의 아버지가 돌아가신 데 대한 애도의 글이 적혀 있었다.

1945년 1월 1일, 미군은 마치 북극을 방불케 하는 혹한의 아르덴 숲속 한복판에서 치열하게 싸우고 있었다. BBC 뉴스에서는 소련군이 비스툴라 강변을 점령하고 추가로 진격을 준비하고 있다고 보도했다. 소련군은 발트해에서부터 발칸반도에 이르는 동부전선에 400만의 병력과 1만 대의 전차를 배치하고 있었다. 이 압도적인 병력의 일부는 폴란드 서부를 지나 독일과 폴란드 국경 지대인 오데르강으로 진격할 준비를 하고 있었다.

"진격하라, 파시스트의 소굴로!"

명령이 떨어졌고, 소련군은 비스툴라강과 오데르강 사이에 있는 전략 요충지인 자간을 지나가게 되었다. 소련군의 진격 소식에 포로들의 기분은 복잡했다. 곧 소련군에 의해 해방될 수 있다는 사실에 희망을 느끼다가도, 아무래도 독일군이 소련군이 오기 전에 그들을 다른 곳으로 옮길 수도 있다는 생각에 두렵기도 했다.

소련군 진격 소식은 런던 근교 제8공군 사령부에 복합적인 영향을 주었다. 이제 독일 동부전선에 대한 지원 폭격으로 소련군의 진격 속도를 높여 종전을 더 일찍 앞당길 기회가 찾아왔다. 그러나 프레더릭 앤더슨 장군을 포함한 강경론자들은 독일은 아직도 상당량의 무기와 화력을 가지고 있으며, 독일의 군수산업체도 박살내야 마땅하지만, 민간인들의 사기도 꺾어 놔야 한다고 주장했다. 이제 제8공군은 인도적인 선택의 기로에 놓여 있었고, 어떤 것이든 선택해야 했다.

MASTERS

OF THE

제15장

끝없는 공포

A I R

"아직 충분히 죽이지 못했다.
이 전쟁을 매우 지독하고 끔찍하게 만들어 놔야 앞으로 최소 100년간은
선동가와 반역자가 폭력과 전쟁에 의지할 엄두를 내지 못하지 않겠는가.
그런 짓을 했다간 어떤 결말이 날지 확실히 보여줘야 해!"

– 윌리엄 테쿰세 셔먼William Tecumseh Sherman, 미국 남북전쟁 당시 북군 장군

1945년 1월 30일, 영국

그날 저녁 지미 둘리틀은 칼 스파츠로부터 긴급한 명령을 받았다. 제8 공군의 다음 목표는 베를린이라는 것이었다. 이전 베를린 폭격에서는 정부 건물들을 대상으로 폭격했다. 그러나 이번 핵심 표적은 군사시설이 아니라 여성, 아이, 노인으로 가득한 기차역이었다. 이들은 소련군의 진격을 피해 독일 동쪽 지역에 있는 자신들의 고향을 버리고 여기까지 왔다. 그들의 고향에 진주한 소련군은 강간, 약탈, 학살을 자행하며 독일의 침략에 대한 복수를 했다. 둘리틀은 이 작전을 공포 폭격이라고 여기고, 스파츠에게 다시 한 번 재고해 달라고 요청했다.

패배가 목전에 닥쳤지만, 항복을 거부하는 이 혐오스러운 정권을 붕괴시키기 위해 어떤 것이 도덕적으로 정당화될 수 있을까? 히틀러는 전 독일인에게 최후까지 항전할 것을 명령했다. 그 명령으로 제2차 세계대전의 마지막 시기, 독일 전 국토는 잿더미로 변하고 말았다. 일본 정부 역시 1945년 초, 필리핀 함락 이후에도 전쟁을 계속하려고 했다. 그 때문에 종이와 나무로 지은 건물에 사는 일본국민들에게 전쟁은 더욱 끔찍한 것이 되었다.

1945년 3월 9일, 커티스 르메이 장군은 사이판에 주둔하고 있던 B-29 슈퍼포트리스 폭격기로 도쿄에 소이탄 폭격을 가했고, 이 폭격으로 최소 10만 명이 죽고 16제곱마일(41제곱킬로미터)이 불탔다. 이는 맨해튼 섬의

3분의 2에 해당하는 면적이었다. 이후 64개에 달하는 일본 도시에 소이탄 폭격을 가해 수십만 명에 달하는 민간인이 죽었다. 미군의 폭격으로 도쿄, 오사카, 나고야 등에서 초토화된 면적은 총 100제곱마일(260제곱킬로미터)에 달했다. 이는 연합군의 폭격으로 파괴된 독일 도시 면적 75제곱마일(194제곱킬로미터)보다 넓었다.

1945년 3월의 도쿄 대공습은 미국 군사 전략의 역사적인 전환이라 할 수 있는데, 이 시점부터 미군은 비전투원을 대상으로 한 무차별적인 살상에 대한 제한을 폐기했던 것이다. 그러나 실은 1945년 2월 3일 아침, 제8 공군 폭격기 부대 전체가 베를린 상공에 나타난 그때, 미군은 자신들이 가지고 있던 도덕적 한계를 이미 뛰어넘어버렸다.

썬더클랩

사실 칼 스파츠도 처음에는 베를린 공습 계획에 반대했다. 1944년 7월 영국군 참모본부는 처칠 총리에게 다음과 같이 제안을 했다.

"가까운 장래에 우리의 모든 수단을 동원해 독일 민간인들의 사기를 꺾어 놓을 결정적인 공격을 가할 때가 올 것입니다. … 그러기 위해서는 공격에 사용할 수단을 충분히 검증하고 준비해야 할 것입니다."

암호명 '썬더클랩Thunderclap, 청천벽력'은 연합군이 4일간 쉬지 않고 공습해 베를린에 복구할 수 없는 타격을 입히는 작전이었다. 약 25만여 명에 달하는 시민을 살상해 독일인의 사기에 결정타를 입히고, 나치 정권의 행정 중심지를 붕괴시키는 것이 작전의 목표였다. 찰스 포털 공군 참모총장은 이렇게 선언했다.

"이러한 공격으로 적 정권의 핵심 인물을 포함한 적국의 국민 다수를 죽일 수 있다면, 독일 전국에서 정권에 대한 지지와 전쟁 의지는 무너질 것입니다!"

썬더클랩 작전은 독일의 패배가 확실시 될 때 시작할 수 있었다. 이 시기에 막대한 타격을 준다면 독일인의 사기를 확실히 떨어뜨리고, 독일군의 조직적 항복이나 나치 정권에 맞선 봉기를 유도할 수 있을 것이었다. 그리고 그 기회의 시간은 빠르게 다가오고 있었다. 1944년 7월, 영국군 참모본부는 동쪽과 서쪽에서 진격하는 연합군이 독일에서 만나는 순간이야말로 썬더클랩 작전의 최적기라고 생각했다. 그러나 영국군 작전 기획관들은 미군의 협조를 얻어내지 못하고 있었다. 워싱턴의 육군 항공대 사령부에서 전폭적인 지지를 받는 스파츠가 영국의 계획에 반대하고 있기 때문이었다. 그는 민간인을 고의로 폭격하는 영국의 초토화 폭격에 반대했다. 대부분의 미 육군 항공대 지휘관들은 도시 내에 있는 군사시설에 대한 공습으로 발생하는 부수적 피해는 어쩔 수 없는 일로 여겼다. 그러나 민간인 거주 지역을 고의로 폭격하는 것은 완전히 다른 일이었다. 당시 햅 아놀드의 전략기획 및 작전계획 참모를 맡고 있던 로렌스 커터 소장은 이렇게 말했다.

"민간인을 죽이는 것은 우리나라의 국가 이념을 위반하는 행위입니다."

핵심 전술 기획관인 찰스 P. 캐벌Charles P. Cabell 준장은 썬더클랩 작전은 영유아 살해 작전이라며 혹평했다.

물론 이들이 결코 마음 여린 인도주의자여서가 아니라, 철저하게 군사적인 관점에서 비판한 것이었다. 훗날 칼 스파츠는 항공 역사학자들에게 이렇게 말했다.

"내가 썬더클랩 작전을 비판한 것은 종교나 도덕적인 이유 때문이 아니었습니다."

그는 절대 악에 맞서 총력전을 벌이고 있는 지휘관으로, 단순히 적국 국민의 사기를 꺾기 위한 폭격으로는 전쟁에서 이길 수 없다고 생각했다.

커터는 경제 시설에 대한 폭격을 지지하는 스파츠, 둘리틀 등의 항공 지휘관들의 생각을 이렇게 대변했다.

"독일의 군사 표적과 생산 시설을 제외한 다른 시설을 폭격하는 것은 비경제적입니다. 우리의 표적 선정 정책은 그러한 사실에 입각해 있습니다."

독일 민간인들은 무려 4년 동안이나 영국 공군으로부터 폭격을 당해왔으나 그들의 의지는 전혀 약해지지 않았으며, 나치 정권에 대한 조직적 반발도 일으키지 않았다. 그럼에도 불구하고 영국은 독일 민간인들을 폭격해 그들의 사기를 꺾자며 미국에 도움을 요청하고 있었다. 스파츠는 왜 영국이 지금 썬더클랩 작전을 준비하는지, 그 이유가 알고 싶었다. 그는 아놀드에게 이런 편지를 보냈다.

"제 생각에 영국 공군은 우리 미 육군 항공대를 우리가 싫어하는 공포 폭격의 공범자로 끌어들이려고 하고 있습니다."

처칠 총리도 썬더클랩 작전에 반대 의견을 표명하며 논란을 종식시켰다. 그는 다음과 같이 날카롭게 지적했다.

"현재 모든 독일 지도자들의 유일한 관심사는 최후의 1인이 남을 때까지 항전하는 것과, 자신이 그 최후의 1인이 되는 것입니다."

처칠 총리는 독일 정부 청사에 폭격을 가하는 대신, 사형에 처할 나치 전범 목록을 작성할 것을 요청했다. 그렇게 한다면 나치의 지도층과 독일 국민을 어느 정도라도 분리시킬 수 있다는 게 그의 생각이었다.

그러나 썬더클랩 작전 아이디어는 결코 사그라들지 않았다. 8월 말, 아이젠하워는 스파츠에게 전쟁을 조속히 끝낼 수 있는 어떤 작전에라도 참가할 준비를 하라고 지시했다. 물론 아이젠하워는 '예측할 수 없는 결과를 몰고 올 파괴적인 공격 기회'가 오지 않는 한, 적의 경제 시설과 전술 표적에 대한 폭격을 계속해야 한다고 스파츠에게 지시했다.

1944년 가을과 겨울, 독일군은 서부전선에서 예기치 못할 정도로 강력하게 저항했기 때문에 썬더클랩 작전은 시기상조였다. 그러나 1945년 1월, 소련의 게오르기 주코프Georgi Zhukov 원수가 베를린에서 40마일(64킬로미터) 떨어진 오데르강을 향해 쾌속으로 진격하자, 일부 고위급 참모들은 이제 썬더클랩 작전을 개시할 때가 됐다고 입을 모았다.

새로 수립된 계획은 원래의 썬더클랩 작전 계획과는 달랐다. 여전히 베를린이 표적이었으나 냉철한 영국의 정보 전문가들은 이제 규모로 밀어붙이는 썬더클랩 작전에 대해 회의적이었다. 그래서 목표를 한 번의 치명타를 가하는 것이 아니라 지속적으로 독일의 힘을 약화시키는 것으로 잡았다. 영국은 소련의 지상 공세가 지금처럼 지속된다면, 그 목표를 더 효과적으로 달성할 수 있을 것으로 봤다. 연합군은 1944년 12월 아르덴에서 당한 기습의 피해에서 아직도 회복 중이라, 동부전선의 독일군 진지를 폭격해 주는 것만이 겨울이 끝나기 전 독일군을 박살낼 수 있는 유일한 방법이었다. 영국 합동정보위원회가 발간한 비밀 보고서에는 베를린을 폭격할 경우 독일 내에 엄청난 혼란을 야기할 것이며, 병력 이동과 군사 및 행정 체계도 큰 혼란을 빚게 될 것이라고 적혀 있다.

베를린은 독일 동부의 교통 요충지로, 수백만 명의 난민으로 넘쳐나고 있었다. 얼마 전 벨기에를 출발한 독일의 제6SS기갑군이 베를린을 지나 무너져가는 동부전선을 지원하기 위해 이동할 것이라는 정보도 베를린 폭격을 서둘러야 하는 이유였다. 또한 베를린을 폭격함으로써 소련에 영국과 미국이 지원하고 있다는 사실을 확실하게 각인시키려는 정치적 목적도 있었다. 그렇게 된다면 처칠과 루스벨트는 2월 첫 주에 얄타에서 열릴 회담에서 스탈린에 비해 유리한 위치에 설 수 있을 것이었다.

썬더클랩만큼은 아니지만, 이 작전의 세부 계획에서도 역시 지독하리만치 오싹한 결의가 느껴졌다. 노숙자들로 가득한 기차역이 표적으로 정해진 것이다. 적의 사기를 떨어뜨리기 위해서가 아니라 교통 체계와 시민들의 혼란을 야기하기 위해서였다. 폭격기 해리스는 이 계획의 표적에 켐니츠, 라이프치히, 드레스덴 등 작센주의 도시들도 넣을 것을 권유했다. 이들은 모두 동부전선에서 가까운 주요 철도망의 중추로, 피난민들로 넘쳐나는 곳들이었다.

이 시점에 윈스턴 처칠이 개입했다. 그는 공군 장관 아치볼드 싱클레어 경에게 이렇게 말했다.

"베를린을 비롯한 독일 동부의 대도시들을 다른 곳보다 더 매력적인 표적이라고 볼 수 있는지를 알아봐 주십시오. … 내일 무슨 일이 일어날지 나에게 보고하기 바랍니다."

총리는 이제 기다릴 수 없게 되었다. 최근의 정보 보고에서 따르면, 소련이 독일 본토 내로 진격한다면 독일의 저항은 1945년 4월 중순에 끝날 것이나, 그렇지 않을 경우 전쟁은 11월까지 연장될 수도 있다는 예측이 나왔다. 이 보고는 총리의 초조함에 기름을 부었다.

처칠의 개입으로 인해 작전 실행 속도가 빨라졌다. 싱클레어는 처칠에게 기상과 월광 상태가 좋아지면 바로 공격을 시작할 수 있다고 보고했다. 이 시점에서 소련 측에도 공습에 관해 통보했다. 그리고 얄타회담에서 스탈린은 드레스덴, 라이프치히, 베를린을 폭격해달라고 직접 요청했다. 회담 공식 기록에는 베를린과 라이프치히만 적혀 있으나, 최근 공개된 얄타회담 통역관의 증언에 따르면 스탈린은 독일 동부에 있는 드레스덴을 연합군의 폭격 표적에 추가해 달라고 구두로 강하게 요청했다고 한다. 영국의 계획을 보고받은 스파츠는 자신의 참모들도 베를린에 대한 대규모 공습을 계획하고 있다고 밝혔다. 그러나 미군은 피난민을 표적으로 삼고 있지는 않다고도 밝혔다. 스파츠 역시 영국과 마찬가지로 소련의 공세에 대한 믿음을 가지고 있었다. 그는 햅 아놀드에게 편지를 보냈다.

"소련군의 진격의 힘이야말로 현재 가장 중요한 전략적 요소입니다. … 그리고 나는 베를린을 폭격해 소련군을 적극적으로 지원해야 한다고 생각합니다. 베를린이야말로 주코프 군대의 선봉 부대와 맞서고 있는 지휘와 보급의 중심지이기 때문입니다."

이때까지만 해도 수정된 썬더클랩 작전은 영국군의 단독 작전이었다. 그러나 이제 미군의 스파츠 장군과 영국의 노먼 보텀리 공군 부사령관은 공동으로 합동 폭격 지령을 내렸다. 미 제8공군은 베를린 도심을, 영국 공군은 미군의 지원을 받아 3개 철도 교차점을 타격할 계획이었다. 그러나 스파츠는 여기에 한 가지 단서를 붙였다. 이들 표적에 대해서는 기상 조건상 독일의 석유 시설을 공격하기 어려울 때만 폭격한다는 것이었다.

칼 스파츠는 오랫동안 자신은 민간인을 표적으로 폭격하지 않는다고 밝혀 왔다. 그랬던 그가 이 작전 계획에 동의한 것은 햅 아놀드가 전쟁을 조속히 끝내라고 압박을 가했기 때문이었다. 1945년 1월, 아놀드는 스파츠를 집요하게 압박했다. 분노와 불안감을 주체하지 못한 아놀드는 1월 중순, 집무실에서 네 번째 심장마비를 일으켜 거의 죽을 뻔했다. 아놀드는 미국 항공부대 단독으로 독일을 패배시키지 못하고 있는 데 대해 실망했다. 이러한 실망감은 자신의 휘하에 있는 유럽 전구 사령관인 스파츠에게 보낸 과격한 서한에 그대로 나타나 있다.

"아군은 막강한 공격력으로 지금보다 더 낫고, 더 결정적인 전과를 올려야 한다고 생각합니다. 나는 귀관을 비난하는 게 아닙니다. 솔직히 나 역시 답을 모르기 때문에, 그리고 이 전쟁을 조금이라도 더 빨리 끝내는 데 도움이 될 만한 무언가를 얻어내고자 하기 때문에, 자유롭게 머릿속에 드는 생각을 마구 쏟아내고 있는 겁니다."

'자유롭게 생각하는' 아놀드는 과거 실패했던 아프로디테 작전을 부활시킬지를 검토하기 시작했다. 1944년 가을, 그는 낡은 폭격기를 무인기로 개조해 독일 대도시의 중심에 있는 산업 시설을 공습하는 데 사용하는 방안을 승인했다. 11대의 무인기가 이륙했으나 표적에 명중한 것은 하나도 없었다. 그런데도 아놀드는 이 실험의 규모를 확장시켜 달라고 합동참모본부를 계속 압박했다. 그는 무려 500여 대에 달하는 무인기를 독일의 거대한 산업 시설로 날려 보내달라고 요청했다. 그는 이렇게 하면 민간인들의 사기를 저하시킬 수 있을지도 모른다고 생각했다.

아놀드는 육군 항공대 고위 장교들에게 '공포스럽고 위협적인' 인물이었다. 심지어 그는 전직 육군부 차관과 격렬한 논쟁을 벌이다 그의 지팡이를 빼앗아 집어던진 적도 있었다. 조지 마셜 장군에게 상당한 영향력을 미쳤던 그는 자신에게 심장질환이 있는 장교를 전역시킨다는 규정을 적용시키지 않도록 만들었다. 만약 영국이 강하게 반대하지만 않았다면, 아놀드는 아프로디테 작전을 계속 밀어붙였을지도 모른다.

처칠과 포털은 독일이 연료와 조종사 부족으로 사용하지 않는 수백 대의 무인 비행기로 런던에 보복 공격을 가할 것을 우려했고, 스파츠도 아프로디테 작전에는 열의가 없었다. 그러나 아놀드는 루스벨트 대통령의 후임으로 취임한 트루먼 대통령이 처칠 총리의 권유로 전쟁 마지막 달에 중단 명령을 내릴 때까지 아프로디테 작전을 계속 밀어붙였다.

1945년 초, 스파츠는 요양 중인 아놀드에게 서한을 보내 아놀드의 불

같은 성미를 누그러뜨리려고 노력했다. 그는 이 전쟁에서 검증되지 않은 새로운 방식으로는 이길 수 없다고 강조했다. 승리는 적의 석유와 운송 시설에 대한 끊임없는 공격으로 지상과 공중에서 적을 박살냄으로써 얻을 수 있다고도 했다. 하지만 항공 공세로 적의 경제에 얼마나 큰 타격을 입혔는지 정확하게 알지 못했던 스파츠는 독일의 빠른 회복력에 좌절했다. 바로 이 시점부터 그는 베를린에 대한 공포 폭격을 묵인하기 시작했다. 이 공습은 자신의 신념에 반하는 것이었지만, 적의 사기를 꺾는 공격이 아니라 소련군의 지상 공격을 지원하기 위해 꼭 필요하다고 자기 자신을 설득했다. 스파츠나 다른 연합군 지휘관 누구도 모르는 사실이었는데, 1945년 1월 말 알베르트 슈페어는 이제 독일의 패배는 확실하다고 판단했다. 그러나 그는 이 사실을 3월 15일까지 히틀러에게 보고할 용기가 없었다.

마지막 결정타를 가한 것은 조지 마셜이었다. 하루빨리 미국의 모든 군사 자산을 태평양으로 옮기고 싶었던 그는 사기 저하를 위한 폭격도 개의치 않았다. 얄타회담 일주일 전 프레더릭 앤더슨 장군을 만난 자리에서 마셜은 뮌헨은 물론 베를린, 라이프치히, 드레스덴 철도 교차점에 대한 폭격을 요구했다. 당시 마셜이 받은 정보 보고서에는 독일 정부가 베를린 폭격이 더욱 강화될 것을 예상하고 뮌헨으로 철수 중이라고 적혀 있었다. 마셜은 앤더슨에게 이렇게 말했다.

"뮌헨 폭격은 큰 이득을 가져다 줄 것입니다. 독일인들이 뮌헨으로 대피해봤자 희망이 없다는 것을 보여줄 것이기 때문입니다."

아이젠하워, 브래들리 장군은 이에 동의했고, 루스벨트 대통령은 합의할 필요가 없었다. 미군 최고사령부는 독일에 강경하게 맞서겠다는 대통령의 의지를 잘 알고 있었다. 독일은 제1차 세계대전을 일으켰지만, 당시 독일 본토는 단 한 차례의 지상전도 치르지 않았다. 그러나 이번에는 달랐다. 루스벨트 대통령은 육군 장관 스팀슨에게 이렇게 말했다.

"이번 전쟁에서 독일은 지난 전쟁과 달리 철저하게 패배한 국가라는 사실을 모든 독일 국민이 깨닫게 하는 게 그 어떤 것보다도 중요합니다. 국가 전체는 물론 국민 개개인이 다 패배했다는 사실을 확실히 인식시켜야 그들이 또 다른 새로운 전쟁을 시작할 엄두를 내지 못할 것입니다."

"미국과 영국에는 이번 전쟁의 책임이 독일인 전체가 아니라 소수 나치 지도자들에게 있다는 견해를 가진 사람이 너무 많습니다. 유감스럽지만 그런 인식은 사실과 다릅니다. 독일 국민 전체를 현대 문명의 대척점에 서 있는 무법천지로 몰고 간 책임은 그들에게 있습니다. 그들은 그 책임을 져야 합니다."

제2차 세계대전이 발발한 1939년 9월, 루스벨트는 모든 교전국에 민간인 폭격이라는 비인도적인 야만 행위를 자제해 줄 것을 호소했다. 그로부터 3년 후, 루스벨트는 미국 의회에서 연합국은 독일에 강력하고 무자비한 항공 공격을 가할 것이라고 말했다.

"바르샤바, 로테르담, 런던, 코번트리를 폭격한 자들은 그 대가를 치르게 될 것입니다!"

1945년 2월, 미국은 독일에 이전보다 더 강한 폭격을 가할 계획을 짜고 있었다. 독일 전체에 공포와 혼란을 초래하는 것이 그 목적이었다. 폭격은 2월 첫 주 베를린에서 시작해 곧이어 뮌헨으로 이어질 예정이었다. (그러나 기상과 기타 표적의 우선순위, 마셜이 원래 제안하지 않았던 다른 목표로 인해 제15공군은 3월 24일까지 뮌헨을 폭격할 수 없었다.) 이제 연합군 최고사령부의 어느 누구도 독일이 이 전쟁에서 이길 거라고 믿는 사람은 단 한 사람도 없었다. 그러나 독일이 자살을 각오하고 전투에 임할 의지와 능력이 없다고 여기는 사람 또한 단 한 사람도 없었다. 그리고 영국이 또다시 온종일 독일로부터 로켓 공습을 당하고 있는 상황에서 이 폭격 작전을 막아야 한다고 말하는 사람도 거의 없었다.

V-2 로켓

1944년 9월 7일, 한 영국 관료가 언론에 나와 이렇게 말했다.

"앞으로 일부 공습이 있을지도 모르지만, 런던에서의 전투는 사실상 끝났습니다."

분명 V-1을 이용한 독일군의 공습은 사실상 끝났다. 그러나 이듬해 3월, 모든 V-2 로켓 발사장이 연합군에 점령될 때까지 영국 남부 도시의 시민들은 또 다른 공습을 당하며 매일같이 공포를 견뎌내야 했다.

독일군의 새로운 보복 병기 V-2는 최첨단 과학기술과 최상의 효율을 자랑하는 가공할 만한 살인 도구였다. V-2는 V-1과 마찬가지로 매우 부정확해 무차별적으로 살상을 했다. V-2에 의해 사망한 영국인은 2,700명, 중상을 입은 영국인은 6,500명이었고, 앤트워프, 브뤼셀, 파리에서도 비슷한 수의 사상자가 나왔다. 네덜란드의 작고, 감지하기 어려운 발사대에서 쏘는 이 12톤짜리 초음속 로켓은 70마일(112킬로미터) 고도의 성층권까지 올라갔다가 4,000마일(6,400킬로미터)의 속도로 내리꽂혔다. 이 때문에 V-2는 시끄럽고 느리게 날아가는 V-1과 달리 조기 경보나 요격이 불가능했다. 한 런던 여성은 이런 냉소적인 말을 했다.

"기왕에 죽을 거면 뭐에 죽을 건지 알고 죽었으면 좋겠는데…."

영국 정부는 시민들이 공황에 빠져들 것을 우려해 11월 10일이 돼서야 독일군이 초음속 비행이 가능한 V-2 미사일로 영국을 조준하고 있다고 발표했다. 또 독일군이 V-1 발사를 재개한 사실도 밝혔다. V-2는 여태까지 본 적 없는 가장 두려운 무기였다. 황량한 발트해의 섬에서 베르너 폰 브라운 박사와 연구자들이 설계한 V-2는 하르츠산지의 외진 계곡 지하 비밀 공장에서 생산되었다. 미국 제3기갑사단이 1945년 4월 초 이 공장을 점령할 때까지 연간 6만 명의 강제 노동자들이 동원됐으며, 그중 무려 3분의 1 이상이 기아와 질병, 나치의 학살로 목숨을 잃었다. 영국 공군의 두 번에 걸친 폭격으로 사망한 사람도 1,500명이나 됐다.

독일인들은 이 새로운 액체연료 로켓 미사일 V-2를 A-4라고 불렀다. 이 미사일은 세계 최초의 단거리 탄도 미사일로, 모든 현대적 유도 미사일과 우주 추진체의 할아버지였다. 폰 브라운과 그를 따르는 물리학자, 공학자 들은 V-2를 영국 도시에 조준 사격하는 동시에 ICBM(Intercontinental ballistic missile, 대륙간 탄도탄) A-10 개발을 서둘렀다. A-10은 뉴욕을 공격하기 위해 개발되었기 때문에 '뉴욕 로켓'이라고 불렀다. 당시 연합국 정보기관도 이 계획을 포착했고, 독일인들이 원자폭탄도 개발하고 있을 거라 예상했다. 만약 나치 독일이 미국보다 원자폭탄과 장거리 투사체를 먼저 만들었다면 역사는 끔찍하게 바뀌었을지도 모른다. 그러나 히틀러는 유대인 과학자들을 싫어했고, 재래식 보복 병기를 더 선호했기 때문에 독일 ICBM과 원자폭탄 개발 계획은 산업적, 인적 자원의 상당 부분을 잃었다. 1945년 5월, 미국 정보기관은 독일의 원자탄 연구 수준은 미국의 1940년대 수준에 머물러 있다는 것을 알아냈다. 독일 ICBM 역시 아무리 빨라도 1947년에야 실용화될 것으로 보였다.

그러나 1945년 1월 썬더클랩 폭격 작전에 관해 논의할 때 영미 연합 공군 주요 지휘관들 중 이런 사실을 아는 사람은 아무도 없었다. 런던의 고위 지도부도 자신들이 직접 목격한 것에 대해서만 알고 있었다. 크리스마스 시즌에 런던 울워스 백화점에 V-2 로켓이 떨어져 166명이 사망했다. 사망자 중에는 유모차를 탄 2명의 아기도 있었다. 시장에서 식량 배급을 받기 위해 줄을 서 있던 115명의 여성이 V-2 로켓에 의해 폭사한직후였다.

V-2 로켓 발사장은 작은 데다 잘 위장되어 있었고 지하에 숨어 있어서 폭격으로 파괴하기가 사실상 불가능했다. 영국 공군이 할 수 있는 것이라고는 독일 도시를 폭격하는 것뿐이었다. 독일 동부 도시에 대한 2월 폭격 작전 계획에 보복이라는 개념은 나와 있지 않았다. 그러나 런던에서 항공 작전을 지휘하는 사람들은 머릿속으로 분명 보복을 의식하고 있었다.

제8공군이 베를린 폭격을 계획하던 마지막 단계에서 예기치 못한 일이 벌어졌다. 지미 둘리틀 장군이 스파츠 장군에게 작전을 재고해 달라고 요청한 것이었다. 그는 이런 서신을 보냈다.

"지정된 구역에 주요 군사 표적이 없음"

둘리틀은 군사적인 관점과 도덕적인 관점에서 공포 폭격을 반대한 극소수의 제8공군 지휘관 중 하나였다. 그리고 스파츠와 달리 그는 베를린 공습이 사람들에게 공포를 심어주고 인내심을 없애버리려는 일종의 '독일의 사기를 떨어뜨리기 위한 노력'이라고 봤다. 그는 스파츠에게 이렇게 말했다.

"이미 4년 동안 아군의 폭격을 견뎌온 사람들이 단순히 폭격의 밀도를 높인다고 공포에 질려 항복할 가능성은 극히 희박합니다."

스파츠는 이미 1944년 여름에 썬더클랩 작전에 반대하는 취지로 비슷한 말을 했었다. 둘리틀은 마지막으로 스파츠의 양심에 호소했다. 더 정확히 말하면, 이 작전이 전후의 육군 항공대에 미칠 영향을 걱정하는 스파츠의 심기를 건드린 것이었다.

"그 효과는 무시하더라도 그 어떤 작전보다 많은 사람에게 기억될 이번 전쟁의 마지막 작전이 우리 미군의 군사적 표적에 대한 정밀폭격이라는 원칙을 위반한 작전이 돼 버릴 것입니다."

그는 지역폭격은 영국군에게 맡기고, 미군은 오직 군사적 표적을 계속 공격해야 한다고 주장했다. 부족한 폭격 기술과 악천후로 인해 정확한 폭격이 불가능하더라도 이를 위해 애쓴 미국의 노력은 역사에 고스란히 남겨야 한다는 것이었다.

스파츠는 이에 대해 다음과 같은 간단한 명령으로 답했다.

"석유 시설에 대한 육안 폭격이 불가능할 때 베를린을 공습하는 조건으로 베를린 작전을 허용함."

그는 둘리틀에게 베를린 폭격은 승무원들에게 더 안전한 레이더 조준 방식을 이용하게 될 것이라고도 말했다. 말할 것도 없이 악천후 상황에서의 레이더 폭격은 부정확한 폭격을 의미하는 것이었기에 폭격기 대원들은 이 임무를 '대낮에 여성과 어린이를 처리하는 임무'라고 불렀다.

2월 2일 아침, 둘리틀은 휘하의 모든 폭격기를 집결시켰다. 그러나 두꺼운 구름층 때문에 작전을 수행하기는 불가능했다. 다음 날 스파츠가 또다시 대규모 공습을 명령하자, 둘리틀은 스파츠가 재고해주기를 바라면서 다음과 같은 질문에 대한 명확한 답변을 요청했다.

"베를린은 여전히 공격 표적입니까? 석유 시설에 대한 육안 조준 폭격이 가능하다면 석유 시설에 베를린보다 높은 우선순위를 부여하시겠습니까? 베를린에서 우리가 격파해야 할 표적은 도심지입니까, 아니면 베를린 서쪽 외곽에 있는 군사 시설입니까?"

스파츠는 1시간 내에 전화로 대답했고, 그 내용은 이후 요점만 간략하게 적은 문장으로 문서화되었다.

"육안 조준 폭격이 가능한 경우 석유 시설을 폭격하라. 그렇지 않으면 베를린 도심이다."

이 작전은 분명 지역폭격을 목표로 하고 있었지만, 스파츠는 그 사실를 은폐하기 위해 폭격 관련 보도 자료에서 다음과 같은 사항을 강조할 것을 둘리틀에게 지시했다.

"이번 작전의 목표는 동부전선 독일군의 병력 증강을 저지하고, 독일 행정부의 혼란을 증폭시키는 것임."

둘리틀은 그 지시를 따랐다. 그러나 그는 폭격 표적 목록에 철도 조차장과 탄약 공장 등 분명한 군사적 표적을 여럿 추가했다.

1974년에 타계한 스파츠는 죽기 6년 전, 1945년 2월 3일의 베를린 공습은 '공포 폭격'이라는 단어만 안 썼을 뿐 공포 폭격에 가까웠다는 사실을 어느 정도 인정했다.

"아군이 나치 치하의 유럽을 폭격할 때, 군사 표적이 아닌 것을 표적으로 삼은 적은 없습니다. 베를린만 빼고요."

1945년 2월 3일

1945년 2월 3일 새벽 3시 30분, 날카로운 목소리가 동굴 같은 막사의 침묵을 깨웠다.

"전원 기상! 작전이다!"

상사는 자는 병사들의 얼굴에 플래시를 비추며 더 큰 소리로 외쳤다.

"빨리 일어나라."

그러고 나서 기지 내에서 가장 미움받는 인물인 그는 막사 밖으로 나갔다.

이번 작전은 찰스 알링Charles Alling 대위와 그의 승무원들의 13번째 작전이었다. 그들은 노퍽주의 멘들스햄에 주둔한 제34폭격비행전대 소속이었다. 운동으로 다져진 깡마르고 선이 또렷한 체격의 알링 대위는 타고난 지휘관이었다. 그는 명석했고 잘 훈련되어 있었으며, 위기 앞에서도 평상심을 잘 유지했다. 그날 아침 그는 침대에서 일어나 화장실의 차가운 공기 속에 서 있었지만, 마음은 고향에 가 있었다. 전쟁만 아니었다면 지금쯤 웨슬리언대학교에서 봄 학기를 보내고 있었을 것이다. 그러나 그는 지금 대서양을 넘어 대학생 또래의 장병 9명을 이끌고 세계에서 가장 위험한 영공으로 뛰어들 준비를 하고 있었다.

알링의 막사 밖에는 군용 트럭 1대가 대기하고 있고, 트럭을 덮고 있는 갈색 방수포가 바람에 나부끼고 있었다. 알링은 동료 장교들과 함께 트럭 짐칸으로 뛰어올라 서리가 내려앉은 목조 의자에 움츠리고 앉았다. 트럭이 속도를 높여 장교 클럽으로 달려가는 동안 사람들은 말 없이 펄럭이는 방수포를 멍하니 바라볼 뿐이었다. 10여 개의 담뱃불 불빛만이 이 트럭에 생명을 지닌 사람들이 타고 있다는 것을 알려주었다.

아침 식사를 할 때도 누구도 말을 하지 않았다. 소금이나 후추가 필요할 때도 말없이 손으로 병을 가리키기만 했다. 알링은 이렇게 회상했다.

"아무 말도 없었어요. 장병들은 모두 긴장했고, 불안해했어요. 개중에는 그들의 시간이 다 되었을지 모른다고 하는 사람도 있었어요."

그들은 전날 아침에 이번 작전의 표적이 베를린이라는 설명을 들었다. 그래서 작전 당일 아침에 정보장교가 커튼을 젖히고 붉은 테이프가 베를린까지 이어져 있는 커다란 유럽 지도를 보여줬을 때 아무도 놀라지 않았다. 장병들은 제8공군이 지난해 겨울에도 베를린에 매우 강력한 타격을 가했다는 사실을 이미 알고 있었다. 그러나 많은 기지에서 승무원들은 이번 공습은 다를 것이라고 들었다. 목표는 인구 밀도가 높은 도심이었다. 독일 비밀경찰, SS친위대, 기타 악랄한 나치 당원들이 근무하는 독일의 정부 청사와 함께 수많은 사람이 죽을 것이고, 다수의 독일 비전투원들도 죽을 것이다. 제457폭격비행전대의 볼 터렛 사수 존 브리올은 일기에 이렇게 썼다.

"오늘 우리는 민간인을 폭격하는 데 조금이라도 양심의 가책을 느낀다면, 이제 그런 것은 던져버리라는 말을 들었다. 지금부터 우리는 여성과 아이를 포함한 모든 독일인에게 폭탄을 던지고 기관총을 쏠 것이기 때문이다."

제95폭격비행전대의 기지에서 하사관 사수들은 권총을 휴대하라는 조언을 들었다. 브리핑 장교는 당연하다는 듯이 이렇게 말했다.

"이번 표적은 도심이기 때문에 표적 상공에서 낙하산 탈출을 할 경우 권총이 필요할 것이다."

루이스 웰스의 항공기 통신수 제임스 헨리에타James Henrietta는 이렇게 회상했다.

"그곳에는 군사 표적 같은 건 없고 평범한 사람들만 살고 있었어요. 우리의 폭격은 단지 그들의 사기를 떨어뜨리기 위한 것일 뿐이었어요."

기상 상태와 적 방공망에 대한 정보를 들은 알링과 동료 장교들은 차를 타고 알링의 여동생 이름을 딴 은색의 미스 프루디Miss Prudy호로 갔다. 오전 4시 43분, 대형 상부 편대의 선도기인 미스 프루디호는 시커먼 하늘과 짙은 안개를 뚫고 이륙했다. 해가 뜨고 안개가 걷히자 대형 외곽의 폭격기들은 날개 끝이 맞닿을 정도로 밀집 대형을 이루기 시작했다. 이스트앵글리아 지역의 한 주민은 이 거대한 항공 함대를 이렇게 묘사했다.

"그 비행기들은 맑은 하늘을 날 때는 흰 갈매기처럼 우아해 보였고, 구름 속을 날 때는 시커멓고 불길해 보였어요. 하지만 가장 인상적인 것은 그 엄청난 수였어요. 보리밭에서 일하던 인부들이나 버스 차장들이 일을 하다 말고 하늘을 올려다볼 정도로 많았어요. 그렇게 많은 항공기는 본 적이 없었어요. 심지어 '영국 전투' 때 독일 폭격기는 미국 것 같은 4발 중폭격기도 아니었는데, 이번에 미국은 그런 비행기를 무려 수백 대나 띄웠어요. … 그 수많은 항공기들이 영국 밖으로 끊임없이 날아가고 있었어요."

이날 출격한 B-17은 무려 900여 대로, 호위 전투기 수도 그 절반은 넘었다. 단일 도시를 향해 출격한 폭격 편대 무리 중 사상 최대 규모였다. 같은 날, 제8공군의 제2항공사단은 기상 조건이 더 양호할 것으로 예상되는 마그데부르크 합성석유 공장을 향해 400여 대의 B-24를 출격시켰다. 베를린으로 가는 폭격 편대 무리의 길이는 300마일(480킬로미터)에 달했다. 선발대가 독일 영공에 진입하는 시점에 북해 상공에 여전히 폭격기들이 남아 있을 정도였다. 측면 기관총 사수 존 모리스는 독일 북부 상공에서 밀집 대형을 이룬 폭격기들이 희고 솜털 같은 비행운을 뿜어내면서 표적으로 날아가는 모습을 보고 경탄했다. 그때 그는 미군 정보장교 J. 글렌 그레이J. Glenn Gray가《전사들The Warriors》이라는 책에서 말한 '전쟁이라는 장관'이 주는 매력을 느꼈다.

표적 상공에 가장 먼저 도착한 폭격기들 앞에는 놀랍도록 아름다운 하늘이 펼쳐져 있었다. 광활한 하늘은 한없이 푸르고 맑았다. 폭격을 하기에 매우 이상적인 기상 조건이었다. 그러나 지상의 대공포 사수들에게도 이상적이기는 마찬가지였다. 게다가 베를린은 역사상 어느 도시보다 많은 대공포가 지키고 있었다. 35번째이자 마지막 임무를 수행 중이던 로버트 핸드Robert Hand 중위는 조종사가 인터컴으로 "베를린 상공 기상 매우 양호. 구름 한 점 없음"이라고 말하는 것을 듣고 익숙한 전투 공황 증상을 느끼기 시작했다. 방탄 헬멧 밖으로 땀이 흐르고 시야가 흐려졌으며, 상반신 전체가 떨리기 시작했다. 그의 전대는 베를린 상공으로 들어간 세 번째 그룹이었고, 그의 항공기 앞은 대공포탄이 작열하면서 생긴 검은 연기로 자욱했다. 밑에서 두 발의 대공포탄이 폭발하자 그의 B-17은 마치 급류에 휩쓸린 카누처럼 위로 튕겨 올라갔다. 선도기가 폭탄을 투하하고 몇 초 뒤 핸드도 폭탄을 투하했다. 그 후 그의 편대는 날개를 기울여 베를린 근교 상공에 있는 구름 속으로 숨기 위해 기수를 돌렸다. 그러던 중 핸드는 바로 뒤에 있던 항공기가 직격탄을 맞는 것을 봤다. 그 항공기는 그날 격추된 25대의 폭격기 중 하나로, 10명의 승무원과 30톤의 금속 덩어리가 있던 그 자리에는 시커먼 연기구름 말고는 아무것도 남지 않았다. 핸드는 훗날 이렇게 이야기했다.

"그 거대한 항공기가 그렇게 빨리 사라져 버리다니, 믿을 수가 없었어요."

핸드와 알링은 그날 무사히 귀환했다. 그러나 그날 52번째로 출격한 로버트 '로지' 로젠탈은 그러지 못했다.

그날 비행했던 미군 승무원들 대부분은 그 전에 베를린에 가 본 적이 없었다. 그러나 로젠탈은 여러 차례 로지스 리베터스호와 함께 와 본 적이 있었다. 그중 가장 기억에 남는 것은 1944년 3월 8일의 임무로, 그 주에 제8공군은 독일 공군의 등을 부러뜨렸다. 그 임무는 로젠탈의 25번째 임무이자 마지막 임무였다. 그러나 그날 밤에 열린 축하 파티에서 로젠탈은 비행을 계속하기로 결심했다. 동료인 사울 레빗은 그를 만류했다.

"고향으로 돌아가. 가면 아이스크림도 있고, 여자도 있고, 야구도 있어. 자네는 휴식을 취할 자격이 있어."

그러나 아무 소용이 없었다. 로젠탈은 훗날 이렇게 말했다.

"나는 내가 할 수 있는 일을 가급적 오래 해야 했다네."

1944년 9월, 그가 탄 항공기는 뉘른베르크 상공에서 대공포에 피격되어 당시 미군이 점령한 북프랑스에 비상 착륙했다. 로젠탈은 팔과 코에 골절상을 입고 의식불명인 상태에서 영국 옥스퍼드의 군병원으로 후송되었다가 5주 후 소프 애보츠 기지로 돌아왔다. 비행단 본부는 그를 지상 근무로 돌렸지만, 그는 다시 비행하고 싶어서 일부러 사고를 저질러 다시 제100폭격비행전대로 전출되었다. 소령으로 진급한 그는 자신이 속했던 비행대인 제418폭격비행대대의 대대장으로 취임했다.

1945년 2월 3일 로젠탈 소령은 제3항공사단 전체 선도기를 맞아 부기장석에서 베를린으로 향하고 있었다. 폭격 항정 시작 지점 인근에서 제3항공사단은 제1항공사단의 폭격으로 발생한 짙은 화재 연기 속으로 들어가게 되었다. 한 승무원의 증언에 따르면 연기는 무려 7,000피트(2킬로미터) 상공까지 올라왔다. 그로 인해 제3항공사단은 대부분 주표적을 놓치고, 주표적 동쪽에 있는 민간인 거주 지역을 폭격했다. 통신수 클리포드 휘플Clifford Whipple은 이렇게 말했다.

"우리 항공기가 독일 영공으로 들어가기 전, 베를린에서 나오는 라디오 선전 방송을 들었습니다. 아나운서가 '남녀노소 모두가 화재와 싸우고 있습니다'라고 말하더군요."

폭격 항정을 시작한 로젠탈의 항공기는 대공포에 피격되었다. 2명이 즉사하고, 엔진 1기에서 화재가 발생했다. 조종석은 흰 연기로 가득 찼다. 조종사인 존 언스트John Ernst는 도와달라는 눈빛으로 로젠탈을 바라봤다. 그때 로젠탈은 한 마디 말도 없이 왼손으로 항공기 전방을 가리켰다.

언스트가 폭격 항정을 완료하자, 로젠탈은 부선도기에게 사단 지휘권을 넘긴다는 무전을 보냈다. 그리고 손상 입은 항공기가 오데르강에 가까워지자, 그는 여기서 탈출하면 소련군에 구조될 수 있겠다고 판단하고 비상 탈출을 알리는 경보 벨을 눌렀다. 그 순간 B-17에 다시 한 번 대공포탄이 명중했다. 거센 화염이 기체 중앙을 잠식하기 시작했다. 불타는 B-17이 천천히 회전하기 시작하자 승무원들은 겁에 질려 낙하산을 찾았다. 6개의 낙하산이 항공기에서 빠져나와 펼쳐졌다. 그리고 잠시 후 일련번호 44-8379호 B-17은 폭발하여 흔적도 없이 사라져버렸다.

그러나 로젠탈은 아직 죽지 않았다. 그는 생존을 위한 외로운 투쟁을 벌였고, 마침내 승리했다. 항공기가 두 번째 대공포탄을 얻어맞고 승무원들이 전부 탈출한 직후 로젠탈은 전사한 승무원 시신 2구를 끌고 전방 비상 탈출구로 탈출하려고 했다. 그러나 자동 조종 장치가 고장난 항공기가 어지러울 정도로 회전하면서 빠르게 추락했고, 로젠탈은 엄청난 원심력 때문에 꼼짝달싹할 수 없었다.

"정말 움직이기 어려웠어요. 마치 모래 속에 빠진 기분이었죠. 나는 온 힘을 다해 비상 탈출구에 도달해 항공기가 폭발하기 직전 탈출하는 데 성공했어요."

로젠탈이 탈출한 고도는 불과 2,000피트(600미터) 높이였다. 착지할 때의 충격으로 오른팔이 부러진 그는 왼손에 권총을 들고 폭탄 때문에 파헤쳐진 구덩이 속에 숨었다. 그때 모자에 빨간 별을 단 3명의 병사가 그에게 다가왔다. 소련군이었다. 소련군 중 하나가 로젠탈을 독일군으로 착각하고 개머리판으로 때리려고 하자 로젠탈은 양손을 하늘 높이 들고 말했다.

"아메리칸스키! 코카콜라! 럭키 스트라이크! 루스벨트! 처칠! 스탈린!"

그 말에 소련군들은 로젠탈을 뜨겁게 끌어안고는 뺨에 키스했다.

로젠탈은 모스크바로 후송되어 소련 주재 미국 대사 에버렐 해리먼 Averell Harriman의 영접을 받았다. 거기서 그는 소프 애보츠의 전우들에게 전보를 보내 자신의 싸움은 아직 끝나지 않았으며, 자신을 데려갈 비행기를 보내달라고 했다. 사울 레빗은 이렇게 회상했다.

"그렇게 로젠탈의 전설은 계속되었습니다. 그는 살아 있는 전설이 되었죠. 누구도 그의 비행을 막을 수 없었고, 누구도 그를 죽일 수 없었습니다."

로버트 로젠탈은 소련군 전선 후방으로 낙하한 직후 본 풍경을 오래도록 잊지 못했다. 2명의 소련군 병사의 안내로 지프로 향하던 그는 고개를 뒤로 돌려 베를린 방향을 바라봤다. 지평선 너머에서 어두운 붉은색 화염과 검은색 연기가 하늘로 솟아오르고 있었다. 마치 세상이 종말하는 것 같았다.

존 브리올의 부조종사 존 웰치John Welch 중위는 베를린 상공을 비행하던 중 폭격당하고 있는 베를린 시민들에 대해 생각했다. 그 비행대대의 표적은 프리드리히슈트라스역으로, 그곳은 피난민들로 가득 차 있다고 들었다. 그는 폭격수가 500파운드(225킬로그램) 폭탄을 투하하자 낮은 목소리로 중얼거렸다.

"주님, 그들을 불쌍히 여기소서."

당시 베를린 지하철역에서 피난하고 있던 스웨덴 신문기자 헤리에 그란베르크Herie Granberg는 베를린 공습 일주일 후 이런 기사를 썼다.

"폭격을 당하자 땅이 흔들리고 조명이 깜박였다. 역의 콘크리트 벽이 튀어나올 듯 요동쳤다. 사람들은 겁에 질린 동물들처럼 황급히 움직였다."

폭격이 계속되자 조명이 완전히 나가고 지하철 터널 안에 먼지구름이 자욱했다. 흰 먼지 때문에 눈을 뜰 수가 없었다. 사람들은 선로 위에 무릎을 꿇고 앉아 기도했다. 폭격이 끝나고 그란베리는 지하철역 광장 앞에서 이미 죽었거나 죽어가는 사람들이 가득한 모습을 봤다.

같은 시각, 또 다른 동네에서 젊은 신문기자 우르술라 폰 카르도르프 Ursula von Kardorff는 친구와 가족을 찾아 사람들에게 떠밀려 가며 거리를 헤매고 있었다. 사람들의 얼굴은 온통 회색빛이었고, 짐꾸러미를 짊어진 등은 굽어 있었다. 폰 카르도르프는 야만적인 인종 전쟁을 벌이고 그의 남동생들을 전쟁터로 내몰아 죽게 한 히틀러를 싫어했다. 그녀는 마음 한편으로는 이 폭격이 독일의 업보임을 인정했지만, 또 다른 마음 한편에서는 그녀와 비슷한 생각을 갖고 있는 독일의 노동자들이 이런 최악의 폭격을 당하는 것은 너무 잔혹하다는 생각이 들었다. 그녀는 그날 밤 자신의 생각을 비밀 일기장에 써 내려갔다.

"불타는 도시에도 밤은 왔다. 하지만 그 사실을 알아챈 사람은 별로 없었다. 온종일 어두웠기 때문이다."

공습 후 며칠이 지나도 지연 신관을 탑재한 폭탄이 지축을 흔들며 터지는 소리가 도시 곳곳에서 들려왔다. 베를린의 수도, 가스, 전화, 전기는 모두 끊겼다. 불발탄과 터진 상수도관에서 흘러나온 물로 인해 생긴 웅덩이 때문에 시내는 통행하기조차 어려웠다. 연기가 며칠 동안이나 폐허가 된 도시 위로 피어올랐다. 요제프 괴벨스는 약탈자를 즉결 총살하겠다고 발표했으나, 붕괴되는 동부전선에서 돌아온 병사들은 술을 마시고 시내를 배회하면서 상점 유리창을 부수고 아마포와 귀금속, 유리와 도자기 등을 훔쳤다. 심지어 차고의 차도 훔치고, 농가의 닭과 돼지도 훔쳐서 잡아먹었다. 연기 나는 폐허 속에서 헤리에 그란베르크는 버려진 나치당 배지를 3개 주웠다.

"위험을 감수했더라면 더 많이 주울 수 있었을 거예요."

히틀러는 심사숙고 끝에 정부 조직을 베를린에 잔류시키기로 결정했다. 독일 외무부의 절망에 빠진 공무원 한스 게오르크 폰 슈투드니츠Hans-Georg von Studnitz의 말을 빌리자면, 정부는 베를린에 남아 기적을 바라든지, 아니면 다 같이 죽을 생각이었다. 여기서 도망쳤다가는 베를린 시민들에게 최후까지 저항하라고 선동했던 총통은 비겁자로 낙인찍히게 될 것이었다. 괴벨스는 이렇게 선언했다.

"어제의 대규모 공습으로 막대한 인명 손실을 입었고, 피난민들은 여전히 불타는 수도에 갇혀 있습니다. 그들은 앞으로 닥칠 새로운 재앙을 모두 견뎌내야 합니다."

그리고 총통에게 이렇게 말했다.

"앞으로 150년 후에 이 같은 위기가 다시 찾아온다면, 우리 후손들은 오늘 우리의 이야기를 영웅적인 인내의 사례로 기억할 것입니다."

1945년 2월 3일 공습으로 사망한 베를린 시민의 수는 현재까지 정확하게 밝혀지지 않았다. 이전 공습으로 인해 죽은 사람들의 시신이 가장 최근 당한 공격의 희생자들의 시신과 함께 여전히 건물 잔해 속에 묻혀 있었기 때문이다. 독일 동부에서 발생한 피난민 300만 명이 베를린으로 들어오면서 혼란이 가중되었다. 이는 역사상 가장 큰 규모의 인구 이동 사례 중 하나로, 피난민 중 수천 명이 공습으로 죽었지만, 시신이 불타 사라졌기 때문에 신원 확인은 물론, 사망자 수를 헤아리는 것도 사실상 불가능했다. 제8공군과 스웨덴 기자들의 추산에 따르면 이날 하루 동안 2만 5,000여 명이 죽었다고 한다. 그러나 최근 한 독일 역사학자는 약 3,000명 정도가 죽었다고 주장했다. 초기 추정치에 비해 훨씬 적은 수치라 의심스러울 정도지만, 이 수치로도 1945년 2월 3일의 공습이 제2차 세계대전 당시 베를린에 가한 공습 중 가장 많은 사상자를 발생시킨 사건이라는 사실은 변하지 않는다. 이 도시는 전쟁 중 363회 폭격당해 총 5만 명의 사망자가 발생했다. 2월 3일 폭격으로 얼마가 죽었든 그날 무려 12만 명의 이재민이 발생한 것은 확실하다.

폭탄 투하량으로만 따지면 과거 영국 공군이 훨씬 많이 투하했으나《뉴욕타임스》에서 지적했듯이 영국의 폭격은 2월 3일 폭격만큼 표적 지역을 철저히 초토화시킨 적이 없었다. 이 모든 것이 2월 3일 하루 동안 일어난 일로, 독일의 주요 청사는 18번이나 폭격당했고, 2개의 주요 기차역과 거대한 템펠호프 조차장 역시 강력한 폭격을 얻어맞았다고 미 육군 항공대는 보고했다. 이들 표적 인근의 대형 전자 제품 공장, 피혁 공장, 인쇄소, 의류 공장, 호텔, 신문사, 백화점, 주거지역 역시 파괴되었다. 만약 계획대로 3일 후 제8공군이 베를린에 재차 폭격을 가했다면 베를린은 함부르크처럼 대참사를 당했을지 모른다. 그러나 기상 때문에 3일 후의 임무는 취소되었다.

작전 후 작성한 보고서에는 이번 공습이 '공포 폭격'이었다는 승무원들의 증언을 담겨 있다. B-17 슈퍼마우스Supermouse호의 폭격수는 이런 보고서를 제출했다.

"토요일 베를린 공습 때 적은 탄막 사격으로 시내 상공을 통과하는 아군 폭격비행전대들을 약화시켰다. 그러나 내가 탑승한 기체에는 아무런 피해가 없었다. 베를린 시내를 육안으로 확인하고 조준한 후 1,000파운드(450킬로그램)짜리 폭탄 5발을 투하했고, 그것은 시내에 있는 여자와 아이들에게 명중했다!"

폭격전은 그 속성상 냉혹한 익명의 전쟁이었다. 그 때문에 양심의 가책이나 죄책감을 전혀 느끼지 않는 승무원도 있었고, 그들의 죽음이 자신의 책임이라고 느끼지 않는 이들도 있었다. 수년 후 조종사 루이스 웰스는 이렇게 말했다.

"나는 그들을 보지도 않았고, 아는 사람도 전혀 없었습니다. 폭격을 마치고 아무 일도 없었던 듯 맛있게 저녁을 먹고, 깨끗한 모포를 덮고 편안하게 잠을 잤습니다."

그러나 이번 폭격 임무는 오랫동안 승무원들의 머릿속에서 잊히지 않았다. 루이스 웰스의 승무원이었던 제임스 헨리에타는 이렇게 말했다.

"그 임무는 오랜 세월 나를 괴롭혔어요. 사실 지금도 괴롭히고 있죠. 우리가 폭격했던 사람들 절대 다수는 무고한 희생자였을 거라는 생각이 들어요."

2월 17일, 독일 라디오에서는 독일 국방군이 스파츠 장군에게 흰 깃털 훈장을 수여한다고 발표했다. 이 훈장을 수여하는 이유는, 스파츠 장군이 여자와 아이가 대부분인 수십만 명의 피난민이 있는 베를린 시에 융단폭격을 가하는 비겁한 짓을 벌였기 때문이라고 밝혔다. 그러나 이 방송에서는 독일군이 벌인 게르니카 공습, 코번트리 공습, 런던에 대한 로켓 공습, 1942년 8월 피난민 4만 명을 죽인 스탈린그라드 공습에 대해서는 아무 말도 하지 않았다. 제2차 세계대전 초기에 캘리포니아로 망명한 노벨 문학상 수상자 토마스 만Thomas Mann은 BBC 라디오에 출연해 동포 독일인들에게 이런 암울한 경고를 남겼다.

"설마 독일은 자신이 벌인 야만스럽고 잔혹한 행위에 대해서 응분의 대가를 받지 않을 거라고 믿었던 것일까요?"

드레스덴

드레스덴 공습은 원 투 펀치, 즉 영국 공군과 미 제8공군의 연합 작전으로 기획되었다. 전쟁 전 60만 명이었던 드레스덴의 인구는 1945년 2월에는 동쪽에서 피난 온 사람들 때문에 약 100만 명으로 불어나 있었다. 드레스덴은 원래 제8공군이 먼저 공습할 예정이었으나, 악천후 때문에 연기되면서 폭격기 해리스의 영국 공군이 먼저 폭격하게 되었다.

계절에 어울리지 않게 날씨가 좋았던 2월 13일 저녁, 총 800여 대의 랭커스터 폭격기가 2개 파를 이루어 도자기와 넓은 공원, 아름다운 건축물로 유명한 이 아름다운 강변 도시로 접근했다. '엘베강의 피렌체'라 불리던 이 도시는 이번 공습으로 인해 돌무더기와 잿더미만 가득한 사막으로 변하고 말았다.

1943년 여름 함부르크 공습과 마찬가지로 고폭탄과 소이탄의 치명적인 조합이 화염 폭풍을 일으켰고, 이 화염 폭풍으로 3만 5,000명 이상의 사람이 타거나 질식했다. 다음 날 아침에는 제8공군이 출격해 도시 중심부의 기차역을 타격한 것은 물론 화재를 피하기 위해 수천 명의 사람들이 모여 있던 인근의 주거지역에도 상당한 피해를 입혔다.

벌지 전투에서 독일의 포로가 된 미 육군 보병 커트 보니거트Kurt Vonnegut는 공습 일주일 전에 이 도시에 끌려와 강제 노동에 투입되었다.

"화물 열차 밖에 펼쳐진 도시는 대부분의 미군에게는 살면서 본 가장 아름다운 풍경이었어요."

보니거트에게도 드레스덴은 '오즈의 마법사'에 나올 법한 도시처럼 보였다.

포로들은 도살장으로 가서 한 콘크리트 건물에 수용되었다. 그 건물에는 '5'라는 번호가 붙어 있었는데, 폭격이 시작되었을 때 그곳은 폭격으로부터 안전했다.

포로들이 콘크리트 건물 밖으로 나온 것은 다음 날 정오가 되어서였다. 보니거트는 자신이 쓴 소설《제5도살장Slaughterhouse-Five》에 이렇게 썼다.

"드레스덴은 이제 달의 표면처럼 변해 있었다. 인간의 흔적을 찾기란 너무 힘들었다. 돌에는 아직 폭격의 열기가 남아 있었다. 주변에 살던 사람들은 모두 죽었다."

보니거트는 다행스럽게도 방공호 역할을 할 수 있는 건물에 있었지만, 드레스덴에는 비슷한 규모의 다른 독일 도시에서 흔히 볼 수 있는 공공 방공호가 하나도 없었다. 드레스덴 시민들은 기차역이나 대형 공공건물의 지하실, 단독주택과 아파트의 지하 창고 등에 숨을 수밖에 없었다. 부패한 작센 주지사 마르틴 무츠만Martin Mutschmann은 충분한 방공호를 지어 달라는 시 관료들의 요청은 무시하고 자신은 집무실 지하와 집 뒤뜰에 친위대가 만들어 준 강화 콘크리트 방공호를 갖고 있었다.

드레스덴은 방공호가 없을 뿐만 아니라, 군의 보호조차 받지 못했다. 물론 이 도시에는 독일 공군기지가 있었으며, 새로 생산한 전투기들이 가득했다. 그러나 그곳의 조종사들은 최종 결전을 대비해 힘들게 모은 연료를 고갈시킬 수 없다는 이유로 출격하지 말라는 명령을 받았다. 게다가 이 도시에 배치된 대공포는 그해 겨울 루르강과 오데르 전선으로 옮겨졌다. 드레스덴은 폭격기 해리스가 '폭격 피해 없는 온전한 도시'라고 불렀던 곳이었다. 5년에 걸친 전쟁에서 이 도시는 미군에 의해 1944년 10월 7일과 1945년 1월 16일, 2차례에 걸쳐 폭격을 당한 게 전부였다. 이때 제8공군은 도심 인근의 주요 산업 시설을 폭격했다. 수백 명의 노동자가 죽기는 했으나, 드레스덴의 귀중한 사적지에는 아무런 피해가 없었다.

세 아이를 둔 가정주부 리젤로테 클레미히Liselotte Klemich는 이렇게 말했다.

"우리는 안전하다고 생각했어요."

공습 전에는 처칠의 연로한 고모가 드레스덴에 살고 있기 때문에 함부르크나 베를린처럼 얻어맞지 않을 것이라는 등 이런저런 뜬소문이 돌았다. 클레미히의 증언은 계속된다.

"시간이 갈수록 드레스덴은 끝까지 무사할 거라고 생각했어요. 예술 작품들이 가득한 이 아름다운 도시를 왜 폭격할까 하는 생각에서였죠. 그래서 우리는 갈수록 부주의하게 행동했어요. 공습경보가 울려도 어지간해서는 애들을 깨우지 않았어요. 그러나 그날 저녁, 라디오를 틀자 대규모 폭격기 편대가 접근하고 있다는 뉴스가 나왔어요. 그 소리를 듣고 깜짝 놀란 나는 바로 방공호로 갈 채비를 했지요. 나는 아직 어린 세 딸을 깨워 옷을 입히고, 아이들에게 여별의 속옷이 들어 있는 가방을 메주었어요. 나도 중요한 서류와 귀금속, 약간의 돈이 들어 있는 옷 가방을 챙기고 지하 방공호로 달려가서 보니 이미 많은 사람이 거기 도착해 있었어요. 그들의 표정에는 두려움이 가득했어요."

사람들은 흐느끼며 기도했다. 클레미히는 아이들에게 딱 달라붙어서 생각했다. '하나님께서 그들의 기도를 들어주실 거야.' 그녀는 배 속에 있는 넷째 아이의 안전도 걱정스러웠다.

다가오는 폭격기 소리는 지하 8피트(2.4미터) 깊이에 있는 방공호에서도 들을 수 있었다. 현지 양조장 사장의 아들인 당시 18세의 괴츠 베르간더 Götz Bergander는 이렇게 회상했다.

"마치 엄청나게 크고 시끄러운 컨베이어 벨트가 머리 위에서 굴러가는 소리 같았어요. 그 중간중간 폭발음이 들리고 충격파가 느껴졌어요."

해리스 휘하의 폭격기 승무원들은 도시 하나를 전소시키는 방법을 훈런받았지만, 그때까지 그들이 전소시킨 도시는 함부르크, 카셀, 다름슈타트 세 곳이었다. 허리케인 같은 화염 폭풍을 일으키는 방법은 어디서나 확실히 먹혔다. 이제는 드레스덴 차례였다.

랭커스터 폭격기들은 구름 한 점 없이 맑은 하늘을 가로지르며 고폭탄과 소이탄이라는 위험한 조합을 매우 가연성이 높고 빽빽하게 밀집되어 있으며 난방용 연료를 가득 비축하고 있는 건물들로 이루어진 드레스덴에 투하했다.

폭격기가 투하한 고폭탄 중 상당수는 '쿠키'라고 부르는 4,000파운드(1.8톤)급 항공용 폭탄이었다. 이 폭탄은 건물 붕괴, 상수도 파괴, 대형 폭파공을 형성해 소방관이나 비상팀의 접근을 방해할 수 있도록 설계되었다. 또한 이 폭탄을 사용하면 건물의 창문과 문을 날려버릴 수 있고, 수십만 발의 스틱형 소이탄과 만나면 소규모로 시작한 불이 하나의 거대한 불꽃이 되었다. 그야말로 폭탄 비가 내리는 것인데, 이런 고폭탄을 투하하는 데는 시민들이 건물이나 방공호 밖으로 나와 쉽게 불을 끌 수 없게 하려는 목적도 있었다.

첫 번째 공격이 지나가고 유명한 엔지니어이기도 한 베르간더의 아버지가 브람슈 양조장 지하에 설계하고 만든, 최첨단 시설을 갖춘 방공호에는 마치 무덤 속 같은 정적이 흘렀다.

"방공호 밖으로 나가서 본 광경을 저는 영원히 잊을 수 없어요. 밤하늘은 붉은색과 분홍색으로 물들어 있었고, 건물들의 실루엣 위로 붉은 연기가 맴돌고 있었어요."

그 광경에 베르간더는 두려움마저 잊고 양조장의 지붕 위로 올라가 불타는 하늘을 배경으로 사진을 찍었다.

"사람들은 젖은 모포를 두르고 재투성이가 된 채 미친 듯이 우리에게 달려왔습니다."

화염 폭풍이 절정에 달한 것은 오전 1시가 지나 영국 공군이 제2파 공습을 할 때였다. 소이탄으로 인해 발생한 수천 건의 작은 화재는 주택의 지붕과 다락방을 타고 퍼지면서 집을 거대한 불덩이로 만들었다. 이 불은 맹렬하게 커지면서 두 번째 공습으로 발생한 불들과 합쳐졌다. 이때 폭탄은 알트슈타트 남쪽, 특히 드레스덴의 거대한 잔디밭인 그로서 가르텐에 대부분 투하되었다. 그곳에는 공포에 질린 시민 수만 명이 피신해 있었다.

제2파 랭커스터 폭격대 승무원들의 원래 표적은 도심에 있는 오래된 알트마르크 시장이었지만, 상공에 도착했을 때 이미 알트마르크는 불바다였기 때문에 그들은 아직 화재가 발생하지 않은 곳을 폭격하기로 했다.

드레스덴의 모든 시민은 항공 폭탄의 우레와 같은 폭발음을 들었지만, 방공호에 있는 사람들은 기와가 깔린 지붕 위로 4파운드(1.8킬로그램)짜리 마그네슘 용기가 땅땅거리며 떨어지는 불길한 소리는 듣지 못했다. 이 용기의 정체는 독일인들이 '인phosphorous 폭탄'이라고 잘못 알고 있던 '테르밋thermite'이 가득 든 소이탄이었다. '밤의 살인자'로 알려진 이 폭탄은 기존의 폭탄에 비해 5배나 많은 인명 및 대물 피해를 야기했다.

드레스덴은 그야말로 순식간에 성경에 나오는 지구의 종말을 방불케 할 정도의 화염 폭풍에 휩싸였다. 도시의 소방관들이 할 수 있는 일은 화염 폭풍 주변부의 작은 화재를 진압해 화재가 더 커지지 못하게 하고, 화염 폭풍 속에 갇힌 사람들이 탈출할 수 있도록 통로를 만드는 게 다였다.

화염 폭풍에 속수무책이었던 석탄 저장고에 불이 붙자 그곳에 숨었던 대부분의 도시 거주자들은 운명을 달리했다. 잘 만들어진 방공호조차 화염 폭풍으로부터 그들을 거의 보호하지 못했다. 드레스덴 화재 희생자 중 70퍼센트는 연소에 의한 일산화탄소 중독으로 사망했다. 그중 많은 사람이 몸에 화상을 입지 않고 고통 없이 즉사했다.

클레미히가 피신한 방공호는 화염 폭풍이 지나가는 길에 있지 않았기 때문에 그녀와 아이들은 두 번의 공습에서 살아남았다.

"그 열기는 정말이지 참기 힘들었어요. 우리는 갑자기 불어닥친 바람에 날아갈까 봐 서로의 손을 꼭 붙잡았어요. 우리 주변을 붉은 눈보라처럼 둘러싸며 도는 불꽃들 때문에 아무것도 보이지 않았어요. 그래도 우리는 그 사이를 헤치며 방공호를 찾아 돌아다녔어요."

사람들이 신은 신발은 달궈진 아스팔트에 녹아 들러붙었고, 엄청난 속도로 불어닥친 화염 폭풍은 신발을 벗을 틈도 주지 않고 사람들을 태워 버렸다. 화염은 얼마나 뜨거웠던지 철도를 녹이고 돌도 부숴 버렸다.

그러나 생존자들에게 가장 무서운 인상을 남긴 것은 뜨거운 열기가 아니라 엄청난 폭풍이었다. 허리케인 같은 이 폭풍의 정체는 대류 소용돌이로, 화재로 인해 초고온으로 달궈진 공기가 상승하고 그 자리를 채우려는 차갑고 무거운 공기가 회전하면서 회오리바람을 일으켰던 것이다. 이 회오리바람이 거대한 화염을 움직이고, 불붙은 잔해를 여기저기로 날려 보내 새로운 작은 화재들이 발생했다. 이렇게 발생한 화재들과 뒤에서 다가오는 화염 폭풍 사이에 갇힌 수많은 드레스덴 시민들은 방향감각을 잃고 당황했다.

안네 발레Anne Wahle는 길 반대편에서 한 여자가 큰 유모차를 밀고 다가오는 것을 봤다. 그 여자는 안네 발레를 지나쳐 불꽃 속으로 뛰어들었고 순식간에 사라져 버렸다. 불길 속에 갇힌 사람들은 절망감에 사로잡혀 도로에 무릎 꿇고 앉아 비참한 최후를 기다렸다. 발레와 그의 가족들은 간신히 방공호로 피신할 수 있었다.

다음 날 아침이 되자 모두 도시를 떠나려고 밖으로 나왔다. 거리는 소름 끼치도록 텅 비어 있었고, 주변의 모든 집은 다 불타고 잔해로 변해 있었다.

그로서 가르텐에 가까워지자 나무에 시커멓게 그을린 사람의 신체 일부가 매달려 있는 게 보였다. 그들은 마치 검게 그을린 통나무처럼 생긴 사람의 시체가 끝없이 줄지어 눕혀져 있는 잔디밭을 지나쳤다. 얼굴은 모두 녹아 알아볼 수 없었고, 몸도 기묘한 자세로 쪼그라들어 있었다. 이들은 안전한 곳을 찾아 뛰쳐나왔다가 사망한 사람들이었다.

'재의 수요일'이 되자 제8공군이 드레스덴 상공에 나타났다. 미군 항공기들은 무려 1만 5,000피트(4.5킬로미터) 고도까지 올라간 연기 속을 날았다. 이날 B-17 311대가 드레스덴에 고폭탄과 소이탄 771톤을 투하했다. 표적은 프리드리히슈타트 조차장과 기차역 그리고 인근 산업 지대였다. 또한 도심지에서 벗어나 있는 작은 조차장 한 곳과 최소 세 곳 이상의 소형 주거지역도 폭격했다. 구름과 검은 연무 때문에 표적이 보이지 않자 대부분의 비행대대는 레이더 조준 폭격을 할 수밖에 없었다. 그리고 그중 일부는 실수로 오폭을 했다. 사진 정찰 및 레이더 조작사들의 작전 후 보고에 따르면 투하된 폭탄 대부분이 조차장 또는 조차장 인근의 건물 밀집 지역에 투하되었으며, 그밖에 표적으로부터 8~10마일(13~16킬로미터) 떨어진 곳에도 투하되었다고 한다.

미군이 투하한 폭탄이 모두 제대로 명중했다면 피해는 더욱 컸을 것이다. 이날 출격한 미군 폭격비행전대 중 3개는 중부 독일 상공에서 길을 잃고 드레스덴이 아닌 프라하를 폭격했다.

괴츠 베르간더가 사는 프리드리히슈타트 조차장 인근의 주거지역에도 폭탄이 떨어졌지만, 그와, 그와 함께 방공호에 숨은 사람들 중 다친 사람은 없었다. 대신 베르간더의 아파트는 산산조각이 났고, 당시 44세였던 괴츠의 어머니는 심장마비를 일으켰다. 베르간더 가족들과 이웃들은 방공호에 침대까지 갖다놓고 전쟁이 끝날 때까지 밤이면 거기에서 잤다.

미군 폭격기가 처음 나타났을 때 베르간더가 사는 동네에는 구도심에서 도망 온 피난민 수천 명이 있었다. 베르간더의 말에 따르면 그 피난민들은 마치 2월 14일 정오에 미군에게 급습을 당하기 위해 그곳에 온 것 같았다고 한다. 미군이 그걸 의도한 것은 아니지만, 피해자들 입장에서는 확실히 그렇게 볼 수도 있을 정도였다. 역사학자 리처드 테일러Richard Taylor가 지적했듯이 영국군이 알트슈타트를 폭격하자 그곳 주민 수천 명은 그로서 가르텐으로 도망쳤는데, 영국군은 바로 다음에 그로서 가르텐을 폭격했다.

"적군이 드레스덴 시민들의 움직임을 예상하고 마치 소들을 도살장으로 몰아넣고 도살하듯 그들을 죽인 것 같았어요."

2월 15일, 제8공군은 드레스덴에 200여 대의 B-17을 보냈다. 원래 이들의 주요 표적은 라이프치히 인근의 석유 공장이었으나, 악천후로 인해 드레스덴으로 향한 것이었다. 이날 제8공군 투하한 폭탄은 도시 밖 산업 지대에는 어느 정도의 피해를 입혔으나, 조준점인 드레스덴 조차장에 명중한 것은 1발도 없었다.

미군기들이 돌아가자 라디오에 출연한 한 나치 관료는 이렇게 말했다.

"지금 드레스덴에는 멀쩡한 건물이나 재건 가능한 건물이 전혀 없습니다. 시내에는 인기척이 사라졌고, 거대한 도시 드레스덴은 유럽 지도에서 지워졌습니다."

전쟁 중 독일에서 발간한 보고서에 따르면 이 공습으로 인한 사망자가 최대 40만 명에 달할 것이라고 한다. 그러나 이후 이 공습을 면밀히 연구한 괴츠 베르간더에 따르면 실제 사망자는 3만 5,000~4만 명에 불과하다고 말했다. 하지만 이 도시에는 수십만 명의 피난민도 있었다. 그들 중 과연 얼마나 많은 사람들이 죽었을지 누가 알 수 있겠는가?

공습 후 수 주일이 지나고 리젤로테 클레미히는 이렇게 회상했다.

"화재가 몇 주 동안이나 꺼지지 않았어요. 나는 시내에서 직접 시체 처리를 한 적은 없지만, 신문에서는 시체들을 시장에 모아 집단 화장을 시켰다고 해요."

연합군 포로들도 시체를 수습하는 일에 동원됐다. 커트 보니거트는 정말 소름끼치는 일이었다고 말했다. 포로들은 갈퀴를 사용해 쪼그라든 시체를 농부들이 가져온 수레에 실었다. 그러고 나서 도시 중심에 있는 시장한가운데 쌓아올린 후 벤젠을 붓고 태웠다. 이 화장 작업은 인근 강제수용소에서 근무하는 친위대 전문가들이 진행했다. 화장된 유골들은 공동묘지에 안장되었다. 이러한 집단 화장은 3월까지 계속되었다. 그리고 화장이 끝난 후 수 주일이 지날 때까지도 이 작업에 투입된 연합군 포로들의 옷에서는 인간의 살이 타는 냄새가 가시지 않았다.

보니거트는 자신의 소설에 이렇게 적었다.

"드레스덴 공습은 종전을 앞당기기 위한 목적이었지만, 이 공습으로 이득을 본 사람은 반전 소설을 써서 엄청난 돈을 번 나밖에 없을 것이다."

제8공군의 후방 기관총 사수인 존 모리스는 이 말에 동의하지 않았다.

"나는 드레스덴에 출격한 것이 부끄럽지 않습니다. 우리는 정당한 군사전략에 의해 움직였어요. 나는 그 공습이 종전을 앞당기는 데 기여했다고 확신합니다. 동부전선 전체에서 독일군은 소련군에 밀려 후퇴하고 있었지만, 조국의 중심부까지 밀리고 나면 재집결하여 결사 항전을 벌일 준비를 할 것으로 예상되었습니다. 따라서 독일군이 본토의 안전한 지역까지 들어가지 못하게 하는 것은 타당한 전략이었다고 생각합니다."

그들은 그렇게 했다. 독일 동쪽 국경에서부터 대도시를 잇는 모든 철도 조차장과 도로 교차점을 폭격으로 날려 버렸다.

"물론 거기서 3만 5,000명의 무고한 민간인을 죽인 게 기쁜 건 아닙니다. 그렇다고 이들 중에 유대인이 있었다고도 생각하지 않습니다. 선량한 드레스덴 시민들은 우리가 공습하기 얼마 전에 마지막 유대인을 아우슈비츠로 다 보내 버렸거든요."

그 말은 대부분 사실이었다. 드레스덴 공대 교수 빅토어 클렘페러Victor Klemperer는 랭커스터 폭격기 1파가 청명한 2월 하늘에 나타났을 때 드레스덴에 잔류해 있던 등록 유대인 198명 중 1명이었다. 클렘페러는 훈장을 받은 제1차 세계대전 참전 용사이자 애국적인 독일인이었지만, 히틀러 집권 이후 유대인이라는 이유만으로 직업도 집도 평생 모은 재산도 다 잃고 말았다. 그러나 그의 아내는 순수한 아리아인이었기 때문에 다행히 수용소로 가지 않았다. 그러던 중 2월 13일, 남아 있는 유대인 중 육체노동을 할 수 있는 모든 유대인은 보고하라는 명령이 내려왔다. 그들은 3일 후 노동 수용소로 수송될 예정이라고 했으나, 그곳이 어디인지는 알려주지 않았다. 유대인들은 그 명령을 사실상의 사형선고로 받아들였다.

헤니 브레너Henni Brenner의 아버지도 마지막까지 드레스덴에 남아 있는 유대인이었다. 헤니는 이렇게 회상했다.

"그날 아침, 아버지는 수용소로 이동하기 위해 집합 장소로 나오라는 통지를 받으셨어요. 아버지는 아주 우울한 목소리로 '헤니, 우리가 살아나려면 청천벽력 같은 일이라도 일어나야 할 것 같구나'라고 말씀하셨어요."

폭탄이 떨어지기 시작하자마자 브레너와 가족들은 옷에 붙어 있는 빛바랜 노란색 별을 떼고 혼란스러운 도시를 빠져나갔다. 도망자들 중에는 빅토어 클렘페러와 그의 아내 에바도 있었다. 그들은 3개월 동안 도망 다닌 끝에 미군이 점령한 안전한 바이에른주의 한 마을에 도착했다.

아버지 브레너는 도시를 떠나기 전에 독일 비밀경찰 청사에 가보고 싶다고 고집을 부렸다. 딸 헤니는 이렇게 말했다.

"온 사방이 불바다였기 때문에 그 근처까지 갈 수는 없었어요. 그러나 꽤 멀리서도 그 건물이 불타고 있다는 것은 알수 있었어요. 그 모습을 보니 어느 정도 안심이 되더군요."

그렇다면 드레스덴은 적법한 군사 표적이었을까? 둘리틀 장군은 그렇다고 생각했다. 독일이 이미 영국군에게 큰 피해를 입기는 했지만, 그는 드레스덴은 여전히 교통의 중심지라고 간주했다. 드레스덴은 제국 철도 중 3개의 중요한 선로가 교차하는 곳으로, 2월 초에도 28편의 군용 열차와 약 2만 명의 병력이 매일 이곳을 통과하고 있었다. 둘리틀의 주요 표적인 프리드리히슈타트 조차장은 독일 동부에서 가장 중요한 곳 중 하나였다.

독일 일곱 번째 대도시인 드레스덴은 총포 조준기, 레이더 장비, 폭탄 신관, 군용 전자장비, 독가스 등을 만들어 독일 공군과 육군에 공급하는 도시로도 발전하고 있었고, 1945년에는 이 도시의 약 5만 명에 달하는 노동자가 군수생산에 종사하고 있었다.

드레스덴에서 좀 떨어진 곳에 있는 슐리벤 노동 수용소에서는 유대인 수감자들이 '판처파우스트Panzerfausts'를 만들고 있었다. 강력한 대전차 로켓포인 판처파우스트는 광신적인 히틀러유겐트가 가장 좋아하는 무기로, 연합군에 대항한 자살 전투에서 사용하기 위해 생산했다. 2월 14일 이른 아침, 슐리벤의 강제 노동자들은 드레스덴이 불타는 모습을 봤다. 유대인 수감자 벤 할프고트Ben Halfgott는 이렇게 회상했다.

"그것은 마치 천국의 모습과도 같았습니다. 우리는 종전과 해방이 멀지 않았음을 알 수 있었습니다."

반세기 후 존 모리스는 왜 전쟁 말기에 굳이 드레스덴을 폭격했는지에 대한 질문을 받았다. 그 질문에 그는 이렇게 반문했다.

"그때 우리가 어떻게 1945년 5월 초에 전쟁이 끝날 거라는 걸 알 수 있었을까요?"

그의 말처럼 '재의 수요일'에도 미군은 여전히 벌지 전투에서 전사한 병사들의 장례를 치르고 있었다.

아서 해리스는 자신의 회고록에서 이렇게 단언했다.

"당시 나보다도 더 중요한 사람들이 드레스덴 공습은 군사적으로 필요하다고 인정했다."

그러나 그보다 더 중요한 것은 드레스덴 공습의 이유나 시기가 아닌, 방식에 관한 질문이다. 수정된 썬더클랩 작전에는 철도 시설에 대한 선택적인 공격 방식이 더 어울렸다. 그런데도 왜 도시 전체에 초토화 폭격을 한 것일까? 폭격 방식은 전적으로 해리스가 결정했다. 해리스의 폭격 작전에 대한 정부의 감독이 부재한 상황이었고, 영미 양국의 민간 지도자들 역시 작전에 관해서는 모두 공군 사령관에게 맡기고 간섭하지 않았기 때문에 해리스는 항공 작전에 관한 거의 모든 통제권을 가지고 있었다. 따라서 그가 이제까지 초토화시켰거나 앞으로 초토화시킬 독일 도시들과 드레스덴을 다르게 여기지 않은 것도 당연했다.

이는 규모의 문제였다. 괴츠 베르간더는 이렇게 말했다.

"전쟁에서도 목적과 수단은 어울려야 합니다. 그러나 드레스덴에서는 결과에 어울리지 않을 만큼 강력한 수단이 사용되었습니다. 드레스덴을 폭격해서는 안 됐다고는 말하지 않겠습니다. 그곳은 철도 교차점이라 아주 중요한 표적이었습니다. 드레스덴이 다른 독일 도시에 비해 더 특별한 곳이라고도 말하지 않겠습니다. 그러나 왜 그런 거대한 규모의 공습을 벌여야 했는지는 아직까지도 이해할 수 없습니다."

드레스덴을 특별한 희생물로 볼 수는 없다. 드레스덴 폭격의 특별한 점은 파괴의 강도가 전례 없었다는 것뿐이었다. 해리스는 이 임무를 1945년 초반에 시행한 39건의 도시 초토화 폭격 중 하나로 기획했다. 드레스덴은 지극히 통상적인 소이탄 폭격 임무의 표적이었을 뿐이다. 폭격기사령부에서 근무했던 민간인 물리학자 프리먼 다이슨Freeman Dyson은 이렇게 회상했다.

"우리의 관점에서 봤을 때 드레스덴은 그저 운이 나빴다고 볼 수 있습니다. 우리는 드레스덴 공습에 사용된 폭탄의 16배나 되는 폭탄을 베를린에 투하했습니다. 마치 골프에서 홀인원을 한 것처럼, 드레스덴에서 달랐던 점은 모든 것이 우리가 의도한 대로 완벽하게 맞아떨어졌다는 것 말고는 없습니다."

드레스덴 공습으로 발생한 사상자 수는 상당했다. 그러나 영국 공군이 소이탄 공습을 가한 다른 도시에 비해 엄청나게 많다고 하기는 어려웠다. 제8공군에게도 이 임무는 통상적인 공습 임무에 불과했다.

제2차 세계대전 후반기에 영국 공군과 미 제8공군은 폭격 정책만큼 서로를 빠르게 닮아가면서도 여전히 차이점을 유지하고 있었다. 이들 두 강력한 공군은 동일한 전략 목표에 따라 몇 시간의 시간차를 두고 동일한 도시를 폭격했다. 그 전략 목표는 베를린-라이프치히-드레스덴을 잇는 철도망을 차단하는 것이었다. 그러나 둘리틀과 해리스 두 사령관은 서로 다른 폭격 방식을 구사했다. 한 사령관은 도시 철도망을 파괴하려고 했고, 다른 사령관은 도시 전체를 파괴하려고 했다.

그러나 두 사람 모두 목적을 이루지 못했다. 공습 이후 해리스는 이렇게 자랑했다.

"드레스덴에는 대형 탄약 공장, 정부 청사, 동부전선을 연결하는 주요 교통 시설이 있었습니다. 이제는 그중 아무것도 남지 않았습니다."

이는 정확한 발언이라고 볼 수 없었다. 소이탄 폭격은 도시의 산업 및 철도 시설에는 치명타를 입히기는 했지만, 폭격기사령부가 드레스덴의 산업 시설 대부분이 몰려 있던 도시 외곽을 폭격했더라면 더 큰 경제적 타격을 입힐 수 있었을 것이다.

드레스덴에 대한 미군의 공습, 그리고 그 이후의 공습들도 항공 전략가들에게 실망스럽기는 마찬가지였다. 드레스덴의 철도망은 약 2주 만에 부분 복구되었다. 결국 드레스덴의 철도 교차점이 사라진 것은, 루르 지역의 독일 철도 중추를 파괴한 것과 같은 방법, 즉 반복적인 폭격에 의해서였다. 3월 2일과 4월 17일, 성공리에 드레스덴에 추가 공습을 가한 끝에 비로소 드레스덴의 철도망은 완벽하게 파괴되었다. 특히 4월 17일 공습에서는 폭격기 약 600대가 드레스덴 조차장을 날려버렸고, 독일 남부와 북부를 잇는 마지막 교통로를 끊어버렸다. 이 공습으로 최소 500명의 민간인이 죽었다.

제8공군은 구름과 연기로 뒤덮은 조차장을 정밀하게 타격할 능력을 갖춘 적이 없었다. 수많은 젊은 장병들이 이것을 시도하다가 전사했지만, 사령부는 그런 영웅적인 실패에 만족하지 못한 것 같았다. 전후 제8공군은 폭격 기록에 대한 세탁을 시도했다. 전쟁 중 제8공군의 폭격비행전대장들은 자신들이 하는 일을 굳이 숨기려 들지 않았다. 표적이 단순히 조차장이라도 작전 후 보고서에는 무엇을 파괴했는가를 낱낱이 적었다. 1944년 10월 7일의 드레스덴 공습 이후 작성된 임무 요약 보고서에는 이렇게 적혀 있다.

"하부 비행대대는 도시 중심부와 건물 밀도가 높은 주거지역을 타격했다."

그러나 전쟁 후 무명의 육군 항공대 역사가들이 내놓은 2권에 달하는 미국 전략폭격 임무에 관한 방대한 자료 어디에도 '도시 중심부'라는 말이 없다. 참고로 이 자료는 현재도 역사학자들이 즐겨 인용하고 있다. 공군역사지원사무소 역사학자 리처드 데이비스는 이런 글을 남겼다.

"정체 모를 누군가가 보고서에 들어간 '도시 중심부'라는 말을 모두 '조차장', '항구', '산업 지대' 등으로 바꿔 버렸다."

이런 식으로 유럽의 미 육군 항공대는 적의 도시에서 단 한 번의 임무도 수행하지 않은 것처럼 포장했다. 이렇게 조작된 은폐 정책은 전쟁 중 미 육군 항공대의 공보정훈실이 내놓은 보도 자료에서부터 시작되었다. 육군 항공대 공보정훈실은 타군에 뒤지지 않는 최강의 조직으로, 드레스덴 공습 이후 프레더릭 앤더슨은 햅 아놀드가 안심할 수 있을 만한 소식을 전했다.

"공보장교들은 장차 공격할 모든 표적의 군사적 특성을 세심한 주의를 기울여 확실히 드러낼 것만 드러내고 강조할 것만 강조하라고 권고받았습니다. 과거와 마찬가지로 공격한 도시에 대한 발언은 가급적 피할 것이고, 대신 개별 표적에 대한 구체적 묘사가 늘어날 것입니다."

이는 도시 공습에 사용된 폭탄, 즉 고폭탄과 소이탄의 비율을 보면 진실을 알 수 있다. 소이탄은 폭발 효과가 없기 때문에 공장, 조차장, 군의 중장비 등 방어력이 높은 표적을 공격할 때는 거의 사용하지 않았다. 제8공군의 2월 14일 드레스덴 공습에서의 표적이 조차장이라고 했지만, 그때 사용한 폭탄 비율은 폭탄 60퍼센트, 소이탄 40퍼센트였으며, 이는 정밀폭격이 아니라 지역폭격에 적합한 조합이었다.

이는 드문 일이 아니었다. 다른 도시의 철도 시설에 대한 레이더 조준 폭격 시 미 전략폭격기들은 소이탄의 탑재 비율을 높였다. 쾰른에서는 27퍼센트, 뉘른베르크에서는 30퍼센트, 베를린에서는 37퍼센트, 뮌헨에서는 41퍼센트의 소이탄을 사용했다. 반면 디데이까지 프랑스 내 철도망을 대상으로 진행한 공습에는 프랑스인에 대한 살상을 두려워한 까닭에 소이탄을 거의 사용하지 않았다. 1945년 2월 26일, 베를린에 대한 후속 공습에는 1,000여 대의 미군 폭격기들이 레이더 조준 폭격을 했다. 이날 투하한 폭탄 중 소이탄의 비율은 44퍼센트로, 목표로 한 표적이 아닌 곳에서도 큰 화재가 발생했다. 그리고 3주 후인 3월 18일의 공습에서는 약 50만여 발의 소이탄을 투하했다. 이는 제8공군이 이 전쟁에서 실시한 베를린 공습 중 가장 큰 규모였다.

제8공군은 도심의 표적에 정확하게 타격할 수 없을뿐더러 레이더 조준 시에는 그 정확도가 더 떨어진다는 것을 알고 있었기 때문에 베를린을 비롯한 독일 도시를 불태우려고 하지 않았다. 따라서 그들은 대량의 소이탄을 투하해 파괴 범위를 넓히고, 목표 표적이 파괴될 확률을 높이려고 했다. 물론 그렇게 하면 민간인이 살상당할 확률도 높아진다. 정밀하지 못한 레이더, 악천후, 독일군의 저항, 장비 고장, 인간의 실수 등 복합적인 요인으로 인해 정확성이 떨어지자, 이를 만회하기 위해 미군 폭격기 승무원들은 자주 융단폭격에 의존했다.

미군은 영국군보다는 더 나아 보이기 위해 자신들이 '맞추는 것'이 아닌 '조준하는 것'을 보고 평가해 달라고 주장했다. '부정확한 폭격'의 대안은 '폭격하지 않는 것' 말고는 없었기 때문이다. 그러나 그러면 강제 노동자, 전쟁 포로, 강제수용소 수용자들을 비롯한 많은 사람이 나치 독재정권의 폭압을 더 오래 견뎌내야만 했다.

1945년 2월과 3월, 베를린과 드레스덴에 가해진 여러 차례의 공습은 항공전의 속도를 높이려는 작전의 일환이었다. 1944년 말까지 인구 10만 명 이상 되는 독일 도시들 중 5분의 4가 완전히 파괴되었다. 그러나 연합군의 폭격 작전은 아직 절정에 이르지 않았다. 1945년 1월부터 4월까지 연합군이 독일에 투하한 폭탄 양은 영국 공군이 1943년 한 해 동안 사용한 폭탄의 2배가 넘었다. 당시 독일에 살고 있던 68세의 독일인 마틸데 볼프-묀케베르크Mathilde Wolff-Mönckeberg가 독일 밖에 살고 있는 자식들에게 써 보낸 편지에는 이렇게 적혀 있었다.

"밤낮으로 피할 수 없는 재난을 기다리는 일은 영혼을 시들게 한단다."

1943년 늦여름, 이 독일 노부인은 대피 명령에도 불구하고 불타고 있는 함부르크를 떠나지 않았다. 독일에서는 전쟁 중 이런 대피 명령으로 1,000만 명이 대피했다. 이들 대부분은 어린이들과 그들의 어머니들이었다. 아이가 없는 직장 여성과 장성한 자식을 둔 여성 대부분은 대피가 금지되었다.

독일 정부가 평화를 추구하지 않는 한 폭격을 멈출 이유는 없었다. 그러나 그 폭격 대상과 폭격 방법에 대해서는 도덕적으로나 군사적으로 의문이 남는다. 사실 세계인의 이목이 드레스덴에만 쏠린 나머지, 비슷한 다른 사례는 크게 주목받지 못했다. 포르츠하임은 독일 남서부의 중소 도시로, 정밀 기기를 생산하는 곳이다. 게다가 군용 열차 교차로가 있어 독일군에게 중요한 곳이었다. 드레스덴 공습 10일 후, 해리스의 부하들은 이 도시의 80퍼센트를 파괴하고 인구의 4분의 1 이상을 죽였다. 드레스덴 공습으로 그곳 인구의 5퍼센트밖에 못 죽인 것에 비하면 높은 수치였다. 3월 1일, 해리스는 동료 항공 사령관들에게 이렇게 보고했다.

"시내 전체가 불타 버렸습니다."

그러면서 그는 이런 말로 만족감을 표현했다.

"이번 공격은 의도적인 공포 공격으로 널리 알려졌습니다. 폭격기사령부는 이러한 방식으로 63개 이상의 독일 도시를 격파했습니다."

그는 여기서 멈추지 않고 3월 17일 새벽, 뷔르츠부르크를 폭격했다. 바이에른주 북부의 오래된 교회와 대학으로 유명한 이 도시는 약 90퍼센트가 전소되었고, 10만 명에 달하는 시민 중 5,000명이 죽었다. 1945년 초에 이뤄진 이 용서할 수 없는 통제 불능의 공포 폭격은 침략 전쟁을 시작한 국가에 대한 경고라고 정당화할 수 있었다. 이제 이 침략 전쟁에서 생존을 위해 싸우던 사람들은 주체할 수 없는 분노로 침략자를 완전히 끝장내 버리겠다는 일념으로 싸우게 된 것이다. 따라서 제1차 세계대전과 달리 이 전쟁은 평화협정이 아닌 무조건 항복으로 끝난다. 역사학자 리처드 콘Richard Kohn은 이런 글을 남겼다.

"더 놀라운 점은 양심의 가책까지도 다 계산에 넣고 있다는 점이다."

전 독일 소방청장 한스 룸프Hans Rumpf 장군은 이런 글을 남겼다.

"독일인들은 독일 지도자들이 체계적으로 뿌린 증오의 희생자가 되었다. 평범한 남자, 여자, 아이 들까지 그 대가를 치러야 했다."

그러나 룸프 장군을 포함 평범한 독일인 수백만 명이 히틀러의 잔혹한 통치를 지지한 결과 자신들은 물론 고향과 아이들까지 매우 위험한 지경으로 몰아넣은 것도 사실이다. 종전 후 반세기가 지나 독일 소설가 W. G. 제발트W. G. Sebald는《파괴의 자연사On the Natural History of Destruction》

라는 항공전 관련 책을 출간해 큰 논쟁을 불러일으켰다. 그는 이 책에서 이런 결론을 내렸다.

"독일 도시가 파괴된 것은 독일인들 스스로가 자초한 일이다. 이는 오늘날의 독일인 대부분이 알고 있(기를 바라)는 사실이다."

클라리온

1945년 초에 폭격으로부터 안전한 독일 도시는 없었다. 이제 제2차 세계대전 항공 작전 중 가장 큰 논란을 불러일으켰던 '클라리온Clarion'이 시작되었다. 이 작전의 표적은 독일 전역의 무방비하거나 방어 태세가 허술한 도시들이었다. 아놀드 장군이 처음 제안하고 스파츠 장군이 세부 내용을 다듬은 이 작전은 영미 연합 공군의 항공기들을 여럿으로 나눠 넓은 지역의, 기존에 폭격당하지 않은 소도시와 시골의 교통 시설에 동시다발로 공격한다는 것이 그 골자였고, 목표는 호위 전투기를 동반한 경폭격기와 중폭격기를 동원해 독일 철도 수리반의 수리 능력을 압도하는 피해를 입히는 것이었다. 이 임무의 또 다른 목표는 폭격을 피해 피난한 수백만 독일인들에게 충격을 가하는 것이었다. 독일 공군의 저항은 지극히 미약할 것이라고 예상했기 때문에 미 육군 항공대 지휘관들은 절망적인 독일의 상황을 독일인들에게 여실히 깨닫게 해주고 싶었다.

이 클라리온 작전은 미 육군 항공대 지도부 내에 갈등을 일으켰다. 지미 둘리틀 그리고 당시 지중해 주둔 연합 공군 사령관이었던 아이라 이커는 공군 전력이 석유 시설 공습에서 분산되는 게 싫었던 까닭에 이 작전에 반대했다. 이커는 스파츠에게 진심을 담아 이런 편지를 써 보냈다.

"독일인들은 아군을 야만인으로 여기고 있습니다. 이 작전은 근본적으로 민간인에 대한 대규모 공격이기 때문에 그러한 믿음을 더욱 강하게 심어줄 것으로 확신합니다. 이 작전으로 죽게 될 사람 중 95퍼센트는 민간인입니다."

찰스 캐벌 장군도 거들었다.

"이 작전은 … 오래된 영유아 살해 계획에 심리학자들이 새 옷을 입힌 것에 지나지 않습니다. 심리학적으로도 그렇고, 앞으로 진행할 철도 폭격 계획 측면에서도 좋지 않습니다."

이커는 전략폭격 과정에서 우발적으로 발생하는 민간인 살상에 대해서는 전혀 도덕적 죄책감을 느끼지 않았지만, 그런 그가 보기에도 클라리온 작전은 독일의 주요 경제 또는 군사시설을 타격하는 작전이 아니었다. 이커는 이 작전이 육군 항공대에 오명을 남길 것을 우려했다. 그는 스파츠에게 이런 편지를 보냈다.

"미군 역사에 전략폭격기로 민간인을 폭격한 범죄 기록을 남겨서는 안 됩니다."

이커의 편지는 분명 스파츠에게 큰 영향을 주었을 것이다. 스파츠 역시 지난여름 영국이 썬더클랩 작전을 제안했을 때 비슷한 논리로 분명히 반대 의사를 밝혔기 때문이다. 그러나 여전히 그는 아놀드로부터 전쟁을 더 빨리 종결시키라는 압력을 받고 있었다. 또한 마셜과 루스벨트가 아버지는 물론 아들과 손자에 이르는 모든 독일인에게 가혹한 고통을 줘서 다시는 전쟁을 일으키지 못하도록 하려 한다는 것을 잘 알고 있었다.

결국 스파츠는 작전 개시 명령을 내렸다. 폭격대 지휘관들은 보도 자료를 배포하기 전에 이 작전이 '민간인을 겨냥한 것'이라거나 '민간인에게 공포를 주기 위해서'라는 사실을 알 수 없게 하라는 주의를 받았다. 그러나 수천 대의 항공기로 저공에서 실시하는 이 작전이 공포 폭격이라는 사실은 명백했다.

클라리온 작전은 2월 22일 시작되었다. 3,500여 대의 폭격기와 약 5,000대의 전투기가 독일 전 국토 25만 제곱마일(65만 제곱킬로미터)에 달하는 면적을 2일간 휩쓸고 다니면서 모든 표적을 날려버렸다. 이 작전으로 인해 발생한 민간인 사상자는 집계되지 않았고, 연합군 공군의 피해는 미미했다.

연합군 공군 사령관들은 클라리온 작전이 크게 성공했다고 간주하고, 3월 3일에 비슷한 작전을 준비했다. 그러나 나중에 입수한 정보 보고서에 따르면 클라리온 작전은 실패했다. 독일은 클라리온 작전으로 인한 피해를 충분히 감당할 수 있었고, 독일인의 사기도 크게 떨어지지 않았다. 이 작전으로 가장 큰 피해를 입은 도시는 미 제8공군으로부터 다시 한 번 오폭을 당한 스위스의 샤프하우젠이었다. 결국 스파츠는 3월 작전을 취소했다.

드레스덴 공습 3일 후 AP통신의 하워드 코원Howard Cowan 기자는 SHAEF(연합국 원정군 최고사령부)를 놀라게 할 기사를 썼다.

"연합군 공군 사령관들은 독일 인구 밀집 지역에 대한 의도적인 공포 폭격을 실시하기로 결정했다. 오랫동안 기다려온 이 결정은 히틀러의 패배를 앞당기기 위한 무자비한 방편으로, 독일은 연합군 중폭격기들이 베를린, 드레스덴, 켐니츠, 콧부스의 주거지역에 실시한 것과 같은 폭격을 앞으로 더 많이 당할 것이다. 그 폭격의 목적은 독일의 교통망을 교란하고 독일인의 사기를 저하시키는 것으로, 이는 군에서도 인정한 바다."

코원은 관련 정보를 SHAEF 항공 참모부 소속 영국 공군 정보장교 C. M. 그리어슨C. M. Grierson의 브리핑을 듣고 알았다. 그리어슨은 기자들에게 이렇게 말했다.

"드레스덴 폭격은 동부전선으로 향하는 병력과 물자의 이동을 저지하고, 피난민 집합 시설을 파괴하며, 독일인의 사기를 완전히 꺾기 위해 실시되었습니다."

그리어슨은 '공포 폭격'이라는 말을 사용하지 않았다. 그러나 연합군 항공 사령부에서는 민간인이 표적이 되었다는 말이 공개적으로 흘러나왔다. 좀처럼 하지 않는 발언이었다. 코원은 연합군이 전쟁을 빨리 종식시키기 위해 학살 폭격 정책을 채택했다는 뜻으로 해석했다. 게다가 이는 상당한 근거를 가지고 있었다. 어떤 이유에서인지는 모르겠으나 SHAEF가 검열 과정에서 코원의 기사를 그대로 승인했기 때문에 코원은 자신의 해석에 더 큰 자신감을 가질 수밖에 없었다.

코원의 기사는 미국 신문의 1면을 장식했다. 이에 미 육군 항공대는 크게 당혹스러워했다. 햅 아놀드는 심장마비 후유증으로 플로리다에서 아직도 요양 중이었기 때문에 이에 관한 대응은 부사령관 바니 자일스 장군과 조지 마셜의 요구로 항공국장에 임명된 로버트 러베트에게 넘어갔다. 아놀드의 지시에 따라 미 육군 항공대 사령부는 스파츠에게 이와 관련해 즉각적인 설명을 요구했다. 베를린 공습과 드레스덴 공습은 공포 폭격인가, 아니면 우선순위 군사 표적에 대한 폭격인가?

스파츠의 답변은 사람들을 안심시켰다. 스파츠는 그리어슨이 자신이 제대로 알지도 못하고 권한도 없는 내용에 대해 발언한 것으로, 그리어슨의 관점은 미군 항공대 지휘관들이 아닌 폭격기 해리스의 입장을 대변한 것이라고 주장했다. 프레더릭 앤더슨도 한 무능한 장교의 어리석은 짓으로 이러한 일이 벌어졌다고 주장했다. 앤더슨과 스파츠는 베를린 공습과 드레스덴 공습은 기존 정책의 연장선에 있다며 사령부를 안심시켰다. 서부 독일의 쾰른, 뮌스터, 프랑크푸르트, 기타 교통 요충지도 계속 엄청난 규모의 폭격을 얻어맞고 있었고, 독일 동부 도시에 대한 비슷한 폭격과 달리 이들 도시에 대한 폭격은 '민간인에 대한 공포 폭격'이라고 불리지도 않았다. 독일 동부 도시에 대한 일련의 공습은 폭격 정책의 변경을 의미하는 것이 아니라 독일 특정 지방에 대한 타격일 뿐이고, 표적은 여전히 적의 병력과 군 보급 시설이지 피난민이 아니라고 주장했다.

병상에 누워 있던 아놀드는 이러한 답변에 만족했고, 더 이상 이 문제에 대해 신경 쓰고 싶지 않았다. 그러나 드레스덴을 가급적 보존해 전후 프로이센 색채를 줄이고 자유를 사랑하는 새로운 독일의 심장부로 만들고 싶었던 스팀슨 장관은 그렇지 않은 것 같았다. 그리고 스파츠 장군 휘하의 정보부장 조지 맥도널드 장군 역시 이 설명에 만족하지 않았다.

이 문제를 놓고 미 육군 항공대 역사상 가장 중요한 의견이 내부에서 교환되었다. 2월 21일, 맥도널드 장군은 프레더릭 앤더슨 장군에게 1월 말에 나온 베를린, 라이프치히, 드레스덴 등 독일 동부 도시의 교통 표적을 폭격하라는 영국의 보텀리와 스파츠가 내린 지침에 격렬히 반대하는 내용의 서한을 보냈다.

"이 지침은 미 육군 항공대를 인구 밀집 지대에 대한 지역폭격에 투입하라는 것과 다를 바 없습니다."

더구나 교통 중추가 있는 이 도시들을 격파할 경우 적의 병력과 물자의 이동을 지연시킬 수는 있겠지만, 결정적으로 방해 할 수는 없다는 것이 맥도널드의 의견이었다.

"적의 사기를 떨어뜨렸는지는 파악하기 어렵고, 그런 추상적인 목표만으로 이 도시들의 중요성을 그렇게 높게 평가할 수는 없습니다. 사기 저하를 위한 공격의 목적은 독일 내부에서 반란이 일어나는 것인데, 독일 국민들이 현 정권에 맞서 봉기하지 않는 한은 효과가 없다는 데 모두가 동의하는 바입니다."

맥도널드는 이런 신랄한 말을 덧붙였다.

"제8공군의 기존 폭격 정책과 방식이 비효율적이라고 생각한다면, 그 문제를 진지하게 바라보고 기존의 모든 폭격 우선순위를 재고한 다음 독일인의 멸종과 독일 도시의 초토화를 위해 전력을 기울여야 할 것입니다. 진정 그런 방식이 종전과 승리를 가장 빨리 앞당기는 방식이라고 여긴다면, 현재 독일 군인만을 상대하고 있는 우리 육군의 지상 부대에도 모든 독일 민간인을 살해하고 모든 독일 건물을 제거하라는 명령을 내려야 합니다."

맥도널드는 다음과 같은 결론을 내렸다.

"현재의 폭격 지침은 아군이 과거에 행했던 목표와 관행을 부정하고 있습니다. 그리고 무차별적인 살인과 파괴를 목표로 하는 새로운 항공전으로 아군의 등을 떠밀고 있습니다. … 따라서 상부에서는 이 지침을 가급적 엄밀하게 재검토하여 육군 항공대가 적을 가장 효율적으로 정복할 수 있는 검증된 전쟁 방식을 계속 유지하도록 해 줄 것을 권고하는 바입니다."

코원 사건으로 스파츠의 사령부 내부에서도 공포 폭격에 대한 반발이 일었다. 게다가 스위스 영토에 대한 오폭으로 초래된 외교 사태로 인해 스파츠는 3월 1일 새로운 폭격 지침을 발표할 수밖에 없었다. 이 지침에서는 가장 단호한 언어로, 군사 표적만을 폭격할 수 있음을 밝혔다. 또한 스위스 영토에 대한 오폭 방지 조치를 촉구했다. 스위스에는 여전히 미군 항공병들이 억류되어 있어, 미 육군 항공대는 그들을 귀국시키려 애쓰고 있었다.

3월, 연합군의 폭격은 최고조에 달했다. 한 달 동안 독일에 투하된 폭탄의 양은 약 17만 톤으로, 이 중 10만 2,000톤은 미군이 투하했다. 제8공군은 이 한 달 중 26일 출격했고, 이 중 20건의 임무에는 각 임무마다 1,000명 이상의 병력을 출격시켰다. 이 폭격 임무에는 과다한 화력이 동원되었지만, 이는 전쟁을 아는 사람들에게는 그리 놀라운 일이 아니다.

강대국 간의 전쟁은 가속과 과잉에 대한 역동성과 악마적인 속성이 내재되어 있다. 그러한 속성은 의도적인 것이 아니라 승리를 위해 국민의 정서와 자원을 총동원하는 과정에서 나왔다. 그리고 전략폭격 공격과 같이 비용과 규모가 매우 큰 군사 행위는 그 파괴력이 정점에 이르렀을 때 자체적으로 추진력을 얻게 된다. 소설가 제발트는 이에 대해 이렇게 명쾌하게 설명했다.

"항공기, 폭탄, 승무원이 압도적 규모로 집결하고 나면, 그것들을 영국 기지에 그냥 놀리는 것은 매우 경제적이지 못한 것으로 여겨지게 된다."

따라서 미국 폭격기 승무원들은 적의 전쟁 수행 능력을 붕괴시키는 데 필요 이상의 전력을 동원해 싸우다 죽게 되었다. 이는 전쟁 첫해에 주어진 임무를 수행하기에는 턱없이 부족한 전력을 가지고 싸웠던 것과 대조되었다.

아직 플로리다의 병상에서 아놀드는 사령부에서 보낸 메시지를 받았다. 스팀슨 육군 장관이 여전히 드레스덴 공습이 과잉 폭격이었을지도 모른다고 생각하고 있으니 주의하라는 내용이었다. 아놀드는 굵은 글씨로 이런 회신했다.

"우리는 절대 약해져서는 안 됩니다. 전쟁은 파괴 행위이며, 어느 정도까지는 비인간적이고 무자비한 일입니다."

당시 드레스덴의 분위기는 어땠을까? 괴츠 베르간더는 이 폭격으로 종전을 앞당길 수 있을 것이라 여기지 않았다. 그러나 매우 급작스럽고 살인적인 폭격에 대한 충격만큼은 여실히 느끼고 있었다.

"폭격은 사람의 마음을 근본적으로 바꾸는 데 일조했다. 당시 우리들의 마음은 이런 말로 표현할 수 있다. 공포의 끝이 끝없는 공포보다는 낫다."

이러한 심리적 변화야말로 연합군 고위급 지휘관들이 공포 폭격으로 거두려 했던 효과였다. 그러나 그 효과는 전쟁에 직접적인 영향을 미치기에는 너무 늦게 나타났다. 그리고 그 효과는 내향적 숙명론으로 발현되어 폭격의 피해자들이 나치 정권에 맞서 봉기할 힘조차 잃게 만들었다. 한 여성은 당시의 분위기를 이렇게 표현했다.

"모두가 자신의 문제에 함몰되어 독일의 운명 따위는 생각하지 않게 되었어요. 오늘 먹을 음식, 신을 신발, 그리고 앞으로 공습이 또 있을 것인지가 조국보다도 더 중요했어요. 내일도 비를 막아줄 지붕 밑에서 살 수 있을까? 아니, 어떻게든 살아남을 수는 있을까, 하는 문제요."

마틸데 볼프-뮌케베르크에 따르면, 그 당시 독일인들이 할 수 있는 것이라고는 고난을 견디며 살아남기 위해 노력하고, 운명의 시간이 언제 닥칠지 궁금해 하는 것 말고는 없었다. 그것은 연합군 폭격기 승무원들도 마찬가지였다.

MASTERS OF THE

제16장

웬만해선 무너지지 않는 굴뚝

A I R

"어디를 봐도 도시의 잔해만이 보였다. 돌무더기와 쓰레기가 산을 이루고 있었다.
그러나 굴뚝들만큼은 마치 뻗은 손가락처럼 서서 여명의 하늘을 가리키고 있었다.
굴뚝들은 웬만해서는 무너지지 않았다."

- 시빌라 크나우스Sybilla Knauth, 라이프치히에서 살던 미국 여성

1945년 3월 2일, 드레스덴

1945년 3월 2일 아침 10시, 미스 프루디호의 승무원들은 드레스덴의 조차장을 폭격하기 위해 이미 만신창이가 된 드레스덴으로 다시 향하고 있었다. 그때 조종사 알링의 눈에는 몇 개의 작은 점이 보였다. 순식간에 그 점들은 다수의 독일 전투기로 변해 횡전하면서 미군 폭격기에 사격을 가했다. 독일군의 이번 공격은 미군 폭격기 부대의 허점을 찔렀다. 독일 전투기 부대는 심각한 연료 부족으로 인해 거의 말라붙은 상태였고, 따라서 1945년 1월과 2월 사이에 미군과 독일군 간의 공대공 전투는 거의 일어나지 않았다.

그러나 알링의 승무원들은 무섭게 생긴 독일의 Me 262 제트기를 보고도 놀라지 않았다. 그들은 이미 나치의 첨단 항공기를 경계하라는 주의를 받고 있었다. 2월부터 나치의 최첨단 항공기들이 소수일지언정 다시 출현하기 시작했던 것이다. 발터 노보트니 소령이 이끌던 최초의 제트전투기 비행대가 해산된 지 4개월 만이었다. 그때까지 폭격기 밀집 편대를 공격해 온 독일 제트전투기들은 소수에 불과했다. 그러나 이번에는 무려 100여 대에 달하는 독일 전투기가 한꺼번에 공격해 왔고, 그중 상당수가 Me 262였다. 이 공격은 미국의 주간 폭격에 대한 독일 공군의 최후의 공격의 일환이었다.

다음 날, 제8공군의 다른 폭격기 편대는 약 30여 대에 달하는 가장 큰 규모의 독일 제트전투기들과 조우했다. 이 전투에서 미군은 폭격기 3대, P-51 6대를 잃었다. 1945년 2월 독일 제트전투기는 2~3대 정도 편대를 이뤄 산발적으로 공격했으나, 이날은 대규모로 출격해 뭉쳐 다니며 막강한 힘을 발휘했다. 그리고 3월 18일 아침, 악천후로 인해 2주 동안 잘 보이지 않던 독일 제트전투기들이 다시 나타났다. 독일 제트전투기 수는 2주 전과 같았으며, 그와 같은 수의 프로펠러 전투기들도 함께 나타났다. 이들은 편대를 이뤄 베를린으로 향하는 폭격기 1,329대, 장거리 호위 전투기 700여 대 앞을 가로막았다. 독일 전투기들과 맞선 연합군 항공기들은 이 전쟁에서 베를린에 대한 가장 강력한 공습을 준비하고 있었다. 그날의 전투는 미군이 예전에 해 본 어떤 전투와도 달랐다. 구식 프로펠러 항공기들이 차세대 항공전의 기수인 공대공 미사일을 갖춘 제트전투기들과 맞선 것이다.

이 전투는 1945년의 단일 공중전 중 가장 규모가 큰 전투였다. 이 전투에서 독일군 제트전투기 30대가 P-51의 호위망을 돌파해 1분도 안 돼서 B-17 2대를 격추하고, 채 3분이 지나지 않아 B-17 3대를 추가로 격추한 후 바로 B-17 2대를 더 격추해 8분 동안 B-17 총 7대를 격추했다. 하필이면 격추당한 폭격기 중 3대는 재수가 없기로 유명한 제100폭격비행전대 소속이었다. 그런 다음 독일군은 제트전투기 6대를 추가로 내보냈다.

독일 제트전투기인 Me 262는 독일 영공의 항공기 중 가장 빠르고 가장 강력한 무장을 갖추고 최신 무기인 R4M 공대공 로켓도 장비하고 있었다. 각 제트전투기는 날개 밑에 달린 발사대에 이러한 공대공 로켓을 24발씩 탑재했다. 아무리 중폭격기라도 이 로켓탄을 1발이라도 맞으면 속절없이 추락해 버렸다. 또 독일 제트전투기 조종사들은 항공기로 사각형의 방진을 구성해 제8공군의 밀집 편대를 향해 동시에 발사해 로켓의 명중률을 높였다. 일부 제트전투기들은 지근거리에서 고속 로켓탄을 사격해 명중률을 높였다. 한 독일 조종사의 회상이다.

"적기의 동체, 날개, 엔진이 산산조각 나 마치 재떨이를 비울 때처럼 무수한 알루미늄 조각과 크고 작은 파편이 사방팔방으로 날렸습니다."

이날 제8공군은 P-51 6대, B-17 13대를 잃었다. 독일 공군은 조종사 3명만 잃었다. 그것도 약 100배나 많은 미군과 싸워서 얻은 결과였다.

이후 수 주일 동안 독일 제트전투기는 거의 매일 출격했다. 3월 말까지 이들이 격추한 폭격기는 무려 63대에 달한다. 사실 이 정도는 풍부한 보급량을 자랑하는 미군이 충분히 견딜 수 있을 만한 손실이었으나, 둘리틀 장군은 항공전이 더 새롭고 위험한 단계로 접어들 것을 걱정했다. 육군 항공대 정보 보고서에 따르면, 독일은 알베르트 슈페어의 엄폐된 지하 공장에서 매주 30여 대씩 제트전투기를 생산한다고 했다. 그리고 지난겨울, 제8공군이 마주친 대부분의 독일 공군 조종사들과 달리 이번에 나타난 새로운 적은 매우 숙련된 자들이다. 한 전투 비행대대의 보고서에는 이렇게 적혀 있었다.

"적은 결코 불리한 위치에 있지 않았다. 따라서 그들을 따라잡거나 그들을 쫓아 상승하는 것은 불가능했다."

약 60여 대의 전투기로 새롭게 편성된 독일의 제7전투비행단 Jagdgeschwader 7: JG7은 베테랑 조종사들이 주축을 이루고 있었다. 이 비행단은 2월 말, 작전 가능한 상태가 되어 독일 공군의 최후의 결전에 투입되었다. 1945년 1월, 히틀러는 아돌프 갈란트를 현역으로 복귀시키고, 또하나의 제트전투기 부대를 편성할 것을 명령했다. 이 부대는 제44전투단 Jagdverband 44: JV44으로, 여기 소속된 50명의 조종사는 전원 다 역전의 용사들이었다. 얄궂게도 전설적인 전투기 조종사인 아돌프 갈란트는 제2차 세계대전 개전 당시에 대대장이었는데, 종전 시에도 그 비슷한 규모의 부대장을 맡게 되었다. 게다가 이제 그가 조종할 항공기는 그가 총통에게 충분한 수량을 만들어 달라고 간청했다가 총통에게 거부당했던 바로 그 기체였다.

갈란트는 이 부대의 조종사들을 프로펠러 전투기의 최정예 에이스이자 함께 출격하고 함께 술을 마셨던 사람들로 채웠다. 그들 중에는 의족을 하고 병원에서 도망쳐 나온 사람도 있었고, 정당한 명령서도 없이 원 소속 부대를 무단으로 이탈하고 온 사람도 있었다. 갈란트는 훗날 이런 말을 남겼다.

"그들 대부분이 전쟁 첫날부터 싸웠고, 모두가 부상 경험이 있었다."

이미 독일의 패색은 역력했다. 따라서 그들 중 전세를 역전시킬 수 있다고 믿는 사람은 거의 없었다. 그러나 그들 모두는 죽어가는 독일 공군의 첫 제트전투기 조종사가 되는 영광을 누리고자 혈안이 되어 있었다. 갈란트는 이런 말도 했다.

"'제트'라는 마법 같은 말이 우리를 하나로 뭉치게 만들었다."

뮌헨 인근에 주둔한 이 최정예 조종사들의 비행대는 4월 5일 첫 전투를 벌이기 전부터 이미 문제에 봉착했다. 3월 18일 베를린 전투 이후 둘리틀은 독일의 모든 제트전투기 기지를 융단폭격으로 초토화시킬 것을 명령했다. 그리고 1944년 가을과 마찬가지로 미 육군 항공대의 전투기 부대는 독일 공군기지 근처에 잠복해 있다가 이착륙하는 제트전투기를 노려 격추하는 '쥐잡기' 전술을 사용했다.

미군 P-51 조종사들은 근접전에서 제트전투기를 격추하는 방법을 배웠다. P-51은 기동성이 뛰어나고 선회 반경이 우수했기 때문에 Me 262에 대항해 그룹으로 근접전을 벌인다면 격추할 수 있었다(척 예거처럼 단기로

Me 262를 격추한 사례는 매우 희귀하다). 당시 미 육군 제339전투비행전대 전대장 윌리엄 C. 클라크William C. Clark 대령은 이렇게 말했다.

"조종사의 기량으로 볼 때 아군 조종사는 독일 Me 262 조종사에게 결코 밀리지 않았습니다. 적기가 우리 항공기에 비해 너무 빠를 뿐입니다. 따라서 우리는 수적인 우세로 속도의 열세를 만회하기로 했습니다."

폭격전과 마찬가지로 이 전투도 독일이 이길 수 없는 소모전이 되었다. 슈페어의 엄청난 노력에도 불구하고 지하 공장에서 Me 262를 대량 생산하던 시점에 독일의 교통망은 사실상 붕괴되기 시작했기 때문에 갓 생산된 제트전투기가 무사히 실전 부대까지 인도된다는 보장이 없었다. 1945년 4월까지 1,200여 대의 Me 262가 생산되었지만, 그중 일선 부대에서 배치된 것은 200대도 되지 않았다. 그리고 이들이 배치된 공군기지도 독일 전국에 분산돼 연합군 항공기의 폭격을 계속 당하고 있었다.

그리고 인력난도 심각했다. 독일 공군이 미군 폭격기와의 마지막 전투를 벌이기 시작하고 2주 정도가 지난 4월 초, 독일 공군에는 숙련된 조종사가 사실상 완전히 고갈된 상태였다. 남은 비숙련 조종사들이 전투의 혼란 속에서 가장 빠르고, 제일 무장이 강력하고, 가장 신뢰성 낮은 전투기로 숙련된 기동을 해내는 것은 사실상 불가능했다. JG7에서 살아남은 극소수의 베테랑 조종사 중 한 사람은 이렇게 회상했다.

"신참들은 자기 항공기도 모르고, 적의 전술이나 아군의 전술, 방공 체계 같은 것도 몰랐습니다. 무엇보다 훈련 양이 절대적으로 부족했습니다."

악천후 시 맹목비행도 마찬가지였다. 제대로 대형을 구성해 타격 부대를 조직할 능력이 없는 조종사들이 많았기 때문에 주로 1기 또는 2기 편대로 공격하다가 엄청난 손실을 입기 일쑤였다. 따라서 독일은 전투보다 항공 사고로 더 많은 것을 잃었다.

당시 독일 공군의 매우 빈약한 전력은 베를린에서 뮌헨에 이르는 독일 중부의 좁은 지대에 몰려 있었다. 이곳에서 독일 공군은 자살 작전을 개시했다. 그 작전은 같은 달 시작된 태평양의 오키나와 전투에서 일본군이 미군을 상대로 벌인 가미가제 작전과 다르지 않았다. 모든 것을 다 건 이 작전은 독일 공군의 에이스이자 폭격기 조종사인 하요 헤르만Hajo Hermann 대령의 아이디어였다. 열렬한 애국자인 그는 Me 262야말로 베르사유조약보다 더 굴욕적인 무조건 항복 조건에서 독일을 구할 유일한 방법이라고 믿어 의심치 않았다. 그는 훗날 자신의 생각을 이렇게 설명했다.

"하지만 그 항공기를 전력화하는 데 시간이 필요했습니다. 따라서 우리는 미군 폭격기 부대에 감당 안 될 손실을 입힐 방법이 절실하게 필요했습니다. 그래야만 우리가 시간을 벌어 많은 수의 제트전투기를 배치할 수 있기 때문입니다."

헤르만의 계획은 예전의 돌격비행대에서 사용하던 충돌 전술과 어느 정도 비슷했다. 1944년 돌격비행대는 자살에 가까운 충돌 공격을 벌였으나 실패했다. 당시 항공기인 Fw 190이 무장과 장갑을 강화한 결과 너무 무거워져 미군 호위 전투기에게 쉽게 격추당했기 때문이다. 만약 더욱 빠른 전투기들의 호위를 받는다면 그들은 적에게 막대한 손실을 입힐 수 있게 될 것이었다. 1944년 하반기, 그는 괴링에게 작전 계획을 제출하면서 새로운 전투기를 사용할 것을 제안했다. 장갑을 제거하고 무장도 자체방어용 기관총 1정으로 줄인 Me 109의 고고도 버전이 그것이었다. 헤르만의 계획은 이 전투기로 미군 폭격기보다 5,000~6,000피트(1.5~1.8킬로미터) 더 높은 고도로 올라간 다음, 조종사가 표적으로 삼은 폭격기를 향해 급강하하여 가장 약한 부분인 후방 동체와 중앙 동체의 연결 부위에 충돌 공격을 가하는 것이었다. 이렇게 제대로 충돌하면 미군 폭격기는 바로 반토막

나게 된다는 게 그의 주장이었다.

돌격비행대 조종사들은 기관포로 격추가 불가능할 정도의 가까운 거리에 들어왔을 때만 충돌 전술을 쓰라고 교육받았으나, 헤르만의 비행대에는 충돌 전술 외에는 다른 전술이 없었다. 다만 일본의 카미카제와 달리 독일 조종사들은 다시 싸울 수 있도록 낙하산으로 탈출하라는 교육을 받았다. 이 극적인 임무를 위해 특별히 긁어모은 연료로 최대 800대의 항공기를 출격시킬 수 있게 되었다. 헤르만은 이 작전으로 최대 400대의 미군 폭격기를 격추할 수 있기를 희망했고, 독일의 조종사 손실은 200명으로 예상했다.

히틀러와 괴링은 숙련된 조종사를 낭비하지 말라는 단서를 달고 이 계획을 승인했다. 그리고 이 작전에는 오로지 조종학생들만 투입됐다.

2월, 독일 공군 전투기 비행 학교에 지원자 모집 공고가 붙었다. 헤르만은 순식간에 가지고 있던 비행기 수보다 더 많은 지원자를 확보할 수 있었다. 엘베강 인근의 슈텐달 공군기지에서 '엘베 특공대Sonderkommando Elbe'가 창설되었고, 이들의 암호명은 '베어볼프Wehrwolf'였다.

쾰른, 코블렌츠, 본 및 연합군이 점령한 라인강의 모든 지역에서 동쪽으로 후퇴하며 독일군은 교량을 폭파했다. 그러나 3월 7일, 미국 제9기갑사단의 특공대가 본 남쪽 레마겐에 있는 루덴도르프 다리를 기습적으로 점령하는 데 성공했다. 이로써 미국 제1군은 라인란트 평야로 진격할 수 있게 되었다. 독일군은 서둘러 증원 부대를 투입하려 했으나, 연합군 공군에 의해 저지되었다.

3월 마지막 주, 패튼의 제3군을 포함한 4개 군이 공병여단이 엄청난 속도로 건설한 바지선과 부교로 라인강을 건넜고, 루르 계곡에 있던 독일군

32만 5,000명이 포로로 잡혔다. 육군 항공대 역사가들은 독일 최후의 고난에 대해 이렇게 묘사했다.

"독일 최대 공업 지대가 이제는 더 이상 전쟁 수행을 지원할 수 없게 되었다. 루르 너머에는 사기가 떨어진 독일 국민, 만신창이가 된 독일 산업과 군대, 붕괴 직전의 독일 정부만이 남아 있었다."

독일에서 세 번째로 큰 도시인 쾰른이 함락되고, 그로부터 한 달이 지난 4월 2일, 미군은 폭격으로 부서진 이 도시의 성당에서 미사를 지냈다.

이제 괴링이 움직일 차례였다. 4월 7일 새벽, 그는 아직 준비가 덜 된 엘베 특공대에게 1,000여 대에 달하는 미군 중폭격기를 상대로 출격할 것을 명령했다. 120명의 조종학생이 조종하는 항공기들은 구름 속으로 상승해 JG7이 지원하는 프로펠러 전투기들과 제트전투기들과 합류했다. 헤드폰에서는 애국심을 자극하는 음악과 함께 도시의 잔해 속에 묻힌 여자와 아이들을 기억하라는 나치 간부의 메시지가 흘러나왔다.

이들 자살 공격대가 나치 광신도로만 채워진 것은 아니었다. 그들 상당수는 자신이나 독일에 전혀 미래가 없다고 여겼기 때문에 지원했다. 연합국이 종전 후 독일에 보복하지 않고 평화를 보장해 주겠다는 약속을 하지 않았기 때문에 그들은 끝까지 싸우는 것 외에는 다른 대안이 없다고 생각했다. 미국 제1군의 심리전단이 발간한 보고서에는 이렇게 나와 있다.

"아군은 선전전에서 타당한 이유를 제시하며 독일 병사들에게 항복을 권고했으나, 이는 분명 실패했다. 오히려 대부분의 공식 성명에서는 눈앞에 닥친 패전으로 어떤 것도 얻을 수 없다는 것을 독일 병사들이 느끼게했다. … 반면 독일 측의 선전은 독일을 위해 고통을 감내할 수 있게 했다. 이는 당국의 확신과 맞물려 독일 병사들에게 끝까지 싸워야 하는 타당한 이유를 제시하고 있다."

창공에서 미군과 싸우기 위해 집결해 있던 엘베 특공대의 젊은 조종사들은 절망 속에서도 자신들이 독일을 영원히 약소국으로 만들어버리고, 영토의 상당 부분을 공산당 치하로 몰아넣을 평화협정으로부터 조국을 지키기 위해 싸우고 있다고 굳게 믿고 있었다. 이 싸움에서 많은 미국인들을 죽인다면, 태평양에서도 전쟁을 벌이고 있는 미국은 독일과 단독 협상에 나설지도 모른다고 믿었다.

이 싸움은 가혹하고도 일방적이었다. 제트전투기 10여 대를 포함한 독일 전투기 50대가 P-51의 호위망을 뚫고 폭격기에 도달했다. 이 중 8대의 독일 자살 전투기가 미군 중폭격기에 충돌해 격추시켰다. 독일 전투기들은 프로펠러를 전기톱처럼 이용해 미군 중폭격기의 기수나 동체에 충돌했다. 벌어진 깡통처럼 된 기체에서 폭격기 승무원들은 처참하게 잘려나갔고, 거칠게 불어오는 바람이 토막 난 시신을 낚아채 날려 버렸다. 독일군은 자살 공격 외에도 10대의 폭격기를 격추했다. 그러나 독일 전투기와 충돌하고도 기적적으로 생환한 중폭격기들도 있었다. 그리고 엘베 특공대의 조종사 수십 명도 충돌 후 비상 탈출하는 데 성공했다.

독일 공군은 필사적으로 매달린 이날의 전투에서 전투기의 4분의 3을 잃으며 큰 대가를 치렀다. 괴벨스는 일기에 이렇게 썼다.

"우리 자살 전투기의 첫 작전은 원하는 만큼의 성과를 얻지 못했다. 그러나 이것은 단지 첫 번째일 뿐이다. 앞으로 며칠만 지나면 더 나은 결과를 얻을 수 있을 것이다."

그러나 엘베 특공대는 다시는 날지 못했다.

3일 후 제8공군은 전날 제트전투기 기지에 가한 폭격을 마무리 짓기 위해 다시금 폭격에 나섰다. 괴링은 약 2,000대의 연합군 항공기에 맞서 50대의 Me 262를 출격시켰다. 이 전투에서 독일 제트전투기는 16대를 격추했는데, 이 중 미 8공군이 잃은 중폭격기는 3대뿐이었다. 이날은 독일 제트전투기가 미군 폭격기에 맞서 가장 큰 승리를 거둔 날이었으나 독일 제트전투기들도 거의 반 이상이 격추되었다. 미국 전투기들은 또 지상에서 독일 항공기 284대를 격파했고, 그중에는 제트기가 최소 25대 포함돼 있었다. 독일 공군에는 치명적인 손실이었다. 베를린 및 독일 중부에서의 방공 작전은 이제 사실상 불가능해졌고, 전력이 크게 줄어든 전투 비행대들은 바이에른주 남쪽에 있는 비포장 활주로로 기지를 옮겼다. 제8공군 연감에 1945년 4월 10일은 제트기 대학살의 날로 기록되었다.

미국의 루스벨트 대통령이 타계하고 7일이 지난 4월 19일, 제8공군은 독일 공군과 최후의 전투를 벌였다. 이날의 표적은 체코슬로바키아의 조차장으로, 프라하 지역에서 싸우고 있는 소련군을 위해 육군 지상부대가 요청한 전술작전이었다.

알링의 미스 프루디호가 제34폭격비행전대를 이끌었다. 미군은 이날 표적을 매우 정확하게 타격했다. 평소와 마찬가지로 2대의 독일 제트전투기가 알링 항공기의 좌측을 스쳐지나갔고, 잠시 후 4대의 B-17이 격추당했다. 곧이어 P-51이 전투에 참가하자 순식간에 2대의 독일 제트전투기는 P-51에 의해 격추당했다. 또 1대의 제트전투기가 8시 방향에서 날아오면서 B-17 1대를 격추시켰다. 당황한 미스 프루디호의 기관총 사수들은 기관총을 제대로 겨눠보지도 못했다. 이 B-17은 로버트 F. 글레이즈너Robert F. Glazener 중위가 조종한 데드 맨스 핸드Dead Man's Hand호였다. 대전 말기의 많은 폭격기들이 그러했듯 측면 기관총 사수 2명을 아예 태우지 않고 비행하는 중이었다. 제447폭격비행전대 소속의 그 항공기는 111번째 임무에서 격추당하고 말았다. 동시에 이번 전쟁에서 적 전투기에 마지막으로 격추당한 제8공군 중폭격기가 되었다. 알링과 승무원들은 데드 맨스 핸드호에서 낙하산이 나오는 것을 보지 못했다. 그러나 그 항공기에 탔던 8명 중 7명이 탈출하는 데 성공하고, 미군에 의해 포로수용소에서 해방되었다는 사실을 나중에 알게 되었다.

전쟁 후 연합군 조사관들은 독일 공군 참모총장 카를 콜러에게 이런 질문을 했다.

"독일이 대량의 제트전투기를 더 일찍 보유하게 되었다면 어떻게 되었겠는가?"

콜러는 아무런 망설임 없이 이렇게 대답했다.

"아무리 늦어도 1944년 가을에 독일 공군이 500~600대의 Me 262를 전력화했더라면, 미군의 공포 폭격은 끝장날 수밖에 없었을 것입니다!"

물론 그의 주장에는 의문의 여지가 많다. 터보제트 엔진 개발에서 나타난 기술적 난제, 그리고 Me 262를 폭격기로 사용해야 한다고 주장한 히틀러의 아집 때문에 독일은 미군의 주간 폭격을 저지하기 위한 시간과의 싸움에서 지고 말았다. 설령 콜러의 말대로 독일에 Me 262가 500대 이상 있었더라도, 이는 연합군의 공포 폭격을 아주 잠시 동안, 즉 미 육군 항공대의 B-29가 영국에 배치되기 전까지만 막을 수 있었을 것이다. B-29는 활발하게 양산되어 1944년 중반부터 중부 태평양에 배치된 미군의 신형 폭격기로, 이 항공기로 인해 항공 기술이 크게 도약했다고 평가받고 있다. B-17보다 더 크고, 더 빠르고 무장도 강력한 이 기체는 제트전투기를 포함해 다른 소형 기체들의 성능이 불안정해지는 4만 피트(12킬로미터) 상공에서 350마일(560킬로미터) 이상의 속도를 낼 수 있었다. 또 혁신적인 원격조종식 기관총탑을 구비하고 있었다. 만약 이 기체가 유럽 전선에 투입되었다면, 독일 제트전투기와 가엾을 정도로 미숙한 조종사들이 범접하기 힘들었을 것이다.

설령 Me 262가 분투해서 유럽 전쟁이 1945년 늦여름까지 연장되었더라도, 그 경우에는 일본이 아닌 독일이 인류 역사상 최초로 원자폭탄을 얻어맞게 되었을 것이다. 사실 원자폭탄 개발진 중 상당수가 유대인이었고, 그들은 원래 독일을 상대로 이 무기를 사용하고 싶어 했다. 제8공군 출신이자 최초로 원폭을 투하한 B-29 에놀라 게이Enola Gay호의 조종사 폴 티비츠는 전후 이렇게 말했다.

"만약 독일이 항복하지 않았다면 나는 독일에 원자폭탄을 투하했을 것입니다. … 나는 그것으로 만족했을 겁니다. 왜냐하면 그놈들에게서 공격당했으니까요. … 나는 최정예 폭격부대의 일원이 되기 위해 훈련받았습니다. 그리고 우리 중 일부는 유럽으로, 나머지는 태평양으로 간다는 것을 알았습니다. 일본을 더 우선시한다는 지침은 없었습니다. 아군의 초기 계획은 독일과 일본에 원자폭탄을 거의 동시에 투하한다는 것이었습니다."

B-29가 영국에 배치되었다면, 원자폭탄이 준비되기 전에도 B-29는 당시의 긴급한 상황에서 대량의 소이탄을 독일에 투하해 드레스덴 같은 참상을 10여 군데에서 반복했을 것이다. 햅 아놀드의 말에 따르면, 이것이 '여건이 허락할 시' 미국이 독일을 상대로 준비한 계획의 일부였다.

1943년 유타주의 황량한 사막에 있는 시험장에서는 육군 화학전국Army's Chemical Warfare Service이 할리우드 영화사 세트 디자이너들과 정유사 엔지니어들을 동원해 두 곳에 노동자 마을을 건축했다. 하나는 독일식이었고, 다른 하나는 일본식이었다. 이 마을들은 도쿄와 베를린에 있는 노동자 주택을 그대로 복제한 것으로, 가구와 침대 커버까지 똑같이 만들었다. 사막 위에 세워진 두 가짜 마을은 소이탄 공습을 당하고 재건되기를 여러 번 반복했는데, 이러한 과정을 거쳐 독일 건물의 지붕을 관통할 수 있는 소이탄이 개발되었다. 육군은 스탠더드 오일에서 개발한 치명적인 무기인 M-69 네이팜탄 실험도 진행했다.

1944년 말, 육군부 차관보 로버트 러베트는 육군 항공대에 독일의 병력 집결지와 도시에 대규모 네이팜탄 공습을 가할 것을 권유하기도 했다. 만약 독일이 제트전투기를 더 많이, 더욱 빨리 만들어내 항전을 이어갔더라면, 제2차 세계대전 유럽 전쟁은 독일에 더 유리하게 끝나기는커녕 성경에 나오는 소돔과 고모라를 방불케 할 네이팜탄 불 세례와 원자폭탄 태풍을 몰고왔을 것이다.

한때 게르니카, 바르샤바, 로테르담을 불태우며 세계 최강의 공군으로 명성을 날렸던 독일 공군은 잘츠부르크의 작은 공군기지에서 그 최후를 맞았다. 상공에는 미군의 P-51이 먹이를 노리는 독수리처럼 맴돌고 있었다. 기지에는 아돌프 갈란트를 비롯해 지난 6년간의 전쟁에서 살아남은 극소수의 에이스 조종사들이 이를 바라보고 있었다. 갈란트는 이렇게 회상했다.

"미군은 엄청난 골칫거리인 독일 제트전투기를 빨리 타보고 싶은 게 분명했다."

미군의 전차가 공군기지 내부로 진입하자, 갈란트의 부하 조종사들은 미래형 터보 제트전투기인 Me 262에 가솔린을 붓고 불태워 버렸다.

전략폭격에 대한 조사

스파츠의 부사령관 프레더릭 앤더슨 장군은 전쟁이 끝나기도 전부터 항공전에 대한 결과를 직접 보고 싶어 했다. 4월 중순, 그는 소규모 조사단을 꾸려 경비행기와 2대의 지프를 실은 C-47 수송기에 타고 미군이 폭격한 도시와 산업 지대에 대한 8일 동안의 현지 조사에 나섰다. 이 조사단에는 사진병, 정보장교, 역사학자 브루스 C. 호퍼Bruce C. Hopper 박사가 함께했다.

그들의 여행은 소름끼치도록 위험천만한 것으로, 호퍼의 기록에 의하면 앤더슨은 경비행기를 타고 나무 높이로 날면서 볼베어링 공장의 잔해 사이를 통과하는 곡예비행을 하기도 했다. 도로는 피난민들로 막혀 있었다. 독일이 자랑하는 고속도로 아우토반 역시 심하게 파괴되어 있었고, 그나마 멀쩡한 것은 후퇴하는 독일군이 차지하고 있었다. 앤더슨은 C-47에 실려 있는 지프를 꺼내 꼬불꼬불한 시골길로 몰고 달리면서 아직 해방되지 않은 마을들을 빠르게 지나쳤다. 마인강의 다리는 모두 파괴되어 앤더슨은 버려진 보트를 하나 구해서 정보장교와 함께 노를 저어 강 건너편의 슈바인푸르트로 갔다. 물살이 너무 세서 물받이용 댐으로 네 사람이 탄 배가 밀려갈 뻔했지만, 어쨌든 강을 건너는 데는 성공했다. 그러다가 며칠 후 그들은 정말로 죽을 고비를 넘겼다. 폭풍이 치던 날, 앤더슨은 고도계가 고장 난 경비행기를 몰고 깎아지른 계곡 사이를 비행하다가 추락할 뻔했던 것이다. 슈바인푸르트 인근에서 지프가 고장 나자, 앤더슨 일행은 현지 농부의 소를 타고 폭격으로 부서진 볼베어링 공장으로 갔다.

미공개된 호퍼의 현장 노트는 마치 고대 문명의 잔해를 조사하는 고고학자의 기록을 방불케 한다.

"다름슈타트의 건물 중에는 지붕이 멀쩡한 게 없었다. … 프랑크푸르트는 폼페이보다도 더 심하게 파괴되었다. … 카셀에서는 녹슨 고철들이 늘어서서 하늘을 바라보고 있었다. … 뷔르츠부르크는 부서진 땅콩 껍질 무더기 같았다. … 로이나는 강철 잔해들로 가득한 황무지가 되었다. … 마그데부르크도 유령 도시가 되어 있었다. … 쾰른의 피해는 차마 말할 수 없을 정도였다. 거기에는 아무것도 남아 있지 않았다."

앤더슨의 조사단은 미국 기자들과 함께 식사하면서 자신들이 본 것이 인류 역사상 전례 없는 수준의 파괴와 혼란의 결과물이라는 데 모두 동감했다. 그들이 본 도시에는 살아 있는 공동체가 일절 남아 있지 않았고, 땅에는 깊이 패인 상흔만 남아 있을 뿐이었다. 앤더슨의 조사단은 독일 열차 1대가 운행되고 있는 것을 목격했지만, 그밖에 독일 산업 활동 징후는 없었다.

그러나 부헨발트 강제수용소에서 본 참상은 도덕적인 관점에서 미군의 폭격을 정당화하기에 충분했다. 아직도 열기가 남아 있는 화장로 내부에는 타다 만 인간의 유골이 있었고, 아직 태우기 전인 뼈가 사람 키보다도 높게 쌓여 있었다. 호퍼는 자신의 노트에 이렇게 적었다.

"여기서 본 나치의 만행은 전략폭격으로 인한 양심의 가책을 지워 버렸다."

그 무렵, 미 육군 항공대도 이미 1개월 이상 폭격 관련 데이터를 확보하는 중이었다. 그 데이터는 전략폭격이 독일에 끼친 경제 및 심리적 효과에 대한 연구(미국 전략폭격 조사-유럽 전쟁The United States Strategic Bombing Survey-European War)에 사용될 것이었다. 육군 장교들로 이뤄진 선발대는 이미 3월에 연합군을 따라 라인강을 건넜다. 이들은 탄약 공장과 정유소의 잔해를 뒤져가며 적의 문서를 찾았다. 이들은 지프와 무기 수송차량을 타고 다녔는데, 현지인을 매수하기 위해 초콜릿, 담배, 비누 등의 물품도 다량 가지고 다녔다. 심지어 미군 전차 부대보다 먼저 전투 지대에 들어갔다가 적으로부터 맹렬한 사격을 당했고, 선발대로 참여한 민간인 2명을 포함해 4명이 전사하고 4명이 중상을 입었다.

이 조사는 가장 광범위하게 실시된 사회학 연구 프로젝트로, 208건이 넘는 공개 보고서를 제작한 대규모 진실 탐사 프로그램이었다. 루트비히스하펜-오파우의 I. G. 파르벤 수소 처리 공장 잔해를 조사하던 현장 조사팀은 공장장을 만날 수 있었다. 공장장은 조사팀을 한 방공호로 안내했다. 그 방공호에는 폭격으로 인한 공장 손상과 인명 손실 관련 문서가 잔뜩 있었다. 또 다른 조사팀은 소나무 숲속 깊숙이 있던 여러 마을에서 독일 석유산업에 관한 기록을 은닉한 은신처 네 곳을 찾아냈다. 그곳에는 독일 합성석유 산업에 관한 문서를 담은 드럼통 16개도 있었다. 그중에는 매우 민감한 정보도 있었는데, 독일이 일본을 위해 합성석유 산업을 지원했다는 내용이었다.

선발대는 쾰른 라인강 서안에서 제국 철도 사무실을 발견했고, 이 사무실을 조사하던 중 강 건너편에 있던 독일군으로부터 사격을 당했다. 미군 소총 소대에게 엄호를 요청한 그들은 버려진 사무실 바닥에 널려 있는 서류들을 무릎을 꿇고 쓸어 담았다.

프랑스와 벨기에에서도 대대적인 조사가 이뤄졌다. 수백 명의 프랑스군 포로, 유고슬라비아 출신 난민, 나치 치하 강제 노동자 들을 조사하고, 이후 독일 전 지역에 조사팀을 보내 34개 도시의 민간인 약 4,000명과 면담했다. 조사단의 경제팀은 독일 군수공장의 공장장들과 도시의 관료들도 신문했다.

부유한 폴란드 유대인 가정에서 태어난 OSS 현장요원 출신 기술 하사관 폴 바란Paul Baran이 속한 조사팀은 독일 항복 후 베를린의 소련 점령 지역에 비밀리에 공수되었다. 조사팀의 임무는 슈페어 군수부의 수석 통계학자 롤프 바겐퓌르Rolf Wagenfuehr 박사가 작성한 경제 통계 자료를 확보하는 것이었다. 바란이 찾아가자 바겐퓌르는 바란에게 막 탈고한 〈독일 전시경제의 흥망〉이라는 제목의 원고를 한 부 주었다. 바란은 바겐퓌르에게 함께 서독으로 가자고 권했으나, 바겐퓌르는 거절했다. 사실 겉은 나치였지만 속은 공산주의자였던 그는 이미 소련에 운명을 맡겼던 것이다. 어느 조사팀장의 증언에 따르면, 그날 밤 폴 바란은 소련 점령 지역 내로 수색대와 함께 가 아내 곁에서 자고 있던 바겐퓌르를 납치해 서독으로 데리고 갔다. 소련군이 이에 대해 크게 항의했음에도 불구하고 미 육군 항공대는 원하는 정보를 얻어낼 때까지 바겐퓌르를 석방하지 않았다. 바란과 이 조사팀은 또 독일 철강 재벌을 신문했고, 그가 알고 있는 모든 것을 알아냈다.

아놀드와 스파츠에게서 나온 아이디어로 시작된 이 조사를 통해 미군은 일본 폭격에 필요한 중요한 데이터를 얻을 수 있었고, 미래 항공 교리의 토대를 다질 수 있게 되었다. 아놀드는 이 조사에 상당한 자율성을 부여하기 위해 루스벨트 대통령에게 요청해 이 조사 위원회를 대통령 최고 위원회로 만들었다. 육군 항공대 사령관들은 어떠한 편견도 없이 조사가 이뤄진다면 항공력이 독일의 패망에 일조했다는 자신들의 신념이 옳았다는 것이 증명될 것이라고 믿었다. 독립적인 대통령 위원회가 항공력의 필수 불가결성을 입증한다면, 이는 앞으로 육군 항공대가 공군으로 독립하는 과정에서 큰 도움이 될 것이다. 바로 이러한 이유로 아놀드는 영국 공군이 합동 조사를 실시하자고 제안했을 때 이를 거부했다. 그렇게 해서 영국은 조사를 별도로 실시했으며, 그 내용은 미국이 조사한 것보다 덜 포괄적이었다. 영국 측 조사 내용은 1998년까지 일반에 공개되지 않았다.

아놀드는 유명하고 편견이 없으며 명망 있는 인물이 이 조사를 이끌게 하고 싶었지만, 그러지 못하게 되자 대신 제1차 세계대전 당시 포병 대위 출신 프루덴셜생명보험사 사장 프랭클린 돌리어Franklin D'Olier에게 그 일을 맡겼다. 그러나 이 조사의 직접적인 지시는 뉴욕에서 활동하는 변호사이자 J. P. 모건사의 파트너인 헨리 알렉산더Henry Alexander를 통해 내려왔다. 조사단의 다른 높은 직책은 미국 재계와 사법계의 원로들에게 돌아갔다. 그러나 이 조사단의 진짜 권력은 실무위원회의 수장들에게 있었다. 그들은 폭격전을 주요 표적별, 목적별로 나누어 석유분과, 교통분과, 사기분과 등의 분과를 만들었고, 각 분과에는 해당 분야에서 이미 유명하거나 유명해지고 싶은 공학자, 과학자, 경제학자, 변호사, 심리학자, 통계학자, 경영자 등의 전문가들이 참여했다.

경제분과 위원회를 이끈 캐나다 출신의 경제학자 존 케네스 갤브레이스John Kenneth Galbraith는 자신의 '경제 전사'들에 대해 이렇게 묘사했다.

"촉망받는 신세대 경제학자들의 모임이었다."

이 위원회에 영향력을 줄 수 있는 육군 항공대 장군은 지미 둘리틀 휘하에서 부사령관을 지낸 오빌 A. 앤더슨Orvil A. Anderson 단 1명으로, 그는 자문을 전적으로 맡았다. 그는 이 위원회의 지도부에서 육군 항공대의 폭격 절차에 통달한 유일한 인물이었다.

이 조사단의 각 분과장들은 전례 없는 임무를 수행해야 했다. 《뉴욕타임스》의 핸슨 볼드윈Hanson Baldwin 기자는 이런 기사를 썼다.

"어쩌면 전쟁 역사상 처음일지 모를 군인이 아닌 민간인이 주도한 공식 조사가 시작되었다."

육·해군의 고위급 지도자들은 햅 아놀드가 벌이는 이 조사가 군의 특권을 크게 위협할까 봐 우려했다. 볼드윈의 기사는 이렇게 이어진다.

"그들은 그런 발상을 좋아하지 않았다. 그들은 이 위원회로 인해 차후에 발생할 지상과 해상의 전쟁에 대해 향후 비슷한 검토와 비판이 또 이뤄질까 봐 두려워했다."

갤브레이스와 그의 동료들은 나치를 신문하지 않을 때는 사무실 근처 바에 모여 전략폭격의 효용성에 대해 활발한 토론을 벌였다. 사실 갤브레이스는 전략폭격의 효과가 미미하다는 것을 증명하고 싶었다. 그는 폭격 조사단에 합류했을 무렵, '장군이 하는 말은 무조건 의심하라'라는 전쟁의 첫 번째 원칙에 이미 숙달된 상태였다.

전략폭격은 효과적이었나?

1945년 4월 초, 독일에는 폭격할 만한 것이 거의 남아 있지 않았다. 석유 전쟁은 분명 미국의 승리로 끝났다. 합성석유 공장의 생산량은 정상치의 6퍼센트로 떨어졌고, 항공기용 연료 생산은 중단되었다. 이 석유 전쟁에서 패배한 독일 공군의 날개는 결국 꺾이고 말았다. 독일 육군의 기동력 또한 사라졌다. 따라서 독일 육군은 합성석유 공장을 가동하는 데 필요한 석탄 자원을 보호할 수 없게 되었다. 1945년 2월, 독일 육군은 고지 슐레지엔 탄광으로 진격해 오는 소련군을 막기 위해 1,500대에 달하는 전차를 집결시켰지만, 연료 부족으로 인해 전차들을 제대로 운용할 수 없었다. 당시 독일 육군은 시속 17마일(27킬로미터) 이하로 차량을 운행하고 있었으며, 누구든지 작전 수행 이외의 용도로 연료를 사용하면 적의 공작원으로 간주해 무조건 군사재판에 넘긴다는 명을 받고 있었다.

1945년, 슈페어의 부관인 에드문트 가일렌베르크는 지하에 수소 처리 공장을 짓는 긴급 프로그램의 담당자로 임명되었으나 항공기 생산 공장과 달리 합성석유 생산 공장은 너무 크고 복잡해서 빠른 시간 내에 지하로 숨기기가 어려웠다. 따라서 전쟁 기간 동안 완성된 수소 처리 공장은 없었다.

1945년 4월 초, 연합군 공군은 교통 작전에서도 주요 목표를 달성했다. 독일의 강과 운하의 수상 운송로는 마비되었고, 철도망 역시 잿더미로 변했다. 독일 경제에 에너지를 공급해 주던 석탄 산업 역시 마찬가지였다. 연합군 폭격기들은 철도 조차장을 주로 폭격했다. 그러나 상주하고 있던 수리반에 의해 쉽게 복구됐다. 따라서 연합군이 조차장 대신 교량, 지하도, 터널, 고가교 등의 철로를 폭격했어야 했다는 주장이 오늘날까지도 끊임없이 제기되고 있다. 그러나 느리게나마 독일의 수운과 철도를 마비시킨 연합군 공군이야말로 독일 경제 붕괴의 일등 공신 중 하나라는 사실을 부정하기는 어렵다.

오늘날 어떤 국가도 산업 경제가 뒷받침되지 않고는 총력전에서 승리할 수 없다. 그런데 독일은 1945년 초에 이미 산업 경제 체제가 무너지고 말았다. 당시 독일은 석유는 바닥났고 석탄은 아직 많이 있었지만, 그것들을 수송할 수가 없었다. 미국 전략폭격 조사보고서 입안자들은 이렇게 결론 내렸다.

"독일처럼 견고하고 회복력 면에서 모두 최상급인 군사 강대국이라도 자국 영토 한가운데로 항공 무기가 무제한적으로 투입되기 시작하면 오래 버틸 수 없다."

이는 역사상 최초로 전략폭격으로 인해 한 강대국의 경제와 주요 도시들이 파괴된 사례였다. 물론 아직 파괴되지 않은 공장이 수백 군데나 남아 있었지만, 공장들을 돌릴 수 있는 연료를 전달할 방법이 없었다.

독일 경제는 연합군 육군이 독일 본토로 진격하기 전까지 붕괴되지 않았지만, 그 이전부터 치명타를 입은 채 도저히 회복할 수 없는 일격을 당하고 있었다. 그리고 아이젠하워의 군대는 항공력이 없었다면 독일 본토로 절대 진격할 수 없을 것이다.

1945년 늦은 여름, 폭격 조사 위원회는 현장 조사를 마치고 보고서를 작성하기 위해 런던과 워싱턴으로 복귀했다. 갤브레이스의 경제분과는 폭격이 독일 군수생산에 미친 전반적 영향에 관해 연구했다. 이 연구에 필요한 정보는 주로 롤프 바겐퓌르와 알베르트 슈페어를 통해 얻었다. 바겐퓌르는 독일 전시 생산력에 관한 매우 귀중한 통계 자료를 제공했다. 슈페어가 제공한 정보는 더 중요했는데, 다름 아닌 나치의 전쟁 계획과 정책에 관한 내부 정보였다.

독일이 항복한 다음 날, 갤브레이스의 선발대 소속 조지 스클라즈George Sklarz 중위와 해럴드 패스버그Harold Fassberg 하사는 덴마크 국경과 가까운 휴양지의 한 사무실에서 슈페어를 찾아냈다. 당시 슈페어는 아직 연합군에게 점령되지 않은 유일한 독일 영토 내에 있는 16세기에 지어진 한 성에 묵고 있었다.

슈페어는 전쟁 후반기에 사실상 절대적인 권력을 휘두르며 독일의 전시경제를 지휘하던 인물이었기 때문에 갤브레이스가 가장 만나고 싶어 한 '기적의 사나이'였다. 갤브레이스와 한 팀으로 일하던 조지 볼George Ball은 당시를 이렇게 표현했다.

"우리가 수개월 동안 알아내지 못해 쩔쩔매던 모든 문제의 해답이 순식간에 풀리자 정신을 차릴 수 없었습니다."

패배를 실감한 슈페어는 일주일에 걸쳐 철저한 조사를 받는 데 동의했다.

슈페어는 작은 소파에 앉아 양손을 무릎 위에 포개 놓고 몸을 천천히 앞뒤로 흔들면서 말했다. 그는 자신이 어떻게 자원 낭비에 가깝던 비효율적이었던 전시경제 체제를 생산지향적 경제 체제로 전환시켰는지에 대한 기적 같은 이야기를 들려주었다. 이 만남에서 얻은 단편적 지식과 바겐퓌르의 통계 수치를 통해 갤브레이스와 그의 경제 전사들은 독일 전시경제 체제의 효율성에 대한 매력적인 이론을 만들어냈다. 그 이론은 나중에 영미 전략폭격 조사에도 영향을 미쳤고, 전후 주요한 역사학자와 경제학자들의 연구에도 영향을 주었다.

이 이론이 바로 '전격전 경제 이론'으로, 이 이론은 당시 나치가 개전 초기 총력전을 위해 독일의 모든 가용 자원을 동원했다는 일반적인 인식을 불식시켰다. 슈페어는 이렇게 말했다.

"독일은 전시경제를 관리하는 능력과 그 열의가 오랫동안 부족한 상태였습니다."

이 이론에 따르면 전쟁 초기에 나치 독일은 이웃 국가를 빠르고 쉽게, 적은 비용으로 정복하는 데 필요한 양만큼의 자원만 동원했다. 훗날 이론가들은 매우 신속한 공중-지상 합동 공격으로 승리를 거두는 이 방식을 '전격전'이라고 불렀다. 이 방식을 지원한 것이 바로 '전격전 경제'로, 이는 단기적으로 동원되는 생산 시스템을 말한다. 대포와 버터를 동시에 생산하는 경제 체계라고 할 수 있다. 따라서 독일은 민간인들에게 큰 희생을 강요하지 않을 수 있었다. 히틀러는 제1차 세계대전 때 그랬던 것처럼 급격한 긴축 정책으로 국민들에게 내핍을 강요했다가는 사회 불만을 촉발시켜 전쟁 수행에 지장을 주게 될 것을 두려워했다. 독일이 히틀러의 예상보다도 빠르게 프랑스를 격파하자, 히틀러는 무기 생산 속도를 의도적으로 늦췄다는 것이 롤프 바겐퓌르의 경제 통계를 조사한 후 갤브레이스가 내린 결론이었다. 소련 침공 전날 밤에도 '진정한 대규모 군수품 증산'은 이뤄지지 않았다. 히틀러는 소련의 저항이 몇 개월 만에 무너질 거라고 확신했다. 그래서 여전히 대부분의 공장 노동자에게는 하루 한 번 교대 근무만하게 했고, 여성들은 산업 현장에 채용하지 않았다.

그러나 1941년과 1942년 사이의 겨울, 모스크바를 코앞에 두고 발이 묶인 독일군은 장기전을 준비하지 않은 대가를 치러야 했다. 혹한의 동계 작전에 필요한 군수 장비가 부족해지자 1942년 2월, 슈페어를 군수부 장관으로 임명하고, 그제야 총동원 프로그램에 착수했다.

갤브레이스는 슈페어와의 대화를 통해 미 육군 항공대가 나치 전시경제의 진정한 성격을 제대로 인식하지 못한 것이 이 전쟁에서의 가장 큰 계산 착오였다고 확신했다. 그 때문에 미 육군 항공대는 무려 2년 동안 비효율적인 폭격을 가했다. 갤브레이스는 특히 1943년 슈바인푸르트 볼베어링 공장에 대한 폭격을 항공전 역사상 가장 처참한 작전이라고 간주했다. 제8공군이 영국에 도착했을 때 폭격기 부대 지휘관들은 독일 경제가 한 치의 틈도 없이 팽팽하게 당겨진 총동원 체제라고 가정했다. 평시의 모든 공장, 노동자, 물자가 모두 전시 체제로 전환되어 비축된 자원의 대체재가 없을 것으로 간주했다. 그러나 슈페어의 진술에 따르면 헤르만 괴링이 이끌던 경제 체제는 괴링 본인의 체격만큼이나 비대하고 무능했다. 괴링을 비롯한 나치의 고위 관료들은 상상 이상으로 호화로운 생활을 하면서 막대한 부당이득을 챙겼다. 슈페어와 면담을 나눈 장소도 그가 착복해 마련한 호화로운 별장의 응접실이었다.

슈페어가 군수부 장관에 취임한 지 1년 후, 그는 휘하의 기술 관료들과 함께 사실상 전시경제의 전권을 장악했다. 그들은 의사 결정에 독일군과 나치의 영향력을 줄이고, 주요 산업의 지향점을 독일 특유의 장인주의에서 대량 생산 체제로 바꾸기 시작했고, 헨리 포드의 생산 방식처럼 표준화와 단순화를 시도했다. 이후 미군이 항공기 공장과 탄약 공장을 폭격하기 시작하자 슈페어는 공장 시설을 분산시키고, 상당수를 지하로 대피시켰다.

게다가 그때까지 총동원 체제가 아니었던 독일 경제는 아직 여유가 충분했기 때문에 근 2년에 걸친 연합군의 강력한 폭격에 맞서 끈질기게 회복할 수 있었다. 슈페어는 볼베어링 제조 설비를 다른 곳으로 옮기고, 소비재 생산 분야에 종사하다가 폭격기 해리스의 도시 초토화 작전으로 일자리를 잃은 노동자들을 군수공장에 재배치했다. 이런 방법으로 1944년 여름 슈페어는 전차와 항공기 생산량을 늘리는 데 성공했다. 바겐퓌르의 통계에 따르면, 당시의 탄약 생산량은 연합군이 폭격을 시작하기 전보다 3배 이상 되었다.

이 이론은 매우 설득력이 있었다. 한 생산의 천재가 거의 2년에 걸쳐 홀로 당시 세계 최강의 폭격기 전력을 가진 거대한 두 강대국에 맞서 연합 작전을 좌절시키고 저지한 이 이야기는 마치 한 편의 드라마 같았다. 그러나 최근 이 이론은 그 근간이 흔들리고 있다. 리처드 오버리, 윌리엄슨 머리 등의 역사학자, 베르너 아벨샤우저Werner Abelshauser 등의 경제사학자를 비롯한 많은 현대 학자들에 따르면 독일은 1930년대 중반부터 전 지구적 인종 전쟁을 준비해 왔으며, 1940년대까지 전시 동원 수준을 계속 높여 왔다고 보고 있다. 이에 따르면 1939년부터 소비재 생산을 줄이기 시작했으며, 군비 지출은 꾸준히 증가했다. 슈페어가 장관직에 취임하기 전에도 독일의 군비는 약 4배가 증가한 상태였다. 그때까지 독일은 대부분의 소비재 산업에서 생산력의 반 이상을 군수생산으로 전용할 수밖에 없었다. 그리고 당시 독일은 여성 노동력을 영국보다 더 많이 동원했다.

윌리엄슨 머리는, 독일은 1930년대 후반과 1940년대 초반까지 석탄을 제외하면 전쟁 수행에 필수적인 거의 모든 지하자원이 부족했기 때문에 심도 있게 재무장을 수행할 만한 여건이 되지 않았다고 주장했다. 독일은 석유는 물론 철광석, 구리, 납, 아연, 보크사이트 그리고 고품질의 철강을 생산하기 위해 필요한 니켈, 망간, 텅스텐, 바나듐, 몰리브덴 같은 비철 금속을 수입해야 했다. 게다가 독일은 숙련 노동자는 물론 비숙련 노동자도 부족했다.

리처드 오버리는 히틀러의 또 다른 문제는 전쟁을 위한 경제적 준비가 당시 독일의 외교적 현실과 일치하지 않았다고 지적했다. 원래 히틀러는 독일의 폴란드 침공으로 촉발한 전면전을 1940년대 중반까지는 일으킬 생각이 없었다. 히틀러는 1940년대 중반이 되어야만 독일이 충분히 힘을 모아 중부 유럽의 강대국으로 부상할 수 있다고 생각했기 때문이다. 그러나 예상치 못한 전면전으로 인해 독일 경제에는 확실한 전략적 리더십과 행정 시스템이 부재했다.

슈페어가 갤브레이스에게 정확하게 지적했듯이 독일 경제는 무능하고 방만하게 운영되었다. 그러나 슈페어가 일으킨 생산 기적은 전격전 경제를 총력전 경제로 전환함으로써 달성한 것이 아니었다. 군의 간섭을 최대한 줄이고, 총력전을 위해 한정된 자원을 더 효율적으로 사용했을 뿐이었다. 슈페어와 기업가, 공학자 들로 이뤄진 그의 연구팀은 독일 전시경제의 효율을 최대한 끌어올렸다. 그리고 히틀러가 유럽 대륙 전역에서 정복 전쟁을 시작하자, 슈페어는 유럽에서 끌어 모은 자원과 인력으로 독일의 문제를 해결할 수 있었다. 석유는 플로이에슈티에서, 석탄은 슐레지엔에서, 구리, 납, 아연, 보크사이트는 발칸반도에서, 철광석은 중립국 스웨덴에서 수입했다. 슈페어의 경제 제국에 네덜란드, 프랑스, 체코슬로바키아의 항공기, 탄약, 전자 공장도 포섭되었다. 이들을 비롯한 수많은 나라에서 독일로 강제 노동자, 전쟁 포로, 계약 노동자가 모여들었다. 전쟁 중 독일에는 약 800만 명의 외국인 노동자가 거주하고 있었고, 이 중 약 300만 명이 폴란드와 소련 출신이었다. 윌리엄슨 머리는 자신의 저서 《1938~1939년 사이 유럽의 세력 균형 변화The Change in the European Balance of Power, 1938–39》에서 다음과 같이 지적했다.

"슈페어 체제하에서 1942년부터 1944년 중반에 이뤄진 막대한 생산량 증대는 전쟁 전 경제의 잉여 자원에 의존해 이뤄진 게 아니라 독일의 세력권에 들어온 점령지와 중립국의 자원을 무자비하게 착취해서 이뤄진 것들이다."

슈페어도 연합국 조사관들에게 이 부분에 대해 인정했다.

독일 전시경제에 대한 새로운 해석은 폭격 전쟁을 이해하는 데 어떤 의미가 있을까? 만약 독일이 1942년에 총동원 체제하에 들어갔다면 스파츠와 테더의 주장은 부분적으로 옳았던 셈이다. 그러나 독일 경제 중 최소한 두 가지 핵심 분야, 즉 석유와 교통은 1944년까지 총동원 상태에 이르지 못했다. 이 때문에 독일은 연합군의 폭격으로 잃은 석유와 철도를 대체할 수 없게 되었다.

갤브레이스는 1944년 여름에 작성한 폭격 조사 보고서에 연합군의 폭격이 독일의 탄약 생산과 경제 생산 전반에 눈에 띄는 타격을 주지 못했다고 기술했다. 이것은 전략폭격이 실패했다는 주장을 뒷받침하는 것처럼 보인다. 그러나 갤브레이스는 보고서에서 석유 작전과 교통 작전은 독일 경제에 회복 불가능한 타격을 주었으며, 철, 석유, 항공기 생산량 저하에 크게 기여했다고 밝혔다. 심지어 그는 1944년 여름에 실시한 연합군의 폭격이 독일의 전투기 생산량을 15~20퍼센트 감소시켰다고 주장했다.

연합군의 폭격이 독일의 전투용 항공기 생산에 가한 제약은 이보다 훨씬 더 컸지만, 갤브레이스의 경제분과 조사관들은 그 증거를 찾을 수 없었다. 1945년 1월, 슈페어의 군수부 공무원들은 연합군의 폭격이 없었을 경우를 가정하고 1944년의 군수생산량을 추산했다. 그리고 1944년 연합군의 폭격 때문에 독일의 전차 생산량은 36퍼센트, 군용기 생산량은 31퍼센트, 트럭 생산량은 42퍼센트가 감소했다는 결론을 내렸다. 연합국이 미처 깨닫지 못한 이러한 폭격의 대가로 인해 전시 독일은 초강대국으로 발돋움하지 못했다.

알베르트 슈페어는 제2차 세계대전은 분명 경쟁 생산 체제 간의 경제 전쟁이었다고 주장했다. 또한 그는 그 경제전의 승패는 항공 공격, 특히 1944년 5월 스파츠 장군이 벌인 석유 시설 폭격으로 결정되었다고 진술했다. 슈페어는 갤브레이스에게 이렇게 말했다.

"미국과 영국의 항공부대가 입힌 손실이야말로 독일의 패배에 가장 크게 기여했습니다. 그리고 영국보다는 미국이 더 큰 타격을 주었습니다."

물론 미 육군 항공대 조사관들에게 한 슈페어의 진술에 의문을 제기할 여지는 얼마든지 있다. 슈페어는 자신이 곧 전쟁범죄자로 기소될 거라는 사실을 잘 알고 있었다. 그렇다면 그들의 비위에 맞는 얘기, 즉 미국의 폭격이 영국의 폭격보다 더욱 효과적이었다는 주장을 하고 싶은 유혹을 느꼈을지도 모른다. 그러나 슈페어는 영국 조사관들에게도 정확히 똑같은 말을 했다. 군수부 차관이자 공군 원수 에르하르트 밀히는 이렇게 말했다.

"미군은 우리 산업계에 매우 체계적인 공격을 가했습니다. 그 공격은 당시로써는 가장 위험한 것이었습니다. 그러한 공격이 독일 군수산업의 붕괴를 초래했다는 주장은 분명한 사실입니다. 영국군의 폭격이 우리 독일에 크고 아픈 상처를 남겼다면, 미군의 폭격은 독일의 심장을 정확하게 겨냥해 타격했습니다."

폭격이 독일 경제에 미친 영향에 대한 역사적 논쟁을 하다 보면, 폭격이 전쟁에서 승리하는 데 크게 기여한 또 다른 부분, 즉 지상전에 미친 영향에 대해 놓치기 쉽다. 영미 연합군 폭격 작전을 비판하는 사람이든 옹호하는 사람이든 이분법적인 사고에 빠져 육군과 공군이 서로에게 기여한 바가 없다고 착각하기 쉽다. 그러나 유럽 전쟁은 그렇게 진행되지 않았다. 포세이돈의 무기인 삼지창처럼 연합군에게는 서로 나란히 서 있는 3개의 창날, 즉 육·해·공군이 있었다. 아이젠하워 장군의 지휘하에 연합군 전략공군과 전술공군도 이와 같은 관계였다. 민주주의 연합국의 육군은 엘베강까지 진격했다. 그러나 히틀러의 유럽 요새에 대한 제공권과 제해권을 빼앗아오지 못했다면 그들은 프랑스 북부에 상륙할 수 없었을 것이다. 연합군은 괴링의 전투기 부대와 되니츠의 유보트 부대를 격퇴함으로써 제공권과 제해권을 확보할 수 있었다.* 항공전에서 독일 공군이 입은 손실 중 대부분은 미군 전투기 부대에 의한 것이었고, 그들 덕분에 노르망디 상륙작전이 성공할 수 있었다. 그러나 연합군 폭격기가 독일이 지키고자 했던 표적들을 큰 손실을 감수하고 폭격하지 않았다면 독일 공군을 싸움터로 유인할 수 없었을 것이다.

그리고 연합군 전투기와 폭격기 들이 프랑스 교통망에 지속적이고 파괴적인 공격을 가해 적을 고립시키고 증원 병력의 도착을 막지 않았더라면 노르망디에서 보병들의 작전 수행은 불가능했을 것이다.

독일 교통망 폭격은 너무 늦게 시작했기 때문에 독일군은 1944년 하반기에 서부전선에서 치열한 방어전을 벌이는 것은 물론 아르덴에서 대반격에 나설 수 있었다. 그러나 1945년 초, 연합군의 폭격은 독일의 철도망과

---

* 물론 동부전선에서의 소련군과 민간인의 희생이 없었더라면 1944년에 연합군이 유럽 대륙에 상륙할 수 없었을 것이다. 동부전선에서 소련 민·군의 인명 손실 규모는 다른 모든 전선에서 발생한 인명 손실을 합한 것보다도 컸다.

수상 운송망을 완전히 파괴하고, 석탄 에너지의 공급을 막아 군수 물품 생산을 저지했다. 병기와 탄약은 근근이 계속 생산되었지만, 그 물건들을 일선의 병사들에게 나눠줄 방법은 이미 없었다. 그 때문에 독일 국방군 최후의 광신적 방어 작전인 '신들의 황혼Götterdämmerung'을 실행하라는 히틀러의 명령은 수행되지 않았다.

갤브레이스도 전략폭격 조사 보고서의 눈에 안 띄는 부분에서 이 점을 인정하고 있다. 그는 이렇게 적었다.

"독일이 1945년 초여름까지 전쟁을 계속했더라면 연합군은 독일 군수 생산이 완전 중단될 때까지 독일 교통 시설과 석유 시설에 맹폭을 계속 가했을 것이다. 그렇게 됐다면, 무기와 전투 의지가 고갈된 독일군은 전투를 중단하는 것 말고는 다른 선택을 할 수 없게 되었을 것이다."

미 전략폭격 지휘관들은 군 간의 협력을 열렬히 지지하지는 않았다. B-24 리버레이터 폭격기들이 유보트 사냥에 대거 투입된 것은 해군의 어니스트 킹 제독의 강한 의지와 연합군 최고사령관 아이젠하워 장군의 결정 때문이었다. 아이젠하워는 스파츠에게 폭격기 전력의 일부를 전술작전에 전용하도록 했다. 그리고 그 작전은 유럽 전쟁의 향방을 바꾸는 데 기여했다. 1930년대에 맥스웰 기지에 있는 지도 위에서 벌였던 모의 전쟁과 달리 실제 전쟁에서는 고도로 군국화된 산업국가를 항공력만으로 굴복시키는 일은 폭격기가 자체 방어력을 갖춰 무적이 되는 것만큼이나 일어나기 어려운 일이었다.

제2차 세계대전 중 제8공군의 능력은 보는 관점에 따라 좋기도 하고, 나쁘기도 했다. 전쟁 초기에 그들의 표적 선정 능력은 아주 형편없어서 500파운드(225킬로그램)의 폭탄으로는 절대로 파괴할 수 없는 유보트 방공호나 볼베어링 공장 등을 폭격하기도 했다. 슈바인푸르트에 대한 장거리 침투 폭격은 폭격기 전력을 더 늘리고 장거리 호위 전투기가 배치되지 않은 상태에서 실행해서는 안 되었다. B-17에는 '하늘의 요새'라는 뜻의 이름을 붙였지만, 항공기의 능력을 과대평가한 것이었다. 그 항공기가 독일 공군의 공격에 맞설 수 있을 거라고 생각한 미국 항공 전략가들은 폭격 작전의 잔인한 속성을 제대로 알지 못한 채 수많은 젊은이들의 목숨을 희생시켰다.

물론 시행착오를 거쳐 제8공군은 올바른 표적을 찾아냈다. 그러나 가장 중요한 표적, 즉 독일의 전력망은 놓치고 말았다. 독일의 매우 취약한 발전소와 변전소를 파괴했다면 막대한 전기를 사용하는 독일의 석유 시설을 더 쉽게 무력화할 수 있었을 것이다. 헤이우드 한셀이 이끌던 전쟁 전 미국 항공 전략가들은 독일 전력망 파괴를 전략폭격 공세의 주목표로 정했으나, 스파츠는 이것을 폭격하지 않았다. 그 이유는 그가 독일 철도망 파괴를 망설였던 이유와 마찬가지로 전력망은 효과적으로 파괴시키기에는 너무 크고, 너무 넓게 뻗어 있었기 때문이다. 물론 한셀 장군의 전후 평가에서도 1944년 초의 독일 전력망은 철도망과 마찬가지로 공격하기에 취약할 정도로 지나치게 넓게 뻗어 있다고 돼 있다. 미국 전략폭격 조사는 이렇게 결론 내렸다.

"주어진 모든 증거에 따르면, 만약 독일의 가장 큰 발전소를 1944년에 타격했다면 독일의 군수생산 시스템에 치명적인 영향을 미쳤을 것이다."

제2차 세계대전 중 연합군의 폭격은 역사상 그 어떤 군사작전보다 더 철저하게 조사되었다. 그러나 가장 위험한 결점, 즉 무엇을 폭격했고, 어떻게 폭격했으며, 언제 폭격했는지 등에 대해 민간의 철저한 감독 없이 작전을 수행했다는 점을 지적한 비평가는 거의 없었다. 연합군 항공 지휘관들에게는 막대한 권한이 주어졌지만, 그들은 너무 느슨하게 묶여 있었다. 그럼에도 불구하고 이들 지휘관들과 용감한 승무원들은 제2차 세계대전에서 가장 긴 전투에 결연하게 참여했다. 그 전투의 성과는 대서양 전투의 성과만큼이나 유럽 전쟁에서의 승리에 크게 기여했다. 연합 폭격 공세는 수년에 걸친 악전고투와 막대한 손실을 무릅썼고, 결국 1944년 겨울과 봄, 독일에 치명타를 날리는 데 성공했다. 이때부터 연합 폭격 공세는 소련군의 독일군 격퇴 다음으로 전략적으로 중요하게 되었다. 1944년 서방 연합국의 노르망디상륙작전 역시 연합군의 제공권 없이는 성공적으로 수행할 수 없었다. 미국 전략폭격 조사 보고서의 저자들은 물론, 독일의 가장 뛰어난 항공전 역사학자 호르스트 보크는 이렇게 말한다.

"이 전쟁의 향방은 1944년 초여름부터 독일의 전쟁 수행 능력에 치명타를 입히기 시작하면서 결정되었다. 이러한 공세가 없었다면 아마도 최초의 원자폭탄이 투하될 때까지 알 수 없는 시간 동안 전쟁의 공포가 끝없이 이어졌을지도 모른다."

내부 전선

영국과 미국 연합군의 전투용 항공기 2만 8,000대가 전력화되었을 때 이 전투용 항공기들은 명실공히 민주주의 최후의 검이 되었다.* 이들은 북해와 남부 알프스 상공에서 집결해 독일에 200만여 톤의 폭탄을 떨어뜨렸으나, 이들이 치른 대가 또한 막대했다. 제2차 세계대전 최대의 항공 타격 부대인 제8공군의 전사자는 2만 6,000~2만 8,000명 사이로, 제2차 세계대전에서 전사한 미군의 약 10분의 1에 달한다. 아무리 적게 잡아도 이 수치는 전투에 참여한 제8공군 항공 승무원 21만 명의 12.3퍼센트에 해당한다. 이보다 높은 전사율을 기록한 곳은 태평양의 해군 잠수함대(약 23 퍼센트)뿐이다. 또한 격추당해 포로가 된 제8공군 항공 승무원도 2만 8,000명에 달한다. 여기에 부상자 1만 8,000명을 추가하면, 정확한 인원을 파악하기 힘든 정신적 사상자를 추가하지 않더라도 제8공군의 인명 손실은 최소 7만 2,000명에 달하고, 이 수치는 전투 참가 인원의 34퍼센트에 해당한다. 이는 제2차 세계대전 당시 미군 사상자 중 가장 높은 비율이다.

사상자의 50퍼센트 이상은 영국 공군 폭격기사령부와 미 제8공군에서 발생했다. 미 제8공군의 경우 1942과 1943년 사이에 참전했던 선구자들이 가장 큰 대가를 지불했다. 그들 중 전투 파견 기간을 무사히 마친 사람은 5분의 1에 불과했다. 영국 공군 폭격기사령부 승무원 11만 명 중 5만 6,000명이 전사했다. 무려 51퍼센트에 달하는 전사율로, 제2차 세계대전의 영연방군 중 최고 수치에 해당한다.

독일 공군의 손실 또한 충격적일 정도로 컸다. 전쟁 기간 동안 독일 공군 승무원은 약 7만 명이 전사하고, 2만 5,000명에 부상당했다. 독일 역시 공군의 손실률을 능가하는 곳은 잠수함 부대뿐이었다. 집계하는 사람에 따라서는 독일 공군의 인명 손실률이 독일 잠수함 부대보다 높았다고 추산하기도 한다.

가장 큰 손실은 지상에서 있었다. 5년에 걸친 폭격으로 독일의 인구 10만 명 이상 되는 61개 도시가 피해를 입었다. 이 도시들 중 총 128제곱마

---

* 최전성기 시절 제8공군은 장병 약 20만 명, 중폭격기 2,800대, 전투기 1,400여 대를 가지고 있었다. 소속된 폭격비행전대는 40개, 전투비행전대는 15개였다. 제2차 세계대전 중 제8공군에 복무한 연 인원은 35만여 명이고, 이 중 17명이 의회명예훈장을 받았으며, 261명의 전투 조종사가 에이스가 되었다. 한편 제15공군은 최대 전력 보유 시에도 폭격기 수가 1,190대에 불과했다.

일(330제곱킬로미터)에 달하는 거주 밀집 지대가 불타고 폭발해 흔적도 없이 사라졌다. 이들 도시 중 도심은 사라지고 교외만 남은 곳도 상당했다.

전시 독일의 인구 약 3분의 1, 노동력의 약 2분의 1에 해당하는 2,500만 명이 폭격 피해를 입었다. 그리고 자유민과 비자유민을 비롯한 독일에 거주하는 비전투원 50만~60만 명이 폭격으로 사망했다. 이는 유럽과 태평양에서 전사한 미군의 2배에 달한다(제2차 세계대전 중 발생한 미군 사망자는 40만 5,399명이며, 이 중 29만 1,557명이 전투 도중 사망했다). 그리고 중상을 입은 비전투원도 최소 80만 명에 이른다. 사망자들 중에는 여성, 노인, 5세 이하 아동이 압도적으로 많았다. 또한 이 희생자들 중 96퍼센트가 대피할 방공호를 찾을 수 없었던 도시 거주자였다.

독일 전체의 20퍼센트에 달하는 최소 300만 채의 가옥이 완파되었고, 300만 채의 가옥이 중파되었다. 한 통계에 따르면 2,000만 명의 독일인이 이재민이 되었다고 하는데, 그중 함부르크에서는 50만 명의 이재민이 발생했다. 310번이나 공습을 당한 베를린은 시내 면적의 70퍼센트가 파괴되었고, 쾰른은 그보다 더 높은 비율인 80퍼센트가 완파되었다.

이렇게 엄청난 규모의 파괴와 살상이 독일인의 사기를 높였을 리는 없다. 여기서 말하는 '사기'에 대해 간략하게 정의하면 '국민들의 전쟁 지지 의지와 승리에 대한 확신'이라고 할 수 있다. 전후 실시된 조사에서 독일 군사 및 정치 지도자들은 독일인의 투혼은 전쟁 기간 내내 건재했다고 주장했다. 알베르트 슈페어는 영국 공군 조사관들에게 이렇게 말했다.

"독일인의 저항력을 우습게 보면 안 됩니다. 다른 나라 사람들, 예를 들어 이탈리아인들이 이 정도로 야간 공습을 당했다면 진작 무릎을 꿇었을지도 모릅니다. 그러나 강철 같은 의지를 가진 우리 튜턴인은 다릅니다."

나치 독일 노동 전선의 총재 로베르트 라이Robert Ley는 연합국 정보기관에 이렇게 진술했다.

"아무리 강력한 공습을 당해도 이튿날이면 90퍼센트의 노동자가 공장에 출근해 잔해를 치우고 생산을 계속했습니다. 이러한 활동은 절대로 명령에 의한 것이 아니라, 노동자들 스스로 한 것이었습니다."

종전 후 50년도 더 지나서도 폭격기사령부의 자문인 프리먼 다이슨은 이렇게 믿고 있었다.

"독일 도시 폭격은 독일인의 항전 의지를 약화시킨 게 아니라 더 강하게 만들었습니다. 폭격으로 민간인의 사기를 떨어뜨릴 거라는 주장은 결코 실현되지 않았습니다."

전시 독일인의 사기에 대한 가장 포괄적인 연구였던 미국의 전략폭격 조사의 결론은 앞에서 언급한 주장들과는 매우 달랐다. 최근 실시된 독일 문헌 연구 역시 미국의 전략폭격 조사의 결론을 지지하고 있다. 미국의 전략폭격 조사 사기분과의 최종 보고서에는 이렇게 적혀 있다.

"폭격으로 인해 독일 민간인의 사기는 크게 저하되었다. 폭격은 패배주의, 공포, 절망, 체념, 냉담 등의 결과를 낳았다. 폭격을 당한 사람들은 폭격을 당하지 않은 사람들보다 반전주의, 항복 의지, 독일의 승리에 대한 불신, 독일 지도자들에 대한 불신, 분열감, 사기를 떨어뜨리는 공포 반응을 더 심하게 보였다."

역사학자 닐 그레고어Neil Gregor는 이렇게 주장했다.

"폭격에도 불구하고 독일인의 사기가 높아졌다는 주장은 나치가 지어낸 선전용 거짓말이고, 후대의 일부 학자들이 그 거짓말을 무비판적으로 수용한 것입니다."

그러나 폭격으로 인해 독일 국민의 사기가 결국 붕괴되었음에도 불구하고, 사기 저하 폭격 지지자들은 사기 저하의 본질과 정치적 효과를 잘못

이해했다. 이것은 공포 폭격을 수행하기로 한 그들의 결정을 매우 의심스럽게 만든다.

공포 폭격은 독일 노동자의 사기를 저하시켜 노동자들이 반정부 봉기를 일으키거나, 직장을 버리고 가정으로 돌아가게 하기 위해 시행되었다. 그러나 그중 어느 것도 의도한 대로 되지 않았다. 공포 폭격은 인간이 큰 재난에 반응하는 방식에 대한 몰이해, 그리고 독일 국민들의 봉기 가능성에 대한 과도한 낙관적 시각을 기반으로 하고 있었다. 프리먼 다이슨이 지적했듯이, 공포 폭격은 적국 국민의 사기를 낮추는 데는 성공했으나, 그것으로 전쟁을 종결시키지는 못했다.

폭격이 독일인의 사기에 미친 영향을 제대로 평가하려면 독일인의 '태도stimmung'와 '행동haltung'을 구분할 줄 알아야 한다. 그리고 태도가 반드시, 또는 예측 가능한 영향을 행동에 주지 않는다는 것을 알아야 한다. 집이 폭격으로 불타거나 교통망이 망가져 출근하기 어려워지자 직장에 가지 않은 노동자는 수천 명이나 되었다. 반면, 감정적으로 패배했는데도 항복하는 그날까지 출근을 계속한 사람들도 있었다. 슈페어는 이에 대해 아리아인의 우월함이자 조국과 대의를 향한 남다른 충성심 때문이라고 추켜세웠다. 그러나 마지막까지 직장에 출근한 사람들은 사실 공장에 남는 것 외에는 다른 선택지가 없었기 때문에 그렇게 한 것이었다. 구호 체계가 무너지자 노동만이 유일하게 가족을 먹여 살릴 수 있는 방법이 되었다. 그리고 위기와 혼돈의 시대에는 업무 규율과 일정 속에서 안정감을 느끼는 사람들도 있다. 한 독일 광부는 이렇게 회고했다.

"직장에 있는 동안은 전쟁을 잊을 수 있었어요. 하지만 퇴근 후 귀가하면 또다시 공포에 시달렸어요."

독일이 붕괴를 향해 달려가자 용기를 잃은 일부 노동자들은 공포와 무력감에 시달렸고, 권력자에게 더 크게 의존하게 되었다. 결국 당시 독일은 복종과 규율을 미덕으로 여기는 사회였기 때문에 개인의 불만이 집단적 반발로 커지는 것을 막고 군수생산에 큰 악영향을 줄 정도의 대량 결근을 막을 수 있는 성격의 사람들이 인정받았다. 위기가 너무 심각해지면 국가가 직접 개입했다. 친위대와 독일 비밀경찰은 공장에 스파이를 침투시켰고, 히틀러유겐트의 광신적인 단원들은 부모가 반정부 발언을 해도 바로 당국에 고발했다. 독일 경찰 역시 무단 결근자를 잡아냈다.

일부 탄약 공장의 경우 근무 기강이 매우 엄격해서 근무 중에 자신이 사는 마을이 폭격당해도 일이 끝날 때까지는 결코 집으로 돌아갈 수 없었다. 가족이 폭격으로 죽어도 유족들은 상복을 입을 수 없었다. 사람들은 독일 비밀경찰을 두려워하며, 그들에게 복종했다. 독일인들과 함께 일한 프랑스 강제 노동자들은 미국 조사관들에게 독일인들은 폭격보다 독일 경찰을 더 두려워했다고 말했다.

사기 저하 폭격은 두 가지 목표를 달성하는 데 모두 실패했다. 근면과 복종을 미덕으로 여기는 경찰국가에서 용기를 잃어버린 노동자들은 공포심이나 자신의 습관에 의지해 계속해서 생산성 높은 노동자로 남아 있었다. 그리고 정권에 반기를 들어봤자 무력한 분노일 뿐이었다.

사기 저하 폭격을 옹호했던 항공부대 지휘관들은 독일인들의 사기가 무너지면 어떻게 할 거라고 예측했을까? 분명 그들은 몰랐다. 독일에도 의식 있는 사람들이 있었고, 독일이 패망을 향해 달려가고 있고 더 이상의 전쟁이 무의미하다는 것을 알고 있는 사람도 있었다. 그러나 그들의 나라는 불평을 말하는 사람들을 패배주의자로 몰아 가로등에 목을 매다는 나라였다. 한 독일 노동자는 이렇게 말했다.

"죽는 것보다는 차라리 독일의 승리를 믿는 게 훨씬 나았지요."

아서 해리스 조차도 사기 저하 폭격의 효과에 대해서는 회의적이었다. 그는 사기 저하 폭격을 '절망의 조언'이라고 부르면서, 설령 독일 국민의 사기가 저하된다고 한들 강제수용소를 코앞에 둔 그들이 어떤 의미 있는 결과를 만들어낼 수 있을지 의심했다. 이제까지 보았듯이 해리스는 독일의 사기를 꺾기 위해서가 아니라 독일 노동자들을 죽이기 위해 폭격한 것이고, 동시에 그들의 삶을 지탱해 주는 도시 발전소, 수도 시설, 전차선, 그리고 가장 중요한 주택을 파괴하려 한 것이었다. 노동자의 주택이야말로 군수생산에 임하는 시민 병사의 막사였다.

그가 휘하 승무원들을 베를린으로 보내기 전에 했던 연설은 매우 유명하다.

"오늘 밤 우리는 적의 대도시로 갑니다. 적의 배에 불을 붙여 검은 심장을 불태워 버릴 절호의 기회입니다."

해리스의 도시 초토화 폭격은 교통 시설 및 석유 시설 폭격보다 군수생산에 큰 영향을 끼치지 못했다. 그러나 지역폭격은 분명 공포 폭격보다 더 타당했기에 전쟁 말기에 절망과 좌절에 사로잡힌 미 육군 항공대 지휘관들은 공포 폭격을 명령했다.

그러나 칼 스파츠, 프레더릭 앤더슨의 행동을 범죄로 몰아붙일 수는 없다. 그들이 유죄라고 여긴다면, 그것은 나치가 벌인 만행의 정도를 제대로 몰라서 하는 소리다. 전쟁 마지막 시기, 독일은 이미 패색이 짙었음에도 광적으로 싸웠다. 역사학자 리처드 베셀Richard Bessel의 주장처럼 나치즘이 줄 수 있는 것은 전쟁과 파괴뿐이기 때문이었고, 그것은 결국 끝없는 전쟁 또는 전쟁을 통한 종말로 귀결될 뿐이었다.

제8공군은 4주 동안 공포 폭격을 가했고, 영국 공군은 3년 동안 공포 폭격을 가했다. 그러나 영국 공군이 지역폭격만 가한 것도 아니었고, 그 모든 지역폭격이 사기 저하를 위한 폭격만도 아니었다. 물론 아서 해리스가 받은 압박에도 불구하고 영국 폭격기사령부는 독일의 합성석유 공장과 조차장을 폭격했으며, 독일 항공기와 전차 공장도 파괴하려고 했다. 그의 지역폭격은 미군의 정밀폭격에 비해 군사적으로 효과적이지는 않았으나, 지역폭격은 분명 독일의 전쟁 수행 능력을 약화시켰다. 영국 공군의 독일 도시 폭격으로 인해 독일은 무수 많은 숙련된 노동자를 잃었으며, 산업 인프라와 전력망이 파괴되어 도시에 있는 군수산업체의 효율이 저하되었다.

그러나 지역폭격의 가장 중요한 가치는 간접적인 방식으로 나타났다. 영국 공군의 독일 도시 폭격에 분노한 히틀러는 즉각 영국 도시에 대한 보복 폭격을 지시했다. 1943년 하반기에 괴링은 휘하의 참모들에게 이렇게 말했다.

"독일의 병원이나 아이를 둔 가정이 폭격으로 파괴되었다는 소식을 들은 우리 독일인들은 영국에 똑같은 방식으로 보복해야 만족할 것이다."

미국 전략폭격 조사팀이 추산한 자료에 따르면, 독일은 보복 병기에 전투기 2만 4,000대를 생산하고 거기에 성능 좋은 지대공 미사일까지 개발할 수 있을 만큼의 자원을 사용했다고 한다.

영국 공군의 지역폭격과 미 육군의 폭격은 독일의 전시 자원을 다른 방향으로도 분산시켰다. 히틀러가 소련을 침공하자 스탈린은 처칠과 루스벨트에게 유럽 서부에 제2전선을 만들어달라고 요청한다. 그리고 1943년, 연합군의 지속적인 폭격으로 정말로 제2전선이 만들어졌다. 이는 독일에 감당하기 어려운 부담을 주었다. 1944년, 독일 공군은 본토 방어를 하는 데 전투기 전력의 3분의 1 이상을 투입해야 했다. 독일이 방공망에 투입한 병력은 80만 명으로 이탈리아 주둔 독일군보다 많았다. 독일의 대포 생산량 중 3분의 1이 대공포였고, 전자장비 생산량 중 2분의 1이 방공에 필요한 레이더와 통신기였다. 그리고 무려 150만 명의 노동자가 폭격으로 입은 피해를 복구하는 데 투입됐다. 1944년 독일 방공 체계에는 무려 450만 명이 종사했으며, 독일 전시 자원의 3분의 1을 소모하고 있었다. 독일은 연합군의 폭격에 맞서기 위해 방공호 건설과 방독면 배급, 폭격 잔해와 사상자 수습, 소방 활동, 간호, 사회사업, 대공 감시, 응급 의료 등의 다양한 업무를 수행하는 수백만 명의 독일 민간인을 폭격 전쟁이 참여시켜 후방 전선에서 군대 역할을 하게 했다.

연합군의 폭격이 없었더라면 독일은 1943년 동부전선에 병력 25만 명, 중포 7,500문을 더 보낼 수 있었을 것이다. 물론 이 정도로 독일이 소련을 이겼을 리는 없었을 테지만, 소련군의 반격을 지연시키는 효과는 분명 있었을 것이다.

도시 폭격이 독일 병사들의 사기를 떨어뜨리는 데 일조했다는 증거는 많다. 병사들의 가족들은 편지에서 공습을 '가장 무섭고 지독하다'는 수식어로 표현했다. 또한 휴가에서 복귀한 병사들은 파괴된 고향의 모습을 동료들에게 말했다. 한 병사는 자신의 고향이 불과 연기의 바다가 되었다고 말했다. 고향에 갔으나 가족과 친구들을 만날 수 없었던 병사도 있었다. 히틀러의 최측근이자 군사 자문인 알프레트 요들 장군은 연합군 조사관들에게 이렇게 말했다.

"폭격은 독일군에게 매우 깊은 심리적 충격을 주었습니다. 예전에는 일선에서 싸우는 게 조국과 아내, 아이를 지키는 길이라고 믿었습니다. 하지만 폭격으로 인해 그런 믿음은 산산이 부서지고, 장병들은 이제 현실을 알게 되었습니다. '나는 대체 뭘 위해 싸우고 있었던 거지? 이렇게 힘들게 싸우고 있는데, 왜 고향의 모든 것이 산산조각 난 거지?' 하는 마음이 들었습니다."

이는 미국 남북전쟁 말기, 리치몬드를 둘러싼 참호 속에서 현 위치를 절대 사수하라는 명령을 받은 남군 병사들의 심리 상태와도 비슷하다. 그들이 그곳을 지키고 있는 동안 북군의 윌리엄 테쿰세 셔먼 장군이 병사들의 고향을 파괴하고, 아내와 아이들을 난민으로 만들었다. 요들은 이렇게 주장했다.

"이후에도 여전히 독일군은 용감하게 싸웠고, 탈영병 수도 극히 적었습니다. 그러나 예전의 열의는 사라져버렸습니다. 마찬가지로 예전만큼 강한 항전 의지도 부족했습니다."

또한 연합 폭격 공세는 승리를 위해서가 아니라 평화를 위해서 변화가 필요한 독일인들의 태도를 바꾸는 데 커다란 감정적 충격도 주었다. 우르술라 폰 카르도르프의 전쟁 마지막 몇 개월은 이를 잘 보여준다. 그녀는 베를린에 있는 자신 아파트가 파괴되자 직장을 떠나 슈바벤에 있는 한적한 마을로 향했다. 그곳에서의 삶은 그림처럼 아름다웠다. 그러다 4월이 되자 새로운 지배자들이 그 마을에 도착했다. 그들의 셔먼Sherman 전차가 마을의 큰 길을 따라 내려왔고, 머리 위에서는 B-17 폭격기가 편대를 이루고 … 마치 자기 나라 하늘인 양 유유히 비행했다.

어디에서나 카키색 군복의 미군을 볼 수 있었다. 우르술라는 그들이 체포와 고문, 사형 위협으로부터 자유라는 약속을 가져왔다고 믿었다. 그녀가 영국 라디오 방송을 통해 연합군이 독일의 강제수용소를 발견했다는 소식을 듣고 이웃들에게 전했을 때, 그들은 못마땅한 표정을 지으며 그 말을 믿으려 하지 않았다.

연합군 장병들과 종군기자들은 슈바벤을 비롯한 독일의 여러 지방에서 전쟁으로 인해 엉망이 되어 버린 독일인을 많이 만날 수 있었다. 그러나 그들은 항복하면서도 자신들이 저지른 짓에 대해 후회나 반성은 하지 않았다. 사진기자 리 밀러Lee Miller는 독일인들의 위선적인 행태에 불쾌감을 느꼈다.

"어떤 독일인도 강제수용소에 대해 모른다고 했습니다. 그 많은 독일인 중에 나치당원은 한 사람도 없었지만 … 저항군이나 강제수용소 수감자를 제외한 모든 독일인은 히틀러의 유일한 잘못은 전쟁에 패배한 것이라고 믿고 있었습니다."

밀러가 보기에는 독일은 마지막 죽음의 순간까지 자신의 병을 인식하지 못하는 중환자 같았다.

폭격을 통해 유대인에 대한 인식이나 독일의 침략 전쟁에 대한 인식이 바뀐 독일인은 거의 없는 것 같았다. 독일인들은 《뉴욕타임스》 기자에게 이렇게 말했다.

"우리나라는 사방이 적으로 둘러싸인 국가입니다. 우리는 그런 상태에서 벗어나기 위해 정복 전쟁에 나선 거예요."

그러나 일본에서와 마찬가지로 폭격은 기존 지도층에 대한 신뢰와 감정적 유대를 떨어뜨렸다. 그것이야말로 파시즘과 군국주의를 해체하기 위한 길고도 중요한 여정의 첫걸음이었다. 결국 나치와 독일 국민 간의 유대를 깨 버린 것은 강력하게 충동적인 국가사회주의에 대한 거부감이 아니라, 세계 최대 규모의 파괴로 인한 충격이었다. 그 충격 때문에 독일 사회는 평화와 민주주의를 추구하는 곳으로 더 쉽게 바뀔 수 있었다. 미국 전략폭격 조사에는 폭격이 독일 국민의 사기에 미친 영향에 대해 이런 결론을 내렸다.

"폭격은 독일의 조속한 패배보다는 독일 국민의 탈나치화에 더 크게 기여했다. … 폭격으로 인해 큰 피해를 입은 독일 국토는 현대전의 가공할 위력을 체감했다. 폭격에 대한 인상은 독일인들의 머릿속에서 영원히 지워지지 않을 것이다."

그리고 지금

제2차 세계대전에 참전한 미 육군 항공대는 신형 폭격조준기를 통해 적 비전투원의 희생을 최소화시킬 수 있다는 비현실적인 생각을 가지고 있었다. 그러나 폭격기 전쟁은 윌리엄 테쿰세 셔먼 장군조차 분노할 만큼 전선 후방에 엄청난 파괴를 몰고 왔다. 제1차 세계대전 중 폭격으로 사망한 민간인이 3,000명이었던 데 비해 제2차 세계대전 중 폭격으로 사망한 민간인은 이전 전쟁 때보다 무려 500배 많은 약 150만 명이었고, 이 중 절반 이상이 여성이었다.

유럽에 주둔한 미 육군 항공대 고위 지휘관들은 자신들이 진행하고 있는 전쟁의 실체를 결코 공개적으로 밝히지 않았다. 그러나 《뉴욕타임스》 기자 퍼시 크나우스Percy Knauth의 주장에 따르면, 미 육군 항공대 고위 지휘관들은 자신들이 하는 일이 '꽤 비효율적'이었다는 것을 알고 있었다. 그러나 그것을 밝힐 용기는 없었다. 그랬다가는 미 본토의 국민 여론을 분열시킬 수도 있기 때문이었다.

사실, 미국인들은 연합 폭격 공세를 전폭적으로 지지하고 있었고, 일본에 원자폭탄을 투하하는 것도 지지했다. 1944년 초, 영국의 평화주의자 베라 브리튼Vera Brittain이 '화해를 위한 모임Fellowship of Reconciliation'의 기관지《펠로우십Fellowship》에 공포 폭격은 '폭격을 통한 학살'이라는 내용의 글을 기재했을 때, 그에 반대하는 내용의 우편물이 찬성하는 우편물의

50배나 넘게 왔다고 한다.

진주만 공습 이전에는 퍼시 크나우스도 베라 브리튼처럼 비전투원 폭격은 국제 전쟁 범죄라고 생각했다. 그러나 전쟁을 겪고 난 후 그는 자신이 얼마나 어리석고 순진했었는지를 깨달았다.

"전쟁에는 인도주의 따위는 없습니다. 민간 표적은 군사 표적과 결코 분리할 수 없습니다. 그 둘을 같이 폭격해야 항공전을 효과적으로 수행할 수 있었지만, 우리는 그 점도 깨닫지 못했습니다."

그러나 크나우스는 물론 그 어떤 기자도 폭격으로 인해 죽은 민간인이 지상전으로 죽은 민간인보다 더 많다는 것을 믿지 않았다.

조지 오웰은 1944년에 이런 글을 남겼다.

"아군의 (공중) 공습으로 죽은 사람과 앞으로 죽을 사람의 수는 아무도 모른다. 그러나 확실한 것은 그 수가 지금까지 동부전선에서 죽은 사람의 발끝에도 미치지 못한다는 것이다."

크나우스와 마찬가지로 오웰도 여성, 아이, 노인처럼 무고한 사람을 죽이는 데 매우 민감했다.

"'정상적'이고 '적법한' 전쟁은 젊은 남자들 중 가장 건강하고 용감한 사람을 골라서 죽인다."

오웰은 독일 민간인 마을을 공습한 데 대해 경악하며 비명을 지르는 인도주의자들은 침몰하는 독일 유보트에 탄 50여 명의 용감한 젊은이들이 고통스럽게 질식하며 죽을 때는 박수를 보냈다는 점도 지적했다. 그것은 전쟁은 그 자체로 야만적이고, 따라서 정당한 명분 없는 전쟁은 막아야 한다는 점을 입증하는 많은 논리 중 하나다. 그리고 거기에 비추어 볼 때, 제2차 세계대전은 분명 인도주의를 지키기 위한 정당한 전쟁이었다. 나치는 자신들이 야만인이라는 사실을 인정하지 않았고, 그 결과 회복 불가능한 상태로 빠져들었다. 그러나 오웰은 이런 말을 남겼다.

"우리 역시 우리 안의 야만성을 인정해야 한다. 그래야 개선될 가능성이 조금이라도 있고, 생각은 할 수 있을 것이다."

전쟁은 '미국과 영국의 폭격 방식에는 분명한 차이가 있다'는 퍼시 크나우스의 생각을 산산조각 냈다. 1945년 봄, 그는 뉘른베르크 인근의 한 항공기 공장에 도착했다. 제8공군의 '정밀폭격'은 그 도시의 공장은 물론, 공장 옆에 있던 노동자들의 주택도 함께 파괴했다.

"잔해 속에서는 가족으로 보이는 여자와 아이들이 아직 살고 있었어요. 그들은 눈빛이 사나웠고, 더럽고, 반쯤 굶주려 있었어요. 밤이 되면 그들은 반쯤 부서진 잔해 속에서 지내면서 피난민이나 군인에게 강간을 당할까 봐 두려워했어요. 어떻게 보면 그들은 수용소의 수감자들만큼이나 상태가 안 좋아 보였어요."

종전 후 유명한 작가가 된 제493폭격비행전대의 항법사 폴 슬라우터는 한 인터뷰에서 이렇게 말했다.

"크나우스는 미군과 영국군의 폭격이 다를 바 없다고 말했습니다. 그 말을 들으니 1944년 가을 런던의 술집에서 어느 영국 공군 조종사를 만났던 기억이 떠오르더군요. 당시 나는 전투 파견 기간이 끝나기 직전이었습니다."

덩치가 컸던 그 영국인 친구는 슬라우터에게 이렇게 말했다.

"당신도 알겠지만, 우리가 하는 일은 본질적으로 똑같아. 물론 당신들은 인정하지 않겠지만, 우리는 지역 표적에 지역폭격을 하고, 당신들은 정밀 표적에 지역폭격을 하지."

그 말을 들은 순간 슬라우터는 웃음을 참을 수가 없었다고 했다. 그 친구의 말에 반박하고 싶은 생각은 없었다. 그때 그는 지쳐 있었고, 고향이 그리웠다. 전쟁 이야기는 하고 싶지 않았다. 게다가 그 친구의 말은 틀리지 않았다. 미군의 폭격도 엉망이기는 마찬가지였기 때문이다. 그 후 오랜 시간이 흐른 뒤에도 그의 말이 떠오르곤 했다고 하면서 슬라우터는 그 영국군 조종사에게 이런 말을 해 줄 걸 그랬다고 말했다.

"우리는 너희와는 달라. 우리가 더 낫다는 게 아니라 그냥 다르다는 뜻이야. 누가 더 용기 있다고 말할 생각은 없어. 어느 쪽이 여성과 아이를 더 신경 쓴다고 말할 생각도 없어. 우리는 모두 임무를 받았고, 그걸 수행할 뿐이야. 우리와 영국 공군의 차이는 거기서 오는 거야. 우리 지휘관들은 당신네 지휘관보다 더 머리가 좋아. 독일의 도시가 아닌 산업을, 그걸 가급적 정확하게 폭격해야 전쟁에서 이길 확률이 높아진다는 걸 알기 때문이지. 물론 우리도 실수가 많고, 변명할 생각은 없어. 그러나 전쟁이든 어떤 일이든 그 의도는 아주 중요한 거야."

하지만 돌이켜 보면 슬라우터가 영국에 있었던 시기는 전쟁 말기가 아니었다. 슬라우터는 말했다.

"그때 아군은 헛된 믿음에 사로잡혀 영국군과 함께 도시 한복판에 폭탄을 퍼붓고 있었어요."

MASTERS

OF THE

제17장

고난의 행군

AIR

"독일의 포로가 된 경험은 특별했다.
적의 심장부로 들어가 그들이 저지른 폭정을 직접 보고 체험할 수 있었기 때문이다.
포로가 되지 않은 자들은 먼발치에서 보던 것들을 말이다."

- 로버트 '로지' 로젠탈Robert 'Rosie' Rosenthal, 제100폭격비행전대 조종사

1945년 3월 28일, 런던

1945년 3월 28일 아침, 윈스턴 처칠은 영국 공군 참모총장 찰스 포털에게 다음과 같은 한 장의 문서를 보냈다.

"최근 나는 독일의 도시에 대한 폭격이 그저 독일인들 사이에 공포를 확산시키는 목적만 있는 게 아닌가 하는 의문이 들기 시작했습니다. 따라서 독일 도시 폭격은 재고되어야 한다고 생각합니다. 그러지 않으면 우리는 완전히 폐허가 된 독일을 지배하게 될 것입니다. … 드레스덴 파괴는 연합군 폭격 작전에 대해 심각한 의문을 남겼습니다. … 공포 폭격과 잔인한 파괴가 더 강하다는 인상을 줄 수는 있지만, 나는 후방에 있는 석유 시설 및 통신 시설 같은 군사 표적에 화력을 정밀하게 더욱 집중할 필요가 있다고 생각합니다."

포털은 분노했다. 처칠 총리는 아서 해리스에게 군사 표적에 화력을 집중하라고 압력을 넣었으나, 이를 관철시키지 못하자 이제 더 노골적으로 자신의 의견을 드러내고 있는 것 같았다. 포털은 영국 공군 폭격기사령부가 그저 테러리스트 집단으로 매도되고 있는 것 같아 기분이 상했다. 이제까지 폭격기사령부는 독일의 석유와 교통 시설을 파괴하는 데 중요한 역할을 수행했다. 더구나 처칠은 그해 1월에 독일 동부의 도시들을 파괴하라고 영국 공군을 독려했었다. 포털은 처칠이 드레스덴 파괴의 책임을 폭격기사령부에 뒤집어씌우려고 하는 게 아닌가, 하고 의심했다.

아서 해리스는 총리가 보낸 문서에 대해 공군성의 폭격 정책과 그 정책을 실행해 온 폭격기사령부의 방식에 대한 일종의 모욕으로 규정했다. 그러나 그는 포털과 달리 지역폭격을 지속해야 한다고 생각했다. 그는 화를 내며 이렇게 말했다.

"지금 남아 있는 독일의 도시 전체를 다 모아도 영국 척탄병 1명의 유골만큼의 값어치도 안 된다고 생각합니다."

포털은 처칠 총리에게 의견을 철회할 것을 권했다. 그러자 현명하게도 총리는 동의했고, 더욱 온건한 내용으로 문서를 썼다. 일주일 후, 영국은 지역폭격 공세를 중단했다. 그리고 미국과 전략 항공 작전을 종결하기 위한 협상에 나섰다. 이제 영미 양국 항공부대가 전략폭격을 할 만한 표적이 더 이상 남아 있지 않았다.

4월 16일, 칼 스파츠는 유럽 전구에서 폭격 임무를 수행하는 휘하의 지미 둘리틀과 네이선 트와이닝 사령관에게 다음과 같은 지령을 보냈다.

"미합중국 전략 항공대와 영국 공군 폭격기사령부가 전략 항공전을 벌이고 있는 구역에 연합군 지상군이 가까이 접근해 오고 있습니다. 아군이 독일을 점령함에 따라 결정적인 승리를 거두었다는 게 확실해지고 있습니다. 현 시간부터 전략 항공대는 전술 항공대와 함께 근접 항공 지원에 투입될 것입니다."

9일 후인 4월 25일, 제8공군은 지상군의 요청으로 체코슬로바키아 플젠에 있는 거대한 스코다 자동차 공장과 오스트리아에 있는 소규모 표적들을 대상으로 유럽 최후의 폭격 임무를 수행했다.

제384폭격비행전대가 영국 미들랜드의 그래프턴 언더우드 기지에서 이륙했다. 공교롭게도 이 기지는 1942년 8월 17일, 제8공군이 최초로 폭격 임무를 실시한 곳이었다. 그날 968번째 폭격 임무에 나섰던 6대의 미군 폭격기는 독일군의 강력한 대공 포화에 격추당했다. 이 항공기들과 함께 희생된 42명의 승무원들은 제8공군이 전투에서 잃은 마지막 병력이 되었다. 다음 날 소련군과 미군이 엘베강에서 만났고, 나치 독일은 둘로 쪼개졌다. 그렇게 역사의 수레바퀴는 굴러갔다.

이 작전에 참가한 승무원 중 27세의 임마누엘 '매니' 클레트Immanuel 'Manny' Klette 중령은 독일을 파멸로 이끈 미 육군 항공대의 불굴의 투혼을 보여주는 화신과도 같았다. 그는 1943년 이후 생나제르, 페게자크, 슈바인푸르트 등 가장 위험한 임무에 참가해 왔다. 한 임무에서 그는 대공 포화에 피격돼 영국에 불시착하면서 다섯 군데에 골절상을 입기도 했는데, 회복 후 배싱본의 제91폭격비행전대에 배속되어 전대의 레이더 선도 비행대대의 대대장을 맡았다. 그는 굳이 작전에 참가할 필요가 없었지만, 반드시 출격했다. 당시 폭격기 승무원의 평균 임무 수행 횟수는 15번에 불과했던 반면, 클레트는 4월 25일에 91번째 전투 임무에 나섰는데, 그것이 그의 마지막 임무가 되었다. 그는 유럽 전구에서 가장 출격을 많이 한 폭격기 승무원 중 한 사람이었다.

다른 형태의 항공부대

이 전쟁에서 제8공군의 항공기에서 마지막으로 투하한 것은 폭탄이 아니라, 굶주리고 있는 사람들을 위한 식량이었다. 1945년 4월까지 독일은 네덜란드의 상당 부분을 점령하고 있었다. 광신적인 나치 사령관들은 연합군을 저지하고 네덜란드의 저항군을 응징하기 위해 네덜란드 국민들에게 식량 공급을 차단하고 제방을 무너뜨려 저지대의 농지를 모조리 침수시켜 버렸다. 이로 인해 1945년 봄까지 1만 2,000여 명이 기아로 죽었고,

450만 명이 영양실조로 고통을 당했다.

한 네덜란드 여성은 영국에 사는 동생에게 이런 편지를 보냈다.

"하늘에서 선물을 내려주지 않으면 여기 있는 사람들은 다 굶어 죽고 말 거야."

4월 마지막 주, 네덜란드의 독일군은 끈질기게 항복을 거부하고 있었다. 아이젠하워 장군은 네덜란드 주재 독일 관료들을 설득해 임시 휴전 협정을 성사시키려 했다. 연합군 폭격기를 이용해 네덜란드에 식량을 공수하기 위해서였다. 아이젠하워는 독일인들에게 이렇게 경고했다.

"만약 우리의 식량 공수를 조금이라도 방해한다면, 그 행위에 가담한 독일군 장병을 전쟁범죄자로 간주하겠다!"

네덜란드인들의 생명을 구하기 위한 목적에서 시작한 이 작전은 폭격기 승무원들의 사기를 크게 진작시켰다.

1945년 5월 1일 히틀러가 자살로 생을 마감하고, 그 사실이 전 세계에 알려졌다. 이후 제8공군은 새로운 형태의 항공부대로 다시 태어났다. 전략 또는 전술 항공부대가 아닌, 인도주의 항공부대가 된 것이다. 영국군은 이 작전을 '만나 작전Operation Manna'이라고 불렀고, 미군은 '대식가'라는 뜻의 덜 경건한 이름인 '초하운드 작전Operation Chowhound'이라고 불렀다. 독일과의 협상 끝에 폭격기에는 기관총 사수를 태우지 않고, 항공기 운항에 필요한 필수 요원만 탑승시키기로 했다. 하지만 이 지침은 제대로 지켜지지 않았다. 작전에서 빠지고 싶어 한 사람이 없었기 때문이었다. 심지어 승무원이 아닌 정비사와 군종 장교들까지도 자원했다. 항공기 폭탄창에는 폭탄 대신 미군 전투식량과, 영국 농부들이 기증한 감자를 실었다.

한 줄로 길게 열을 지은 폭격기들은 200피트(60미터) 고도에서 네덜란드 공역으로 진입해 적십자가 준비한 넓은 공터에 가져온 식량을 투하했다. 공식적으로는 낙하산을 쓰지 않고 자유낙하 방식으로 투하했으나, 연합군 장병들은 손수건이나 낡은 군복으로 만든 소형 낙하산에 과자나 담배, 고향에서 보내온 각종 음식을 매달아 항공기 밖으로 떨어뜨렸다. 네덜란드 저항군은 격추당한 연합군 항공기 승무원들을 구조할 때 승무원들이 가지고 있던 낙하산을 회수해 짚단 속이나 창고 같은 데 보관하고 있다가 다양한 색으로 염색한 다음 모자, 스카프, 치마 등을 만들었다. 저항군은 그런 의상들을 '행복 의상'이라고 불렀다. 그 옷을 입은 저항군은 연합군에게 감사하는 수만 명의 네덜란드인들과 함께 나치 당국의 명령을 무시하고 식량 투하 장소에 모여들어 해방의 날을 위해 준비해 둔 미국 국기와 영국 국기를 꺼내 흔들었다. 암스테르담 교외에서 척 알링의 B-17은 형형색색의 튤립 꽃밭 상공을 가로질렀다. 그 꽃밭에는 농부들이 튤립을 잘라 만든 거대한 글자가 수놓아져 있었다.

"양키 여러분. 정말 고마워요."

초하운드 작전이 한창일 때, 둘리틀 장군은 3만 명에 달하는 제8공군 지상 근무자들을 항공기에 태워 하늘에서 독일을 볼 수 있게 허가했다. 그 덕에 제8공군의 정비사, 무장사, 조리병, 트럭 운전병, 관제사, 타자병 등의 지상 근무자들은 항공기를 타고 저공으로 날며 자신들이 수행했던 작전의 결과로 초토화된 독일 도시를 직접 볼 수 있었다. 제8공군 제100폭격비행전대의 한 병사는 '손수레 작전'이라고 부른 이 임무를 마치고 일기에 이렇게 적었다.

"모든 도시가 다 똑같았다. 잿빛으로 초토화되었고 생기가 사라졌다."

사실 이 파괴를 가한 사람들조차도 그 파괴의 규모를 믿을 수 없었다. 손수레 작전에 투입되어 비행한 제8공군 조종사 케네스 '디콘' 존스

Kenneth 'Deacon' Jones는 그날의 감흥을 주머니 크기의 공책에 기록했다. 존스는 두려움 없이 독일 상공을 비행할 날을 오랫동안 기다려 왔으나, 막상 그날이 되어 내려다본 독일은 완전히 폐허가 되어 있었고, 그는 공허함 외에는 아무것도 느끼지 못했다. 라인 계곡에 있는 발전소는 물론 뤼베크, 마인츠, 뮌스터, 쾰른의 주택과 병원, 학교와 회관, 교회까지도 모두 산산조각이 나 있었다. 요제프 괴벨스는 이렇게 말했다.

"불과 20세밖에 되지 않은 미국, 캐나다, 오스트레일리아 젊은이들이 상부의 허가를 받아 알브레히트 뒤러, 티치아노의 그림을 파괴하고, 우리 인류가 낳은 가장 고귀한 사람들의 이름을 더럽혔습니다. 유럽인들은 이러한 사실을 부끄러워해야 합니다."

그러나 디콘 존스는 자신이 투하한 폭탄이 나치의 범죄에 대한 정당한 처벌이라는 사실을 믿어 의심치 않았다.

존스 부대의 손수레 작전은 다른 부대와는 달랐다. 존스의 지휘관은 부하들이 폭격당한 도시를 실제로 목격하고 전면적인 파괴의 실체를 직접 체험하기를 바랐다. 그래서 그들은 네덜란드-독일 국경에 있는 기지에 항공기를 착륙시킨 후 트럭으로 갈아타고 쾰른으로 향했다. 한때 약 100만 명의 인구가 살던 이 항구도시는 33개월 동안 폭격을 맞고 거대한 무덤이 되어 있었다. 그 폭격의 대부분은 영국군이 한 것이었다. 쾰른에 남아 있는 사람은 고작 4만 명으로, 상당수가 선사시대에나 어울릴 법한 동굴 같은 곳에서 살고 있었다. 존스는 귀신이 나올 것 같은 도시의 거리를 걸었다. 거리에는 연기를 내뿜지 않는 굴뚝들만 황량하게 늘어서 있고, 무너진 건물 잔해가 족히 100피트(30미터) 높이로 쌓여 있었다. 마치 지옥의 밑바닥에 온 것 같았다.

한때 포도주와 감자 경단을 즐기던 쾰른 시민들의 삶은 이제 야생동물

수준으로 추락했다. 그들은 식량을 찾아 연기 뿜는 벽돌 더미와 철골 잔해를 파헤쳤다. 디콘 존스는 바싹 여윈 독일 여성들이 거리를 치우는 모습을 봤다. 존스가 보기에 건물 잔해로 가득한 거리를 깨끗이 치우는 것은 도저히 불가능해 보였다. 그러나 그녀들은 그런 사실은 전혀 개의치 않는 것 같았다. 이 비현실적인 공간에서도 '그래도 삶은 계속되어야 한다'는 진실을 확인하는 것은 중요했다. 그러나 존스는 쾰른의 생존자들 대부분은 그의 눈에 띄지 않는 곳에 있다는 것을 눈치챘다. 그들은 자신들에게 벌어진 일을 인정하고 싶지 않은 듯 지하 대피소에 숨어 있었다.

미군 트럭이 거리를 질주하는 동안, 존스는 거리를 청소하는 여성들의 얼굴에서 차가운 분노를 읽을 수 있었다. 그들에게 깊은 슬픔을 안겨 준 '하늘의 해적'들이 이제 그들의 도시에 발을 내딛고 있었다. 몇 시간 전 그들이 타고 온 B-24 항공기는, 지상에서도 폭탄창이 뚜렷이 보일 정도로 낮게 비행했다. 그 모습은 천지를 진동하며 자신들의 삶을 빼앗아간 폭격을 연상시키기에 충분했다.

트럭은 쾰른 중심가에 멈춰 섰고, 장병들은 시내를 돌아보기 위해 트럭에서 내렸다. 일기장에 뭔가를 적으려고 멈춰선 존스는, 이 폐허를 보고 어떻게 '우리가 이겼다'라고 선언할 수 있는지 궁금했다. 활주로로 돌아와 항공기의 시동을 거는 그의 머릿속에는 이곳에 다시 오고 싶지 않다는 한 가지 생각만 간절했다. 그리고 단 한 번도 전쟁의 참화를 입지 않은 미국으로 빨리 돌아가고 싶었다.

낮게 깔린 구름 밑을 날며 북해를 건너는 동안 그는 자신의 청년 시절이 끝나버린 기분이 들었다.

"그곳을 다녀오니 순식간에 스무 살은 더 먹어버린 기분이 들었어요."

눈보라 행군

제8공군에게는 아직 임무가 하나 더 남아 있었다. 남부 독일과 오스트리아에 있던 연합군 포로들을 북프랑스의 임시 수용소로 이송해 잘 먹이고 입히고 치료를 해 준 다음 고향으로 돌려보내는 '재생 임무'가 바로 그것이었다.

2월 3일 베를린 폭격 임무에서 부상을 입었다가 완전히 회복한 후 소프 애보츠에 돌아와 있던 로지 로젠탈은 이 재생 임무에 가장 먼저 지원했다. 그는 오스트리아 린츠로 날아가 프랑스군 포로들을 수송하는 임무를 맡았다.

"제100폭격비행전대에 복귀했을 때는 독일 놈들에게 또 폭격을 가하기에는 이미 때가 늦어 있었어요. 그러나 하고 싶은 임무가 또 남아 있었어요. 린츠에 있는 프랑스군 포로 수송 임무를 마친 후에는 남부 독일로 가서 우리 승무원들을 데려오고 싶었어요. 하지만 제100폭격비행전대에는 그런 임무가 할당되지 않았어요."

루이스 뢰브스키 중위는 이렇게 회상했다.

"우리는 뮌헨 인근 모스부르크에 있는 대형 포로수용소에서 대기하고 있었어요. 그 수용소는 패튼 장군에 의해 해방되었어요. 청천벽력 같은 일이었죠. 어제까지는 노예였다가 오늘 갑자기 자유인이 된 거였으니까요. 해방된 날 수많은 사람이 땅바닥에 쓰러져 울었어요. 저는 그러지 않았어요. 울지 않기로 결심했어요. 마치 꿈을 꾸는 것 같았거든요. 지금 만약 울면 꿈에서 깨어나 다시 포로가 된 현실을 마주하게 될 것 같았어요."

모스부르크에 있던 승무원 포로 중 처음부터 그곳에 수감되어 있었던 사람은 없었다. 연합군 공군 승무원이 모스부르크에 입소한 것은 전쟁이 종결되기 직전이었다. 그들은 독일 동부전선에 있던 여러 포로수용소에서 강제 행군을 해 모스부르크로 온 것이었다. 무려 3개월 동안 그들의 소식은 바깥에 일절 알려지지 않았다. 심지어 적십자사도 그들의 행방을 알 수 없었다. 그들은 도보와 철도로 수송되었다. 움직이는 동안 그들은 죽어가는 제3제국의 내부에서 혼돈이 확산되어 가는 것을 목격했다. 그들이 투하한 폭탄으로 인해 생긴 고통, 그리고 그들이 목숨을 걸고 제거하려 했던 야만을 봤다. 제100폭격비행전대의 게일 클리븐은 이렇게 말했다.

"우리 중 많은 사람이 보고 경험했던 일들을 고향에서는 누구도 믿을 수 없을 거예요."

1945년 1월 27일부터 시작된 이 이야기는 결코 끝나지 않았다. 이 행군에 참여했던 승무원 중 그 일을 죽기 전에 잊은 사람은 없으니 말이다.

1월 27일 저녁, 슈탈라크 루프트 III의 남쪽 구역 포로들은 자신들이 직접 제작한 연극을 관람하고 있었다. 그런데 갑자기 극장 문이 벌컥 열리면서 통로로 남쪽 구역 선임장교 찰스 굿리치 대령이 달려 나왔다. 그는 무대 위로 성큼 뛰어올라간 다음 이렇게 말했다.

"얼간이들이 우리한테 30분 내로 정문 앞에 집합하라고 지시했다. 물건들 챙겨서 모여라."

각 구역으로 전령들이 뛰어다니며 독일군의 지시를 전달했다. 그러자 포로들은 모아둔 비상 식량을 챙기기 시작했다. 포로들은 막사 앞에 세 줄로 늘어섰다. 이미 땅 위에는 눈이 두껍게 쌓여 있었고, 차가운 서풍이 매섭게 불어오고 있었다. 포로들은 발을 따뜻하게 유지하려고 푹신한 눈 위에서 발을 굴렀다.

남쪽 구역의 포로 2,000명이 가장 먼저 슈탈라크 루프트 III을 출발했다. 그리고 다르 알카이어 대령이 이끄는 서쪽 구역 포로들이 그 뒤를 따랐다. 그리고 새벽 3시에 델마 스피비 대령이 포함된 중앙 구역 포로들이 가장 마지막으로 포로수용소를 출발했다. 중앙 구역 포로들을 지휘한 것은 아서 바나만 장군으로, 독일군에게 포로가 된 미군 중 최고위급 장교였다. 그는 낙하산으로 탈출할 때 입은 부상으로 인해 발을 심하게 절었다. 포로들은 수용소 창고 앞에서 십자가가 그려진 상자를 하나씩 지급받았다. 무게가 너무 무겁다고 생각한 포로들은 상자를 열어서 초코바, 자두, 담배 등의 물건은 챙기고 상자는 버렸다. 포로수용소 경비병들이 문밖에서 그들을 기다리고 있었다. 으르렁대는 경비견과 소수의 히틀러유겐트단원과, 배가 튀어나온 국민 돌격대 병사들도 있었다. 경비병들은 포로들에게 탈주를 시도하면 사살될 것이라고 경고했다.

포로들 대부분은 행군을 시작할 당시에는 사기가 충천했다. 클리븐은 이렇게 말했다.

"많은 사람이 하루 이틀만 지나면 조 아저씨(이오시프 스탈린의 별명)의 군대가 와서 우리를 해방시켜 줄 거라고 말했어요. 그러나 6시간이 지나자 누구도 웃지 않았어요."

거의 모든 사람이 추위와 맞서는 혼자만의 투쟁에서 절망적인 침묵과 생각 속으로 빠져들었다.

그해 겨울, 유럽에는 수십 년 만에 혹한이 찾아왔다. 일부 포로들은 칼날 같은 눈보라에 일시적으로 실명되기도 했다. 바람에 맞서 고개를 숙이고 어깨를 웅크리고 걷던 포로들은 걸으면서 잠이 들기도 했다. 그러다 탈진과 저체온으로 누군가 쓰러지면 동료들이 일으켜 세우고 입안에 각설탕을 넣어주었다.

추위는 감시의 영역마저도 희미하게 만들었다. 포로와 경비병 들은 서로를 불쌍하게 여기며, 함께 살아남기 위한 운명 공동체가 되었다. 탈진해 총을 들 기력이 떨어진 중년의 경비병들은 총을 포로들에게 맡겼다. 그러면서 그들은 심술궂게 내뱉었다.

"다 좆 됐어."

휘몰아치는 눈보라 속에서 한 나이 든 경비병이 더 이상 움직일 수 없게 되자 2명의 미군 포로가 그를 부축해주었다. 행군이 시작된 지 이틀이 지나자 독일군 경비병 2명과 미군 포로 4명이 죽었다. 포로들 사이에서는 탈주나 폭동을 벌이자는 말도 나왔다. 그러나 포로들을 지휘하는 장교들은 함께 모여 질서를 지키라고 명령했다. 그들이 향하는 곳은 독일의 심장부로, 여기서 도망쳐 봤자 기다리는 것은 살인적인 추위 말고는 아무것도 없었다. 가혹한 환경에서는 혼자가 아니라 집단으로 대응하는 게 나았다.

독일군은 미군 포로들에게 식량이나 물도 주지 않았다. 야간에는 헛간, 교회, 양계장, 버려진 수용소에서 잤다. 어느 날 밤, 다르 알카이어가 이끄는 포로들은 근처 포로수용소의 폴란드와 프랑스 강제 노동자들이 일하던 도기 공장에서 잤는데, 거기 있던 일부 여성들이 담배, 초콜릿, 비누 등을 대가로 몸을 팔려고 했다. 물론 미군들도 관심이 없었던 것은 아니었으나, 그들에게는 기력이 남아 있지 않았다.

긴 휴식을 취한 이들은 또 다른 마을로 향했다. 이때는 경비병들도 자신만의 생존 투쟁에 내몰려 버렸기 때문에 포로들에게 거의 신경을 쓸 수 없었다.

포로들의 대열은 약 30마일(48킬로미터)에 달했다. 과거 나폴레옹 군대가 모스크바에서 철수할 때 걸었던 이 좁은 길은 소련군을 피해 도망치는 피난민들로 꽉 막혀 있었다. 유럽 역사상 가장 규모가 큰 인구 이동에 포로들의 대열이 함께하고 있었다. 슐레지엔, 포메라니아, 동프로이센 등을 떠나 독일 본토로 향해 가는 피난민은 무려 700만 명이 넘었다. 1월 말, 베를린에는 매일 약 5만 명에 달하는 피난민이 들어왔다. 뉴욕 기자 출신으로 포로가 된 유진 헬모스는 자신의 일기에 이렇게 적었다.

"우리는 아무런 말도 없이 버려진 마을들을 지나쳤다. 어디에나 마차나 동물이 끄는 수레에 탄 피난민들이 길을 가득 메운 채 발이 묶여 있었다. 커다란 가재도구 보따리 옆에서 아이들이 추위로 빨갛게 변한 얼굴로 주위를 응시하고 있었다."

피골이 상접한 말들이 덜거덕대며 거대한 짐수레를 끌면서 그들 곁을 지나갔다. 말고삐를 쥔 굳은 얼굴의 가장들은 짐칸에 타고 있는 아이들이 미군 포로들로부터 초콜릿을 받는 모습을 무표정한 얼굴로 바라보았다. 한번은 만신창이가 된 독일군 연대가 그들을 지나쳐 반대쪽으로 향해 가고 있었는데, 모두 너무 어려 보였고, 겁에 질려 있었다. 심지어 일부 독일군은 미군 포로들에게 음식을 구걸하기도 했다.

2월 1일, 독일군은 슈프렘베르크에 도착했을 때에야 포로들에게 맑을 보리 수프와 흑빵을 나눠주기 시작했다. 알카이어의 포로 무리는 5일 동안 60마일(96킬로미터)을 행군했다. 이들은 식사를 마치고 가까운 기차역까지 또 걸어갔다. 포로들은 여기서 가축 수송열차에 올라탔다. 이 열차에는 포로 수송용 표식이 전혀 없었다. 미군 전투기들이 철도를 공습한다는 것을 알고 있었기 때문에 포로들의 신경은 곤두섰다. 한 포로가 경비병에게 물었다.

"우린 어디로 갑니까?"

그 경비병의 대답은 실망스러웠다.

"또 다른 포로수용소로 간다. 거기도 마음에 들지는 않을 거야."

며칠 후 바나만 장군의 무리가 슈프렘베르크에 도착했다. 거기서 스피비는 기차의 종착지가 남쪽 구역 포로들이 먼저 도착한 곳과 같은 바이에른주 동부 모스부르크에 있는 대형 포로수용소라는 사실을 간수들로부터 들었다. 그러나 그와 바나만은 동료 포로들과 동행하지 않을 예정이었다. 그들은 비밀리에 베를린으로 이송된 다음, 거기서 스위스로 보내질 것이었다. 휘하의 포로들을 안전하게 인솔한 데 대한 독일군의 보답이었다. 스피비는 항의했다. 그는 휘하의 포로들과 행동을 함께하고자 했고, 포로들에게 자신과 바나만이 독일군과 단독 협상 끝에 석방되었다는 느낌을 주고 싶지 않았다. 그러나 경비병들의 태도도 완강했다. 스피비는 보도에 서서 그간 함께했던 포로 2,000명이 도로를 따라 철도역으로 가는 모습을 지켜봤다. 스피비는 포로들에게 외쳤다.

"계속 고개를 빳빳이 들어!"

이 행군에 대한 제100폭격비행전대의 항법사 프랭크 머피가 쓴 글을 인용해 보자.

"화차 내부의 상태는 말로 표현할 수 없을 만큼 나빴다. 너무 더러워서 누울 수조차 없을 정도였다. 서 있거나 딱딱한 바닥에 모포를 말아 얹은 다음, 그 위에 무릎이 턱에 닿도록 쪼그리고 앉아야 했다. 많은 사람이 추위와 굶주림으로 죽었다. 병에 걸려 구토와 설사를 하는 사람도 많아졌다. 그러나 열차 내부를 청소하고 씻을 방법이 전혀 없었다. 어떤 사람들은 불쌍하게 흐느껴 울기도 했다."

이틀 후 자정이 거의 다 되어 프랭크 머피의 무리는 모스부르크에 도착했다. 열차에서 내린 포로들은 슈탈라크 VIIA 정문으로 걸어갔다. 이 쓰레기장 같은 곳에서 나치는 인권을 철저하게 무시했다. 이가 득실대는 이 돼지우리 같은 수용소가 종전 때까지 포로들이 머물 곳이었다.

지옥의 변방

그보다 한 주 전에 다르 알카이어의 무리는 모스부르크에서 북쪽에서 80마일(128킬로미터) 떨어진 뉘른베르크 외곽에 있는 한 포로수용소에 도착했다. 그곳 역시 슈탈라크 VIIA만큼이나 상태가 나빴다.

이들이 머물게 될 슈탈라크 XIIID는 난방이 되지 않을 뿐 아니라 침대도 없었다. 그리고 연합군 폭격기가 폭격을 퍼붓는 화물 조차장에서 불과 2마일(3.2킬로미터) 밖에 떨어져 있지 않았다. 폭격이 시작되면 포로들은 막사 주변에 파놓은 얕은 방공호로 들어가 머리에 모포를 뒤집어썼다. 영국군이 투하한 소형 트럭만한 폭탄이 포로수용소 인근에 떨어진 적도 있었다. 그럴 때면 뼈까지 떨게 할 충격파가 지면을 뒤흔들었다. 한 제8공군 승무원은 이렇게 회고했다.

"나는 나 혼자만을 위해서가 아니라, 미국 그 어떤 도시에도 이런 폭격이 떨어지지 않게 해달라고 기도했어요."

알카이어 대령은 분노하며 수용소장에게 부하 포로들을 다른 곳으로 옮겨달라고 요구했다. 그러자 수용소장은 이렇게 대답했다.

"당신 부하들이 머물 곳은 이곳 말고 어디에도 없습니다. 여기가 싫다면 불타는 뉘른베르크 시내는 어떻습니까?"

포로들은 폭격 속에서 살아가는 방법을 배웠다. 그러나 폭격보다는 배고픔이 더욱 큰 적이었다. 뉘른베르크에 포로들이 온 지 일주일도 안 되어 수용소의 보리 수프와 감자는 동이 나버리고 말았다. 그러자 대체 식량으로 벌레가 득실대는 건조야채가 나왔다. 일부 포로들은 벌레를 털어내고 먹었으나, 벌레까지 다 먹는 포로도 있었다. 그들은 비위가 약한 포로들에게 벌레가 든 야채를 먹지 말라고 권했는데, 그들 것까지 자기가 먹기 위해서였다.

4월 1일, 포로들은 숨겨놓은 라디오를 통해 미 제7군이 뉘른베르크를 향해 진격해 오고 있다는 소식을 들었다. 이틀 후, 1만 5,000여 명의 쇠약해진 포로들은 열을 지어 뮌헨을 향해 걸어갔다. 그곳은 폭격을 자주 당하는 곳이었다. P-47 1개 편대가 급강하하며 기관총을 쐈다. 아군의 기총소사로 미군 포로 3명이 죽고 3명이 다쳤다. 다음 날 그들은 거대한 미 육군항공대 마크를 만들어 도로 위에 세웠다. 그리고 포로들의 행군 방향을 알리는 화살표도 만들었다. 그러자 더 이상 아군기의 오폭이 사라졌다.

포로들의 행군이 시작되었을 때는 하늘이 맑았으나 오후가 되자 차가운 비가 내리기 시작했고, 비는 며칠 동안 그치지 않고 내렸다. 알카이어는 질서를 유지하기 위해서는 더 많은 식량이 필요하다고 여겨 책임자인 독일군 대위에게 즉시 적십자 식량을 구해 달라고 요구했다. 그러면서 만약 포로가 1명이라도 죽으면 전쟁 후 그 책임을 묻겠다고 위협했다.

알카이어는 몰랐지만, 바나만 장군과 스피비 대령은 이미 식량 문제까지 손을 써 두었다. 베를린으로 이송된 후, 그들은 포로수용소의 책임자인 SS의 고틀로프 베르거 장군이 보낸 사절을 만났다. 베르거는 스위스 정부와 공동으로 제네바를 통해 들어오는 적십자 보급품을 동부전선에서 독일로 이송되고 있는 연합군 포로들에게 분배하고 있었다. 이러한 조치는 진격해 오는 서방 연합군에 대한 유화책이었다.

미군과 영국군이 트럭 200대, 특별 열차 두 편을 제공하자 독일군은 긴급구호협정에 따라 이들의 안전한 통행을 보장했다. 처칠은 히틀러가 포로들을 처형할 것을 우려했다. 그래서 연합군을 앞질러 전선 근처의 포로수용소를 해방시킬 별동대를 준비시켰다. 영국에 주둔하고 있던 공정부대는 독일군 후방에 위치한 포로수용소 구출 작전을 훈련하기 시작했다. 그러나 전쟁은 그러한 구출 작전을 시도하기 전에 끝났다.

베르거는 적십자 식량 구호 계획을 조정한 다음, 바나만과 스피비를 경비가 삼엄한 자신의 사령부로 불렀다. 그는 서방 연합국과 단독강화를 하길 원했고, 그들이 그 메시지를 아이젠하워에게 전달해 주기를 바랐다. 만약 서방과 단독강화에 성공하면 독일군은 소련군을 오데르강 너머로 쫓아 버리는 데 힘을 집중할 수 있다. 그 후 육군의 고위 장교들이 베르거가 직접 "정신병자"라 칭한 히틀러와 히믈러를 죽이고, 서방에 질서 있게 항복하겠다는 것이 그의 계획이었다. 베르거는 이것이야말로 독일을 볼셰비키 야수들로부터 구할 유일한 방법이라고 설명했다. 그는 히틀러가 드레스덴 공습에 대한 보복으로 연합군 포로를 죽이려고 했으나, 자신이 이를 제지했다고도 말했다.

바나만 장군은 베르거에게 포로들의 무자비한 강제 행군을 멈추고, 식량을 더 빨리 지급하는 조건으로 협력하겠다고 했다. 그 직후 바나만과 스피비는 스위스로 보내졌다. 바나만은 거기서 비행기를 타고 스파츠를 만나러 프랑스로 향했다. 스파츠는 바나만이 전한 베르거의 강화 제안을 듣고도 믿지 못했다. 그는 바나만에게 이렇게 말했다.

"자네는 그 말을 진심으로 믿는단 말인가?"

그는 바나만을 더 이상 자기 옆에 두면 안 될 것 같아서 워싱턴으로 보냈다. 워싱턴에서 바나만은 육군부에 강화 제안에 대한 정식 보고서를 제출했으나 무시당했다. 연합군 지휘 체계의 그 어떤 누구도 베르거와의 비겁한 협정에 동조하지 않았다. 공산주의를 극도로 혐오했던 바나만은 1967년까지도 자기 생각을 바꾸지 않았다. 그해 한 인터뷰에서 그는 이렇게 말했다.

"서방 연합국이 베르거의 말대로 독일과 단독강화를 했다면 오늘날 미국의 입지는 더욱 나아졌을 것입니다. 당시 소련군의 보급선은 길게 늘어져 있었기 때문에 독일군이 소련군을 격퇴할 수 있었을 거라고 생각합니다."

전쟁 후에도 스피비와 베르거는 자주 만났다. 그리고 미국에서 열리는 전쟁 포로 모임에 베르거를 초대하기도 했다. 그 자리에서 스피비는 베르거를 미군 포로들을 기아와 집단 학살에서 구한 사나이라고 칭송했다. 베르거에 의하면, 1945년 봄 히틀러는 독일에 억류된 모든 연합군 승무원을 자신의 요새이자 별장인 북 알프스 기슭의 베르히테스가덴으로 이송하라고 명령했다고 한다. 그곳에서 이들을 독일에 유리한 정전 협상에 필요한 인질로 활용하려고 했다는 것이다. 만약 루스벨트와 처칠이 비협조적으로 나온다면, 3만 5,000명의 병사들은 처형되었을 것이다. 히틀러의 애인인 에바 브라운Eva Braun은 도덕적인 이유로 반대했고, 베르거 역시 이에 반대한 것으로 알려져 있다. 베르거는 히틀러에게 이러한 명령을 문서로 전달할 것을 요구했고, 그는 관료주의를 교묘하게 이용해 이 명령이 결코 실행될 수 없도록 했다.

베르거는 이 사건이 4월 22일에 일어났다고 주장했으나, 그의 주장을 입증할 증인이나 문서는 남아 있지 않았다. 그날 히틀러는 베를린 방공호에 마지막까지 머물기로 결정했다. 그런데 그런 결정을 내린 히틀러가 포로들을 알프스 기슭에 있는 요새로 이송하라는 명령을 내릴 이유가 있었을까?

베르거와 바나만, 스피비가 마지막 회의를 하고 며칠이 지나 스위스에서 출발한 적십자 트럭 호송대는 다르 알카이어의 포로 무리들을 만나 4,000인분의 식량을 전달했다. 야외에 앉아 초코바와 연유를 마시던 포로들은 BBC 방송을 통해 하사관들로 이뤄진 또 다른 미군 포로 무리가 독일의 다른 지역에서 강제 행군을 하고 있다는 사실을 알게 되었다. 적십자는 그 행군을 조사하려고 했다. 그러나 혼란에 빠진 독일에서 그들의 정확한 위치, 숫자, 목적지를 알기는 쉽지 않았다. 적십자 대표들은 행군 중인 포로들이 매우 위험한 상태임을 런던과 워싱턴에 알렸다. 미국 적십자사 대표는 최악의 상황에 대비해야 한다고 밝혔다.

해방

모스부르크의 슈탈라크 루프트 VIIA에 다르 알카이어의 포로 무리가 도착했을 때, 게일 클리븐은 그들과 함께 있지 않았다. 그는 다뉴브강에 도착한 저녁, 알카이어에게 이렇게 말하고 탈출했다.

"독일은 알프스 산맥으로 들어가 계속 저항할 것 같습니다. 그리고 우리를 협상 카드로 이용할 것 같습니다."

친구인 존 이건도 동의했지만, 그는 행군 보안담당이었기 때문에 도망치지 않고 남기로 했다.

그날 밤, 클리븐과 다른 2명의 포로가 울타리가 둘러쳐진 거름으로 가득 찬 땅을 기어가는 동안 이건은 녹슬고 낡은 펌프의 삐걱거리는 소리를 이용해 경비병들의 주의를 분산시켰다. 그러나 그들을 살린 것은 거름이었다. 클리븐은 후일 이렇게 말했다.

"당시 거름 냄새는 '샤넬 넘버5'였어요. 그것 때문에 개들은 우리 냄새를 맡지 못했어요. 울타리를 빠져나간 다음 우리는 진흙 밭을 지나 작은 버드나무 숲에서 잤어요. 지도도 나침반도 없었어요. 하지만 밤새 서쪽으로 간다면 곧 미군과 만날 수 있을 거라 생각했어요."

이 시점에 모스부르크 수용소의 수감자 수는 10만여 명으로 늘어났다. 4월 29일 일요일, 포로수용소 주변에는 총알이 날아다니고 포탄이 떨어지기 시작했다. 존 이건은 몸을 숨긴 채 노트에 이렇게 적었다.

"이제 우리 주변에서 상당한 규모의 전투가 벌어지기 시작했다."

그 전투는 패튼의 미국 제3군과 독일 SS친위대 소부대들이 모스부르크 마을을 놓고 벌이는 전투였다. 이건은 주변을 돌아보고 경비병들이 모두 사라진 것을 알았다. SS를 지원하라는 명령을 받은 것이었다. 이건은 조용해진 포로수용소에서 이렇게 적었다.

"4월 29일 1230시… 전장은 다른 곳으로 옮겨갔다(제발 그러기를 바란다). … 그리고 마을 교회 첨탑에 성조기가 휘날리고 있다. 마을이 미군에게 점령된 것이다. 19개월 만에 다시 성조기를 봤다."

수천 명의 미군 포로들의 볼을 타고 눈물이 흘렀다. 그들은 차렷 자세로 국기를 향해 경례했다. 1대의 셔먼 전차가 수용소 정문을 부수고 들어오자 미군 포로들은 모두 전차를 향해 달려가 전차 해치를 열고 나온 그들의 전우이자 해방군의 등을 두드리고 키스하고 악수했다. 전차에 타고 있던 대위가 전차 위에서 자신의 형제를 찾으러 왔다고 소리쳤다. 잠시 후 포로 하나가 셔먼 전차를 향해 달려갔다. 상봉한 형제는 서로를 굳게 끌어안았다. 또 다른 전차병은 포로 중에서 자신의 아들을 만났다. 유진 헬모스는 일기에 이렇게 적었다.

"이렇게 우리의 전쟁은 끝났다!"

그가 네덜란드 상공에서 격추당한 지 10개월 만의 일이었다.

누군가 포로수용소에 걸려 있는 독일 국기를 내리고 성조기를 게양했다. 이날을 위해 숨겨 두었던 영국 국기, 소련 국기, 프랑스 삼색기, 그 외의 거의 모든 연합국의 깃발이 게양되었다. 당시를 로저 버웰은 이렇게 회고했다.

"빵을 가득 실은 트럭이 오자 우리의 함성은 더욱 커졌어요. 그 트럭에 실린 빵은 진짜 흰 빵이었습니다. 케이크처럼 달콤했어요!"

그날 밤, 알카이어는 부하들에게 앞으로 7~10일 후에 프랑스로 날아갈 것이라고 알렸다.

5월 1일, 조지 패튼은 친분 있는 기자와 카메라맨을 대동하고 모스부르크에 도착했다. 패튼은 상아 손잡이 권총을 허리에 차고 마치 정복 군주처럼 포로수용소 이곳저곳을 돌아보더니 갑자기 발걸음을 멈추고 프랭크 머피를 비롯한 포로들의 창백하고 여윈 몸을 들여다보기 시작했다. 패튼은 낮고 차가운 목소리로 말했다.

"이런 끔찍한 짓을 하다니. 이 개새끼들을 다 죽여 버리고 말겠어."

다음 날 아침, 브라우나우 인근 숲속에 있는 수용소에서 강물을 한 모금 마시고 돌아가던 호프만Richard Hoffman 병장은 산길을 오르는 차 1대를 봤다. 그 차가 포로수용소 문 앞에 멈춰 서자 포로수용소장이 나와서 뻣뻣한 걸음걸이로 다가가 차 문을 열어주었고, 열린 문으로 철모를 쓴 미군 대위가 나왔다. 호프만은 당시를 이렇게 회상했다.

"당시에는 그 미군 대위도 포로라고 생각했어요."

그러나 호프만은 그 미군 대위가 권총을 차고 있다는 사실을 알게 되었다.

"포로는 권총을 휴대할 수 없어요. 나는 차 앞으로 달려가며 소리쳤어요."

그러자 포로들이 팔을 흔들며 차를 향해 달려왔다. 대위는 나무 그루터기 위에 올라가서 손을 들어 포로들을 조용히 시킨 다음 이렇게 말했다.

"여러분은 이제 다시 미합중국 육군의 통제하에 들어왔습니다. 이곳의 소장은 몇 시간 전에 브라우나우에 와서 항복했습니다."

이틀 후 조 오도넬Joe O'Donnell, 레슬리 카플란을 비롯한 수백 명의 포로들은 수척한 모습으로 터덜터덜 걸어서 하노버시 인근에 주둔하고 있던 영국 제8군 선봉대를 만났다. 두 번째 강행군이 시작된 지 26번째 되는 날이었다. 특히 오도넬은 폴란드를 떠난 후 길 위에서 맞은 86번째 날이었다. 조지 구덜리George Guderley도 그들과 함께했으나, 그는 두 번째 강행군에는 참가하지 않았다. 대신 그는 어느 자비심 많은 독일 경비병 덕택에 팔링보스텔의 소련군 포로 단지에 머물게 되었고, 그로부터 2주 후 영국군 전차 부대가 수용소를 해방시켰다.

걸어다니는 해골이나 다름없던 몰골의 오도넬은 영국의 미 육군 병원으로 후송되었다. 존 카슨John Carson처럼 비교적 상태가 양호한 포로들은 르아브르 인근에 있는 코드명 '럭키 스트라이크Lucky Strike' 주둔지로 이동했다. 그곳에는 얼마 전 해방된 연합군 포로 약 5만 명이 있었다. 거기서 포로들은 제대로 된 식사를 하고, 몸을 소독하고, 위생 용품과 새 군복 그리고 고액의 프랑스 화폐를 지급받았다. 5월 6일, 독일이 곧 항복할 것 같다는 소식이 돌자 포로들은 축제를 준비했다.

유럽 전승 기념일

노트르담대성당이 위치한 도시 랭스에는 아이젠하워 장군의 사령부가 있었다. 5월 7일 새벽 2시 41분, 그곳에서 독일군 알프레트 요들 상급대장은 항복 문서에 서명했다. 이 문서의 조항에 따르면, 독일의 무조건 항복은 1945년 5월 8일 23시 59분부터 발효한다고 적혀 있다. 그러나 스탈린은 여기에 반발했다. 베를린을 점령한 소련군 주코프 원수가 있는 곳에서 항복 문서에 서명해야 이 전쟁은 비로소 끝난다는 것이었다. 아이젠하워는 소련 측에서 두 번째 서명이 마칠 때까지, 첫 번째 서명 사실을 밝히지 말라는 지시를 받았다.

영국 공군의 테더 대장은 다수의 연합국 고위 장성과 기자들을 이끌고 5월 7일 항공편으로 베를린에 도착해 소련군 주코프 원수 그리고 독일군 최고사령관인 빌헬름 카이텔 원수와 요들 상급대장이 이끄는 독일 대표단을 만났다.

항복 회담이 열린 곳은 베를린 교외의 작은 도시 칼스호르스트에 있는 독일군 공병학교였다. 항복 문서에 실릴 단어를 선정하는 12시간 동안 그곳에서는 격렬한 토론이 벌어졌다. 논의가 끝나자 연합국 대표들은 웅성거리는 기자들과 사진기자들을 데리고 크고 소박한 회의실에 모였다. 아무런 장식이 없는 나무 탁자 너머에 있는 의자에 3국의 대표가 앉았는데, 가운데에는 주코프 장군이, 오른쪽에는 테더 장군이, 왼쪽에는 스파츠 장군이 앉았다. 소련군 경비병이 독일 대표단을 회의실로 안내했고, 카이텔 원수가 앞장서서 들어왔다. 그는 원수 지휘봉을 치켜드는 방식으로 경례를 한 다음, 의자에 앉았다. 아이젠하워의 부관인 해리 부처 대위의 증언에 따르면, 카이텔은 마치 전장의 지형을 살펴보는 듯한 눈빛으로 방 안을 살펴봤다고 한다.

"나를 포함해 그 방에 있던 모든 사람들은 거만한 프로이센인이자 나치였던 카이텔의 강력한 첫인상을 결코 잊지 못할 겁니다."

마지막으로 독일 대표가 서명을 마치자, 주코프는 자리에서 일어선 다음 독일인들에게 방에서 나가달라고 지시했다. 독일인들이 나가고 문이 닫히자 소련군 장교들은 모두가 동시에 일어서서 함성을 질러대며 서로 끌어안았다. 자정이 한참 지난 시각이었다. 그러나 어디선가 웨이터들이 나타나 화려한 만찬을 준비하기 시작했다. 모든 요리 옆에는 포도주, 샴페인,

보드카, 브랜디 병이 놓였다. 소련인들은 시도 때도 없이 노래를 불렀다. 주 코프 장군이 음악에 맞춰 러시아의 춤 루스카야를 추자 휘하의 장군들은 다함께 환호성을 질렀다. 축하 파티는 다음 날 아침까지 이어졌다. 그리고 최소한 3명의 장군이 그 방에서 실려 나갔다. 테더 장군은 이렇게 말했다.

"다행히도 그중에는 영국군 장군은 없었습니다."

다음 날 아침 테더와 스파츠는 베를린 남부에 있는 템펠호프 공항으로 가는 길에 베를린 도심을 둘러봤다. 그들과 함께 베를린을 시찰했던 해럴드 킹Harold King 기자는 이런 글을 썼다.

"베를린은 이제 죽었다. 나는 스탈린그라드나 런던을 봤지만⋯ 여기서는 눈길 닿는 모든 곳에 설명이 거의 불가능할 정도로 철저한 파괴와 죽음 그리고 폐허가 펼쳐져 있었다. ⋯ 베를린 시내는 사실상 본래 모습을 알아보기가 불가능해졌다. ⋯ 아직은 서 있는 브란덴부르크 문으로부터 반경 2~5마일(3~8킬로미터) 내의 모든 것은 다 파괴되었다."

연합군의 폭격으로부터 살아남은 것도 소련군의 포격으로 모두 파괴되어 버렸다. 사실 베를린은 쾰른의 모습과 크게 다르지 않았다. 하지만 베를린에서만 추악한 사상을 가졌던 나라 전체가 폐허가 되었다는 사실을 제대로 실감할 수 있었다.

처칠은 독일의 항복에 대해 이렇게 말했다.

"인류 역사상 가장 큰 기쁨을 표출하는 신호가 되었습니다."

런던은 그야말로 종전 축하 행사의 중심지였다. 처칠 총리는 하원에 승전 축하 연설을 하러 가던 중 거리를 가득 매운 시민들에 의해 발이 묶여 버렸다.

독일의 항복 소식이 뉴스에서 나온 것은 5월 8일 화요일 오후 3시 정각이었다. 그 시각 로지 로젠탈 중위는 런던에서 휴가를 보내고 있었다. 그는 이렇게 증언했다.

"온 런던이 미쳐 돌아갔어요. 나도 순식간에 인파에 떠밀렸죠. 예쁜 런던 아가씨들이 번갈아가며 나타나서 나를 끌어안고 사라져 버리기를 반복하더군요. 마치 정신병원 같았어요. 하지만 정말로 아름다운 정신병원이었지요.

"일행 중에는 절대 술을 마시지 않겠다고 하던 친구가 있었는데, 우리는 혼란 속에서 그를 잃어버렸어요. 한 시간 만에 간신히 다시 찾았는데, 그는 술에 떡이 된 채 거리에 쓰러져 있었어요."

정말 화끈한 사람들은 피카딜리 서커스 광장으로 모여들었다. 레인보우 코너에서는 적십자사가 주최한 큰 파티가 열렸다. 밴드의 연주가 끝없이 이어지는 와중에 군인들과 아가씨들은 웃으며 피카딜리 한복판을 갈지자 형태로 걸어 다녔다.

그날 밤, 쌍둥이 형제 존 카슨과 유진 카슨은 오랜만에 다시 만났다. 포로수용소에서 풀려나 간신히 몸을 회복한 존 카슨은 배를 타고 영불해협을 건너 영국에 도착했고, 떠벌이 유진을 보기 위해 레인보우 코너에 왔다. 존은 클럽에서 자원봉사자로 일하는 델리 부인을 찾아갔고, 그녀에게서 유진을 안다는 말을 들었다. 그녀는 5월 8일 저녁에 클럽으로 오면 유진을 만나게 해주겠다고 했다. 존은 당시를 이렇게 회상했다.

"나는 아직도 날 만나러 걸어오던 유진의 모습을 잊을 수 없어요."

당시 우르술라 폰 카르도르프는 한 독일 마을로 피난을 와 있었다. 그녀는 일기에 이렇게 적었다.

"자정이다. 독일의 무조건 항복은 지금부터 발효된다. 세상의 모든 사람들이 승리를 찬양하는 종소리를 울린다. 그런데 우리 독일인은? 독일은 전쟁에서 졌다. 그러나 독일이 전쟁에서 이겼더라면 더 끔찍한 결말이 기다리고 있었을 것이다."

5월 8일, 슈탈라크 루프트 XVIIA의 포로였던 리처드 호프만은 프랑스 낭시 인근에 있는 임시 수용소에서 자신의 옛 승무원들을 만났을 때 독일의 항복 소식을 들었다. 그들은 이를 자축하기 위해 시내에 나갔다가 포도주를 주체가 안 될 정도로 마시고 말았다. 여전히 쇠약했고 탈수증에 시달리던 포로들은 불과 몇 모금의 포도주에도 엄청나게 취했다. 호프만은 이렇게 말했다.

"갑자기 경적 소리, 교회의 종소리, 사이렌 소리가 한꺼번에 몰아닥치기 시작했어요."

프랑스인들은 모두 거리로 쏟아져 나와 서로를 끌어안으며 기쁨의 눈물을 흘렸다.

그날 밤 호프만은 자기 방 침대 매트리스에 꼼짝 않고 누워 있었다. 그는 분명 가만히 누워 있는데, 눈앞에서 방이 빙글빙글 돌고 있었다. 다음 날 아침, 그가 탄 배는 폐허가 된 항구를 떠났다. 배의 확성기에서는 'Don't Fence Me In나를 가두지 마세요'이라는 제목의 노래가 흘러나왔다.

5월 8일, 게일 클리븐은 소프 애보츠에 서 마지막 밤을 보내고 있었다. 그와 동료 조지 아링George Aring은 북극성과 직접 만든 나침반을 이용해 모스부르크에서 소프 애보츠까지 왔다. 슈탈라크 루프트 VIIA로 이동하던 대열에서 탈출한 첫날 밤, 클리븐은 대학 시절 친구이자 자간 포로수용소 동료였던 조지 나이트해머George Neithammer와 헤어지고 말았다. 미군의 파이퍼 컵 항공기가 날아다니는 것을 본 그들은 낮에 다녀도 안전하다고 판단했다. 미군에 우호적인 독일 농부들의 도움을 받아 그들은 미 육군 제45사단과 만날 수 있었다. 클리븐은 이렇게 회상했다.

"나는 너무 말라서 일어서도 그림자가 생기지 않았어요."

일주일 후 클리븐은 소속 부대로 복귀했다. 종전을 불과 며칠 앞두고 있었다. 제100폭격비행전대의 한 대원은 당시를 이렇게 기억하고 있었다.

"그 유명한 클리븐이 돌아왔습니다. 모두가 그를 만나고 싶어 했어요."

클리븐은 장교클럽에 가서 장교들과 이야기를 나눴다. 그는 군의 복장 규정을 전혀 신경 쓰지 않고 모자를 거의 뒤통수에 쓰고 있었다. 그의 오른쪽 다리는 19개월 전에 그랬던 것처럼 의자의 오른쪽 팔걸이에서 나른하게 흔들렸다. 그러나 클리븐은 곧 싫증을 냈다.

"나는 마지막으로 한 번만 더 비행하게 해달라고 요청했어요. 독일 놈들 때문에 그동안 너무 짜증 났거든요. 그러나 높으신 양반들은 들어주지 않았어요. 우리 전쟁, 폭격 전쟁은 끝났다고 하면서요. 그래서 나는 이렇게 말했어요. 그럼 어서 빨리 고향으로 보내주세요. 애인이랑 빨리 결혼하고 싶다고요."

그는 유럽 전승 기념일에 소프 애보츠를 떠났다. 그의 옛 비행 동료들이 조각이 들어간 영국식 은 식기 세트와 시계를 선물하자, 그는 정말 아이처럼 울었다.

대공포가 지은 집

마지막으로 해방된 미 육군 항공대 장병 중에는 미군 최고사령부가 가장 먼저 꺼내오려고 한 포로도 있었다. 슈탈라크 루프트 I은 나치가 두려워하는 '에이스 승무원' 전용 수용소로, 일명 '젬케의 슈탈라크'라고도 불렸다. 1944년 12월, 허버트 허브 젬케는 특별 호송대의 감시를 받으며 발트해 해안 바르트에 위치한 이 수용소에 도착했다. 그는 이곳에 오자마자 이 수용소에 수용된 약 7,000명에 달하는 포로 중에서 최선임 장교가 되었다.

젬케는 독일 조종사들이 무려 약 2년 동안 격추시키려 혈안이 되었던 인물로, 그의 행운은 귀향 전 마지막 임무에서 다했다. 그의 P-51은 폭풍을 만나 한쪽 날개가 부러졌고, 그는 적지 상공에서 비상 탈출을 할 수밖에 없었다.

그 수용소에는 젬케 외에도 미국 전투기 에이스 조종사 5명이 더 있었는데, 그중에는 제8공군 소속으로 28대의 전투기를 격추한 프랜시스 개비 가브레스키 중령, 18대를 격추한 제럴드 존슨 소령이 있었다. 가브레스키와 존슨은 젬케 휘하의 제56전투비행전대에서 복무했다. 이 부대는 1944년 봄, P-51로 기종을 전환할 때까지 P-47을 운용했다. 가브레스키 역시 마지막 임무에서 격추당했는데, 1944년 7월 20일 그는 독일 공군기지에 대한 기총소사 임무를 수행하던 중 불시착하고 말았다.

이곳에는 또 다른 육군 항공대의 전쟁 영웅들이 있었다. 찰스 '로스' 그리닝Charles 'Ross' Greening 중령은 지미 둘리틀 장군이 도쿄 공습을 단행하던 당시에 편대장을 맡고 있다가 유럽으로 배치되었다. B-17 조종사 존 '레드' 모건John 'Red' Morgan은 1943년 의회명예훈장을 받았고, 1944년 3월 6일 베를린 상공에서 격추당했다.

유럽 전승 기념일를 축하하는 그 순간에도 슈탈라크 루프트 I의 포로들은 여전히 철조망 안에 있었는데, 수용소를 지키던 독일군 병력은 모두 철수하고 젬케 대령이 이끄는 보안대가 그 역할을 대신했다. 이들은 적어도 독일군이 지킬 때의 수준으로 질서를 유지하고 있었다. 출입문에는 경비병이 배치되었고, 포로들이 탈출하다가 잡히면 군사재판에 회부된다는 경고를 받았다. 젬케는 제8공군의 항공기를 이용해 포로들을 복귀시킬 계획을 세우고 있었다. 그러나 얼마 전 바르트에 진주한 소련군 사령관은 얄타협정에 따라 연합군 항공기는 소련군 점령지 상공을 비행할 수 없다고 주장했다. B-17의 부조종사 앨런 뉴컴Alan Newcomb은 휴지에 이렇게 기록했다.

"이제 우리는 엄밀히 말하면 자유인이었지만, 나는 아직 걱정되었다. 종종 현기증이 나고 심장은 이유 없이 빠르게 뛰었다. 나는 모든 것과 모든 사람에 대한 막연한 두려움으로 가득 차 있었다."

4월 28일 오후, 소련군이 25마일(40킬로미터)도 채 안 되는 곳까지 진격해 왔다는 사실을 알게 된 포로들은 혼돈과 불안을 느끼기 시작했다. 사령관 오베르스트 폰 바른슈타트Oberst von Warnstadt는 독일 이민자 출신 젬케를 불렀다. 그리고 자신은 즉시 포로들을 데리고 여기서 150마일(240킬로미터) 떨어진 함부르크 인근의 어떤 장소(구체적인 위치는 비공개였다)로 떠나라는 명령을 받았다고 알려 주었다. 그 말에 젬케는 그렇게 할 경우 포로들 사이에 있는 비밀부대가 경비병을 제압하고 수용소를 점령할 것이라고 경고했다. 젬케는 수용소장에게 빨리 지휘권을 자신에게 넘기고 소련군을 피해 달아나는 게 최선이라고 설득했다.

다음 날 아침 미군 포로들이 감시탑에 배치되었고, 국기 게양대에는 성조기가 휘날렸다. 그날 오후 젬케는 소련군과 만나기 위해 정찰대를 파견했다. 정찰대가 소련군의 위치를 알아낸 후 젬케, 베네트, 통역관 1명이 소련군 사령부를 찾아갔고, 그곳에서 샴페인, 보드카, 계란 프라이 등으로 아침 식사를 한 후 그들은 수용소로 돌아왔다.

그들은 돌아오는 길에 빠른 속도로 베를린으로 향하는 소련군 부대와 마주쳤다. 시베리아, 몽골, 우크라이나 등에서 온 소련 병사들이 무질서하게 행군하는 가운데, 그 옆으로는 여러 상자와 보따리, 술 취한 여자들을 실은 짐마차가 따라가고 있었다. 가혹한 겨울 전투로 그들의 얼굴은 빨갛고, 매우 거칠어 보였다. 젬케의 일행이 잠시 발걸음을 멈추고 한 소련군 장교와 대화를 나누는 도중에 갑자기 개가 짖으며 대화를 방해하자 소련군은 당연하다는 듯이 개를 총으로 쏴 죽여 버렸다.

다음 날, 술에 취한 소련군 코사크 병사가 하얀 말을 타고 포로수용소로 들어왔다. 그 병사는 포로수용소 안의 광경을 보고 의아해하며 미군들에게 이렇게 소리쳤다.

"왜 여전히 여기 갇혀 있는 거지? 저 철조망을 무너뜨리고 어서 고향으로 돌아가. 이제 당신들은 자유야!"

그러면서 자신의 말을 강조하기 위해 가지고 있던 긴 권총을 꺼내 하늘을 향해 쐈다. 젬케가 그를 향해 다가가자 그 병사는 권총을 젬케의 머리를 향해 겨눈 후 공이치기를 뒤로 젖혔다. 그 순간 포로수용소 전체가 미쳐 돌아가기 시작했다는 게 한 포로의 증언이다. 독일군에게서 해방되자마자 젬케의 철권통치에 속박되었다고 느낀 수백 명의 포로들은 철책을 부수고 수용소 밖으로 뛰쳐나갔다. 그들 중에는 소련군과 독일의 압제에서 해방된 강제 노동자들과 함께 바슈납스트르 마을에서 약탈과 방화를 저지른 사람도 있고, 연합군을 만나기 위해 서쪽으로 향해 간 사람도 있었다.

다음 날 아침, 포로수용소 인근에서 강간을 당하거나 사살된 20여 구의 독일 여성 시체가 발견되었다. 그 후 매일 아침이면 겁에 질린 여성과 아이들이 포로수용소로 들여보내 달라고 애걸했다. 이들은 밤이 되면 비교적 안전한 포로수용소 감시탑 밑에서 잠을 잤다. 미군 포로 포레스트 하웰 Forrest Howell은 이렇게 말했다.

"독일인들이 우리에게 보호해달라고 하는 모습을 보게 되리라고는 상상도 못 했습니다."

무정부 상태를 우려한 젬케는 포로들에게만 포로수용소 출입을 허가했다. 그러나 술에취하거나 총을 든 소련군 병사들의 포로수용소 출입이나, 소련군의 포로수용소 내외에서의 행동을 단속할 수는 없었다. 당시 뉴컴은 이렇게 기록했다.

"수백 명에 달하는 독일인이 총으로 자살했다. 내 막사에서 불과 100야드(90미터) 떨어진 곳에서도 3명의 여성이 총으로 자살했다. 우리들은 그 여자들의 장례를 치러 주었다. 바르트 시의 시장도 자살했다. … 그리고 군의관들에게 진료를 받으러 온 강간 피해자는 60명이나 되었다."

다음 날, 한 소련군 대령이 몰수한 소 떼를 몰고 포로수용소로 와서는 기관총으로 소를 죽였다. 미군 포로들은 난데없는 이 소를 해체해 스테이크와 독주로 저녁 식사를 했다. 술 취한 미군 포로들은 말과 마차를 훔쳐 시내 곳곳을 돌아다니며 하늘에 권총을 쏴댔다. 루이지애나주 출신의 마음 여린 폭격수 오스카 G. 리처드 3세Oscar G. Richard III는 다음과 같이 회상했다.

"그러나 대부분의 포로는 젬케의 명령에 따라 수용소 내에 남았습니다. 나는 젬케 대령 덕택에 바르트에서 많은 인원이 무사히 지낼 수 있었다고 생각합니다."

소련군 주력 부대가 도착하자, 소련군 장교들은 젬케와 함께 미군 포로들을 포로수용소 영내에 머물러 있게 했다. 바르트 시내를 출입금지 구역으로 정하고, 시내에서 적발되는 미군 포로들은 포로수용소로 보냈다. 포로수용소의 철책도 수리했다.

젬케의 부하들은 바르트 인근에서 작은 강제수용소를 발견하고, 군의관을 보내 환자들을 진료하게 했다. 이들은 유대인과 정치범으로, 현지 항공기 공장에서 강제 노역을 하던 사람들이었다. 경비병들은 이미 수 주 전에 수감자들을 버리고 도망쳤고, 그로 인해 이미 쇠약해질 대로 쇠약해진 죽은 수감자들은 식량도 받지 못한 채 굶어 죽기 직전이었다. 이미 죽은 사람도 300여 명에 달했다. 의료진은 바르트 시민들을 동원해 죽은 수감자들의 장례를 치러줬다. 베네트는 훗날 이런 글을 남겼다.

"수감자들을 매장하기 위한 거대한 무덤을 파던 독일인들은 처음에는 자신들이 무슨 일을 하고 있는지 몰랐다. 그중에는 독일인이나 수감자들이 들어갈 방공호를 파는 줄 아는 사람도 있었다."

강제수용소 밖으로 나온 개비 가브레스키는 이상한 광경을 보았다. 수용 구역 가장자리 철책에 시체들이 매달려 있었던 것인데, 소련군을 피해 달아나던 경비병들이 문을 걸어 잠그고 수감자들 몰래 철책에 전기가 통하게 해놨던 것이다. 그것도 모르고 철조망을 건드렸다가 감전되어 죽은 수감자들은 감전의 충격으로 눈을 크게 부릅뜬 채 죽어 있었다. 이 광경을 목격한 베네트는 이렇게 말했다.

"그 광경은 이 전쟁이 정당하다는 사실을 그 어떤 선전물보다도 확실하게 깨우쳐 주었습니다."

젬케의 수용소에 남아 있던 포로들은 유럽 전승 기념일 내내 노획한 독일 라디오를 들으며 보냈다. 그들이 특히 관심 있게 들은 것은 자신들의 구조 관련 소식이었다. 5월 12일, 그들은 마침내 그날 오후에 B-17 여러 대가 바르트 현지에 있는 비행장에 착륙한다는 소식을 들었다. 연합군은 비밀 협약을 통해 소련을 배반하고 독일군으로 전향했다가 연합국에 항복한 안드레이 블라소프Andrei Vlasov 장군을 소련에 넘기는 대가로 소련 점령지를 통과 비행해도 좋다는 허가를 받아냈던 것이다.

그날 오후 2시 30분, 젬케의 수용소 상공에 우레 같은 엔진 소리가 울려 퍼졌고, 하늘을 선회하는 은색 폭격기들의 날개가 보였다.

젬케의 명령에 따라 영국군 포로들이 먼저 출발했다. 그들이 더 오랫동안 포로 생활을 했기 때문이었다. 이튿날 아침 미군 포로들도 포로수용소를 빠져나와 6,250명의 사나이들이 긴 대열을 이루며 걸어 나갔다. B-17 폭격기들은 1분 간격으로 착륙해 프로펠러가 돌아가는 상태에서 기체당 20~30명의 포로를 태웠다. 누구도 낙하산을 지급받지 못했으나, 어느 누구도 신경 쓰지 않았다.

미군들은 서둘러 떠났다. 우정을 나누던 사람들과 미처 작별 인사를 하지 못한 채 떠난 경우도 많았다. 당시 제490폭격비행전대의 기지 인근에 살던 9세의 프랭크 패튼Frank Patton은 부대원들의 옷을 빨아주던 어머니를 도와 빨랫감을 자전거에 싣고 부대와 집 사이를 오갔다. 미군들이 패튼을 귀여워하며 그에게 과자와 커피를 주면, 패튼은 닭이 갓 낳은 달걀을 미군들에게 가져다주었다. 특히 지상 근무자들은 패튼을 주기장에 있는 텐트 안으로 들여보내기도 하고, 담배 피우는 방법이나 강도 낮은 욕을 가르치기도 했다.

유럽 전쟁이 끝나고 한참이 지나고 비가 부슬부슬 내리는 8월의 어느 날이었다. 프랭크 패튼은 기지로 자전거를 몰고 갔다가 기지 입구에 아무도 없다는 것을 알았다. 초소에도 사람은 없었고, 기지에 있던 항공기도 모두 사라지고 없었다. 그는 50년 후에 이렇게 말했다.

"그날이 내 인생에서 가장 슬픈 날이었어요."

호셤 세인트 페이스에서는 소박한 환송식이 열렸다. 100여 명의 마을 주민이 일요일에만 입는 가장 좋은 옷을 입고 기지에 모였고, 제458폭격비행전대의 B-24가 하늘을 박차고 오르자 현지인들은 손을 흔들며 작별 인사를 건넸다.

한 서포크 출신 여성은 당시를 이렇게 회상했다.

"전쟁 그 자체보다 양키들이 좀 더 강하게 기억에 남은 것 같아요."

떠나는 건 쉬웠다. 목적지가 고향이기 때문이었다. 그러나 미군들은 영국에 두고 온 친구들을 잊을 수 없었다. 유진 카슨은 영국을 떠나기 전, 케임브리지 외곽에 있는 메이딩리 군인 묘지를 찾아갔다. 1944년 초에 작전 중 전사한 동료 마이크 차클로스Mike Chaklos에게 작별을 고하기 위해서였다. 카슨은 이렇게 회고했다.

"비석 사이를 걸으며 누구도 들을 수 없도록 마음속으로 울었어요."

수십 년이 지나도 과거의 기억에서 벗어날 수 없었던 카슨은 결국 자신의 경험을 글로 남겼다. 그 글의 마지막 문장은 익명의 작가가 지은 시로 끝나고 있다.

오, 장송곡을 연주하지 마오

메이딩리에 머물러 있는 그들은

먼 옛날의 발랄한 젊은이들이었다오

그러니 생전에 좋아했던 음악을 들려주오

돌시의 곡, 빙의 노래,

글렌 밀러의 스윙을 들려주오

그 음악에 비석들도 춤출 것이오

메이딩리에 머물러 있는 그들도.

1945년 5월 19일, 제8공군은 미국 본토로 귀환하기 시작했다. 폭격기 승무원들은 자신들의 기체를, 지상 근무자들과 전투기 조종사들은 배를 탔다. 현지에서 결혼한 많은 장병들이 기차역에서 그들의 영국 신부들과 작별했다. 《스타스 앤 스트라이프스》의 한 기자는 이렇게 말했다.

"전쟁이란 참으로 얄궂었다. 이제 고향으로 돌아가야 하는 미국인 남편들은 영국인 아내들과 헤어져야 했으니 말이다."

전쟁 중 미군과 결혼한 영국 여성은 무려 4만 5,000여 명이나 됐다. 이 많은 사람을 미국으로 실어 나를 배편은 종전 이후 무려 7개월이 지나서야 생겼다. 이들은 전 세계에 주둔했던 미군 장병들이 본토로 모두 복귀할 때까지 기다린 후에야 미국으로 출발할 수 있었다.

1945년 12월 말, 이민 제한이 풀리고 이들 전쟁 신부들을 남편들이 있는 미국으로 실어 나를 배가 준비되었다는 소식이 들려왔을 때, 이 여성 대다수는 임신 중이거나, 이미 아이 한둘을 낳은 후였다. 언론에서는 이들 미군 가족 수송 임무를 '기저귀 갈기 작전'이라고 불렀다.

이들의 재회가 항상 즐거운 것은 아니었다. 어떤 아내는 남편과 함께한 기간이 불과 몇 주밖에 안 되었기 때문에 헤어져 있는 동안 남편의 얼굴을 잊었다. 런던 출신의 한 신부는 포주처럼 차려입은 한 남자가 여객 통로에 올라왔을 때 이렇게 생각했다고 한다.

'세상에, 설마 내 남편은 아니겠지?'

영국을 떠난 제8공군은 지미 둘리틀의 지휘하에 오키나와에 배치되었다. 칼 스파츠는 태평양 주둔 미 전략 항공대의 사령관이 되었다. 8월 6일, 스파츠는 제8공군 출신 조종사 폴 티비츠에게 우라늄 원자폭탄을 히로시마에 투하하라고 명령했다. 3일 후, 더 강력한 플루토늄 폭탄이 나가사키에 떨어져 도시의 반을 흔적도 없이 지워 버렸다. 그 직후, 스파츠는 둘리틀에게 얼마 남지 않은 이 전쟁에 제8공군을 동원하고 싶다면 바로 내일 출격하라고 말했다. 둘리틀은 전투 준비를 마친 B-29 720대를 받았다. 그러나 둘리틀은 그 항공기들을 전혀 사용하지 않았다. 그는 스파츠에게 이렇게 말했다.

"전쟁이 곧 끝난다면, 고작 제8공군이 태평양의 일본군과 싸웠다는 기록만을 남기기 위해 단 1대의 항공기나 단 1명의 승무원이라도 위험에 처하게 해서는 안 됩니다."

이들은 이미 유럽 전역에서 자신들의 모든 능력을 다 입증해 보였다.

3주 후, 칼 스파츠는 전함 미주리USS Missouri 갑판 위에서 일본군의 항복 조인식을 지켜봤다. 이로써 그는 3대 추축국이 항복하는 장면을 모두 지켜본 유일한 사람이 되었다. 그는 전후에 병세가 심각했던 햅 아놀드의 뒤를 이어 신임 미 육군 항공대 사령관이 되었고, 1947년 9월 17일에 미 육군 항공대가 드디어 육군에서 분리되어 공군으로 독립할 때도 그 자리에 있었다. 그리고 그는 초대 공군 참모총장이 되었다. 아마도 무덤 속에 있던 빌리 미첼도 밝게 미소 지었을 것이다.

일본이 항복하던 날 로버트 로지 로젠탈은 플로리다주에서 B-29 교육을 받고 있었다. 그는 영국에서 돌아오자마자 워싱턴에 있는 아놀드의 집 무실로 가서 태평양의 전투 부대에서 복무하게 해달라고 요청했다. 앤더 슨 장군은 그가 생각을 바꾸기를 바랐다.

"자네는 충분히 많이 싸웠어. 이제 다른 사람들을 보낼 차례야"

그러나 로젠탈의 고집을 꺾을 수는 없었다. 물론 전쟁이 끝날 때까지 그가 다시 전투에 참가한 일은 없었다.

이후 그는 고향 브루클린으로 돌아가 예전에 다니던 맨해튼 법률회사 에 다시 들어갔다. 그러나 그의 마음은 여전히 불안정했다.

"군복무를 하는 내내 나는 감정을 절제하며 나 자신을 옭아맨 채 철저 히 군인으로서의 삶을 살았어요. 그러나 일상에 돌아오자 자신이 점점 무 너지기 시작하고, 일에 집중할 수가 없었어요. 살면서 우리는 여러 중요 한 사건들을 겪지만, 그것은 내가 겪은 전쟁에 비하면 하찮고 사소해 보 였어요."

로젠탈은 1945년 11월, 뉘른베르크 국제 전쟁 범죄 재판 소식을 듣고 자신은 여기에 꼭 참가해야 한다고 느꼈다.

"육군에서 전범 재판의 후속 재판에 투입될 검사를 찾는다는 얘기를 들었어요. 그 말을 듣자마자 기차를 타고 바로 워싱턴으로 가서 지원했습 니다."

그는 1946년 7월, 유럽으로 가는 배에서 해군 법무관 필리스 헬러Phillis Heller를 만났다. 헬러 역시 미국 측 법무 담당으로 뉘른베르크로 가고 있 었다. 이름 철자는 좀 이상했지만, 로젠탈과 그녀는 처음 본 순간 서로 사 랑에 빠졌고, 10일 만에 약혼했다.

1946년 9월 14일, 둘은 독일의 뉘른베르크에서 결혼했다. 미 육군의 발 표에 의하면 이 도시는 91퍼센트가 파괴되었다. 그들은 폭격으로 인해 파괴되고 난방도 형편없는 법원 근처 아파트에서 신혼살림을 시작했다. 이웃과 어울리기 위해 많은 시간을 들였지만, 독일인들은 폭격에 대해서만큼은 말을 아꼈다. 로지는 훗날 이렇게 말했다.

"사람들은 폐허 속에서 말없이 살아갔어요. 마치 거대한 피라미드를 방불케 하는 잔해더미를 모른 척하고 자신들은 아직 전쟁 전의 아름다운 도시에서 살고 있다고 생각하는 것 같았어요. … 폭격은 도시만이 아니라 사람도 파괴했어요."

로지의 말에 의하면, 그해 겨울에 독일인들은 끔찍한 고난을 겪었다. 여자들의 옷은 지저분했고, 노인들은 면도도 하지 못했다. 젊은 사람들은 보이지 않았고, 가족들이 먹을 음식도 부족했다. 경제는 붕괴됐고 암시장만 번창했다.

"어느 날 저녁, 필리스와 함께 강가를 걷는데 누가 따라오더라고요. 우리가 멈추니까 그 사람도 멈췄어요. 필리스가 담배를 다 피우고 꽁초를 바닥에 버리자 그 사람이 냉큼 와서 꽁초를 주운 다음 어둠 속으로 사라졌어요. 당시 독일 암시장에서는 담배꽁초도 비싸게 팔렸어요. 그 사람도 담배꽁초를 내다 파는 것 같았어요. 그것이 한때 천년을 갈 거라던 제국 국민들의 최후였어요. … 그들이 안타깝기는 했지만, 그렇다고 히틀러가 저지른 짓에 독일인들의 책임이 없다고 볼 수도 없어요. 특히 이곳 뉘른베르크에서 나치는 로마제국 저리 가라 할 정도의 전당대회를 열고, 지나가는 히틀러의 차에 꽃다발을 던지기까지 했어요. … 하지만 히틀러를 지지한 평범한 사람들에게 더 이상 보복을 가할 필요는 없어 보였어요. 그들은 충분히 벌을 받았어요. 자신들이 저지른 일, 그리고 그동안 당한 일의 대가를 치르면서 살면 돼요. 그러나 나치 지도자들과 그 하수인들은 다르지요."

1946년 9월 괴링, 슈페어, 되니츠 등 나치 수뇌부에 대한 재판이 한창이었다. 그러나 로젠탈 부부를 비롯한 법무관들은 추가 소송을 준비 중이었다. 독일군 장교, 나치 당원, 독일 기업가 등 나치당과 긴밀하게 협력한 자들을 기소할 예정이었다. 이들에 대한 재판은 1946년 11월부터 진행됐다. 필리스 로젠탈은 강제수용소의 노동력을 동원한 화학회사 I. G. 파르벤을 조사했다. 로지 로젠탈은 괴링, 요들, 카이텔 휘하에서 벌어진 인종 범죄를 조사했다.

"나는 그 3명 모두를 신문했습니다. 괴링은 오만하고 완고한 어조로, 나머지 육군 장군들은 마치 할아버지처럼 조용하면서도 분노에 찬 어조로, 자신들은 나치의 잔학한 행위와 관련이 없다고 주장했어요. 특히 카이텔은 자신은 독일 군대의 명예 규정을 철저히 준수했다고 주장했어요. 물론 다 거짓말이었어요. … 그렇게 거만하던 정복자들도 일단 사형선고를 받고 나니 힘없고 애처롭게 교수형을 기다릴 수밖에 없었어요. 이게 내가 원했던 결말이었죠. 정의가 악을 물리쳤고, 그제야 비로소 나의 전쟁은 끝났습니다."

지금 와서 생각해보면 할아버지의 다락방에서 아버지가 제2차 세계대전 때 입었던 육군 항공 비행 재킷을 찾아낸 것이 이 책을 쓰게 된 출발점이었던 것 같다. 당시 나는 어린 아이였다. 내 어머니와 이모 헬렌은 결혼한 지 얼마 안 되어 남편을 전쟁터로 보내야 했다. 1년 후 어머니는 그 재킷을 입고 뒷마당에서 빨랫줄에 빨래를 널고 계셨다. 어머니는 내게 그날 저녁에 같이 스트랜드 극장에 가서 영화 '글렌 밀러 이야기The Glenn Miller Story'를 볼 거라고 말씀하셨다. 지미 스튜어트가 주연을 맡은 그 영화는 실존했던 제8공군의 영웅 글렌 밀러를 다룬 것이었다. 물론 이 이야기는 영화를 다 본 후 아버지한테서 들은 이야기였다. 그레고리 펙의 영화 '정오의 출격'을 본 후 그 재킷은 나의 것이 되었다. '정오의 출격'은 제8공군을 다룬 영화 중 가장 뛰어난 작품이다. 그 후 전쟁사상 최강의 정예부대 중 하나인 제8공군에 관한 이 책을 쓰기까지 왜 그리도 긴 시간이 걸렸던 걸까? 수수께끼다.

나는 로버트 로지 로젠탈을 만나기 전에 이미 이 책을 쓰기 시작했다. 그러나 로젠탈은 이 책을 집필하는 데 필요한 영감을 불러일으켜 주었다. 그는 언제나 내게 자신의 시간을 아낌없이 내주었고, 제100폭격비행전대 출신의 전우들도 소개해 주었다. 나는 로지를 조지아주 서배너에 있는 제8공군 역사박물관에서 만났는데, 그 박물관의 열정 넘치는 직원들은 이

책 집필을 전폭적으로 지원해 주었다. 가장 큰 도움을 주었던 사람은 구술 역사 책임자 비비안 로저스 프라이스Vivian Rogers-Price 박사다. 그녀는 그동안 제8공군 참전 용사들에게서 수집한 방대한 인터뷰 자료는 물론, 박물관 수장고에 있던 대량의 사진도 제공해 주었다. 그 사진들의 양은 그야말로 상상 이상이었다. 박물관의 전 관장인 C. J. 로버츠C. J. Roberts, 현 관장인 월터 E. 브라운Walter E. Brown 박사도 열일을 마다 않고 내가 박물관에 들를 때마다 즐겁고 알찬 방문이 될 수 있도록 온 힘을 기울였다.

문제가 생길 때면 로지는 물론 게일 클리븐, 셔먼 스몰, 루이스 뢰브스키, 행크 플룸, 크레이그 해리스 그리고 고인이 된 폴 슬라우터 등의 제8공군 참전 용사들이 시간을 내서 나의 질문에 답해 주었다.

이 책을 집필하는 데는 무려 5년이 걸렸다. 그동안 나는 250여 명의 제8공군 참전 용사를 인터뷰했다. 그들은 겸손했고, 세상의 이목을 구하지 않았다. 그리고 그들은 진짜 영웅은 돌아오지 못한 사람들이라고 주장했다. 그들이 세상을 떠났을 때, 우리는 그런 사람들을 다시 만날 수 있기를 바랄 뿐이었다.

역사가의 작업은 헌신적인 연구 사서들이 없으면 불가능할 것이다. 모든 도서관에서 나는 훌륭한 사서들을 만나는 행운을 누렸다. 그중에는 스탠 스펄전Stan Spurgeon도 있었다. 그는 텍사스주 미들랜드에 있는 미국 항공력 역사박물관 구술 역사 자료실에서 나를 일주일 동안 안내해 주었다. 그밖에도 이 책을 집필하는 데 큰 도움을 준 수십 명의 연구 사서들에게도 감사의 마음을 전한다.

나는 제8공군 참전 용사들의 후손들에게도 큰 빚을 졌다. 그들은 아버지의 편지와 일기를 내게 제공해 주었다. 그중에서도 프랜시스 제럴드의 딸 팻 카루소Pat Caruso와 폴 슬라우터의 딸 수지 티어넌Suzi Tiernan에게 특별히 감사를 표한다.

라파예트대학교도 매우 큰 도움을 주었다. 스킬먼 도서관의 도서관 상호 대출 제도 부장 카렌 해덕Karen Haduck은 다른 곳에서는 찾을 수 없었던 고문서와 고서적을 계속 찾아다 주었다. 테레스 하이덴울프Terese Heidenwolf를 비롯한 스킬먼 도서관의 거의 모든 연구진이 이 책의 집필에 여러모로 도움을 주었다. 도서관장 닐 맥엘로이Neil McElroy는 내게 필요한 것들을 내다보고, 스킬먼 도서관의 연구 환경을 대형 도서관에 버금갈 정도로 만들어 주었다.

라파예트대학교와 멜론 재단의 지원 덕택에 나는 매우 뛰어난 학생 연구팀을 조직할 수 있었다. 이 팀은 앨릭스 케니Alix Kenney, 마리사 플로리아니Marisa Floriani, 에밀리 골드버그Emily Goldberg가 지휘했고, 제시카 시글러Jessica Cygler, 미리암 하비브Miriam Habeeb, 마가리타 카라소울라스Margarita Karasoulas가 지원했다. 앨릭스는 미 의회 도서관과 국립 문서 보관소에서 특히 큰 도움을 주었는데, 이 책에 실려 있는 다수의 사진도 그가 찾아 준 것이다. 누구와도 바꿀 수 없는 인재 캐시 앵카이티스Kathy Anckaitis는 업무가 너무 많을 때 핵심에 집중할 수 있도록 도와주었다.

2명의 뛰어난 군사 사학자인 윌리엄슨 머리, 콘라드 크레인Conrad Crane 그리고 제100폭격비행전대 사진 자료에 대해 매우 깊이 있는 지식을 가진 역사학자 마이클 P. 팔리Michael P. Faley는 이 책의 원고를 읽어주고 정밀한 비평을 해주었다. 덕분에 나는 매우 부끄러운 오류와 누락을 피할 수 있었다. 나의 35년 지기이자 훈장을 받은 참전 용사 도널드 메이어슨Donald Meyerson은 이 원고를 읽고 때로는 밤늦게까지 제작에 필요한 대화를 나눠주었다. 또 다른 친구인 제임스 티어넌James Tiernan은 원고의 일부를 읽고, 영국 제국 전쟁 박물관, 매스 옵저베이션 기록 보관소, 구 제

8공군기지 박물관 등에서 진행된 연구에 팬으로서 자원해 큰 도움을 주었다.

소프 애보츠에 있는 제100폭격비행전대 기념 박물관의 론 바틀리Ron Batley에게도 특별히 감사를 표한다. 바틀리는 나를 이스트앵글리아로 초대해 제2차 세계대전 당시 미국 폭격 승무원들을 기억하는 현지인들과 인터뷰할 수 있게 해 주었다. 뉴올리언스의 국립 디데이 박물관에서 여행을 지원해 준 덕분에 나는 독일을 비롯한 유럽 5개국을 여행하며 연구를 수행할 수 있었다. 런던 주재 미국 대사관 문화국의 수잔 웨들레이크Susan Wedlake는 이 책을 옥스퍼드대학교, 케임브리지대학교 등에서 강의에 사용할 수 있게 주선해 주었다. 나는 옥스퍼드대학교 올 소울즈 칼리지에 머무는 동안 옛 제8공군 항공기지를 처음으로 가 볼 수 있었다.

글을 쓰는 직업은 어쩌면 가장 외로운 직업일 것이다. 그러나 나의 친구들인 편집자 봅 벤더Bob Bender와 나의 에이전트 지나 맥코비Gina Maccoby는 언제나 내 곁에서 지원과 조언을 아끼지 않았다. 나는 봅과 그의 조수인 조한나 리Johanna Li, 지나와 그의 6명의 조수들 덕분에 무려 4권의 책을 냈다. 특히 이 책을 집필할 때는 그들의 도움이 정말 컸다. 집시 다 실바Gypsy da Silva, 프레드 체이스Fred Chase는 이 책의 교정교열자 및 비평가로 참여했다. 인턴 달리아 애들러Dahlia Adler는 그들의 매우 유능한 조수였다. 나의 어머니 프랜시스 밀러Frances Miller는 내게 가장 큰 영감과 용기를 주셨고, 이 책을 빨리 쓰라고 독려해 주셨다.

내가 쓴 모든 책은 로즈에게 바쳐져야 한다. 나의 친구 중 적지 않은 사람들이 로즈 없이는 책이 나올 수 없었다고 말한다. 또한 이 책은 블랙 캣 바Black Cat Bar의 갱단인 나의 6명의 손주 알리사, 알렉시스, 애슐리, 데빈, 오스틴, 메이슨을 위한 것이기도 하다, 블랙 캣 바는 우리 집에 있는 모임

장소로, 이름은 손녀 알리사가 붙였다. 이곳은 돌아가신 나의 아버지 도널드 L. 밀러를 기리는 곳이기도 하다.

너희 둘만은 꼭 살아 돌아가서 전쟁의 증인이 되어라.

수많은 사람이 수많은 사람을 죽이고 죽었다고.

인간은 반드시 전쟁이 필요한가를 물어봐라.

- 영화 '돌아오지 않는 해병' 중

벌써 30여 년 전의 일이다. 중학교 1학년 1학기를 마치고 학교에서 단체 관람으로 영화 '멤피스 벨Memphis Belle'을 보러 갔던 게 말이다. 역자는 그 영화를 통해 제2차 세계대전 당시 미군의 전략폭격에 대해 처음으로 알게 되었다.

사실 그 영화도 자세히 따지고 들자면 고증상 문제가 꽤 많았다. 하지만 제2차 세계대전 중기, 기대 임무 수행 횟수가 10여 차례에 불과하고 25회 임무 수행 의무를 다 마치고 살아서 본국으로 돌아갈 확률이 20퍼센트대에 불과했던 미 육군 항공대 폭격기 부대의 처절함만큼은 잘 묘사한 것 같다.

실제로 유럽 전구의 미 육군 항공대 폭격기 부대는 그야말로 희대의 총알받이 부대였다. 독일 점령 유럽에서의 항공 작전에서 격추당한 미군 폭격기는 무려 9,950대, 전사자 수는 4만 9,000명에 달했다. 이는 제2차 세계대전에서 전사한 모든 미군 장병의 5분의 1에 달하는 수치다. 폭격기를 타는 것 자체가 사형선고나 다를 바 없다는 말까지 나올 정도였다. 이들은 그런 막대한 희생을 치르면서도 독일 후방의 여러 전략 표적을 파괴해 전쟁이 조기 종결되는 데 기여했다.

이 책은 그런 미 육군 항공 폭격기 부대를 지극히 포괄적인 관점에서 다루고 있다. 폭격 작전에 나섰던 미군 장병들은 물론, 폭격을 당했던 독일인들, 이들의 전쟁을 후방에서 지원했던 연합국의 고관과 민간인들에 대해서뿐만 아니라, 더 나아가 폭격이 가진 전략 및 전술적 의의까지 조명하고 있다. 유럽 전구에서 미군의 전략폭격에 대해 총체적으로 알 수 있는 걸작이라 할 수 있다.

이 이야기는 미국의 영화 제작자 톰 행크스와 스티븐 스필버그 콤비가 미니 시리즈로 극화해 이 책이 한국에 소개될 때쯤 TV에서 방영될 예정이기도 하다. 미 육군 공정부대를 다룬 '밴드 오브 브라더스Band of Brothers', 미 해병대를 다룬 '더 퍼시픽Pacific'을 잇는 그들의 제2차 세계대전 시리즈 세 번째 작품이다. 공정부대와 해병대 역시 폭격기 부대에 버금가는 엄청난 인명 손실률을 기록했다는 점을 감안한다면, 왜 이들 콤비가 세 번째 작품의 소재로 폭격기 부대를 다루었는지 쉽게 유추할 수 있다. 제2차 세계대전에서 승리한 미국은 그 싸움에서 국력을 완전히 소진하고 붕괴된 유럽의 구 식민지 제국들의 폐허를 딛고 명실공히 세계 최강국으로 우뚝 섰다. 폭격기 부대는 미국이 그러한 입지를 다지는 데 생명을 바쳐 공헌한 부대 중 하나인 셈이다. 그런 부대의 이야기야말로 많은 미국인의 공감과 경의(더 나아가서는 상업적 흥행까지도)를 이끌어낼 수 있는 자랑스럽고도 장엄한 영웅 서사인 것이다.

사실 역자는 이 작품과 특별하다면 특별한 인연으로 엮여 있다. 역자는

2010년대 초 이 책이 극화된다는 소식을 듣자마자 바로 여러 출판사에 기획안을 돌렸다. 이런 명저를 직접 번역해 세상에 내보내고 싶은 욕심 때문이었다. 그러나 어느 출판사에서도 답이 오지 않았다. 다 포기하고 있던 2021년 7월, 행북 출판사에서 놀랍게도 번역 의뢰가 들어왔다. 역시 글쟁이와 글감 사이에도 나름의 인연이라는 것이 있는 게 아닌가 싶다.

책을 번역하면서 가장 진하게 느낀 것은, 전쟁이란 동서고금을 막론하고 당대의 첨단기술로 벌이는 야만이고, 그 첨단기술을 보는 시각에는 근거 없는 희망적 사고가 짙게 깔려 있다는 것이었다. 본문에도 언급되듯이 **전쟁 전 미 육군 항공의 선각자들은 신무기 노든 폭격조준기를 이용한 정밀하고 경제적인 전략폭격만으로 유사시 적국을 쉽고 빠르게 무력화할 수** 있을 거라고 생각했다. 그러나 국가의 모든 역량이 전쟁 수행에 투입되는 총력전의 시대에 이는 턱없이 순진한 생각일 뿐이었다. 제2차 세계대전의 전략폭격은 추축국을 폭탄으로 도배하고 나서야 적의 전쟁 수행 능력을 상당 부분 무력화할 수 있었다. 물론 전략폭격만으로 전쟁에서 승리할 수 있다는 항공 선각자들의 주장 역시 현실에서는 실현되지 않았다. 제2차 세계대전의 모든 추축국은 본토에 연합군 지상군이 상륙한 후에야 항복했다. 제4차 산업혁명의 시대에 전쟁 방식에 있어서도 대전환기를 맞이하고 있는 우리 군이 돌이켜봐야 할 역사의 교훈이 아닐 수 없다.

전후 전략폭격기의 시대에는 황혼이 찾아왔다. 현재 전략폭격기를 보유한 나라는 미국, 중국, 러시아 3개국뿐이며, 그 보유 대수도 제2차 세계대전과 비교하면 한줌에 불과하다. 그러나 인류는 하늘에서 떨어져 내리는 불벼락의 공포에서 해방되기는커녕 더욱 큰 불벼락에 대한 공포에 시달리고 있다. 전후 주요 군사 강대국들은 폭격기를 대신할 더욱 저렴하고 화력이 세고 사람도 타지 않는 새로운 무기 체계, ICBM을 잔뜩 무기고에

쟁여 두고 있기 때문이다. 지금 이 순간에도 그 ICBM들은 핵탄두를 탑재한 채 언제라도 인류 최후의 전쟁을 위해 발사 가능한 상태로 사일로에서 대기하고 있다. 이 책을 보며, 그리고 우크라이나 전쟁을 핵전쟁으로 확전시킬 수도 있다는 망언을 내뱉는 푸틴을 보며, 제2차 세계대전과 그 후 우리 인류에게 다모클레스의 검처럼 드리워진 전략폭격의 암운을 떠올린 것은 역자 혼자만이 아닐 것이다.

군사학은 잡학이 아닌 종합 과학이다. 전쟁이란 적을 죽이고 내가 살아남기 위해 내가 가진 모든 역량을 투입하는, 패튼 장군의 말을 빌리면 '인류 역사상 가장 거대한 사업'이다. 때문에 그 속에는 인간의 모든 학문 분야가 집대성되어 있다. 역자는 그래서 군사 서적을 좋아한다. 인류가 그동안 쌓아온 모든 종류의 지혜를 손쉽게 엿볼 수 있으니까 말이다. 이 책의 번역·출간을 통해 국력과 출판 시장 규모에 비해 빈약한 한국어 군사 서적이라는 탑에 벽돌을 한 장 더 얹었다는 자긍심을 느낀다. 그리고 그 탑의 높이를 높이는 데 장차 미력한 실력으로나마 계속 기여하고 싶다.

이 책의 번역이 이루어지는 데는 많은 이들의 도움이 있었다. 우선 어려운 출판 여건에도 불구하고 출간을 결정하고, 역자에게 번역을 맡겨 주신 행북 대표님, 언제나 역자를 응원하고 지지해 주는 많은 애독자 여러분, 그리고 누구보다 사랑하는 가족에게 감사를 표한다.

그리고 이 책을 유럽의 하늘에서 스러져 간 미 폭격기 승무원 4만 9,000명의 영전에 바친다. 절대악 나치를 괴멸시키고 종전을 앞당긴 그들이 언제까지나 발할라의 상석에서 축제를 즐기기를 기원한다.

이동훈

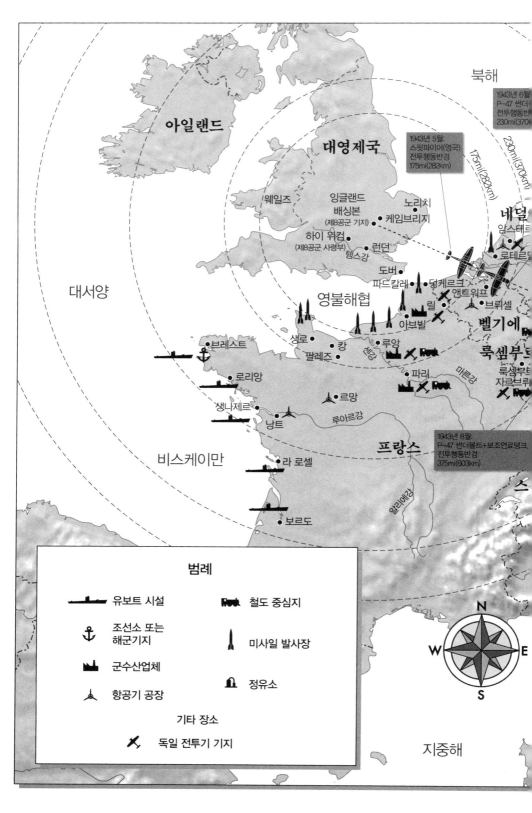

북해

아일랜드

대영제국

웨일즈

잉글랜드
배싱본
(제8공군 기지)

노리치
케임브리지

하이 워컴
(제8공군 사령부)

런던
템스강

도버
파드칼레 · 덩케르크
영불해협

1943년 5월:
스핏파이어(영국)
전투행동반경
175mi(282km)

175mi(282km)

230mi(370km)

1943년 6월:
P-47 썬더...
전투행동반...
230mi(370k...

네덜...
암스테르...
로테르담

앤트워프
릴 · 브뤼셀

벨기에

아브빌

룩셈부르...

룩셈부...
자르브뤼...

대서양

브레스트

생로
팔레즈 · 캉
루앙
센강

파리
마른강

룩셈부르...

로리앙

생나제르
낭트
르망

루아르강

비스케이만

라 로셸

프랑스

1943년 8월:
P-47 썬더볼트+보조연료탱크
전투행동반경
375mi(603km)

일리에강

보르도

지중해

범례

⚓ 유보트 시설

⚓ 조선소 또는
해군기지

🏭 군수산업체

✈ 항공기 공장

🚂 철도 중심지

🚀 미사일 발사장

⛽ 정유소

기타 장소

✈ 독일 전투기 기지

N
W   E
S

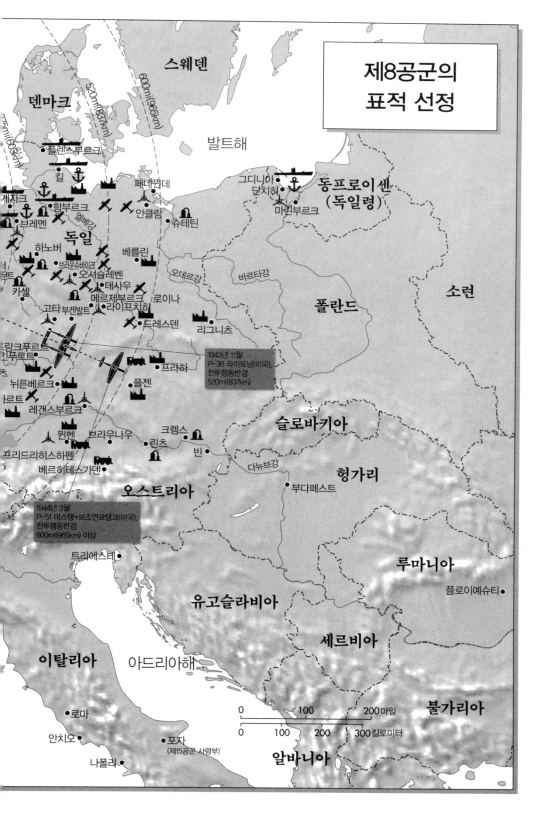

제8공군의
표적 선정

스웨덴

덴마크

발트해

플렌스부르크

킬

페네뮌데

그디니아
단치허
마린부르크

동프로이센
(독일령)

제자크
함부르크
브레멘

안클람

슈테틴

독일

엘베강

하노버

베를린

오데르강

바르타강

소련

브라운슈바이크
오셔슬레벤
데사우
메르제부르크
라이프치히
부켄발트
드레스덴

로이나

리그니츠

폴란드

고타

카셀

랑푸르트
푸르트

프라하

플젠

1943년 11월:
P-38 라이트닝(미국),
전투행동반경
520mi(837km)

뉘른베르크

르트

레겐스부르크

뮌헨

브라우나우

크렘스

린츠

빈

슬로바키아

헝가리

프리드리히스하펜
베르히테스가덴

오스트리아

다뉴브강

부다페스트

1944년 3월:
P-51 머스탱+보조연료탱크(미국),
전투행동반경
600mi(965km) 이상

트리에스테

유고슬라비아

루마니아

플로이예슈티

세르비아

이탈리아

아드리아해

| 0 | 100 | 200마일 |
| 0 | 100 | 200 | 300 킬로미터 |

불가리아

로마

안치오

포자
(제15공군 사령부)

나폴리

알바니아

마스터스 오브 디 에어 2

초판 1쇄 인쇄 2023년 7월 19일
초판 1쇄 발행 2023년 7월 28일

지은이 도널드 L. 밀러
옮긴이 이동훈

펴낸이 임태순
펴낸곳 도서출판 행복
출판등록 2018년 5월 17일 제2018-000087호
주소 경기도 고양시 일산서구 탄현로 136
전자우편 hang-book@naver.com
블로그 blog.naver.com/hang-book
전화 031-979-2826   팩스 0303-3442-2826

ISBN 979-11-98058-74-4 04900
      979-11-98058-72-0 (세트)

값 22,000원